# Quand revient septembre...

## VOLUME 2
## RECUEIL D'OUTILS ORGANISATIONNELS

### Jacqueline Caron

Les Éditions de la Chenelière inc.
MONTRÉAL

**Quand revient septembre…**
Volume 2

Recueil d'outils organisationnels

Jacqueline Caron

© 1997 Les Éditions de la Chenelière inc.

*Coordination:* Hélène Day
*Révision linguistique:* Ginette Gratton
*Illustrations:* Pierre Bourgouin
*Conception graphique:* Josée Bégin
*Infographisme:* Josée Bégin, Pauline Lafontaine

*Consultation:* Christiane Gagnon
*Couverture:* Johane Doucet, *Quand revient septembre*
   (détail), huile sur toile, 40 cm × 50,5 cm, collection
   privée.

**Données de catalogage avant publication (Canada)**

Caron, Jacqueline

   Quand revient septembre —. Recueil d'outils organisationnels

   Comprend des réf. bibliogr.

   ISBN 2-89310-324-3

1. Classes (Éducation) — Conduite   1. Titre.

LB3013.C37 1994 Suppl.    371.1'024    C96-941153-7

**Les Éditions de la Chenelière inc.**
7001, boul. Saint-Laurent
Montréal (Québec)
Canada H2S 3E3
Téléphone: (514) 273-1066
Télécopieur: (514) 276-0324
chene@dlcmcgrawhill.ca

**ISBN 2-89310-324-3**

Dépôt légal: 1er trimestre 1997
Bibliothèque nationale du Québec
Bibliothèque nationale du Canada

Imprimé au Canada

4 5 ITIB 01

De manière générale, le féminin a été utilisé dans le but
d'alléger le texte. La lectrice et le lecteur verront à inter-
préter selon le contexte.

L'Éditeur a fait tout ce qui était en son pouvoir pour retrouver les copyrights. On peut lui signaler tout renseignement
menant à la correction d'erreurs ou d'omissions.

**Présentation du tableau et de l'artiste**

Johane Doucet est une jeune artiste native du Bic. Elle vit
toujours dans cette région dont elle peint des paysages
avec générosité. Les couleurs de ses tableaux se marient
dans une douce harmonie. La sérénité qui se dégage de
ses œuvres est non seulement un plaisir pour l'œil, mais
un véritable hommage à la vie. Sans doute, la beauté originale de ce coin de pays a joué un rôle primordial dans sa
carrière de peintre.

Ancienne élève de Jacqueline Caron, elle a accepté de
créer un tableau pour la page couverture de *Quand revient
septembre*. Dans un mouvement qui va du général au particulier, un peu comme une caméra qui saisirait d'abord le
ciel, puis la cour d'école, puis la classe: voilà pourquoi ce
tableau évoque à la fois la nature, à l'automne, la rentrée
scolaire de l'enfant et les attitudes d'accueil et d'ouverture
de l'enseignante. Le mouvement invite l'observateur à
continuer les gestes et à vivre avec chaleur, harmonie et
complicité.

# Avant-propos

*Le plus long des voyages
commence par un petit pas.*

*(Proverbe ancien)*

### Témoigner de ses petits pas...

Des témoignages d'enseignantes en expérimentation du modèle participatif dans
des écoles du Québec, de l'Ontario, du Nouveau-Brunswick et de la Suisse ont été
sélectionnés pour constituer les préliminaires pédagogiques de ce recueil d'outils
organisationnels.

*Découvrir ses vraies valeurs et ses capacités, quelle chance!*

À l'aube de ma vingt-septième année d'enseignement, je viens témoigner de mes
expériences au cours des quatre dernières années.

J'ai enseigné de la première à la sixième année. J'ai animé, pendant trois années
consécutives, des classes multiprogrammes dont les niveaux variaient d'une année à
l'autre. Je trouvais ma tâche très lourde. Je sentais que le feu sacré de ma vocation
se consumait rapidement. C'est alors que ma commission scolaire a offert l'opportunité à son personnel enseignant de suivre un cours en gestion de classe participative. J'y ai adhéré par curiosité, tout en espérant y puiser des moyens pour alléger
mon travail et pour me redonner de l'énergie positive.

Après la première rencontre, animée par nulle autre que la conceptrice du projet, je
me suis trouvée étourdie par tant de nouveautés, mais enchantée par ce dynamisme
communicatif et par cette nouvelle approche. Les autres rencontres furent attendues
avec fébrilité et m'apportèrent divers matériels pédagogiques d'une utilité
inestimable.

Au fil des ans, à petits pas, comme le disait si bien Jacqueline, j'ai élaboré avec
mes élèves un référentiel disciplinaire et j'ai créé une grille d'auto-évaluation du
comportement gérée hebdomadairement. Puis le menu du jour inscrit au tableau
occupa une place importante, puisque le premier regard matinal des élèves lui était
réservé. Ensuite, la pensée pédagogique de la semaine s'inséra dans nos habitudes.
Plus tard, les dyades spontanées et permanentes prirent naissance, les équipes se
formèrent avec des critères bien précis. Puis le bureau du mini-prof s'introduisit

dans la classe. Les élèves étaient fiers d'y jouer ce rôle et ils le remplissaient avec beaucoup de sérieux et d'engagement

Devant leur motivation grandissante, sans en souffler mot, j'ai fait une tentative pour modifier l'aménagement physique de la classe. Du jour au lendemain, les voilà plongés dans un local divisé en plusieurs coins de travail. Quelle joie de les voir si émerveillés devant ce nouvel environnement! Ils avaient l'impression de s'amuser tout en travaillant.

À la suite de cet engouement, j'ai bâti graduellement du matériel pour alimenter la soif d'apprendre des élèves. Dès que les règles et les consignes furent établies, ils pouvaient progresser à leur rythme et s'autocorriger. Pendant ce temps, je travaillais avec ceux qui éprouvaient quelques difficultés d'apprentissage. Je suis devenue pour eux une personne-ressource. Petit à petit, à intervalle régulier, je préparais pour les élèves un tableau d'ateliers, puis d'enrichissement. On ne pense plus à comptabiliser les heures lorsque l'on voit leur participation, leur autonomie et leur progrès.

Quant aux parents, ils apprécièrent la soirée d'information avec un ordre du jour écrit et l'accueil à la porte, agrémentée d'une musique douce. Ils étaient très satisfaits de l'évolution de leur enfant quant à l'autonomie, la responsabilité et l'apprentissage. Ils me félicitèrent pour les renforcements positifs fournis régulièrement à leur enfant et pour le goût d'apprendre que je leur transmettais.

Grâce à la gestion de classe, j'ai acquis de l'assurance, de la confiance en moi et de l'audace. Qui aurait cru que j'inviterais Jacqueline dans ma classe en novembre 1994? Ceux qui m'ont côtoyée en furent très surpris. Cette année-là, j'enseignais dans une classe à divisions multiples de 5ᵉ et 6ᵉ années dont j'ignorais le contenu des programmes. Forte de mes convictions, j'ai préparé des ateliers en vue de les lui présenter. J'étais très nerveuse, mais fière de cette initiative. J'avais hâte de discuter de mes forces et de mes défis avec cette professionnelle de la gestion de classe participative. Elle me donna de judicieux conseils pour pallier certaines lacunes.

Jacqueline, je te remercie de ce magnifique outil de perfectionnement offert si généreusement. Il est une aide précieuse pour ma croissance pédagogique et le bien-être de mes apprenants. J'ai du bagage à expérimenter jusqu'à la fin de ma carrière.

À ma conseillère et à mon conseiller pédagogiques, un grand merci d'avoir cru en moi en m'offrant la chance de découvrir mes vraies valeurs et mes capacités face à l'apprentissage de cette nouvelle philosophie.

Donner mon témoignage d'expérimentation pour le recueil d'outils organisationnels sur la gestion de classe participative fut un défi de taille que je n'avais encore jamais relevé, mais ce fut vraiment gratifiant.

À toutes les enseignantes, je souhaite de vivre ce cheminement personnel de la gestion de classe participative; vous et vos élèves en ressentirez les bienfaits.

*Thérèse G. Comtois*
*Enseignante au primaire*
*Commission scolaire de l'Asbesterie*
*Asbestos*

## Un tournant dans ma carrière

La gestion de classe participative fut un tournant dans ma carrière. Œuvrant depuis trente ans dans l'enseignement, j'ai toujours voulu être à la page, mais les dernières années devenaient de plus en plus difficiles. Il me semblait que les élèves étaient de moins en moins «motivables».

En «faisant avec» les élèves, les problèmes de discipline ont diminué et le rapport enseignante-élèves est devenu plus détendu.

Les états d'âme, le menu du jour, le tableau d'harmonie, le tableau d'enrichissement, les mini-profs, les dyades d'entraide sont des moyens parmi tant d'autres qui se sont avérés efficaces. Les élèves deviennent de plus en plus autonomes; ils savent qu'ils sont écoutés, ils se sentent importants et moins écrasés. Ils ont un mot à dire et cela les responsabilise face à leurs succès ou à leurs échecs.

Une élève me disait: «J'avais hâte d'être dans ta classe, car chaque fois que je passais devant ta porte, je voyais que ce n'était jamais placé pareil, cela avait l'air intéressant, les élèves semblaient avoir du plaisir à apprendre.»

Pour réussir, il m'a fallu aller lentement, introduisant les changements un à la fois, en gardant en tête que je devais toujours être à l'écoute des élèves. J'ai éprouvé de la difficulté seulement quand je voulais aller trop vite.

La politique des petits pas participatifs est un défi constant qui me permet de vivre de belles expériences avec les élèves. Je sens un rajeunissement dans mon enseignement et cette motivation m'encourage à faire de plus grands pas vers les nouvelles avenues de l'an 2000.

*Rachel Desmarais*
*Enseignante au primaire*
*École St-Jean-Bosco*
*Hawkesbury (Ontario)*
*Conseil scolaire de Prescott-Russell*

## La première clé de la réussite: l'authenticité

Je crois que la principale raison qui m'a incitée à questionner ma gestion de classe résidait dans le fait qu'il m'était pénible de porter seule les réussites et surtout les échecs de ma classe. En impliquant les élèves, j'ai augmenté leur satisfaction, mais aussi leur responsabilisation. Il est agréable de constater que, même si parfois le «chapeau me fait», je ne suis plus seule à le porter. De plus, j'observe que les parents se sentent plus en confiance vis-à-vis du vécu de leur enfant et sont plus enclins à respecter les décisions du groupe.

Par contre, il y a des moments où je pense qu'il aurait été plus facile de ne pas m'ouvrir à ce style de gestion. Plus on apprend à écouter les enfants, plus on cherche à les respecter, plus on a de chances de se retrouver en déséquilibre. Je me surprends parfois à dire des «non» qui me dérangent. Alors, j'y pense... Puis je dis non en indiquant aux élèves une limite de temps, je dis non juste maintenant... Puis, la plupart du temps, je finis par trouver où le bât blesse... et finalement je dis oui.

Plus je fais de petits pas dans ce domaine, plus je réalise que c'est d'abord et avant tout une question de valeurs. Alors la première clé de réussite serait l'authenticité personnelle et la volonté de faire l'analyse de sa pratique.

En conclusion, pour moi, la gestion participative, c'est d'abord et avant tout l'embarquement volontaire dans un plan de croissance personnelle guidé, dans mon cas, par les binettes des 7 à 8 ans. C'est beau, parfois stressant, mais la vérité sort toujours de la bouche des enfants!

*Guylène Lefrançois*
*Enseignante de 2ᵉ année*
*École Soleil Levant*
*Richibouctou*
*(Nouveau-Brunswick)*

## Plus de motivation, des visages épanouis et une meilleure réussite

À six ans, je rêve de devenir enseignante.

À trente-sept ans, j'enseigne.

À trente-neuf ans, la déception et l'ennui me guettent sérieusement.

Je m'interroge sur ma pratique, mon apport en éducation et, très certainement, sur cette morosité qui m'étouffe après seulement deux ans d'enseignement. Me suis-je trompée? Je ne veux pas laisser s'enfuir mon rêve.

Qui cherche... trouve. Je commence par un tout petit pas. Je me rends à une journée de formation en gestion de classe participative. La personne-ressource engagée par ma commission scolaire se nomme Jacqueline Caron.

Après deux journées de formation, je chemine à petits pas: je consulte mes élèves, je les écoute et je sens renaître en moi cette passion qui m'avait quittée radicalement. L'ennui et la déception disparaissent pour faire place à la motivation, au défi et à la certitude.

Un autre petit pas me conduit au sein d'une équipe-ressource de la commission scolaire en gestion de classe participative. Je suis heureuse. Je rayonne. Mes élèves me demandent la permission de demeurer en classe pour terminer un travail et racontent aux visiteurs et à leurs parents qu'ils se sentent *importants, autonomes et responsables*. Je remarque chez mes élèves moins d'absentéisme, plus de motivation, des visages épanouis et une meilleure réussite.

J'ai le vent dans les voiles et je voyage ainsi depuis quatre ans, toujours plus haut, toujours plus loin. J'ai tout récemment reçu de véritables témoignages de gratitude, de confiance et de satisfaction lors d'une réunion de parents faite d'une façon très participative. J'ai bien sûr rencontré des difficultés lors de mon cheminement. Ces dernières m'ont permis de m'améliorer encore plus et de relever toujours de nouveaux défis, car je possède maintenant un pouvoir éducatif et de nouveaux outils pour l'actualiser.

La nouvelle philosophie que m'a fait découvrir Jacqueline avec la gestion de classe participative se résume en une phrase: «Pour moi, être prof, c'est une passion, une actualisation de moi-même et un rayonnement qui réchauffent et stimulent mes élèves en tant qu'êtres humains à part entière.»

Il m'est impossible de terminer ce témoignage sans souligner l'apport généreu , le professionnalisme incomparable et l'appui incommensurable de Jacqueline Ca on à qui je voue un grand respect et une gratitude infinie.

*Gaétanne Bigras-Pichette*
*Enseignante de 6ᵉ année*
*École De La Montagne*
*Commission scolaire Vallée-de-la-i èvre*
*Buckingham*

## *C'est comme si je commençais une nouvelle carrière*

Pour moi, après quinze ans dans l'enseignement, gérer ma classe de façon plus par-ticipative voulait dire avoir un nouveau travail, une nouvelle carrière. C'était comme si je commençais à enseigner, avec un enthousiasme et une patience sa s pareils. J'ai toujours eu a cœur les petits enfants; c'était donc une manière de vr - ment le prouver.

Pour les enfants, pouvoir gérer leur apprentissage et leur discipline, c'est toute ane affaire. Il y a dans ma classe une confiance, une autonomie incroyable. Les élè es s'occupent d'eux-mêmes et des autres en même temps. Quelle responsabilité! Quand on laisse aux enfants la chance de s'exprimer, de s'autodiscipliner, de se responsabiliser, on leur donne tout un bagage pour la vraie vie! Et enfin, il y a ui affection, un attachement et un respect entre les élèves et entre les élèves et moi-même.

La maman d'un petit m'a téléphoné le dernier jour de classe pour me dire que son enfant était arrivé à la maison en pleurant. Il ne voulait pas changer de niveau en septembre. Il voulait rester dans ma classe.

Il est impossible de faire tous ces changements dans une seule année, même si on est convaincu de leur importance. C'est comme dans n'importe quoi, il faut com-mencer en bas de l'échelle. Mais cela en vaut certainement la peine!

*Nicole Thériault-McIntyre*
*Enseignante de 2ᵉ année*
*École régionale de Baie Sainte-Anne*
*Baie Sainte-Anne*
*(Nouveau-Brunswick)*

## *S'outiller pour mieux gérer les différences...*

L'approche préconisée par Jacqueline Caron, dans son guide sur la gestion de classe participative, s'avère très appropriée pour aider les enseignantes à effectuer le virage pédagogique recommandé par le Programme d'études commun.

Le décloisonnement du secondaire en 9ᵉ année est, pour plus d'un prof, très désar-mant. Alors, le concept de la classe participative devient fort utile comme cadre péda-gogique. Certes, il y a des ajustements à faire pour l'implantation de cette approche au secondaire. Toutefois, c'est le concept qui importe plus que les outils préconisés.

Personnellement, je trouve fort utile les outils organisationnels pour gérer les pro-jets et les équipes de travail. D'autant plus qu'à notre école, comme équipe d'en-seignantes, nous nous sommes donnés des défis importants en ce qui a trait à la gestion de classe participative. De plus, cette formation m'a permis de rafraîchir mon approche de la gérance du climat de la classe. J'en profite aussi pour refiler mes expériences positives à notre équipe de titulaires.

En 9ᵉ année, avec les réalités que l'on vit actuellement (changements de programme, coupures de toutes sortes, décloisonnement, etc.), des difficultés plus grandes se posent, surtout quant aux rythmes d'apprentissage. À cet égard, il reste beaucoup à faire, autant sur le plan de l'ouverture d'esprit que sur le plan de l'acquisition des outils pour savoir «faire avec». Ce sera, personnellement, mes prochains pas comme enseignant, ainsi que mon objectif comme personne-ressource de convaincre mes confrères et consœurs de tenter, eux aussi, des pas modestes mais décisifs afin de s'outiller pour mieux gérer les différences dans une classe hétérogène.

*Serge Lefebvre*
*Enseignant, École secondaire*
*régionale de Hawkesbury (Ontario)*
*Conseil scolaire de Prescott-Russell*

## Témoignages du canton de Fribourg (Suisse)

*Objectiver sa pratique: un atout en gestion de classe*

Des groupes d'entraide pédagogique ont été créés à la suite d'un cours d'été sur la gestion de classe participative donné à Fribourg, en juillet 1995. Ces groupes se rencontraient sur une base volontaire en dehors de l'horaire scolaire pour objectiver leurs expérimentations. Prêtons l'oreille à leurs propos…

«Le temps qui semblait perdu en début d'année pour la mise en route de la gestion de classe participative, porte tous ses fruits maintenant. Des élèves de première année sont maintenant capables de travailler de façon autonome et efficace, ce qui n'était pas encore le cas en novembre dernier. On constate une fois de plus la nécessité de laisser agir le temps.»

*Un groupe d'enseignantes de 1ʳᵉ et*
*de 2ᵉ primaire*

«La fiche d'auto-évaluation du comportement est, elle aussi, source de riches échanges entre élève et enseignant, entre enseignant et parents, entre élèves et parents. On préfère la remettre aux parents une fois tous les deux mois environ, le rythme mensuel paraissant trop élevé.

«Cette évaluation se termine souvent par la détermination d'un défi que l'élève choisit de se donner pour une période. Défi noté et collé sur le pupitre, afin qu'il reste en vue et en mémoire.

«À l'école enfantine, le défi est symbolisé par une couronne que l'élève porte à certains moments; le défi est fixé pour une demi-journée.»

*Un groupe d'enseignantes de 5ᵉ et*
*de 6ᵉ primaire*
*Une éducatrice de l'école enfantine*

«Il me semble avoir passablement modifié mon approche de la préparation de l'année scolaire 95-96. J'ai changé la disposition de ma classe, ma grille-horaire, l'accueil des élèves et leur implication dans les apprentissages et le choix des matières.

«Je pense malgré tout à la politique des petits pas. Mais, c'est en dedans de moi que le plus grand pas a été accompli. Je ne suis pas ressorti indemne de mon cours d'été et j'en suis profondément ravi. C'était le moment pour moi d'apporter des changements au niveau de mon travail.»

*Michel Bussard*
*Enseignant de 6ᵉ primaire*

«J'ai beaucoup de plaisir à introduire de ces petits pas. Les enfants semblent très intéressés et ils participent. Le référentiel disciplinaire me simplifie la vie.

«La grande satisfaction du début de l'année est l'excellent déroulement de la réunion de parents. Il me semble qu'ils sont d'accord avec mes projets pédagogiques.

«Lors d'une rencontre avec l'inspecteur, celui-ci m'a dit souscrire à mon itinéraire pédagogique. La phrase "L'enfant doit passer avant le programme" rejoint ses vues, m'a-t-il dit.»

*Michel Kolly*
*Enseignant de 6ᵉ primaire*
*Extrait de «Mon projet éducatif de classe»*

# Remerciements

Le premier merci qui jaillit de mon cœur s'adresse aux enseignantes et aux enseignants qui ont cru au modèle participatif que je proposais. Ils ont accepté de se lancer dans des projets d'innovation et d'expérimentation au sein de leur école et de leur classe. Ils ont assumé la prise de risque que suppose «faire autrement». Sans ce témoignage d'appréciation, je n'aurais sûrement pas eu la motivation nécessaire pour poursuivre ce que j'avais entrepris il y a déjà neuf ans.

Un merci tout à fait spécial à Christiane Gagnon, formatrice à mon Centre, qui m'a accompagnée tout au long de ce projet d'écriture. Fidèle collaboratrice, elle m'a secondée dans l'élaboration de ce recueil d'outils en me fournissant des critiques pertinentes et en se rendant disponible pour assumer les tâches que je ne pouvais remplir faute de temps.

Comment passer sous silence l'appui et la collaboration que m'a accordés la maison d'édition! Tout d'abord, mes remerciements s'adressent à Robert Paré et à Hélène Day, qui ont su s'adapter aux exigences de mon travail d'animation au sein des écoles. La parution du recueil d'outils a été retardée d'une année, car j'ai éprouvé des problèmes de santé l'an passé. Le personnel de la maison d'édition a donc été contraint de composer avec l'échéancier souvent serré que je leur proposais. J'ai apprécié également le travail professionnel et efficace de ma conseillère en pédagogie.

Quant à mes collègues en consultation, la plupart d'entre eux ont accepté de m'accorder des droits d'auteurs afin de me permettre de réaliser cet ouvrage, qui se veut d'abord une relance du modèle participatif et ensuite un essai de vulgarisation de différentes nouvelles approches en éducation. Je leur suis reconnaissante et je les remercie au nom des enseignantes et des enseignants qui seront plus en mesure de faire des liens entre ces nouvelles approches éducatives.

Je désire aussi offrir tout un bouquet de remerciements aux commissions scolaires, aux écoles, aux enseignantes et aux enseignants qui ont accepté de diffuser leurs réalisations novatrices. C'est une façon de briser la solitude, l'individualisme et la compétition qui caractérisent parfois le milieu scolaire. C'est vraiment par l'échange, le partage et la coopération que peut se développer cette solidarité professionnelle. N'est-ce pas la condition essentielle de l'enrichissement ou de la transformation de la réalité de la classe?

Enfin, avec beaucoup de complicité, j'adresse un merci chaleureux aux animatrices de mon centre de formation qui ont collaboré à la création de divers outils insérés dans le présent recueil. Merci à Lisette Ouellet, à Muriel Brousseau-Deschamps, à Micheline Béchard, à Louise Lepage, à Monique Dumont et à Sylvie Côté. Et que dire de ma secrétaire, Martine Lavoie, qui a développé l'art de me seconder à distance! Merci pour sa disponibilité, son professionnalisme et son sens des responsabilités.

Je ne saurais terminer ces remerciements sans m'adresser à la Vie qui est toujours présente en moi. Je souhaite de tout cœur la conserver encore longtemps. Je formule le souhait que cette vie, cette passion et cette santé continuent de circuler non seulement en moi, mais aussi au plus profond de chaque éducatrice et de chaque enseignante...

# Quand revient septembre...

Au soleil qui déjà plongeait
dans la suite des mois humides,
j'ai dérobé le feu
et je l'ai planté
au cœur de mes jours.
Je l'ai nommé «passion»
afin qu'il anime mes pas
sur le long fil
du temps qui se renouvelle.

Aux fenêtres qui se ferment
frileuses et pourtant transparentes,
j'ai dérobé l'art des reflets
et je l'ai cultivé
au cœur de mes jours.
Je l'ai nommé «projet»
pour qu'il me renvoie
sur le long fil
des gestes en apparence déliés.

Aux nuées d'oiseaux en partance
vers des pays songeurs,
j'ai dérobé l'élan
et je l'ai enfoui
au cœur de mes jours.
Je l'ai nommé «goût du risque»
pour qu'il me tire en avant
sur le long fil
des défis toujours souverains.

Aux jours pâles, aux jours gris,
à leur fertilité fragile,
j'ai dérobé la continuité
et je l'ai semée
au cœur de mes jours.
Je l'ai nommée «persévérance»
pour qu'elle soutienne ma ferveur
sur le long fil
des petits pas qui mènent au changement.

Et j'ai ouvert mes bras
chargés de rêves à partager,
d'enfants à voir grandir.
Ils sont venus de partout,
celles et ceux qui comme moi
cherchent à briser la vieille écorce
de l'isolement et de la peur.
Aujourd'hui, «nous tenons ensemble»
le beau fil de la vie.

LISE LACHANCE

*Je dédie ce recueil d'outils organisationnels à tous ceux et celles qui ont le goût du risque et qui aspirent à faire autrement dans leur classe.*

# Table des matières

**INTRODUCTION** RAFFINER SON MODÈLE PARTICIPATIF:
UN PROJET À PERSONNALISER . . . . . . . . . . . . . . . . . . 1

**CHAPITRE 1** DÉCOUVRIR LE FIL CONDUCTEUR DE
NOUVELLES APPROCHES ÉDUCATIVES:
LA PARTICIPATION DE L'APPRENANT . . . . . . . . . . . 5

**CHAPITRE 2** REVOIR SES CADRES DE RÉFÉRENCE . . . . . . . . . . . 9

**CHAPITRE 3** PLANIFIER SON EXPÉRIMENTATION . . . . . . . . . . . . 15

**CHAPITRE 4** ENRICHIR SA PRATIQUE: CRÉER UN CLIMAT
PROPICE À L'APPRENTISSAGE . . . . . . . . . . . . . . . . . 25

**4.1** Des moyens différents… pour des
comportements différents . . . . . . . . . . . . . . . . . . . . 33

**4.2** Un premier pas à franchir… des procédures
à clarifier et à appliquer . . . . . . . . . . . . . . . . . . . . 45

**4.3** Conséquences du cœur ou conséquences-cadeaux? . . . 53

**4.4** Un contrat avec un élève, pourquoi pas? . . . . . . . . . 67

**4.5** Des allégories pour nourrir le climat . . . . . . . . . . . . 79

**4.6** Vivre la motivation au jour le jour . . . . . . . . . . . . . 96

**4.7** De la rétroaction positive à l'élève… c'est
payant! . . . . . . . . . . . . . . . . . . . . . . . . . . . . . . . . 110

**4.8** Enseigner sans perdre les pédales . . . . . . . . . . . . . . 114

**4.9** Es-tu une intervenante cohérente? . . . . . . . . . . . . . 120

**4.10** Les parents, des atouts essentiels
à la réussite éducative . . . . . . . . . . . . . . . . . . . . . . 124

Références bibliographiques . . . . . . . . . . . . . . . . . . . . . . 133

**CHAPITRE 5** ENRICHIR SA PRATIQUE: STRUCTURER
SON CONTENU . . . . . . . . . . . . . . . . . . . . . . . . . . 135

**5.1** L'ABC de l'apprentissage . . . . . . . . . . . . . . . . . . . 139

**5.2** Mes premiers pas vers un enseignement
plus stratégique . . . . . . . . . . . . . . . . . . . . . . . . . . 144

**5.3** La PNL, un atout de plus . . . . . . . . . . . . . . . . . . . 161

**5.4** Apprivoiser la gestion mentale . . . . . . . . . . . . . . . . 170

**5.5** Un peu plus loin en méthodologie
du travail intellectuel . . . . . . . . . . . . . . . . . . . . . . 188

**5.6**  Des stratégies... dans la vie de tous les jours . . . . . 202

**5.7**  Un agenda «animé» . . . . . . . . . . . . . . . . . . . . . . . . 213

**5.8**  Des apprentissages intégrés à évaluer . . . . . . . . . . 223

Références bibliographiques . . . . . . . . . . . . . . . . . . . . . . . 233

**CHAPITRE 6**  ENRICHIR SA PRATIQUE: DONNER DU POUVOIR
À L'ÉLÈVE SUR SES APPRENTISSAGES . . . . . . . . . . 235

**6.1**  Parle-moi de toi et de tes apprentissages . . . . . . . . 241

**6.2**  Les habiletés: des richesses à observer
et à exploiter . . . . . . . . . . . . . . . . . . . . . . . . . . . . . 249

**6.3**  Savoir décoder et gérer les styles d'apprentissage . . . 258

**6.4**  Planifier et évaluer... deux inséparables . . . . . . . . 271

**6.5**  Des scénarios d'enseignement-apprentissage
à l'ombre des ateliers . . . . . . . . . . . . . . . . . . . . . . 279

**6.6**  Une nouvelle piste à explorer: les centres
d'apprentissage . . . . . . . . . . . . . . . . . . . . . . . . . . . 286

**6.7**  Intégrer des matières pour mieux intégrer
des apprentissages . . . . . . . . . . . . . . . . . . . . . . . . . 299

**6.8**  Vers un apprentissage coopératif . . . . . . . . . . . . . . 317

Références bibliographiques . . . . . . . . . . . . . . . . . . . . . . . 333

**CHAPITRE 7**  ENRICHIR SA PRATIQUE: DÉVELOPPER UNE
ORGANISATION DE CLASSE PLUS OUVERTE . . . . . 335

**7.1**  La gestion des sous-groupes de travail . . . . . . . . . 341

**7.2**  Mieux gérer les ateliers, est-ce possible? . . . . . . . . 356

**7.3**  Apprendre avec Ordino . . . . . . . . . . . . . . . . . . . . . 369

**7.4**  Quand le salon de lecture s'anime . . . . . . . . . . . . . 380

**7.5**  Apprendre dans la vraie vie . . . . . . . . . . . . . . . . . . 398

**7.6**  Un conseil étudiant, quelle richesse! . . . . . . . . . . . 411

**7.7**  Et nous, les spécialistes? . . . . . . . . . . . . . . . . . . . . 418

**7.8**  Un défi à relever: la gestion des classes
multiprogrammes . . . . . . . . . . . . . . . . . . . . . . . . . .423

Références bibliographiques . . . . . . . . . . . . . . . . . . . . . . . 431

**CONCLUSION**  SE RÉAPPROPRIER SA PROFESSION... UNE
URGENCE! . . . . . . . . . . . . . . . . . . . . . . . . . . . . . . . 433

# Quelques principes de base

Avant de se lancer dans l'utilisation de ce recueil d'outils, il est important de se rappeler quelques principes de base. Ils donnent une vue d'ensemble du processus de croissance pédagogique.

- Partir de son savoir d'expérience afin d'aller plus loin.

- Utiliser des cadres de référence et des points de repère pour cerner son portrait ou pour analyser son cheminement.

- Décoder non seulement ses faiblesses, mais aussi ses forces.

- Respecter son propre rythme d'apprentissage.

- Avoir le souci de planifier les étapes de son projet d'expérimentation.

- Établir des liens entre les cadres théoriques et sa pratique quotidienne.

- Exploiter les démarches et les stratégies suggérées de façon adaptée, en les personnalisant.

- Utiliser l'entraide et la coopération avec ses pairs.

- Établir des moments formels de prise de conscience, d'objectivation et d'auto-évaluation.

- Élaborer un plan d'action réaliste, défini par des gestes concrets, facilement observables et mesurables.

- Éviter les vœux pieux, les discours philosophiques qui ne débouchent pas sur un engagement quotidien.

# *Découvrir le fil conducteur de nouvelles approches éducatives: la participation de l'apprenant*

- Modifier le contexte de la classe

- Construire les savoirs

- Mieux communiquer

## DÉCOUVRIR LE FIL CONDUCTEUR DE NOUVELLES APPROCHES ÉDUCATIVES: LA PARTICIPATION DE L'APPRENANT

L'élève est, dans le cadre de la psychologie cognitive, l'agent principal de ses apprentissages; c'est pourquoi sa participation, son engagement, son implication dans la gestion de ses apprentissages comme dans la gestion de la classe favorisent la construction des savoirs, des savoir-faire et des savoir-être nécessaires à son développement et à sa croissance.

Les approches pédagogiques qui ont cours actuellement dans les écoles du Québec et dans les milieux francophones hors du Québec ont en commun la participation de l'élève et ce, sur les plans cognitif, social et organisationnel.

### Modifier le contexte de la classe

Certaines approches, telle la **gestion participative**, contribuent à *modifier le contexte de la classe*. La gestion participative comprend:

- la gestion du climat (relations entre l'enseignante et l'élève ou entre l'élève et ses pairs, règles de vie en classe, motivation, résolution de conflits, etc.);
- la gestion des apprentissages (planification de la démarche d'enseignement et d'apprentissage, évaluation, etc.);
- la gestion du contenu (objectifs poursuivis, démarches, stratégies, etc.);
- la gestion de l'organisation de la classe (gestion du temps, de l'espace, des groupes de travail).

L'**apprentissage coopératif** crée également, dans le contexte de la classe, des conditions favorables à l'interaction entre les pairs, et incite à la participation des apprenants, qui deviennent responsables de la construction de leurs savoirs. L'apprentissage coopératif vise l'amélioration de la réussite des apprenants grâce à la qualité de leurs relations entre eux et au sentiment d'appartenance à un groupe. Les bénéfices de l'apprentissage coopératif sont nombreux:

- Chaque élève a la chance de parler de ce qu'il apprend;
- Cette approche permet de respecter les styles d'apprentissage différents;
- Cette approche permet aux élèves de s'investir davantage dans leurs apprentissages;
- Au moyen de cette approche, les élèves deviennent plus autonomes et développent nombre d'habiletés sociales.

Quant au **travail en projet**, il favorise l'implication des élèves, ce qui a un effet positif sur la motivation. Le projet se situe dans une approche intradisciplinaire, interdisciplinaire ou transdiciplinaire. Il faut choisir les objectifs à poursuivre, les stratégies à élaborer, les activités à réaliser pour en arriver à une ou plusieurs productions, ou pour pouvoir décider quelles actions poser.

Le travail en projet amène l'élève à fonctionner de façon créative dans un contexte d'apprentissage où il y a interaction. De plus, le travail en projet sollicite chez l'élève des habiletés cognitives et socio-affectives.

## Construire les savoirs

D'autres approches visent surtout à amener les élèves à construire leurs savoirs; l'apprentissage y est considéré comme un processus actif et constructif. Pour mieux connaître et comprendre ce qu'est l'apprentissage, on peut utiliser trois approches:

L'**enseignement stratégique** qui, prenant appui sur la psychologie cognitive, est axé sur l'analyse, la compréhension et la reproduction du processus de traitement de l'information. L'enseignement stratégique décrit l'apprentissage comme:

- l'établissement de liens entre les connaissances antérieures et l'information nouvelle;

- l'organisation constante des connaissances;

- l'élaboration de stratégies cognitives et métacognitives qui facilitent le transfert.

Selon l'enseignement stratégique, la motivation de l'élève détermine son degré de participation et de persistance dans ses expériences d'apprentissage.

Cette approche tente également de décrire comment l'être humain parvient à réutiliser l'information qu'il a intégrée dans sa mémoire à long terme et comment il transfère ses connaissances d'une situation à une autre.

L'**actualisation du potentiel intellectuel (API)** fait ressortir principalement l'importance des expériences d'apprentissage médiatisé. Dans cette approche, le médiateur joue un rôle de premier plan dans le développement des stratégies de résolution de problèmes, des concepts et des principes de vie.

L'objectif poursuivi lors d'une leçon de médiation est de mettre l'élève dans une situation de résolution de problèmes dont il ne pourra venir à bout qu'en utilisant la stratégie appropriée et ce, afin de lui faire prendre conscience de l'avantage d'utiliser cette stratégie. Cette approche vise principalement à remédier aux effets de la privation de médiation sur le développement intellectuel et humain.

La **gestion mentale** permet de mieux comprendre les composantes de la vie mentale. L'enseignement explicite de la structure opératoire des gestes mentaux permet à l'apprenant de prendre du pouvoir sur lui-même et d'augmenter l'efficience de ses capacités mentales.

C'est au moyen du dialogue pédagogique utilisé à la fois individuellement et collectivement en classe que l'apprenant prend conscience de ses capacités et des statégies dont il se sert ou dont il pourrait se servir.

L'utilisation du concept d'évocation, qu'elle soit auditive ou visuelle, représente le point d'ancrage du processus de traitement de l'information. Le projet mental visant à donner un sens au perçu est la condition essentielle de la mise en pratique de l'évocation.

## Mieux communiquer

Quant à la **programmation neurolinguistique (PNL)** et à la **thérapie de la réalité**, ce sont des approches qui permettent de mieux communiquer. Elles visent principalement la qualité de la relation enseignante-élèves, et les techniques d'intervention utilisées influencent de façon importante le contexte de la classe.

La programmation neurolinguistique offre aux enseignantes des techniques efficaces qui répondent aux besoins suivants:

• Mieux connaître leurs structures de pensée et de comportement afin de retenir celles qu'elles juge utiles de conserver et de transmettre à leurs élèves parce qu'elles lui paraissent performantes;

• Savoir utiliser des outils de communication efficaces afin d'établir une bonne relation avec les élèves, bref d'assurer une communication authentique et efficace.

Quant à la thérapie de la réalité, c'est une philosophie d'intervention permettant d'exercer, à l'école, un encadrement non violent exempt de coercition.

L'encadrement basé sur les principes de la thérapie de la réalité propose d'établir un lien significatif avec les élèves, d'affirmer le leadership du personnel enseignant en classe, de respecter les élèves et de créer un climat de sécurité.

Toutes ces approches pédagogiques sont au service de l'enseignement et de l'apprentissage; l'application de l'une ou l'autre permet, sur des plans différents, une plus grande participation de l'élève et son engagement dans la construction de ses savoirs.

# CHAPITRE 2

## *Revoir ses cadres de référence*

- Concept «gestion de classe»

- Composantes de la gestion de classe

- Styles de gestion de classe

- La naissance d'un style de gestion de classe

- Mon projet de perfectionnement

# CONCEPT «GESTION DE CLASSE»

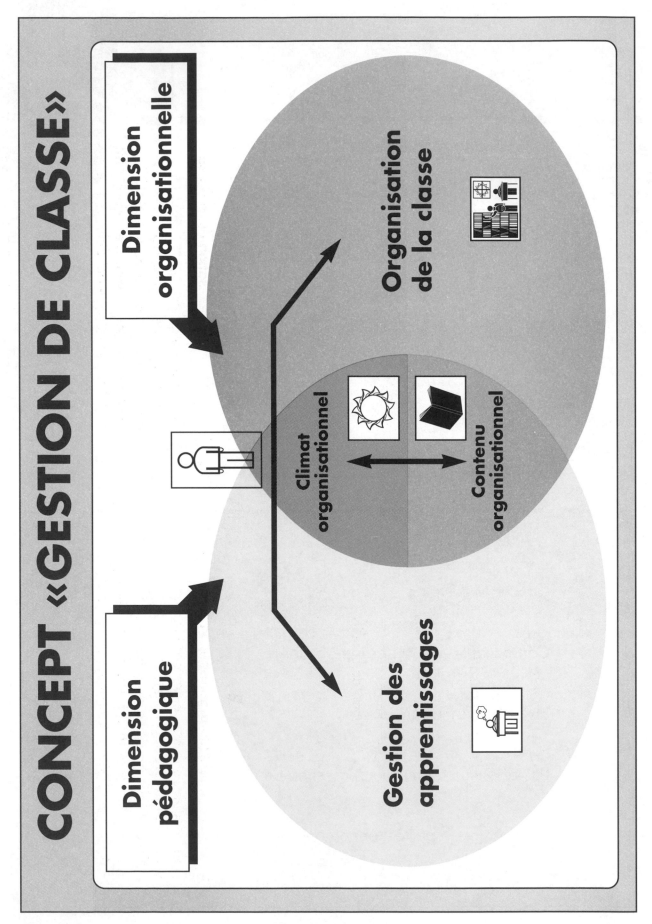

Dimension organisationnelle

Organisation de la classe

Climat organisationnel

Contenu organisationnel

Dimension pédagogique

Gestion des apprentissages

# COMPOSANTES DE LA GESTION DE CLASSE

## 1
### Climat organisationnel

– Attitudes
– Relations
– Motivation
– Discipline
– Résolution de conflits

## 2
### Contenu organisationnel

– Philosophie, orientation des programmes
– Conception de l'apprentissage
– Objectifs des programmes d'études
– Démarches, procédures, stratégies d'enseignement
– Approches liées au traitement du contenu

## 3
### Apprentissage et enseignement

– Planification
– Animation et médiation
– Objectivation
– Évaluation
– Réinvestissement et transfert
– Démarches, procédures, stratégies d'apprentissage
– Méthodologie du travail intellectuel
– Rythmes d'apprentissage
– Styles d'apprentissage

## 4
### Organisation de la classe

– Gestion du temps
– Aménagement de l'espace
– Gestion des groupes de travail
– Utilisation des moyens d'enseignement
– Utilisation du matériel didactique et pédagogique

# STYLES DE GESTION DE CLASSE

Le schéma suivant illustre la place particulière de la gestion de classe participative par rapport aux autres types de gestion de classe. Il fait bien ressortir l'accent mis par la gestion de classe participative sur l'intégration des trois E.

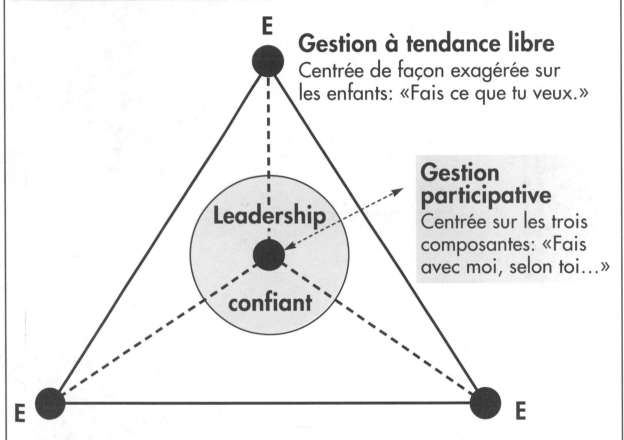

**E**

**Gestion à tendance libre**
Centrée de façon exagérée sur les enfants: «Fais ce que tu veux.»

**Gestion participative**
Centrée sur les trois composantes: «Fais avec moi, selon toi…»

**Leadership**

**confiant**

**E**

**Gestion mécanique**
Centrée sur le contenu:
«Fais comme on te dit de faire.»

**E**

**Gestion fermée**
Centrée sur l'enseignante:
«Fais comme je fais ou comme je dis.»

# LA NAISSANCE D'UN STYLE DE GESTION DE CLASSE

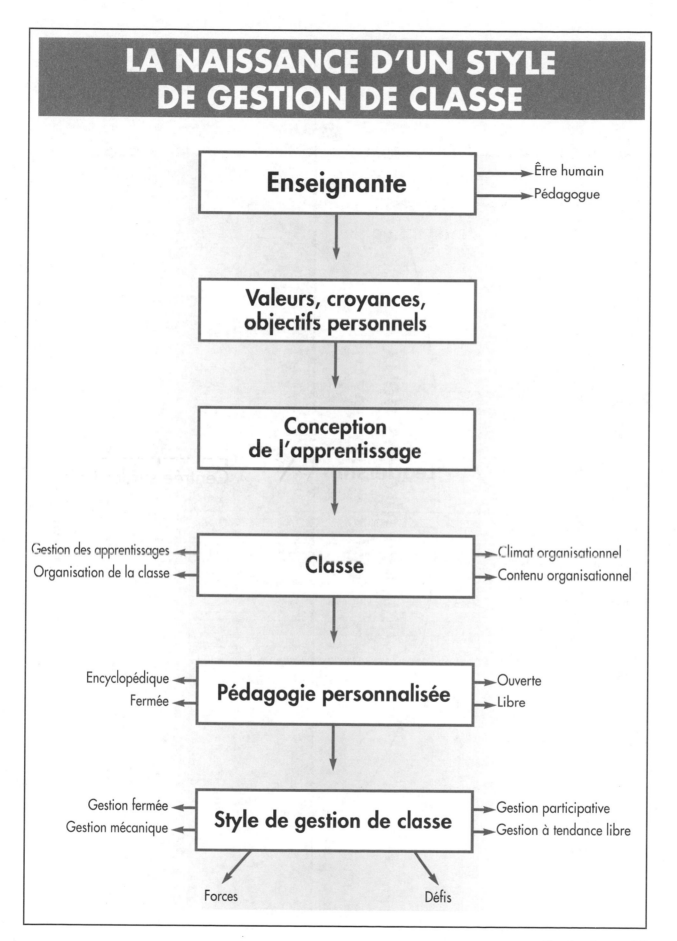

# MON PROJET DE PERFECTIONNEMENT

**Écart entre les deux:
défis à relever**

Situation
souhaitée

Situation
de départ

Savoir d'expérience
(forces, faiblesses)

Savoir théorique
et savoir pratique
(politique des petits pas
participatifs)

Savoir intégré
(amélioration continue)

# CHAPITRE 3

# Planifier son expérimentation

- La re-création du savoir

- Un instrument de travail pour cerner mon défi

- Un instrument de travail pour objectiver mon expérimentation

- Un instrument de travail pour évaluer mon projet

- Un instrument de travail pour me réinvestir dans un nouveau projet

# LA RE-CRÉATION DU SAVOIR (Modèle de Gérard Artaud)

## 1. Savoir d'expérience

Parle-moi de ta pratique.
Qu'est-ce qui te plaît dans ta classe?
Quelles sont tes forces? tes faiblesses?

## 2. Savoir théorique

Qu'est-ce qui te questionne?
Que désires-tu explorer avec moi?
Sur quels éléments puis-je te soutenir?

## 3. Savoir intégré

Que comptes-tu faire maintenant?
Quels sont les petits pas que tu désires
faire dans l'immédiat?
Quel pourrait être ton plan d'action?

*Source: D'après Gérard Artaud, L'intervention éducative, Ottawa, Éditions de l'Université d'Ottawa, 1985.*

**UN INSTRUMENT DE TRAVAIL POUR CERNER MON DÉFI**

**Tu es prête à relever le défi?**

1. Quand je regarde la vie de ma classe,

   – qu'est-ce qui me satisfait?

   _____

   _____

   _____

   – qu'est-ce qui m'interroge?

   _____

   _____

   _____

2. Si j'avais à cibler, parmi les aspects mentionnés dans la première question, un défi à relever, une «priorité de développement», qu'est-ce que je choisirais?

   _____

   _____

   _____

3. Cette problématique relève-t-elle

   – du climat organisationnel?                ❏

   – du contenu organisationnel?               ❏

   – de la gestion des apprentissages?         ❏

   – de l'organisation de la classe?           ❏

4. Quels sont les gestes concrets que je peux poser pour améliorer la situation actuelle?

   _____

   _____

   _____

5. Quel est le geste que je choisis pour relever dès maintenant mon défi?

   _____

   _____

   _____

6. Quelles sont les ressources humaines ou matérielles dont je dispose pour relever mon défi?

_____

_____

_____

Quelles sont les ressources humaines ou matérielles dont j'aurai besoin?

_____

_____

_____

7. Quand est-ce que je commence?

_____

_____

Par quoi est-ce que je commence?

_____

_____

À quel moment m'arrêterai-je pour faire le point?

_____

_____

Combien de temps est-ce que je me donne pour réaliser mon projet?

_____

_____

8. Je relis maintenant ce que j'ai noté pour la préparation de mon projet. Y a-t-il des aspects à clarifier, des détails à préciser?

_____

_____

_____

Me voici donc prête à entreprendre la réalisation de mon projet!

## 2 ▶ UN INSTRUMENT DE TRAVAIL POUR OBJECTIVER MON EXPÉRIMENTATION

Voici quelques pistes qui peuvent t'aider à «objectiver» le défi que tu es en train de relever face à la gestion de classe participative.

**Je suis capable de nommer**

1.  ce que j'ai appris à faire;

_____

_____

_____

2.  ce que je suis capable de faire avec aisance, avec facilité;

_____

_____

_____

3.  ce que j'ai encore du mal à faire.

_____

_____

_____

**Je suis capable de raconter**

4.  ce que j'ai fait;

_____

_____

_____

5.  pourquoi je l'ai fait;

_____

_____

_____

6. comment je m'y suis prise;

_____

_____

_____

7. ce que j'ai aimé;

_____

_____

_____

8. ce que je n'ai pas aimé;

_____

_____

_____

9. les difficultés auxquelles j'ai été confrontée;

_____

_____

_____

10. les réussites, les joies que j'ai vécues;

_____

_____

_____

11. les défis que je veux relever pour continuer mon apprentissage.

_____

_____

_____

# 3 ▶ UN INSTRUMENT DE TRAVAIL POUR ÉVALUER MON PROJET

Voici quelques pistes pour évaluer ton apprentissage dans le défi que tu as choisi de relever face à la gestion de ta classe. Elles te permettront d'évaluer

- ton savoir;

- ton savoir-faire;

- ton savoir-être.

## 1. Mon savoir

- Tous les éléments du défi que j'ai relevé sont clairs; je possède toutes les données sur la question. ❑

- Quelques éléments sont en suspens; certains renseignements me manquent. ❑

- Rien n'est clair; je manque d'information. ❑

## 2. Mon savoir-faire

- C'est devenu facile pour moi. ❑

- Je suis capable même si j'éprouve encore quelques difficultés. ❑

- Même après plusieurs essais, je suis encore en difficulté. ❑

## 3. Mon savoir-être

- Je me suis sentie bien dans cette expérience. ❑

- J'ai eu peur parfois ou j'ai été contrariée, mais je tenais à mon défi. ❑

- Je me sens en conflit de valeurs par rapport à mon défi. ❑

# 4 ▶ UN INSTRUMENT DE TRAVAIL POUR ME RÉINVESTIR DANS UN NOUVEAU PROJET

Tu es fière d'avoir réalisé ton projet. Tu as envie de relever un nouveau défi. Avant, prends le temps de faire le point.

1. Qu'est-ce qui m'a satisfaite dans cette expérimentation?

_____

_____

_____

2. Qu'est-ce que je veux garder de cette expérimentation?

_____

_____

_____

3. Qu'est-ce que je ne veux pas garder de cette expérimentation?

_____

_____

_____

4. Qu'est-ce que je voudrais améliorer?

_____

_____

_____

5. Qu'est-ce qui me questionne encore?

_____

_____

_____

6. Qu'est-ce que j'ajouterais?

_____

_____

_____

7. Quel est le prochain défi que je veux relever?

_____

_____

_____

Si ton nouveau défi touche

- le climat de la classe, consulte les pages 81 à 184 dans le volume 1 et les pages 25 à 133 dans le volume 2;

- le contenu organisationnel, consulte les pages 185 à 270 dans le volume 1 et les pages 135 à 233 dans le volume 2;

- la gestion des apprentissages, consulte les pages 271 à 332 dans le volume 1 et les pages 235 à 333 dans le volume 2;

- l'organisation de la classe, consulte les pages 333 à 434 dans le volume 1 et les pages 325 à 431 dans le volume 2.

*C'est un nouveau départ vers le pays de la participation.*
*Bonne route et heureuses découvertes!*

# CHAPITRE 4

## Enrichir sa pratique: créer un climat propice à l'apprentissage

**4.1** Des moyens différents… pour des comportements différents

**4.2** Un premier pas à franchir… des procédures à clarifier et à appliquer

**4.3** Conséquences du cœur ou conséquences-cadeaux?

**4.4** Un contrat avec un élève, pourquoi pas?

**4.5** Des allégories pour nourrir le climat

**4.6** Vivre la motivation au jour le jour

**4.7** De la rétroaction positive à l'élève… c'est payant!

**4.8** Enseigner sans perdre les pédales

**4.9** Es-tu une intervenante cohérente?

**4.10** Les parents, des atouts essentiels à la réussite éducative

**Références bibliographiques**

**UNE CLÉ MAÎTRESSE:**
la communication authentique

Chaleur de l'accueil

Coopération

Cohérence

Confiance
Cordialité
Compréhension
Confrontation positive

Cogestion des
règles de vie
et des procédures
de fonctionnement
Concertation
Complicité

Clarté des exigences
Constance
Crédibilité

# UNE CLÉ MAÎTRESSE: LA COMMUNICATION AUTHENTIQUE

## Mise en situation

Maryse enseigne depuis cinq ans. Rodolphe en est à sa vingtième année d'expérience auprès d'élèves du 2e cycle du primaire. Ils échangent souvent sur l'importance d'un bon climat pour apprendre.

Malgré cette conviction, ils s'interrogent:

«Comment créer un climat motivant?
– Par où commencer?
– Que faire quand le climat se gâte?»

Peut-être te poses-tu les mêmes questions? Ou peut-être aimerais-tu aider Maryse et Rodolphe? Les pistes qui suivent t'aideront sûrement.

# DES PISTES POUR CRÉER ET MAINTENIR UN CLIMAT PROPICE À L'APPRENTISSAGE

1. Revois d'abord les données fournies dans les pages suivantes:

| Volume 1 |
| --- |
| **p. 92 à 99:** Grille d'auto-analyse |
| **p. 290 à 294:** Animation de situations d'apprentissage |

| Volume 2 |
| --- |
| **p. 28 à 31:** Les clés du climat |
| **p. 7 et 8:** Des approches pour mieux communiquer |

2. Prends connaissance des clés de la page précédente. Quelles clés proposerais-tu à Rodolphe et à Maryse?

3. Complète l'illustration des diverses manifestations de la communication authentique à l'aide du volume 1:

| Volume 1 |
| --- |
| **p. 51 à 57:** Décodage des attentes mutuelles |
| **p. 58 à 63:** Accueil des élèves dans la classe en début d'année |
| **p. 64 à 76:** Décodage des intérêts personnels |
| **p. 77 à 85:** Décodage des états d'âme |
| **p. 88 à 90:** Évaluation du rôle de l'enseignante en classe par les élèves |
| **p. 114 et 115:** Planification de stratégies pour un bon climat |
| **p. 118 à 135:** Élaboration d'un référentiel disciplinaire |
| **p. 136 à 140:** Auto-évaluation des comportements |
| **p. 149 à 151:** Démarrage d'un conseil de coopération |
| **p. 152 à 158:** Moyens pour régler les conflits |
| **p. 355 à 357:** Partage des responsabilités |
| **p. 364 à 368:** Développement de l'entraide en classe |

| Volume 2 |
| --- |
| **p. 25 à 133:** chapitre 4 «Enrichir sa pratique: créer un climat propice à l'apprentissage». Ce chapitre t'aidera sûrement. |
| Tu peux aussi consulter d'autres outils: |
| **p. 161 à 169:** La PNL, un atout de plus |
| **p. 317 à 332:** Vers un apprentissage coopératif |

# Les clés du climat

## LA COMMUNICATION AUTHENTIQUE

Communiquer, c'est facile, oui ou non? Oui, parce que tous les jours, à tous moments, on communique avec ceux qui nous entourent. Non, parce que nous ne nous arrêtons pas assez sur ce que nous voulons communiquer, sur les raisons pour lesquelles nous voulons le faire, et sur le moyen le plus performant pour atteindre notre objectif.

Pour être authentique, la communication doit s'appuyer sur ce qu'est vraiment la personne, et non sur son masque ou sur son personnage.

Est-ce que c'est moi, avec mes forces et mes limites, avec mes besoins et mes peurs qui communique, ou le personnage du «bon prof» en moi?

«Aujourd'hui, les élèves, je ne me sens pas vraiment en forme. Je dois passer des examens médicaux et cela m'énerve un peu. J'ai besoin de votre aide pour passer une journée comme on est capable d'en faire… une super calme. Acceptez-vous de m'aider?»

### LA CHALEUR DE L'ACCUEIL

Douce chaleur qui réchauffe les cœurs les plus froids et craintifs et qui fait germer, au fil des saisons, le sentiment d'être reconnu, conjugué au plaisir d'apprendre.

La clé de l'accueil s'utilise beaucoup sur le mode non verbal. La lumière d'un sourire, le réconfort d'une main sur une épaule, la reconnaissance d'un clin d'œil, l'ouverture accueillante des bras tendus, d'une paume ouverte et une mimique qui, à chaque regard rencontré, dit la même joie de se retrouver, différents mais ensemble. Que ton premier bonjour soit le chaud salut avec le prénom de l'enfant, qui t'offre sa merveilleuse capacité d'apprendre et te propose de découvrir encore avec lui ton plaisir d'être enseignante.

### La confiance

Belle et vieille clé, facilement cassée. La confiance est pourtant nécessaire à toute relation. C'est vrai, écoute… Comment réussit l'élève en lequel tu n'as pas confiance? C'est vrai, n'est-ce pas? Les élèves en lesquels tu crois réussissent bien? L'effet Pygmalion a déjà démontré cela.

Par chance, la confiance se gagne et se construit de part et d'autre. Pas à pas, elle se reforme lorsqu'elle s'était éteinte sous le souffle de demandes trop grandes qui ne tenaient pas assez compte des différences.

### La cordialité

Comment traduire ce que tu ressens à l'intérieur au moment de la rencontre d'une personne cordiale? Est-ce son ton de voix qui te touche ou une étincelle dans son regard? D'où vient ce sentiment de bien-être rassurant? Est-ce quelque chose que tu vois dans ses gestes et ses comportements?

Et toi? Tu as aussi de ces gestes, de ces mots et de cette émotion intérieure qui deviennent langage favorisant l'ouverture du cœur à l'autre? Réalise bien la richesse de cette clé, tu pourras l'utiliser plus souvent.

## La compréhension

«Oui, Pierre-Antoine, je te comprends. L'école, c'est "pourri" pour toi, et tu en as par dessus la tête que tout le monde n'arrête pas de te demander des niaiseries de devoirs.»

Une telle compréhension amène l'adulte à voir, à entendre et à ressentir la réalité telle que le jeune la vit. C'est très souvent le point de départ vers un échange qui débouchera sur un contrat, une entente dans laquelle chacune des parties sera satisfaite. Comprendre comme cela, c'est accepter l'autre à 100 %; c'est aussi de l'empathie.

## La confrontation positive

Différente de l'affrontement, cette clé te permet, par exemple, de refuser une permission à un élève en lui expliquant clairement les raisons de ta décision. Elle te permet aussi d'exprimer à un collègue, peut-être, une opinion différente de la sienne, sans tomber dans l'agressivité ou la démission.

De plus, la personne qui possède cette clé a aussi en elle un trésor souvent inconnu. C'est la confiance en soi qui annihile la peur. Peur d'être jugée («C'est pas un bon prof»). Peur d'être remise en question («Qu'elle fasse donc comme les autres au lieu de vouloir se montrer meilleure!»). Et la plus grosse peur, celle qui nous enferme à double tour comme le plus sévère des geôliers: la peur de ne pas être aimée. Car, en effet, on aime ce qui est pareil à soi, d'où le danger d'être différente. Mais si on aime ce qui nous ressemble, on apprend par contre de ce qui est différent.

Alors quelle clé merveilleuse que celle qui nous permet de nous confronter pour apprendre et découvrir dans les différences! Par exemple, avec ceux qui cherchent plus à éviter les problèmes et avec ceux qui sont motivés par le nouveau; avec ceux qui ont besoin de plusieurs choix et avec ceux qui préfèrent une recette très précise; avec ceux qui aiment travailler seuls et avec ceux qui préfèrent le travail d'équipe; avec ceux qui trouvent ce qui est pareil d'une situation à l'autre et avec ceux qui recherchent les différences; avec ceux qui orientent tout vers eux et avec ceux qui se tournent vers les autres…

## LA COHÉRENCE

«Oui, je crois que tu es capable, vas-y!», «C'est vrai, vous avez raison les élèves, le règlement de l'école est valable pour toutes les personnes qui y vivent. Plus de café dans la classe!», «Plus personne ne circule dans l'école avec ses bottes. Et cela pour tout le monde!» Projet d'une vie, la cohérence est un élément important qui bâtit la crédibilité et qui instaure la confiance.

Cohérence entre les demandes et les comportements et cohérence dans la façon de vivre les exigences de la vie à l'école. En effet, si chaque enseignante applique les règlements de façon différente, les comportements déviants des élèves renverront aux adultes leur manque de cohérence. La cohérence demande une communication authentique avec soi-même pour connaître ses valeurs, ses besoins et ses limites, mais aussi une communication avec les autres pour établir de façon claire et solide les pistes d'une cohérence à l'école… une cohérence en éducation.

## La clarté des exigences

«Soyez sages», «Écoutez bien», «Je veux des devoirs bien faits», «Respectez-vous», «Prenez-vous en main», «Soyez autonomes». Autant de consignes, autant de compréhensions différentes. Il est nécessaire, voire même essentiel, de chercher à les préciser en termes sensoriels (ce que je vois, ce que j'entends, ce que je ressens… lorque vous êtes sages, attentifs, etc.), afin de permettre aux jeunes de bien répondre à la demande. Cette clarté permet aussi de discuter les exigences pour trouver, peut-être, une autre façon de faire qui satisfera les parties. Mais si la demande est «vaseuse», la réponse risque d'envoyer des éclats de boue.

## La constance

Quelle belle clé que celle de la constance! Entendue comme la persévérance, elle ne baisse jamais les bras. «Regarde, on va trouver une nouvelle façon pour que tu puisses comprendre plus facilement. Oh oui, tu es capable, seulement, on n'a pas encore trouvé la méthode qui marche bien avec toi!» La constance, c'est aussi de faire, au fil des jours, la même chose de la même façon… si cela sert le bien des élèves, évidemment! À moins que la constance ne soit que de se remettre en question avec régularité et dans la croissance. Mais attention, car trop de constance, sans discernement, pourrait aussi devenir une grave limite à l'évolution et à l'apprentissage.

## La crédibilité

La crédibilité est la clé qui permet de témoigner des engagements pris, c'est la fidélité aux exigences établies. Elle t'invite à prendre le temps de bien établir le cadre relationnel à l'intérieur duquel elle pourra s'épanouir.

Cette clé peut se manifester de différentes façons. Tenir ses promesses. Faire preuve de discrétion et ne pas, par exemple, discuter du cas d'un jeune dans la salle des enseignantes. C'est vrai, cela n'est pas toujours facile, surtout quand l'exaspération du moment nous incite à chercher un bouc émissaire. Être crédible, c'est aussi accepter de dire «Je me suis trompée, je m'excuse.» Finalement, en passant par les hauts et les bas de la relation, la crédibilité permet à chacun d'être reconnu pour ses compétences et ainsi elle assure une base solide à la communication.

## LA COOPÉRATION

La clé de la coopération ouvre grande la porte à la réussite de l'acte d'enseigner. C'est ensemble, en s'ajustant les uns aux autres, comme dans une danse, que la coopération entre l'enseignante et les jeunes et entre les jeunes eux-mêmes rend possible la prise en charge de chacun et la réussite de tous. Pour que les partenaires évoluent gracieusement, il faut une confiance totale dans les capacités de l'autre. Car si nous avons des droits égaux, nos habiletés, elles, diffèrent. Quelle richesse! «Je peux compter sur lui, il est capable de réussir, d'apprendre si on lui laisse la latitude nécessaire.»

La coopération, c'est faire ensemble. C'est travailler pour une même cause. Partager les mêmes objectifs.

## La cogestion des règles de vie et des procédures de fonctionnement

Donner des tâches et des mandats précis, adaptés aux jeunes et qui les rendent plus responsables dans leurs apprentissages et dans le vivre ensemble en classe, voilà une saine cogestion. Cela implique un contrat clair sur lequel on s'est bien entendu et que chacun sent nécessaire, pour assurer le bien-être. Cela suppose aussi la croyance que les jeunes ont une place aussi importante que la sienne dans la classe et qu'ils sont capables de l'assumer avec respect et efficacité. «Je trouve que notre fonctionnement lors de l'arrivée en classe pourrait être amélioré. Avez-vous des idées qui permettraient de perdre moins de temps?», «Avec votre groupe, je trouve difficile d'organiser le travail en équipe. Comment pourrait-on voir ensemble à améliorer ces importantes périodes de travail?»

## La concertation

La concertation est une clé d'action, c'est l'occasion de passer de la parole aux actes. Il ne suffit pas, en effet, de dire: «Moi j'ai confiance aux jeunes d'aujourd'hui», «Je veux gérer ma classe de façon plus participative», «Quand on met en commun toutes nos forces, cela nous aide à relever de nouveaux défis!»

C'est lorsque le moment est arrivé de prendre des décisions et d'établir des plans d'action que l'on réalise la cohérence profonde entre les discours d'un individu et ses actes. C'est à ce moment que l'on a la preuve concrète des belles valeurs qui animent réellement les projets éducatifs de la classe et de l'école. La concertation nous met donc sur un chemin commun, le regard fixé vers l'avenir, tous orientés vers un projet qui nous anime et assurés de notre force commune!

## La complicité

Cette clé est différente des autres, car lorsqu'on réalise qu'on l'a en main, la porte est déjà ouverte. On se sent bien ensemble, on devine l'autre… ses joies, ses craintes; un clin d'œil nous remet en contact. C'est un sentiment de bien-être ensemble qui n'a pas toujours besoin d'être exprimé avec des mots. Il suffit d'un regard, d'une main sur une épaule, d'un sourire en passant et voilà activée la clé de la complicité. C'est aussi la promesse d'une merveilleuse année où la confiance réciproque viendra à bout des embûches qui peuvent surgir sur la route de l'apprentissage.

# PASSION DEMANDÉE

Il y a des métiers ou des professions qu'on peut exercer avec une efficacité acceptable lorsqu'on a un minimum de compétences dans le domaine et un certain souci de bien faire. L'enseignement n'est pas de ceux-là. C'est une profession qui n'exige rien de moins que la passion: passion des enfants et des jeunes d'abord, passion du savoir ensuite, et passion de la communication enfin.

**Passion des enfants et des jeunes** d'abord parce que le succès de l'enseignement repose sur la qualité de la relation maître-élèves. Sans un contact empreint de chaleur, de confiance et de respect, les chances de succès sont minces, particulièrement pour les enfants les plus vulnérables. Aimer tendrement les enfants, croire en leur capacité de réussir, respecter leur rythme et leur personnalité, voilà qui est indispensable à leur développement et à leur épanouissement. «Aimer nos enfants à la folie» réclame Camil Bouchard, président du Groupe de travail pour les jeunes. «Croire aux enfants et les aider à grandir» rappelle sans cesse la juge à la Chambre de la jeunesse, Andrée Ruffo. Cet appel s'adresse aux parents certes, mais aussi aux éducateurs et aux éducatrices qui occupent une place si importante dans la vie des enfants.

**Passion du savoir** ensuite, afin d'être en mesure d'élargir l'horizon des enfants et de leur donner accès au patrimoine de l'humanité; de les aider à construire leur intelligence et à former leur jugement; de leur transmettre ce goût d'en savoir plus et d'explorer de nouveaux domaines. Une passion du savoir qui pousse l'enseignant et l'enseignante à alimenter leur propre curiosité et à poursuivre leurs recherches. Les élèves perçoivent rapidement cette passion chez leurs professeurs et professeures: «On sent qu'il vit sa matière», disent-ils. C'est elle qui ouvre leur esprit aux différents domaines de la connaissance et qui leur fait découvrir le plaisir d'apprendre.

**Passion de la communication** enfin, pour faciliter à l'élève l'accès à la connaissance et pour le guider dans le développement des habiletés et des attitudes nécessaires à l'acquisition des compétences. Passion de la communication pour soutenir l'intérêt de l'élève et trouver les moyens de l'aider à progresser dans ses apprentissages. Le savoir ne suffit pas, il faut pouvoir le mettre à la portée des élèves. Je n'oublierai jamais ce professeur — que ses élèves avaient désigné comme un bon prof — qui disait: «Moi, je suis un montreux d'affaires. Quand je n'ai pas montré quelque chose à mes élèves pendant un cours, je ne suis pas content.» Passion de la communication donc, pour ne pas se contenter d'enseigner, mais pour s'assurer que les élèves ont appris quelque chose. [...]

*Source: Luce Brossard, «Passion demandée», Vie Pédagogique, n° 80, septembre-octobre 1992.*

# 4.1 DES MOYENS DIFFÉRENTS... POUR DES COMPORTEMENTS DIFFÉRENTS

*(Des plans d'intervention adaptés à...)*

## Contexte et intention

Actuellement, dans les classes, l'on trouve de plus en plus d'élèves présentant des comportements différents: des élèves lunatiques, hyperactifs, introvertis ou identifiés comme ayant des troubles de comportement par opposition à des élèves engagés, responsables, autonomes et épanouis.

Ces différences de comportements sont de plus en plus présentes au sein des groupes. L'ère des ressemblances est terminée.

L'éducation à l'autonomie et à la responsabilité personnelle ne peut se réaliser par des exercices de dressage ou des leçons moralisantes. C'est à partir du vecu de la classe que l'on peut intervenir dans ce domaine. Et cela nécessite une structure, des interventions et des moyens très diversifiés.

Malheureusement, une croyance populaire s'est installée dans les mœurs de certains éducateurs, à savoir que l'on peut régler tous les problèmes de discipline dans une classe uniquement par des moyens traditionnels: règlements d'école, copie, retenue, réflexion dans le corridor ou dans le local prévu à cet effet, rencontre avec la direction de l'école ou suspension.

Se donner des moyens plus éducatifs, plus personnalisés et plus préventifs peut s'avérer une mise au jeu intéressante.

## Pistes d'utilisation

1. Prends connaissance des précisions relatives au degré d'importance, d'influence et d'efficacité des différentes stratégies d'intervention. (*Voir page 35.*)

2. Fais le portrait de ton groupe-classe quant au comportement. S'agit-il d'un groupe facile ou difficile? Est-ce un groupe homogène ou hétérogène? Retrouve-t-on des élèves qui ont un comportement perturbateur?

   Pour t'aider dans cette analyse de situation, voici deux définitions simples. Un groupe est dit «difficile» lorsque l'on y retrouve des élèves éprouvant des problèmes scolaires, des problèmes d'adaptation, des problèmes d'attitude, des troubles de comportement ou des problèmes de décrochage scolaire. Quant aux comportements perturbateurs, ils comprennent tous les comportements pouvant perturber l'attention ou les activités d'un pair. Certains facteurs permettent de nuancer le mot «perturbateur»: la fréquence du geste, l'âge de l'élève, le degré de gravité du geste, la zone de tolérance de l'enseignante et le type de pédagogie utilisé.

3. Fais le bilan des moyens que tu utilises déjà à l'intérieur de ton groupe-classe pour gérer les comportements et la discipline. Aide-toi de la carte d'exploration de la page 36.

## Pistes d'utilisation *(suite)*

4. Prends le temps d'explorer les moyens qui existent à cette intention et que tu ne connais pas. Documente-toi. Fais des lectures. Visionne des documents audiovisuels sur ce sujet. (*Consulte les références bibliographiques de la page 133.*)

5. Élabore un plan d'intervention personnalisé pour ton groupe-classe. Retrouve-t-on des moyens:
   - préventifs? curatifs?
   - temporaires? permanents?
   - à incidence personnelle?
   - à incidence collective?
   - accessoires? optionnels?
   - faisant partie de l'équipement de base? (*Voir pages 37 et 38.*)

6. Utilise un plan d'urgence pour les élèves plus rebelles. Élabore ce plan avec le groupe-classe. (*Voir pages 38 et 39.*)

7. Repère les élèves qui présentent un comportement perturbateur. Dresse le portrait de ces élèves. Utilise la grille de la page 44.

8. Élabore un plan d'intervention adapté à ces élèves. (*Voir page 44.*)

9. Comme référentiel disciplinaire auprès d'élèves plus âgés, au début de l'année scolaire, définis les rôles de l'élève et ton propre rôle. (*Voir page 40.*)

10. Utilise ce cadre de référence à chacune des étapes de l'année scolaire pour l'évaluation du rôle de l'élève et du tien. (*Voir pages 41 et 42.*)

11. Donne-toi un canevas pour élaborer des pistes de réflexion qui soutiennent l'élève dans sa démarche d'élaboration d'un plan d'action personnel. (*Voir page 43.*)

# POUR INTERVENIR DE FAÇON PLUS ÉDUCATIVE...
## (Des précisions à apporter)

Toutes les stratégies d'intervention n'ont pas la même importance ni la même influence et, encore moins, la même efficacité.

1.  Certaines stratégies sont préventives, tandis que d'autres sont considérées comme curatives et thérapeutiques.

    *Exemple:* L'utilisation des procédures en classe est un moyen qui sert plus à prévenir les troubles de comportement qu'à encadrer des élèves rebelles ou récalcitrants.

    Par contre, l'utilisation d'un contrat écrit avec un élève est un moyen à caractère curatif plutôt que préventif. L'élève que l'on ne réussit pas à engager par le biais du vécu général de la classe a sûrement besoin d'un outil spécial, mieux adapté à son cheminement personnel. Quant au contrat écrit, utilisé autant pour les comportements que pour les apprentissages, cela peut être une piste à explorer.

2.  Il existe des stratégies que l'on peut utiliser sur une base temporaire, et d'autres auxquelles on a recours sur une base permanente.

    *Exemple:* Une fiche de réflexion doit être utilisée de façon occasionnelle. Sinon, elle perd toute son importance et la crédibilité de cet outil disparaît rapidement.

    L'émergence et l'utilisation de règles de vie en classe est plus une réalité à caractère permanent, même si l'on reconnaît l'importance de revenir constamment sur cette banque de règles de vie afin d'objectiver et d'évaluer avec les élèves ce vécu comportemental. Des règles de vie «vedettes» ou prioritaires seront dégagées par la suite pour un certain temps. Même si l'on accepte ce principe de mobilité quant aux règles de vie, le principe de cogestion demeure quand même. De là, le caractère permanent de ce moyen.

3.  D'autres stratégies doivent être choisies pour encadrer soit un élève en particulier, soit tout le groupe-classe. On parlera tantôt de moyens à incidence personnelle et tantôt de moyens à incidence collective.

    *Exemple:* L'utilisation d'un plan d'urgence est considérée comme une stratégie d'intervention concernant un élève. L'animation d'un conseil de coopération au sein d'une classe est plus une approche éducative concernant une collectivité.

4.  Enfin, certaines stratégies sont considérées comme des moyens-accessoires, optionnels, complémentaires quand on les compare à des moyens qui constituent ce que l'on appelle un équipement de base.

    *Exemple:* Un coin pour régler les conflits dans la classe est plutôt un accessoire, tandis que l'application de conséquences agréables ou désagréables prévues par des règles de vie ou des règlements de classe constitue un élément important de l'équipement de base.

# DES MOYENS DIFFÉRENTS

INCIDENCE PERSONNELLE

INCIDENCE COLLECTIVE

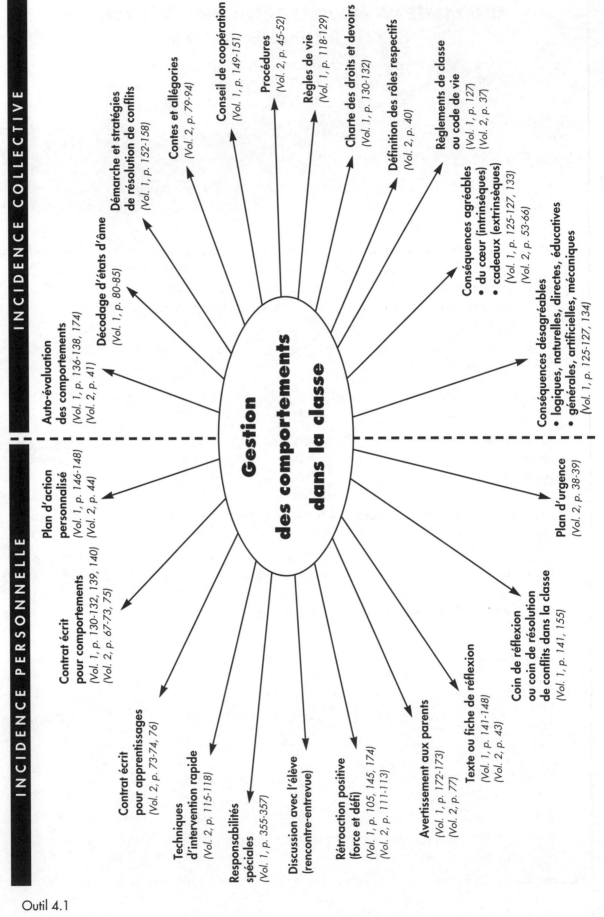

**Auto-évaluation des comportements**
*(Vol. 1, p. 136-138, 174)*
*(Vol. 2, p. 41)*

**Décodage d'états d'âme**
*(Vol. 1, p. 80-85)*

**Démarche et stratégies de résolution de conflits**
*(Vol. 1, p. 152-158)*

**Contes et allégories**
*(Vol. 2, p. 79-94)*

**Conseil de coopération**
*(Vol. 1, p. 149-151)*

**Procédures**
*(Vol. 2, p. 45-52)*

**Règles de vie**
*(Vol. 1, p. 118-129)*

**Charte des droits et devoirs**
*(Vol. 1, p. 130-132)*

**Définition des rôles respectifs**
*(Vol. 2, p. 40)*

**Règlements de classe ou code de vie**
*(Vol. 1, p. 127)*
*(Vol. 2, p. 37)*

**Conséquences agréables**
• du cœur (intrinsèques)
• cadeaux (extrinsèques)
*(Vol. 1, p. 125-127, 133)*
*(Vol. 2, p. 53-66)*

**Conséquences désagréables**
• logiques, naturelles, directes, éducatives
• générales, artificielles, mécaniques
*(Vol. 1, p. 125-127, 134)*

**Plan d'urgence**
*(Vol. 2, p. 38-39)*

**Plan d'action personnalisé**
*(Vol. 1, p. 146-148)*
*(Vol. 2, p. 44)*

**Contrat écrit pour comportements**
*(Vol. 1, p. 130-132, 139, 140)*
*(Vol. 2, p. 67-73, 75)*

**Contrat écrit pour apprentissages**
*(Vol. 2, p. 73-74, 76)*

**Techniques d'intervention rapide**
*(Vol. 2, p. 115-118)*

**Responsabilités spéciales**
*(Vol. 1, p. 355-357)*

**Discussion avec l'élève**
*(rencontre-entrevue)*

**Rétroaction positive (force et défi)**
*(Vol. 1, p. 105, 145, 174)*
*(Vol. 2, p. 111-113)*

**Avertissement aux parents**
*(Vol. 1, p. 172-173)*
*(Vol. 2, p. 77)*

**Texte ou fiche de réflexion**
*(Vol. 1, p. 141-148)*
*(Vol. 2, p. 43)*

**Coin de réflexion ou coin de résolution de conflits dans la classe**
*(Vol. 1, p. 141, 155)*

**Gestion des comportements dans la classe**

# DES MOYENS POUR ENSEIGNER L'AUTONOMIE ET LA RESPONSABILITÉ...
## (Moyens à incidence collective)

Voici un aperçu des éléments qui pourraient constituer l'équipement de base d'un référentiel disciplinaire élaboré progressivement avec les élèves.

- **La précision de procédures**, de routines, de rituels avec ses élèves.

- **L'émergence d'un cadre de vie disciplinaire** qui peut prendre diverses formes, selon l'âge des élèves ou leur maturité:
  - conseil de coopération;
  - règles de vie de classe (élaborées à partir d'une situation-problème conjointement par les élèves et l'enseignante; on parle alors de «négociation» d'une règle de vie);
  - règlements de classe (élaborés par l'autorité, en l'occurrence l'adulte, avant même qu'il n'y ait problème; on parle alors d'«imposition» d'un règlement);
  - charte des droits et des devoirs;
  - définition des rôles respectifs;
  - etc.

- **L'application de conséquences agréables** au regard des indicateurs de comportements retenus.

  Ces conséquences peuvent s'appliquer tantôt collectivement (la même conséquence pour tout le monde), tantôt personnellement (l'élève a un droit de regard sur le choix de sa conséquence).

  De plus, l'on peut jouer avec deux types de conséquences: celles qui viennent de l'intérieur (conséquences du cœur) et celles qui viennent de l'extérieur (conséquences cadeaux ou moyens d'émulation).

  L'on peut alterner ces deux types de conséquences selon l'âge des élèves et leur niveau de motivation.

- **L'application de conséquences désagréables** au regard des indicateurs de comportements retenus.

  Ces conséquences peuvent être gérées de deux façons:
  - directement, c'est-à-dire de façon naturelle, logique. On parlera alors de conséquences éducatives, car le geste de réparation a un lien direct avec la nature du geste fautif posé. Remarquer l'aspect «gestion dans l'immédiat» de ce genre de conséquences;
  - dans une perspective générale. On parlera à ce moment de conséquences artificielles et mécaniques.

  Ce dernier type de conséquences n'a aucun lien avec le geste fautif posé et il s'avère plus une sanction qu'une réparation. Et que dire de tout l'aspect «comptabilité» que ces sanctions engendrent dans leur application?

  Il serait plus réaliste et pratique d'utiliser des conséquences directes dans le quotidien pour les raisons déjà énumérées.

# DES MOYENS POUR ENSEIGNER L'AUTONOMIE ET LA RESPONSABILITÉ...
## (Moyens à incidence personnelle)

## Situation actuelle (Pourquoi?)

Dans une classe, l'on trouve différentes catégories d'élèves:

- des élèves qui sont capables de se discipliner sans avoir besoin de l'encadrement de l'adulte;

- des élèves qui obéissent dans la mesure où ils ont pour se guider des règles de vie ou des règlements de classe. Pour eux, la présence de conséquences n'est pas nécessaire;

- des élèves qui répondent aux attentes demandées dans la mesure où une conséquence est prévue: sanction, récompense, privilège, conséquence agréable ou conséquence désagréable de nature intrinsèque;

- enfin, des élèves plus rebelles, plus récalcitrants qui épuisent rapidement tous les moyens prévus. Pour eux, l'encadrement régulier n'est pas suffisant. Ils poussent l'enseignante à l'extrême pour vérifier si elle est démunie ou si elle peut créer des moyens nouveaux. C'est surtout cette catégorie d'élèves qui obligera l'enseignante à élaborer avec le groupe-classe des étapes graduées et articulées autour de la recherche de solutions pour améliorer un comportement donné. C'est ce que l'on pourrait appeler un plan d'urgence.

## Création d'un plan d'urgence (Quoi?)

La création d'un plan d'urgence s'impose quand l'application des conséquences désagréables ne s'avère plus efficace. Ce moyen sera utilisé pour encadrer non pas tant le groupe d'élèves que certains enfants que l'on considère plus rebelles, plus récalcitrants. Ce plan d'urgence aura un caractère plus séquentiel.

## Principes de base (Quand?)

- Faire émerger un plan d'urgence seulement si le besoin est présent. Le faire de façon prématurée pourrait tout simplement être perçu comme de la provocation. Tant et aussi longtemps que les conséquences directes, naturelles, éducatives sont efficaces, ne pas recourir à ce moyen disciplinaire.

- Élaborer ce plan d'urgence en complicité avec le groupe-classe et non seulement avec les élèves concernés. La maturité de certains élèves aidera à sélectionner des étapes adaptées à leur âge. De plus, ces choix pourraient favoriser des prises de conscience indispensables à la responsabilisation des élèves.

- S'assurer que les étapes premières du plan d'urgence fassent participer directement l'élève présentant un trouble de comportement. C'est l'élève qui est en difficulté et non l'enseignante. Donc, l'intervention de cette dernière ne devra avoir lieu qu'à la fin de ce processus.

- Prendre soin de prévoir des moyens que l'on qualifie de «spéciaux», car l'élève en trouble de comportement pourrait traverser rapidement toutes les étapes prévues dans le plan d'urgence:

  1. rencontre avec la direction de l'école;

  2. rencontre avec les parents;

  3. suspension de la classe ou du groupe;

  4. suspension de l'école.

- S'assurer de la progression des étapes pour l'élève.

## Démarche (Comment?)

Voici deux exemples de plans d'urgence utilisés avec des élèves.

| Primaire |
|---|
| 1. Fiche de réflexion |
| 2. Rencontre-entrevue avec l'enseignante en dehors des heures de classe |
| 3. Perte d'un privilège important |
| 4. Avertissement aux parents par l'élève grâce à la fiche de réflexion |
| 5. Avertissement écrit aux parents par l'enseignante |

| Secondaire |
|---|
| 1. Texte de réflexion |
| 2. Rencontre-entrevue avec l'enseignante-tutrice |
| 3. Période-retenue |
| 4. Avertissement aux parents par l'élève grâce au texte de réflexion |
| 5. Avertissement verbal aux parents par l'enseignante |

## Utilisation de techniques d'intervention rapide

Il s'agit d'une banque d'interventions rapides dans laquelle on pourra puiser lorsque surviendra un comportement dérangeant lors d'une animation collective ou d'une situation inattendue.

Il existe une vingtaine de techniques avec lesquelles on peut jouer selon le contexte, la maturité de l'élève ou le geste posé. Plus l'outillage est grand, plus l'enseignante est en sécurité, car elle se sent plus compétente pour gérer les différences de comportements dans le quotidien, et cela même dans des contextes imprévus.

*(Voir l'outil nº 4.8, «Enseigner sans perdre les pédales», pages 114 à 119.)*

# UN MOYEN DISCIPLINAIRE À PRIVILÉGIER AU DÉBUT DE L'ANNÉE SCOLAIRE

## (Définition des rôles respectifs)

| RÔLE DE L'ÉLÈVE | RÔLE DE L'ENSEIGNANTE |
|---|---|
| 1. Être à l'écoute et coopérative ou coopératif. | 1. Enseigner les objectifs du programme d'études. |
| 2. Respecter les consignes et les procédures proposées. | 2. Vulgariser, illustrer la matière par des exemples concrets. |
| 3. Respecter les règlements de l'école qui relèvent de la gestion de l'enseignante. | 3. Varier les modes d'apprentissage et les situations d'apprentissage. |
| 4. Faire le travail demandé dans les délais prévus. | 4. Faire respecter les règlements de la classe et de l'école. |
| 5. Poser des questions, et ce, dans un langage correct. | 5. Donner des rétroactions positives aux élèves. |
| 6. Soigner ses travaux: orthographe, structure, mise en page et propreté. | 6. Proposer des approches accessibles et motivantes. |
| 7. Circuler calmement lors des déplacements. | 7. Communiquer régulièrement à l'élève le résultat de ses évaluations (apprentissages et comportements). |
| 8. Auto-évaluer régulièrement et sérieusement ses comportements et ses apprentissages. | 8. Être à l'écoute des besoins pédagogiques des élèves. |
| 9. Apporter le matériel nécessaire aux cours (livres, crayons et autres effets demandés). | 9. Créer un climat détendu en classe. |
| 10. Éviter les pertes de temps en classe. | 10. Préparer ses cours de façon rigoureuse. |
| | 11. Communiquer sa matière aux élèves de façon intéressante. |

*Source: Enseignantes de la Polyvalente des Rivières, commission scolaire de Bersimis, Forestville.*

# AUTO-ÉVALUATION
# DU RÔLE DE L'ÉLÈVE EN CLASSE

| Indicateurs de comportements | Étape 1 | Étape 2 | Étape 3 | Étape 4 |
|---|---|---|---|---|
| | Échelle d'appréciation | | | |
| 1. J'ai été à l'écoute et j'ai coopéré. | | | | |
| 2. J'ai respecté les consignes et les procédures proposées. | | | | |
| 3. J'ai respecté les règlements de l'école qui relèvent de la gestion de l'enseignante. | | | | |
| 4. J'ai fait le travail demandé dans les délais prévus. | | | | |
| 5. J'ai posé des questions, et ce, dans un langage correct. | | | | |
| 6. J'ai soigné mes travaux: orthographe, structure, mise en page et propreté. | | | | |
| 7. J'ai circulé calmement lors des déplacements. | | | | |
| 8. J'ai évalué régulièrement mes comportements et mes apprentissages. | | | | |
| 9. J'ai apporté le matériel nécessaire aux cours (livres, crayons et autres effets demandés). | | | | |
| 10. J'ai évité les pertes de temps en classe. | | | | |

*Source: Enseignantes de la Polyvalente des Rivières, commission scolaire de Bersimis, Forestville.*

**Échelle d'appréciation**
1 = souvent    2 = quelquefois    3 = rarement

# ÉVALUATION DU RÔLE DE L'ENSEIGNANTE PAR LES ÉLÈVES

| Indicateurs de comportements | Étape 1 | Étape 2 | Étape 3 | Étape 4 |
|---|---|---|---|---|
| | Échelle d'appréciation | | | |
| 1. A-t-elle enseigné les objectifs du programme d'études? | | | | |
| 2. A-t-elle vulgarisé, illustré la matière par des exemples concrets? | | | | |
| 3. A-t-elle varié les modes d'apprentissage et les situations d'apprentissage? | | | | |
| 4. A-t-elle fait respecter les règlements de l'école et de la classe? | | | | |
| 5. A-t-elle donné régulièrement des rétroactions positives aux élèves? | | | | |
| 6. A-t-elle proposé des approches accessibles et motivantes? | | | | |
| 7. A-t-elle communiqué régulièrement aux élèves les résultats de leurs évaluations (apprentissages et comportements)? | | | | |
| 8. A-t-elle été à l'écoute des besoins pédagogiques des élèves? | | | | |
| 9. A-t-elle créé un climat détendu en classe? | | | | |
| 10. A-t-elle préparé ses cours de façon rigoureuse? | | | | |
| 11. A-t-elle communiqué sa matière aux élèves de façon intéressante? | | | | |

*Source: Enseignantes de la Polyvalente des Rivières, commission scolaire de Bersimis, Forestville.*

**Échelle d'appréciation**
1 = souvent     2 = quelquefois   3 = rarement

# CADRE DE RÉFÉRENCE POUR UN TEXTE DE RÉFLEXION

Amener un élève à réfléchir sur son comportement nécessite une intervention éducative. Il peut être pertinent de proposer à l'élève de rédiger un texte de réflexion. Toutefois, cette forme de travail exige des pistes structurées, un encadrement permettant à l'élève d'explorer toutes les facettes du comportement à améliorer.

Voici des pistes possibles:

- Description de ce que j'ai fait (quoi?)
- Raisons qui justifient ce geste (pourquoi?)
- États d'âme ressentis (comment affectif)
- Message à décoder derrière le comportement (comment affectif)
- Façons possibles de réparer le geste posé (comment comportemental)
- Échéancier (quand?)
- Plan d'action personnel (quoi? qui? comment? quand?)
- Impressions, commentaires personnels

## Plan d'action personnel

| | |
|---|---|
| **Geste à poser (quoi?)** | |
| **Clientèle visée (qui?)** | |
| **Modalité ou procédure (comment?)** | |
| **Échéancier (quand?)** | |
| **Commentaires personnels:** _____ | |

# PLAN D'INTERVENTION ADAPTÉ

L'élève
- éprouve-t-il des problèmes scolaires? ☐
- éprouve-t-il des problèmes d'adaptation? ☐
- éprouve-t-il des problèmes d'attitude? ☐
- a-t-il des troubles de comportement? ☐
- manifeste-t-il des signes de démotivation
  face à l'école et à ses exigences? ☐

## QUI EST L' ÉLÈVE DIFFICILE?

| **Qui?** Nom de l'élève | _____ |
|---|---|
| **Quoi?** Faits observés | _____ |
| **Pourquoi?** Causes | _____ |
| **Quand?** Périodes de la journée | _____ |

## COMMENT VAIS-JE GUIDER CET ÉLÈVE?

**Comment?**
Démarches, procédures, stratégies _____

_____

_____

**Quand?**
Application du plan _____

_____

_____

## 4.2  UN PREMIER PAS À FRANCHIR... DES PROCÉDURES À CLARIFIER ET À APPLIQUER

*(Des habitudes de vie à créer)*

## Contexte et intention

Les premiers jours de classe peuvent être déterminants pour la qualité du climat. Dans la même veine que «tout se joue avant six ans», l'on pourrait affirmer en gestion de classe que «tout se joue avant octobre».

Les élèves qui arrivent dans un nouveau groupe avec une nouvelle enseignante ont besoin de développer un sentiment d'appartenance à un milieu de vie. Et chaque milieu de vie étant différent, il est nécessaire de préciser avec les élèves les règles du jeu encadrant le déroulement d'une journée ou d'un cours. Que l'on parle de routines, de rituels, de procédures, l'on fait toujours référence à des consignes pré-établies de façon claire et précise, conjointement avec les élèves, si possible, pour encadrer des séquences de gestes, d'actions à caractère répétitif.

L'établissement de procédures constitue le premier pas à faire en vue de la responsabilisation de l'apprenant dans ses comportements. Leur présence permet d'éviter d'énormes pertes de temps.

Au lieu de répéter les mêmes attentes et exigences au fil des jours, pourquoi ne pas établir un cadre de vie avec les élèves? Après un certain temps de vie commune, si les procédures ne sont pas respectées

## Pistes d'utilisation

1. Prends le temps de réfléchir à cette dimension des procédures avant la rentrée scolaire. As-tu l'habitude de travailler cet aspect au sein de ton groupe-classe? Si oui, quelles sont les procédures que tu considères importantes à travailler? Fais-en une liste.

2. Accueille ton groupe d'élèves et regarde-les vivre. Au fur et à mesure, réajuste la liste des procédures que tu avais prévue. Y a-t-il des procédures inutiles? oubliées?

3. Mets de l'ordre dans ces procédures en les classifiant, en les regroupant selon les distinctions de catégories de Thérèse Nault dans *L'enseignant et la gestion de la classe*, pages 45 à 56 (*voir les références bibliographiques, p. 133.*)
   - procédures d'organisation sociale (*voir page 47*);
   - procédures d'organisation didactique et matérielle (*voir page 50*);
   - procédures d'organisation relationnelle (*voir pages 51 et 52*).

4. Établis un ordre de priorité pour développer les procédures avec les élèves. Commence par celles qui sont les plus urgentes, dans le sens que leur absence t'empêche même d'être efficace et efficiente au sein de la classe.

## Contexte et intention *(suite)*

par les élèves, on pourrait les transformer en règles de vie ou en règlements de classe.

## Pistes d'utilisation *(suite)*

5. Prends le temps d'en discuter avec tes élèves. Établis avec eux les séquences d'actions à poser.

6. Demande-leur si c'est nécessaire de laisser des traces visuelles de ces séquences d'actions: référentiel visuel collectif ou liste écrite déposée à l'intérieur d'un outil personnel (agenda, cartable, journal de bord ou cahier-matière). Ici, l'âge des élèves aura un impact sur le moyen de consignation utilisé.

7. Mets en application la procédure adoptée en faisant régulièrement des retours sur celle-ci.

8. Réaménage parfois certaines routines quand les élèves semblent en être las. (*Voir pages 48 et 49.*)

9. Cible une autre procédure et recommence le même processus d'implantation.

# DES PROCÉDURES À CLARIFIER ET À INTRODUIRE... (1)

## Procédures d'organisation sociale

Entrée en classe le matin ou début du cours, retour des périodes de récréation ou de spécialités, période de transition d'activités, fin de la classe ou sortie d'un cours, façon de circuler dans l'école lors des déplacements, signal de rassemblement pour l'écoute d'une directive, d'un message.

## Exemples d'applications pratiques

*Procédure pour l'entrée*

*Quand j'arrive en classe le matin,*

1. *je défais mon sac calmement;*

2. *je place mon sac à l'endroit désigné;*

3. *je regarde le menu de la journée;*

4. *je prépare le matériel nécessaire pour le début de la journée;*

5. *je fais une période de lecture silencieuse ou je travaille sur mon projet personnel;*

6. *je...*

*Procédure pour le début du cours d'éducation physique*

*Quand j'arrive au gymnase,*

1. *je revêts mon costume d'éducation physique;*

2. *je lis le menu du cours;*

3. *je m'assois à ma place habituelle dans le cercle de rassemblement;*

4. *je pratique mes exercices de respiration;*

5. *j'attends les premières consignes de l'éducatrice ou de l'éducateur physique;*

6. *je...*

# DE LA VARIÉTÉ À L'INTÉRIEUR DES ROUTINES

Même si la constance est importante dans l'intégration des routines en classe, il peut être agréable pour les élèves de varier le contenu d'une routine tout au long de l'année. Ainsi, l'on pourrait faire preuve de créativité même dans l'application des procédures. Ce serait sans doute un élément pouvant inciter les élèves à respecter telle procédure. Les élèves se lassent rapidement des mêmes moyens.

Voici des variables avec lesquelles on pourrait composer pour une période donnée (une semaine, deux semaines, un mois). Cela éviterait probablement des paroles agressives ou des comportements désagréables venant briser le climat du groupe.

## Variables pour le retour des récréations

1. Lumières éteintes, musique douce, période de relaxation ou de visualisation.

2. Lumières éteintes, lecture d'une allégorie aux élèves par l'enseignante.

3. Période de lecture silencieuse.

4. Période de chansons, de comptines.

5. Période pour résoudre une devinette, une charade, une énigme, un petit problème amusant, une activité remue-méninges. (On peut écrire le problème au tableau, et les élèves doivent le lire personnellement et trouver des solutions.) Vous trouverez des suggestions à la page 49.

6. Période pour travailler une «activité cinq minutes» de consolidation ou d'enrichissement.

7. _____

_____

_____

8. _____

_____

_____

9. _____

_____

_____

10. _____

_____

_____

# POUR VARIER LES PROCÉDURES D'ORGANISATION SOCIALE...
## Quelques petits problèmes amusants

| PROBLÈMES | SOLUTIONS |
|---|---|

**1**

Deux sœurs ne sont pas nées la même année. Aucune n'est née prématurément et elles ont moins de six mois d'écart d'âge. Quelle est l'explication?

**❶**

*Elles sont jumelles. L'une est née le 31 décembre quelques secondes avant minuit et l'autre, le 1er janvier.*

**2**

Alain Thérieur et Alex Thérieur sont cousins. Pour lui faire plaisir, Alex donne une boîte de chocolats à Alain. Alex lui dit alors:

— Je peux toucher la boîte de chocolats à l'intérieur et à l'extérieur sans l'ouvrir.

Comment s'y prendra-t-il?

**❷**

*Il touchera la boîte dans la pièce où il est (à l'intérieur) et sortira avec la boîte (à l'extérieur).*

**3**

Frédéric Lenoir adore la nuit parce qu'il aime l'obscurité. Il a épousé Marguerite Leblanc qui adore le jour parce qu'on y voit clair. Frédéric et Marguerite ont eu un enfant dont le surnom est Mix.

Quelle est la couleur préférée de Mix?

**❸**

*La couleur préférée de Mix est le gris, car son père est Lenoir et sa mère est Leblanc.*

**4**

La mère de Nathalie vit depuis plusieurs années dans le village de Saint-Dimanche. Elle a trois enfants. Le plus âgé s'appelle Lundi et le plus jeune, Mercredi. Comment s'appelle l'enfant né entre les deux?

**❹**

*Ce n'est pas Mardi, c'est Nathalie.*

**5**

Pendant l'été, toutes les lettres de l'alphabet sont invitées à prendre le thé à 15 h pile. Quelles lettres arriveront en retard?

**❺**

*Les lettres U, V, W, X, Y et Z sont arrivées en retard. Elles arrivent après le T.*

*Source: Charles-Édouard Jean, Remue-méninges, Granby, Éditions de la Paix, 1994.*

# DES PROCÉDURES À CLARIFIER ET À INTRODUIRE... (2)

## Procédures d'organisation didactique ou matérielle

En-tête d'un cahier, matériel nécessaire pour un cours, code pour correction, symbole ou pictogramme pour indiquer à l'élève s'il s'agit d'une tâche d'apprentissage à réaliser seul, en dyade ou en équipe de quatre, procédure d'autocorrection, outillage pour résoudre une difficulté.

## Exemples d'applications pratiques

*Procédure d'autocorrection*

*1. Je montre mon travail, mon cahier à une autre personne (élève ou enseignante).*

*2. Je me corrige de mon mieux à l'aide de la clé de correction.*

*3. Je fais part de mes résultats à mon enseignante.*

*4. Je m'inscris à une clinique, si cela est nécessaire.*

*Procédure de correction pour mes dictées*

| Quoi? | Comment? |
|---|---|
| 1. Orthographe | J'écris trois fois le mot. |
| 2. Homophone | J'écris le mot et j'écris aussi la stratégie pour le reconnaître. |
| 3. Verbe | J'écris le verbe avec le sujet, je fais une flèche du sujet au verbe. |
| 4. Nom commun | J'écris le nom avec le déterminant. Je fais une flèche du déterminant au nom. |
| 5. Adjectif qualificatif | J'écris le nom, l'adjectif et le déterminant. Je fais une flèche de l'adjectif au nom. |

*Procédure pour réaliser une tâche au sein d'un atelier*

*1. Je dessine mon personnage.*

*2. Je le colore.*

*3. Je le découpe.*

*4. Je le colle sur un carton.*

*5. Je l'affiche sur la galerie des personnages.*

*Procédure pour matériel nécessaire en mathématiques*

*1. Livre de mathématiques*

*2. Cahier de mathématiques*

*3. Lexique*

*4. Règle, rapporteur d'angles et compas*

# DES PROCÉDURES À CLARIFIER ET À INTRODUIRE... (3)

## Procédure d'organisation relationnelle

Encadrement pour le travail individuel, en dyade ou en équipe de quatre, déroulement de la causerie du matin, façon de signifier que l'on est en panne dans son apprentissage, procédure pour régler un conflit avec un autre élève dans la classe, etc.

## Exemples d'applications pratiques

Procédure permettant le bon fonctionnement du travail individuel

1. Je travaille sans déranger les autres.
2. Je me mêle de mes affaires.
3. Je garde le silence.

Procédure permettant le bon fonctionnement du travail en dyade

1. J'écoute les difficultés de mon amie ou ami.
2. Je l'aide à apprendre.
3. Je chuchote.
4. Je lui fais des félicitations quand elle ou il réussit.

Procédure permettant le bon fonctionnement du travail en équipe de quatre

1. Je reste dans le sujet.
2. J'exprime mes idées.
3. J'accepte les idées des autres.
4. Je surveille mon ton de voix.
5. Je partage les tâches.
6. Je joue le rôle qui m'est confié au sein de l'équipe.
7. Je respecte le rôle joué par les autres équipières ou équipiers.

# PROCÉDURE DE DÉBROUILLARDISE

Quand j'ai besoin d'aide dans la classe, que ce soit pour une information, une explication ou un besoin matériel, je dois essayer de me débrouiller par moi-même. Voici des étapes que je peux franchir.

| | |
|---|---|
| **1.** Je me sers d'abord de ma tête. |  |
| **2.** J'utilise mon coffre à outils. |  |
| **3.** J'utilise les outils présents dans la classe. |  |
| **4.** Je demande de l'aide à ma conseillère ou à mon conseiller (dyade d'entraide). |  |
| **5.** Je consulte le mini-prof (élève qui seconde l'enseignante). |  |
| **6.** Je consulte mon enseignante. |  |

**Remarque:** Cette procédure est essentielle à la gestion des sous-groupes de travail, que ce soit pour une classe à un seul niveau ou pour une classe à plusieurs niveaux. On pourrait la baptiser: Panneau de l'autonomie, Panneau S.O.S., Panneau «roue de secours», Panneau «Au Secours!», etc.

# 4.3 CONSÉQUENCES DU CŒUR OU CONSÉQUENCES-CADEAUX?
*(Messages d'encouragement)*

## Contexte et intention

Actuellement, les élèves que nous recevons sont assoiffés de conséquences-cadeaux. La société, la famille même ont créé des habitudes de consommation et l'on croit que tout est monnayable. «Si tu fais telle chose, tu auras telle récompense.» Il est difficile, même pour les élèves, de penser que l'on puisse agir gratuitement, simplement par satisfaction personnelle. Pourquoi ne pas se servir davantage des conséquences du cœur?

Il y a mille façons de dire à un enfant que l'on reconnaît ses efforts et la qualité de son travail, mille façons aussi de l'inviter à un plus grand investissement. Mais l'élève de l'an 2000 n'est pas très sensible à nos expressions parfois un peu usées, un peu froides même.

Pourquoi ne pas changer de ton et utiliser des messages variés, colorés d'une teinte affective?

## Pistes d'utilisation

1. Fais des commentaires positifs de façon formelle ou informelle au groupe-classe, à une équipe de travail, à une ou un élève en particulier. (*Voir page 55.*)

2. Utilise autant l'oral que l'écrit.
   *Exemples à l'oral:*
   - «Je suis contente de t'avoir comme élève.»
   - «Tu sais, je n'aurais pu faire mieux que toi.»

   *Exemples à l'écrit:*
   - à la suite d'une production écrite:
     «Force: originalité des idées
     Défi: structure des paragraphes»
   - à la suite d'une dictée:
     «Force: accord des verbes
     Défi: qualité de l'écriture»

3. Montre aux élèves à échanger entre eux des rétroactions positives. (*Voir pages 56 et 57.*)

4. Varie tes commentaires en utilisant à l'occasion des télégrammes «bonnes nouvelles» (carton de couleur sur lequel on imprime un message; on peut même le plastifier pour en augmenter la durabilité). Dépose le télégramme discrètement sur le bureau de l'élève. Récupère-le quand l'élève en a terminé la lecture et qu'elle ou il désire te le remettre.(*Voir pages 58 à 62.*)

## Pistes d'utilisation *(suite)*

5. Remets à tes élèves des petits diplômes pour souligner une performance exceptionnelle, une amélioration digne de mention. (*Voir pages 63 et 64.*)

6. Évalue l'efficacité des commentaires utilisés sur les bulletins des élèves. Favorisent-ils une rétroaction positive? Permettent-ils à l'élève de prendre conscience de ses forces? Donnent-ils à l'élève le goût de relever des défis? Que les bulletins soient manuscrits ou informatisés, la rétroaction positive devrait tenir compte des deux éléments suivants: la force et le défi. (*Voir pages 65 et 66.*)

   *Exemples:*

   Force: performance en mathématique;

   Défi: amélioration dans les attitudes lors des cours offerts par des spécialistes.

# MESSAGES D'ENCOURAGEMENT

Bravo, je suis fière de toi!

Continue tes beaux efforts!

Courage, même si ce n'est pas facile…

Tu es une vraie championne! Tu es un vrai champion!

C'est génial ce que tu fais!

Je te trouve vraiment super!

Bravo, tu es toujours à ton affaire!

Sors de la lune, je m'ennuie de toi…

Sois plus attentive, ça peut t'aider. Sois plus attentif, ça peut t'aider.

Hou, hou! Reviens avec nous!

Je suis certaine que tu peux faire mieux!

Allons, un petit effort!

Je sais que ce n'est pas facile…

Je savais que tu étais capable!

Tu vois, les efforts, c'est payant!

Allons, ne te décourage pas…

Quel courage!

Encore un petit effort…

Tu vois, ce n'était pas si difficile!

Encore un petit effort, tu vas y arriver.

# 97 FAÇONS DE DIRE «TRÈS BIEN*»

1. Tu y es.
2. Tu es sur la bonne voie à présent!
3. Ça, tu le fais très bien.
4. C'est beaucoup mieux!
5. Je suis ravie de te voir travailler ainsi.
6. Tu fais du bon travail.
7. C'est le plus beau travail que tu aies jamais fait.
8. Je savais que tu y arriverais.
9. Tu as trouvé la solution.
10. Ça y est! Tu l'as!
11. FAMEUX!
12. Ne lâche pas, tu t'améliores.
13. À te regarder faire, cela semble facile.
14. C'est exactement comme cela qu'il faut faire.
15. Tu t'améliores de jour en jour.
16. Tu agis de plus en plus comme une grande, un grand.
17. Ça avance bien.
18. SENSATIONNEL!
19. C'est la bonne façon de faire.
20. C'est mieux.
21. Tu es à ton meilleur.
22. PARFAIT!
23. EXTRAORDINAIRE!
24. C'est beaucoup mieux!
25. Tu y es presque.
26. EXCEPTIONNEL!
27. Tu l'as très bien réussi.
28. FANTASTIQUE!
29. Tu fais vraiment du progrès.
30. SUPERBE!
31. Continue!
32. Tu comprends bien!
33. FABULEUX!
34. Bien pensé!
35. Lâche pas!
36. Je n'ai jamais vu quelqu'un faire mieux.
37. J'aime ça.
38. Je suis très fière de toi.
39. Je crois que tu y es à présent.
40. Tu as vite trouvé la solution.
41. C'est vraiment bien.
42. Tu as raison.
43. INGÉNIEUX!
44. C'est merveilleux!
45. Bravo!
46. Tu as compris!
47. Tu as fait un travail excellent.
48. Félicitations! Tu l'as!
49. Tu es un ange.
50. Exact!
51. C'est BON!
52. Tu me donnes envie de chanter!
53. BON TRAVAIL!
54. Je suis fière de ton travail aujourd'hui.
55. Tu travailles vraiment fort aujourd'hui.
56. Tu es sur le point de réussir.
57. C'EST ÇA!
58. Félicitations!
59. C'est toute une amélioration.

60. Tu réussis beaucoup mieux aujourd'hui.

61. Je suis très contente de t'avoir comme élève.

62. Tu apprends vite.

63. Tant mieux pour toi!

64. Je n'aurais pas pu faire mieux.

65. C'est vraiment agréable d'enseigner à une, un élève comme toi.

66. Une fois encore et tu l'auras.

67. Tu l'as eu cette fois!

68. C'est ça! Vas-y!

69. MAGNIFIQUE!

70. Tu as tout compris.

71. Continue à bien travailler.

72. Rien ne peut t'arrêter maintenant!

73. EXCELLENT!

74. Là, tu es à ton meilleur.

75. BIEN!

76. ÉPATANT!

77. C'est mieux que jamais!

78. J'apprécie ton ardeur au travail.

79. Ça c'est du travail bien fait!

80. Tu as dû t'exercer!

81. Tu réussis admirablement.

82. C'est exactement ça!

83. Tu as une bonne mémoire.

84. Tu as beaucoup travaillé aujourd'hui.

85. Ça a bien été aujourd'hui.

86. Tu travailles bien.

87. Tu apprends beaucoup.

88. Tu te surpasses aujourd'hui.

89. C'est beau!

90. Bien fait!

91. MERVEILLEUX!

92. Tu fais de ton mieux!

93. Bon travail.

94. Tu n'as pas oublié.

95. Ça me rend heureuse.

96. Tiens! Regarde comme ça va bien!

97. FORMIDABLE!

* 97 façons de dire «Très bien» a été adapté d'une publication de Wintergreen, un fournisseur d'approvisionnements pour les jardins d'enfants et les écoles primaires, et se nommait originalement 97 façons pour un professeur de dire «Très bien». Le matériel a été reproduit avec la permission de M. Hugh Moreland, président, Wintergreen Communications Limited.

La présente liste a été réalisée à l'intention des parents par la Fédération canadienne des services de garde à l'enfance, sise au 120, rue Holland, bureau 401, Ottawa (Ontario), K1Y 0X6, dont le numéro de téléphone est le (613) 729-5289 et la Canadian Association of Toy Libraries and Parent Resource Centers qui a pignon sur rue au 301, av. Montrose, Toronto (Ontario), M6G 3G9, dont le numéro de téléphone est le (416) 536-3395. La liste peut être photocopiée ou reproduite dans sa totalité ou en partie dans d'autres publications, à condition d'en mentionner la source et d'en envoyer une copie aux organismes susmentionnés.

**TÉLÉGRAMMES «BONNES NOUVELLES»**
(POUR LES PETITS)

**Ton travail est propre!**

BRAVO,
TU AS BIEN RÉUSSI
TA DICTÉE
DE LA SEMAINE!

**Tes phrases sont belles!**

*Bravo, tu es super!*

**Continue, tu as bien travaillé!**

*Aujourd'hui, tu es calme!*

*Source: D'après Monique Turbide, École Mgr Bélanger, commission scolaire de Manicouagan, Baie-Comeau.*

Source: *D'après un groupe d'enseignantes, École Notre-Dame-des-Anges, commission scolaire Vallée-de-Mistassini, Mistassini.*

Merveilleux…
Je suis contente de t'avoir comme élève.

Courage, même si ce n'est pas facile…
Lâche pas,
ça s'en vient…

Bravo!
C'est génial ce que tu fais!!!

Tu travailles
vraiment bien!
Je te trouve super!

Fantastique!!!
Je savais que
tu étais capable!

Tu vois…
les efforts,
c'est payant!!!

## MESSAGES POSITIFS
### (PETITS DIPLÔMES MAISON)

# BRAVO!
## Excellente exploration!

_____
Nom de l'élève

**Par ton bon travail à l'ordinateur, tu as démontré que tu pouvais explorer un logiciel et obtenir un résultat digne de mention.**

Lieu: _____

Date: _____     Signature: _____

# Certificat d'enquêteur
## Ceci atteste que

_____
Nom de l'élève

a participé activement à une recherche proposée en classe sur _____ et a obtenu ce certificat avec:

❏ succès
❏ distinction
❏ grande distinction
❏ très grande distinction

Lieu: _____

Date: _____

Source: Muriel Brousseau et Pierre Deschamps, CEMIS, commission scolaire des Mille-Îles, Vimont, Laval.

## BRAVO À

_____
Nom de l'élève

## Je suis fière de toi parce que:

_____

_____

_____          _____
Date                                      Signature

## ★ SUPERBE ★

_____

Ton écoute en classe est remarquable.
Bravo pour cette bonne attention!
Tu es un bel exemple pour tes amies et amis.
Continue!

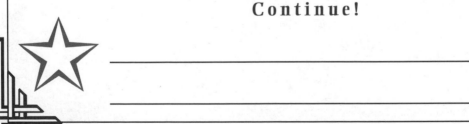

_____

_____

*Source: Enseignantes du primaire, École Saint-Luc, commission scolaire de Bersimis, Forestville.*

# PROPOSITIONS DE MESSAGES POUR LE BULLETIN INFORMATISÉ OU MANUSCRIT
## (PRIMAIRE)

| Forces | Défis |
|---|---|
| • C'est agréable de travailler avec toi. | • Remettre tes travaux à temps. |
| • Tu es généreux. | • Soigner la présentation de tes travaux. |
| • Tu es travaillant. | • Mettre plus d'ardeur dans tes études. |
| • Tu es attentif. | • Fournir plus d'efforts en classe. |
| • Tu participes avec enthousiasme. | • Être plus attentif lors des explications collectives. |
| • Tu es un élève sérieux. | • Augmenter ta concentration en classe. |
| • Tu coopères beaucoup. | • Soigner ton écriture. |
| • Tu es très disponible pour aider. | • Faire attention à l'orthographe. |
| • Tu es serviable. | • Être moins timide dans les périodes de causerie. |
| • Tu es très autonome. | • Travailler sans déranger les autres. |
| • Tu fournis un effort constant. | • Partager davantage tes bonnes idées. |
| • Tu es une personne positive. | • Être plus actif dans la cour de récréation. |
| • Tu es très intéressé. | • Améliorer ton comportement avec les spécialistes. |
| • Tu fais preuve de créativité. | • Être plus persévérant devant les difficultés. |
| • Tu es très réceptif. | • Respecter les autres dans tes paroles. |
| • Tu excelles en arts plastiques. | • Avoir plus d'ordre à ton bureau. |
| • Tu es très sociable. | • Développer ton autonomie lors de tes allées et venues. |
| • Tu communiques bien tes idées. | • Demander de l'aide quand tu es en difficulté. |
| • Tu as une bonne méthode de travail. | • Lire mieux les consignes. |
| • Tu es très efficace. | • Être plus coopératif dans le travail d'équipe. |
| • Tu es un élève responsable. | • Travailler sans perdre de temps. |
| • Tu manifestes de la logique. | • Parler moins pendant le travail personnel. |
| • Tu montres de la bonne volonté. | • Améliorer ton langage en éliminant les mots vulgaires. |
| • Tu participes activement aux cours. | • Améliorer ton comportement aux récréations. |

*Source: Normand Dignard, École Notre-Dame, commission scolaire Jérôme-Leroyer, Pointe-aux-Trembles.*

# PROPOSITIONS DE MESSAGES POUR LE BULLETIN INFORMATISÉ OU MANUSCRIT
## (SECONDAIRE)

Pour t'aider à souligner les forces de certains élèves ou encore à leur lancer des défis, voici des suggestions.

| Forces | Défis |
|---|---|
| • Élève modèle | • Travaux à remettre à temps |
| • Comportement remarquable | • Efforts en classe |
| • Travaux faits avec application | • Interventions à faire au bon moment |
| • Créativité à souligner | • Langage à améliorer |
| • Esprit d'initiative très apprécié | • Respect des règles de vie |
| • Participation très soutenue | • Participation à améliorer |
| • Étude satisfaisante | • Écoute à développer |
| • Élève très chaleureux | • Méthode de travail à modifier |
| • Progrès digne de mention | • Ponctualité aux cours |
| • Constance dans la façon de travailler | • Attitude devant un échec à améliorer |
| • Mémoire exceptionnelle! | • Application dans les devoirs |
| • Écoute très active | • Façon de communiquer avec l'enseignante à améliorer |
| • Respect des autres | • Méthode d'étude à améliorer |
| • Goût de collaborer | • Soutien pédagogique à accepter en dehors des heures de classe |
| • Attitude positive face aux difficultés | • Participation au travail d'équipe à améliorer |

*Source: Un groupe d'enseignants, Polyvalente des Rives, commission scolaire de Manicouagan, Baie-Comeau.*

# 4.4  UN CONTRAT AVEC UN ÉLÈVE, POURQUOI PAS?

*(Des élèves à encadrer)*

## Contexte et intention

La gestion des comportements et des apprentissages ne se vit pas sans difficultés et sans réajustements. Même après avoir établi un référentiel disciplinaire à caractère participatif, même après avoir précisé des exigences claires, l'enseignante trouvera des élèves qui ne s'engageront pas totalement.

Avec certains élèves, il faudra faire preuve de créativité et varier les moyens. Parmi ceux-ci se retrouve le contrat écrit. Il est habituellement utilisé pour encadrer les comportements, mais on aurait intérêt à l'adopter aussi pour gérer les apprentissages. Bien sûr, il s'agit d'un moyen temporaire que l'on exploitera dans un contexte personnel.

Toutefois, il ne faut pas perdre de vue que les élèves ont besoin d'être soutenus, guidés et valorisés tout au long de cette démarche d'apprentissage des comportements.

Amener l'élève à s'engager, à se donner des défis et surtout à assumer ces derniers, voilà les motifs qui justifient l'emploi du contrat.

## Pistes d'utilisation

1. Cible un élève de ta classe que tu désires aider de façon directe.
2. Consulte le cadre organisationnel d'un contrat. (*Voir page 69.*)
3. Décide si l'élève doit s'engager quant au comportement ou quant aux apprentissages. (*Voir pages 73 et 74.*)
4. S'il s'agit d'un contrat encadrant les comportements, décide si tu mets l'accent sur les comportements à l'intérieur ou à l'extérieur de la classe. (*Voir page 75.*)
5. Formule avec l'élève un ou des défis réalistes en relation avec la cible choisie.
6. Fixe les balises du temps relatives à ce contrat. Quelle sera la durée de l'engagement? un cours? une demi-journée? une journée? une semaine? Quelle sera la fréquence des périodes d'objectivation, d'auto-évaluation ou d'évaluation? (*Voir pages 70 à 73.*)
7. Quels sont les moyens que je propose à l'élève pour vivre ces moments?
8. Assure-toi que l'étape des conséquences est bien articulée, et cela, autant pour les conséquences agréables que pour les conséquences désagréables. (*Voir pages 73 et 75.*)
9. Interroge-toi sur le niveau d'implication de l'élève à l'intérieur du contrat. Est-il associé au choix des objectifs et des conséquences? A-t-il des moyens

## Pistes d'utilisation *(suite)*

pour mettre des mots sur son vécu ou pour évaluer les petits pas qu'il a réalisés? (*Voir pages 76 à 78.*)

10. N'oublie pas de t'investir comme enseignante au sein du contrat. Les gestes que tu t'engageras à poser te donneront de la crédibilité auprès de l'élève. Un contrat, ça lie deux parties, n'est-ce pas? (*Voir pages 76 à 78.*)

11. Décide s'il est pertinent ou non d'engager également les parents à l'intérieur de cette démarche de changement. Tu pourrais même impliquer la direction de l'école, si tu sens que la collaboration des parents n'est pas assurée. (*Voir page 78.*)

# CONTENU D'UN CONTRAT DESTINÉ À LA GESTION DES COMPORTEMENTS ET DES APPRENTISSAGES

## Quoi?

**Définition:** Engagement verbal ou écrit liant une personne à former et une personne responsable de cette formation dans une entreprise ou une organisation[1].

**Sortes**

Contrat oral ou écrit;

Contrat pour encadrer un ou des comportements;

Contrat pour encadrer un ou des apprentissages.

## Pour qui?

**Clientèle visée:** Ces formes de contrats mettent à contribution l'élève dans sa démarche de changement[2]. Le but à atteindre est fixé par une entente entre l'élève et l'enseignante. Il est à noter que cet accord peut s'effectuer entre toute personne qui intervient auprès du jeune et celui-ci. Toutes les données sont consignées par écrit sur un contrat. Les copies sont conservées par l'élève et l'enseignante, et par les parents si on le désire.

## Comment?

**Étapes d'un contrat**

L'élève, avec l'aide de l'enseignante, vit les étapes suivantes. Il:

1. formule ses attentes;
2. traduit ces dernières en objectifs opérationnels;
3. fait l'inventaire des ressources disponibles;
4. détermine les activités d'apprentissage réalisables et pertinentes;
5. fixe un échéancier;
6. détermine des critères visant à mesurer le degré d'atteinte des objectifs;
7. choisit le mode d'évaluation approprié.

**Remarque:** Les comportements attendus doivent être décrits en termes observables et mesurables. Il en est de même pour les moyens de renforcement. L'emploi de conséquences agréables ou heureuses contribue à renforcer les bons comportements.

**Gestion du contrat**

Au début, il est suggéré à l'enseignante de gérer le contrat. C'est donc l'adulte qui évalue le comportement de l'élève. Graduellement, l'élève sera invité à participer à la gestion de son contrat par le biais de l'objectivation et de l'auto-évaluation. Une gestion participative du contrat amène l'élève à faire les prises de conscience et les réajustements nécessaires.

## Pourquoi?

**Avantages**

- Intervenir directement dans le processus de modification des comportements.
- Mettre l'élève à contribution dans sa démarche de changement.
- Permettre à l'élève de se responsabiliser par rapport à ses comportements.
- Augmenter le sentiment de compétence et d'estime de soi de l'élève.
- Permettre à l'élève de connaître des réussites.
- Offrir à l'élève l'occasion de se motiver intrinsèquement.
- Favoriser l'émergence de cibles plus faciles à atteindre, donc plus réalistes.
- Fournir aux parents l'occasion de s'impliquer auprès de leur enfant et de travailler dans la même orientation que l'école.

## Quand?

- Contrat utilisé à l'intérieur d'une journée.
- Contrat utilisé à l'intérieur d'une semaine.
- Contrat utilisé à l'intérieur d'une étape, mais planifié chaque jour.

---

1. Renald Legendre, *Dictionnaire de l'éducation*, Montréal, Éditions Guérin, 1993.
2. Judith Létourneau, *Prévenir les troubles du comportement à l'école primaire*, Lévis, École et Comportement, 1995.

# CONTRAT DE TRAVAIL POUR UN COURS

Date: _____

Nom de l'élève: _____

Classe: _____

**Mon défi:** _____

_____

_____

| Cours | Lundi | Mardi | Mercredi | Jeudi | Vendredi |
|---|---|---|---|---|---|
| de 8 h 30 à la récréation | | | | | |
| de la récréation à 11 h 30 | | | | | |
| de 13 h à la récréation | | | | | |
| de la récréation à 15 h 30 | | | | | |
| Signature des parents | | | | | |

**Légende et échelle d'appréciation**

J'ai réussi        Je dois m'améliorer

_____

Signature de l'enseignante

# EXEMPLE DE CONTRAT DE COMPORTEMENT POUR UNE DEMI-JOURNÉE

Nom de l'élève: _Amélie Garon_

Classe: _2e année_

Semaine: _du 12 octobre_

| | Lundi | | Mardi | | Mercredi | | Jeudi | | Vendredi | |
|---|---|---|---|---|---|---|---|---|---|---|
| **Consigne vedette de l'avant-midi** | Je lève la main pour prendre la parole. | | Je mets un en-tête dans mon cahier avant de commencer mon travail. | | Je circule dans la classe seulement quand c'est nécessaire. | | Je respecte la procédure du matin. | | Je place mon sac à l'endroit indiqué dans la classe. | |
| | oui ☼ | non | oui | non ✿ | oui | non ✿ | oui ☼ | non | oui ☼ | non |
| **Consigne vedette de l'après-midi** | Je taille mon crayon aux moments indiqués par mon enseignante. | | J'apporte mon travail à la maison pour le faire signer par mes parents. | | Je place ma chaise sur mon bureau avant de partir en fin d'après-midi. | | Je surveille la qualité de mon écriture. | | Je mets de l'ordre sur mon bureau avant de commencer mon après-midi. | |
| | oui ☼ | non | oui ☼ | non | oui | non ✿ | oui ☼ | non | oui ☼ | non |

**Légende et échelle d'appréciation**

☼ Oui    ✿ Non

# CONTRAT DE COMPORTEMENT POUR UNE DEMI-JOURNÉE

Nom de l'élève: _____

Classe: _____

Semaine: _____

| | Lundi | | Mardi | | Mercredi | | Jeudi | | Vendredi | |
|---|---|---|---|---|---|---|---|---|---|---|
| | oui | non | oui | non | oui | non | oui | non | oui | non |
| Consigne vedette de l'avant-midi | | | | | | | | | | |
| Consigne vedette de l'après-midi | | | | | | | | | | |

**Légende et échelle d'appréciation**

☼ Oui          ✿ Non

# CONTRAT HEBDOMADAIRE

Semaine du: _____

Tableau d'engagement et de motivation de: _____

**Mon contrat:** Défi A: _____

*(Mes défis de*
*comportement ou*
*d'apprentissage)*

Défi B: _____

Défi C: _____

Défi D: _____

**Conséquences agréables** (privilèges)

_____
_____
_____

**Conséquences désagréables**

_____
_____
_____

| Défis | Lundi | | | Mardi | | | Mercredi | | | Jeudi | | | Vendredi | | | Résultats hebdomadaires | | |
|---|---|---|---|---|---|---|---|---|---|---|---|---|---|---|---|---|---|---|
| | Défi | Résultat | 1 2 3 | Défi | Résultat | 1 2 3 | Défi | Résultat | 1 2 3 | Défi | Résultat | 1 2 3 | Défi | Résultat | 1 2 3 | 1 | 2 | 3 |
| Défi de comportement | | | | | | | | | | | | | | | | | | |
| | Défi | Résultat | 1 2 3 | Défi | Résultat | 1 2 3 | Défi | Résultat | 1 2 3 | Défi | Résultat | 1 2 3 | Défi | Résultat | 1 2 3 | | | |
| Défi d'apprentissage | | | | | | | | | | | | | | | | | | |

**Signatures:** de l'élève: _____    du parent: _____

de l'enseignante: _____    de l'orthopédagogue ou de l'éducatrice: _____

**Légende:** 1 J'ai réussi sans aide.    2 J'ai réussi avec de l'aide.    3 Je n'ai pas encore réussi.

# CONTRAT D'APPRENTISSAGE POUR UNE ÉTAPE MAIS PLANIFIÉ CHAQUE JOUR

| Dates | Tâches à réaliser | Personne-ressource | Échéance | Auto-évaluation |
|-------|-------------------|--------------------|----------|-----------------|
|  |  |  |  | ○ |
|  |  |  |  | ○ |
|  |  |  |  | ○ |
|  |  |  |  | ○ |
|  |  |  |  | ○ |
|  |  |  |  | ○ |
|  |  |  |  | ○ |
|  |  |  |  | ○ |
|  |  |  |  | ○ |
|  |  |  |  | ○ |
|  |  |  |  | ○ |
|  |  |  |  | ○ |
|  |  |  |  | ○ |
|  |  |  |  | ○ |
|  |  |  |  | ○ |

Signature de l'élève: _____

Signature de l'enseignante: _____

**Personne-ressource**     ❑ Oui     ❑ Non

Ce que j'attends de cette personne-ressource: _____

_____

_____

**Commentaires de l'élève:** _____

_____

_____

**Commentaires de l'enseignante:** _____

_____

| **Légende des couleurs** (auto-évaluation) | |
|---|---|
| **Vert:** | J'ai rempli mon engagement. |
| **Jaune:** | Je n'ai pas rempli mon engagement complètement. |
| **Rouge:** | J'ai démissionné en cours de route. |
| **Noir:** | Je ne me suis pas engagé. |

# CONTRAT VISANT L'AMÉLIORATION DES COMPORTEMENTS À L'EXTÉRIEUR DE LA CLASSE

Nom: _____ Date: _____

## COMPORTEMENTS À AMÉLIORER

| Quoi? | Où? |
|---|---|
| 1. | Dans l'autobus scolaire, en route vers l'école |
| 2. | Dans l'autobus scolaire, en route vers la maison |
| 3. | Lors des périodes d'éducation physique |
| 4. | Dans la cour de récréation |
| 5. | Dans la grande salle |
| 6. | Dans mes déplacements dans les corridors |
| 7. | Dans le local de musique |
| 8. | Lors des cours d'anglais |
| 9. | |
| 10. | |
| 11. | |

Si je relève mon défi ou mes défis, je pourrai recevoir un privilège que j'aurai négocié. Voici ce privilège: _____

Par contre, si je ne réussis pas à respecter mon contrat, voici la conséquence désagréable que je vivrai: _____

Signature de l'élève: _____

Signature de l'enseignante: _____

Signature du parent: _____

# EXEMPLE DE CONTRAT POUR L'AMÉLIORATION DES APPRENTISSAGES

**But:** Faire ma 1$^{re}$ année à mon rythme.

**Lieu:** À la maison, je ferai des devoirs-lectures à partir de mes mots de vocabulaire.

En classe, les ateliers que ____*Nicole*____ préparera seront faits spécialement pour moi, et ils tiendront compte de mon rythme.

**Début du contrat:** ____*À partir de février*____

**Fin du contrat:** ____*Juin*____

**Enseignante:** ____*Nicole Borduas*____

## EXIGENCES DU CONTRAT (ÉLÈVE)

1. J'apprends mes lettres de l'alphabet minuscules et majuscules.
2. J'apprends à mémoriser mes lettres de A à Z, de Z à A (si je le veux).
3. J'apprends mes mots de vocabulaire.
4. En mathématiques, j'apprends mes nombres jusqu'à 10, jusqu'à 20, 30...
5. J'apprends à reconnaître les prénoms de mes camarades de classe.
6. Je révise les mots de mon coffre à outils.
7. Graduellement, j'apprends des mots nouveaux à une fréquence de ____ mots par semaine.
8. J'apprends surtout à travailler sans aide, dans la mesure du possible.
9. J'accepte les rendez-vous proposés par l'orthopédagogue.
10. Je fais régulièrement des efforts pour relever mes défis.

## EXIGENCES DU CONTRAT (ENSEIGNANTE)

1. Je propose des tâches d'apprentissage correspondant au rythme d'apprentissage de l'élève.
2. J'accepte de diminuer la complexité ou la longueur d'une tâche.
3. J'accompagne l'élève pour l'aider à se fixer un seuil de réussite personnel.
4. J'adapte l'échéancier d'un travail obligatoire.
5. Je fournis du matériel concret et semi-concret comme support à l'apprentissage.
6. Je prépare des évaluations et des contrôles adaptés au rythme de l'élève.

# Formule d'engagement

À l'école _____,

moi, _____, l'élève, et moi,

_____, l'enseignante, avons lu

notre contrat. Nous nous engageons à le respecter.

Signature de l'élève: _____

Signature de l'enseignante: _____

Signature du parent-témoin: _____

Date: _____

# EXEMPLE DE LETTRE D'INFORMATION AUX PARENTS POUR LA SIGNATURE ÉVENTUELLE D'UN CONTRAT

**École Ferdinand-Comte**
**255, rue Jean-Milot, Lac Carré (Québec) H2H 1Y8**

Chers parents,

Comme vous le savez déjà, _____ ne peut suivre le programme de 1$^{re}$ année au même rythme que les autres élèves de la classe.

Parce que nous voulons respecter son rythme d'apprentissage, _____ aura des travaux à sa mesure à réaliser. Ceux-ci seront à sa portée. Ils seront donc plus facilement compris et réussis. Ce sera aussi plus valorisant pour vous et votre enfant.

Les travaux, les devoirs, les leçons et les évaluations tiendront compte des apprentissages réalisés par _____.

En fonctionnant de cette façon, lorsque juin arrivera, votre enfant n'aura certainement pas tout intégré le programme de 1$^{re}$ année. Le programme sera complété l'an prochain.

Cependant, nous aurons un élève heureux et motivé parce qu'il aura réussi.

Signature de l'enseignante: _____

Signature de la direction: _____

J'ai pris connaissance de cette lettre.

Signature du parent: _____

Date: _____

*Source des pages 76 à 78: D'après Denise Normand, École Jeanne-de-Chantal, Saint-Eugène (L'Islet), commission scolaire Côte-du-Sud.*

# 4.5 DES ALLÉGORIES POUR NOURRIR LE CLIMAT
## (Des maux de l'âme à guérir)

## Contexte et intention

De plus en plus, certains élèves éprouvent des difficultés d'ordre émotionnel. Cela les empêche souvent de se concentrer sur une tâche et d'être attentifs à ce que l'enseignante dit en classe.

Très souvent, l'éducatrice soucieuse d'intervenir adéquatement auprès de ces élèves cherche des moyens facilement applicables et potentiellement efficaces. L'allégorie répond à ces deux critères. Il s'agit d'un outil précieux autant pour les enseignantes et les divers intervenants en milieu scolaire que pour les parents.

L'allégorie permet de créer une réplique de la situation que vit soit l'enfant, soit l'adolescent en passant de la situation-problème à une résolution heureuse qui viendra s'inscrire dans l'inconscient. On pourrait donc dire qu'il s'agit d'une histoire métaphorique permettant à une personne de faire une découverte à partir de l'intérieur.

Même si on peut la raconter en quelques minutes, l'allégorie peut avoir un impact considérable sur le cheminement personnel et pédagogique de l'enfant et lui permettre ainsi de guérir et de grandir.

Cet outil s'adresse aux élèves de toutes catégories. Il peut être utilisé comme moyen préventif ou curatif, car il aide les

## Pistes d'utilisation

1. Approprie-toi l'allégorie afin de te familiariser avec l'histoire métaphorique. Tu dois être consciente du niveau de langage utilisé. Tu peux même apporter ta touche personnelle, si tu en sens le besoin. (*Voir pages 81 et 82.*)

2. Cerne le portrait de ton groupe-classe et repère les élèves qui, selon toi, éprouvent le «mal de l'âme».

3. Tente d'identifier le malaise éprouvé. S'agit-il d'un problème vécu en classe? à la maison? Les causes du problème sont-elles physiques? affectives? psychologiques? sociales? intellectuelles?

4. Consulte un recueil d'histoires métaphoriques. Déjà, la table des matières te met sur la bonne piste pour la sélection des allégories. Aux pages 82 à 85, tu trouveras aussi quelques exemples d'allégories.

5. Choisis l'allégorie qui t'oriente vers le malaise le plus urgent à traiter et prépare-toi à la raconter.

6. Crée un climat de confiance auprès de ton auditoire. Introduis l'allégorie ainsi: «Je veux vous raconter une histoire...», «Il était une fois...», «Un jour, bien loin d'ici...» ou «Il m'est arrivé, un jour...».

## Contexte et intention *(suite)*

élèves du secteur régulier à garder leur intérêt et leur motivation. Il peut prévenir ainsi le décrochage scolaire.

Dans une perspective thérapeutique, l'histoire métaphorique aide autant les élèves en difficulté d'adaptation et d'apprentissage que les élèves ayant des problèmes de conduite et de comportement. Elle agit sur les différents facteurs d'ordre personnel, familial et social.

## Pistes d'utilisation *(suite)*

7. Résiste à la tentation de l'expliquer, car l'allégorie parle d'elle-même. Tu pourrais lui enlever son pouvoir de révéler chez l'autre tout un monde de fantaisies.

8. Sois attentive aux événements vécus en classe, qui pourraient devenir l'objet d'une histoire métaphorique racontée ou composée.

9. Construis une allégorie en respectant sa structure. (*Voir page 95.*)

10. Saisis les occasions pertinentes pour que les élèves puissent se libérer de certaines peurs, angoisses, rivalités, interrogations de toutes sortes: boîte aux secrets, journal personnel, courrier du cœur, jeux de rôles.

11. Traduis les comportements dérangeants les plus répétitifs en jeux de rôles. Cela pourrait même être vécu en «Courrier du cœur», où les élèves sont invités à trouver des solutions pour les suggérer par la suite aux autres élèves de la classe. (*Voir pages 88 à 94.*)

12. Précise le déroulement de l'expérience de vie du «Courrier du cœur»:
    • Travail en équipe de quatre;
    • Temps alloué: 30 minutes maximum;
    • Réunion plénière: mise en commun sur grands tableaux cartonnés;
    • Lien à faire avec une allégorie déjà présentée. (*Voir pages 86 et 87.*)

# FAIRE CONNAISSANCE AVEC L'ALLÉGORIE[1]...

## 1. Définition de l'allégorie

«Histoire réelle ou fictive dont le but est d'informer, d'éduquer, de guérir et de faire grandir. Ce n'est pas une thérapie en soi, mais plutôt un outil qu'il faut utiliser à bon escient.»

## 2. Sortes d'allégories

- Fermées: complètes en elles-mêmes, car elles n'ouvrent pas la porte à la résolution de problèmes.
- Ouvertes: se terminent par une question qui laisse à l'enfant la possibilité de résoudre le problème.
- Visuelles-participatives: permettent à l'enfant de prendre part à une activité.

## 3. Avantages de l'allégorie

- Elle est avant tout très flexible, se prêtant à l'utilisation d'une foule de stratégies thérapeutiques et s'appliquant à plusieurs situations de la vie courante.
- Elle est séduisante.
- Elle favorise l'autonomie: l'enfant a besoin de saisir le sens du message et en vient lui-même à des conclusions ou à des actes.
- Elle peut être utilisée pour dépasser les résistances naturelles au changement.
- Elle peut servir à contrôler la relation.
- Elle permet la souplesse.
- Elle exerce la mémoire, dans le sens que l'idée présentée est mieux mémorisée.
- Elle n'est pas menaçante.

## 4. Efficacité de l'allégorie

L'action de l'histoire métaphorique n'obéit cependant à aucune règle.

Parfois, l'effet se fait sentir très rapidement, et nous percevons alors des changements immédiats d'attitudes et de comportements.

D'autres fois, les changements s'étalent sur une plus longue période et sont à peine perceptibles, car la transformation est souvent intérieure.

## 5. Comment raconter une allégorie?

Raconter une histoire à quelqu'un, c'est lui proposer d'entrer dans un rituel pour grandir et guérir. Si la conteuse veut que ses paroles suscitent un effet magique, elle doit vivre elle-même son histoire presque naïvement. Non seulement le choix des mots, mais aussi le ton de la voix et les mouvements de la tête et du corps sont importants. La conteuse est comme une actrice jouant plusieurs rôles.

La bonne conteuse ne perd pas des yeux son auditoire. Son ton calme, assuré, parfois monotone, parfois animé, entrecoupé de silences, laisse les auditeurs imaginer et enrichir leur cinéma intérieur. Elle sait à l'occasion répéter un passage pour aider son auditoire à bien l'enregistrer. Finalement, elle n'hésite pas, à la demande de l'auditoire, à raconter plusieurs fois la même allégorie.

Enfin, elle peut raconter une allégorie à un groupe plus ou moins restreint d'élèves, même si le message s'adresse seulement à un ou à deux d'entre eux.

---

1. Michel Dufour, *Allégories pour guérir et grandir. Recueil d'histoires métaphoriques*, Chicoutimi, Les Éditions JCL inc., 1993, pages 37, 38, 40, 52, 56.

# DES EXEMPLES D'ALLÉGORIES POUR GUÉRIR

L'allégorie, qui a fait récemment son apparition dans le monde de l'éducation, a grandement intérêt à être découverte et apprivoisée.

Voici les dimensions d'une allégorie qui doivent être explorées avant de fixer son choix:
- domaine de l'allégorie;
- sujet traité;
- situation désirée.

Ces trois aspects permettent à l'éducatrice de choisir une allégorie non pas intuitivement, mais plutôt dans une perspective de résolution d'un problème, d'un malaise ou d'un conflit en relation avec un être humain que l'on désire aider.

Comme premier contact avec le récit métaphorique, voici trois exemples de domaines où l'allégorie peut intervenir:
- croissance personnelle et actualisation de soi;
- relations interpersonnelles;
- dynamique familiale.

## CHATOUILLE ET LE GRAND ESCALIER[2]

**Domaine de l'allégorie:** Croissance personnelle et actualisation de soi

**Sujet traité:** Déception à la suite d'un échec

**Situation désirée:**
- Faciliter l'acceptation d'une reprise d'année scolaire.
- Apprivoiser l'échec d'une façon positive.
- Inciter au courage et au goût de recommencer.
- Découvrir la satisfaction de relever des défis.
- Apprendre à transformer une perte en gain.

Depuis qu'il est un tout petit chaton, Chatouille veut monter tout en haut de l'édifice qui domine le quartier qu'il a toujours connu.

Tous les chats devenus adultes avaient gravi les escaliers de cet édifice intrigant et mystérieux.

Un jour, sa maman lui dit qu'il était temps pour lui et ceux de son âge de gravir le premier escalier de l'édifice qui excitait depuis toujours sa curiosité.

Chatouille hésite... il a peur un peu, mais il a le goût de savoir quelle surprise il trouvera en haut. Il décide donc de monter. La première marche est difficile, elle est haute et Chatouille n'a pas encore trouvé de trucs pour faciliter sa montée. Il a de la misère, il travaille beaucoup et il réussit à atteindre la deuxième marche. Il pense à redescendre à certains moments parce

2. Michel Dufour, *Allégories pour guérir et grandir. Recueil d'histoires métaphoriques,* Chicoutimi, Les Éditions JCL inc., 1993, p. 99-100.

qu'il trouve cela difficile mais il décide de continuer. Il avance avec force et patience, mais même s'il a de la misère et que ça prend du temps, il continue toujours.

Après beaucoup d'efforts, notre ami Chatouille se retrouve au milieu de l'escalier; il regarde en bas et voit tout le trajet qu'il a fait jusqu'ici. Il se trouve haut mais il a tellement hâte de repartir qu'il se retourne rapidement pour continuer de monter. En se tournant, le pauvre Chatouille glisse et tombe sur le côté. Il dégringole l'escalier en roulant comme une boule de neige.

Pauvre Chatouille! La tête lui tourne quand il arrive sur le trottoir; il est triste et a mal partout. Il avait travaillé tellement fort pour monter aussi haut dans l'escalier! Hélas! il va être obligé de recommencer.

Au début, Chatouille se tourne vers sa maison; il a le goût d'y retourner et d'oublier l'escalier car il a perdu tous ses amis et il en a de la peine. Mais, entre-temps, plusieurs autres chatons un peu plus jeunes que lui sont venus le rejoindre pour monter l'escalier avec lui.

Il se dit alors que s'il a réussi à monter aussi haut la première fois, il réussirait encore et avec plus de facilité parce que maintenant, il connaît des trucs et il est habitué. Chatouille se remet donc à grimper l'escalier. Il monte quelques marches, il a un peu peur de tomber encore, mais il continue et devient de plus en plus sûr de lui. Il arrive à la marche où il était tombé et ne s'arrête même pas. Il monte, monte; il veut arriver en haut le plus vite possible. Chaque marche qu'il gravit devient de plus en plus facile. Chatouille fait un petit saut et hop! il arrive sur l'autre marche. Son cœur bat plus vite, il espère qu'il ne sera pas déçu.

Chatouille arrive enfin en haut du premier escalier. Quelle surprise! sa maman l'attend avec un panier plein de jouets et de ses friandises préférées. Il se retourne et regarde très très loin devant lui. Il voit la mer, les montagnes, les champs, et plus près de lui, il voit sa rue et son père qui lui fait un bonjour de la main. Chatouille est heureux et très fier de lui. Il retrouve beaucoup d'autres amis chats qui ont monté l'escalier aussi. Ils s'amusent tous ensemble et mangent de bonnes choses en parlant des difficultés qu'ils ont eues, eux aussi, quand ils ont monté l'escalier.

Puis, notre ami décide de se reposer un certain temps avant d'entreprendre l'escalade du second escalier devant le conduire au sommet de l'édifice...

# L'AIGLON ROYAL[3]

**Domaine de l'allégorie:**   Relations interpersonnelles

**Sujet traité:**   Attitude surprotectrice d'une personne empêchant l'autre de «grandir».

**Situation désirée:**
- Favoriser une plus grande prise en charge personnelle.
- Développer une meilleure estime de soi et une meilleure confiance en soi.
- Rendre l'individu autonome et le valoriser.
- Inciter l'élève ayant des amies ou des amis peu recommandables à les laisser tomber.

Un fermier découvrit un jour un nid d'aigle abandonné contenant un œuf. Il l'apporta et le déposa avec les œufs qu'une poule couvait.

L'oiseau naquit donc au milieu des poules et apprit à agir comme une poule.

Le fermier s'occupait beaucoup de sa nouvelle «poule» et il faisait tout pour la protéger, la gâter et lui procurer immédiatement tout ce qu'elle demandait. L'aigle-poule était peu à peu devenu très dépendant du fermier qui ne s'apercevait pas du tort qu'il lui causait.

À un moment donné, l'aiglon vit dans le ciel un grand oiseau qui planait; il dit: «Un jour, je volerai comme cet oiseau.» Alors ses frères et sœurs se mirent à rire de lui. Tout honteux, il regretta d'avoir prononcé ces paroles et il continua à manger des grains dans l'enclos.

Or, une bonne fée vint à passer par là et elle aperçut l'aiglon royal qui végétait au milieu des poules. Elle s'adressa au fermier en ces termes: «Je crois que tu aimes beaucoup ton oiseau rare, mais je pense que tu ne lui rends pas service en le gardant dans cette condition. Tu penses trop à toi. Cet oiseau n'est pas heureux et lorsqu'il sera plus grand, il t'en voudra de ne pas lui avoir permis de développer ses qualités extraordinaires et son potentiel illimité.»

Le lendemain, après avoir réfléchi, notre fermier prit l'oiseau dans ses mains et il le lança dans les airs; l'aiglon eut à peine le temps d'ouvrir les ailes et atterrit misérablement sur le sol, sous les éclats de rire des poules.

Mais l'homme ne se découragea pas; il monta sur le toit de la grange et il dit à l'oiseau: «Tu es un aigle, vole!» Et il le lança dans les airs. Dans un réflexe spontané, ce dernier ouvrit les ailes, plana quelques instants au-dessus de la basse-cour et alla s'écraser au milieu des poules tout étonnées...

Alors le fermier gravit la montagne qui dominait sa ferme et lança l'aiglon dans le ciel. À coups d'ailes de plus en plus grands, l'aiglon s'envola joyeusement dans le ciel, de plus en plus sûr de lui.

Périodiquement, il revenait voir le fermier et ses amies les poules qui le considéraient désormais vraiment pour ce qu'il était fondamentalement.

---

3. Michel Dufour, *Allégories pour guérir et grandir. Recueil d'histoires métaphoriques*, Chicoutimi, Les Éditions JCL inc., 1993, p. 153-154.

Ce texte est inspiré d'une allégorie rapportée par Jean Monbourquette, dans son volume *Les allégories thérapeutiques*, p. 50.

# IRIS [4]

**Domaine de l'allégorie:**   Dynamique familiale

**Sujet traité:**   Difficulté pour les enfants à accepter la séparation de leurs parents.

**Situation désirée:**
- Favoriser l'acceptation de la séparation de la mère ou du père lorsque l'enfant entre à la maternelle.
- Soutenir un individu dans sa démarche lors d'une perte.
- Déculpabiliser les enfants en situation de séparation.

La princesse Iris avait passé sa plus tendre enfance sur la planète Amok. Actuellement, elle y vit avec le roi, son père.

Il y a quelques années, son père et sa mère qui ne s'entendaient plus très bien ont décidé de vivre chacun de son côté; sa mère avait alors accepté de régner sur la planète Kubik qui était située à quelques années-lumière de la planète Amok.

Iris n'avait jamais accepté que sa mère parte aussi loin, car elle ne la voyait pas souvent; deux ou trois fois par année, elle se rendait sur la planète Kubik et chaque fois, elle avait de la difficulté à revenir sur la planète Amok. Elle aurait voulu que sa mère revienne habiter avec son père. Elle pleurait régulièrement et elle était souvent triste et malheureuse.

À l'école, ça n'allait pas très bien: ses notes étaient plus ou moins acceptables et elle manquait d'attention ou dérangeait les autres en classe et son professeur la grondait parfois. Elle était aussi très inquiète de sa mère qui vivait si loin d'elle et Iris avait peur qu'il lui arrive malheur.

Son père faisait tout pour la rassurer et l'aider mais il n'y réussissait pas beaucoup. La compagne de son père était également gentille avec elle et elle l'aidait à faire ses devoirs; elle l'aidait même parfois à décoder les messages intergalactiques qu'elle recevait de sa mère.

Une nuit, alors qu'elle pleurait silencieusement dans son lit, elle eut la visite de la fée des étoiles, tout habillée de bleu, qui arriva sur son balcon avant de pénétrer dans sa chambre par la fenêtre ouverte. Iris n'en croyait pas ses yeux. La fée lui dit qu'elle avait senti qu'elle avait besoin d'aide et qu'elle était là pour cela. Iris sécha ses larmes et lui raconta ses gros problèmes.

La fée lui dit qu'elle était très courageuse et qu'elle était chanceuse d'avoir encore ses deux parents. Elle lui fit prendre conscience que tous les gens autour d'elle l'aimaient beaucoup et lui voulaient du bien. Elle lui fit remarquer aussi qu'elle avait la chance d'être princesse sur deux planètes mais que sa première responsabilité était de jouer son rôle sur la planète Amok, là où était sa résidence principale. Sur ces paroles, la fée disparut dans un nuage d'étincelles.

Iris réalisa alors qu'elle dépensait beaucoup d'énergie à vouloir vivre sur deux planètes en même temps. Elle décida de faire confiance à sa mère pour conserver la beauté de la planète Kubik et de consacrer son temps à la planète Amok surtout.

Elle se sentit alors soulagée d'avoir moins de responsabilités et elle se rendit compte qu'elle avait beaucoup de temps pour améliorer et embellir les relations qu'elle entretenait avec ses proches.

Après quelque temps, elle s'aperçut que les deux planètes étaient toujours aussi belles et étincelantes l'une que l'autre et elle fut heureuse de constater que tout allait mieux pour elle tant à l'école qu'au château.

---

4. Michel Dufour, *Allégories pour guérir et grandir. Recueil d'histoires métaphoriques*, Chicoutimi, Les Éditions JCL inc., 1993, p. 198-199.

# DES JEUX DE RÔLES
## POUR SE LIBÉRER DE CERTAINES BLESSURES...

| JEUX DE RÔLES | SUJETS TRAITÉS | ALLÉGORIES |
|---|---|---|
| **1.** Le solitaire (*Voir page 88.*) | *Élève qui subit un rejet dans la classe.* | «Ma maison» (p. 124*) |
| **2.** Jeanne qui pleure, c'est bien moi (*Voir page 89.*) | *Élève qui se sent persécuté par les autres dans la classe.* | «Fiéro, le magnifique» (p. 166*) |
| **3.** Paul, le dur de la bande (*Voir page 90.*) | *Élève violent à l'école et dans la classe.* | «Balboa, le pirate des Caraïbes» (p. 116*) |
| **4.** Je m'appelle Colette et j'ai la main forcément généreuse! (*Voir page 91.*) | *Élève qui achète l'amitié avec des «petits cadeaux».* | «Nouga» (p. 164*) |
| **5.** Je m'appelle Louison et je crée des situations ambiguës (*Voir page 92.*) | *Élève qui vit dans le «placotage», le «mémérage».* | «Mon petit morceau» (p. 113*) |
| **6.** Tous les yeux sur moi (*Voir page 93.*) | *Élève à double comportement ayant des tendances à l'hypocrisie.* | «Le harfang intoxiqué» (p. 142*) |
| **7.** Trop en demande (*Voir page 94.*) | *Élève populaire, leader qui est constamment sollicité par les autres dans la classe.* | «Le cheval à deux têtes» (p. 155*) |

---

\* Michel Dufour, *Allégories pour guérir et grandir. Recueil d'histoires métaphoriques*, Chicoutimi, Les Éditions JCL inc., 1993.

# POUR SE PRÉPARER À VIVRE LES JEUX DE RÔLES...

**MISE EN SITUATION:**
**COURRIER DU CŒUR**

Tu écoutes fidèlement une émission radiophonique et tu en apprécies le contenu.

Jeannette, responsable du courrier, est hospitalisée à cause d'un accident. On te demande de la remplacer pour une période d'une semaine.

À toi donc de répondre aux jeunes qui requièrent ton aide, ton soutien.

Tu es responsable du courrier.

*Source: Béatrice D. Lechasseur et Nicole Gagnon, École Bois-du-Nord, commission scolaire de Manicouagan, Baie-Comeau.*

# 1. LE SOLITAIRE

Quand les copains jouent entre eux, je me retrouve seul. Quand vient le temps de former une équipe de travail, je suis laissé pour compte. Quand il faut réaliser un projet, une activité commune, je m'isole, car on ne me voit pas...

Que me faut-il faire pour être remarqué?

Comment m'y prendre pour faire partie de la bande?

Vois-tu, j'en ai assez de vivre ainsi et je veux m'en sortir.

Peux-tu me conseiller?

*Source: Béatrice D. Lechasseur et Nicole Gagnon, École Bois-du-Nord, commission scolaire de Manicouagan, Baie-Comeau.*

# 2. JEANNE QUI PLEURE, C'EST BIEN MOI

Comment se fait-il que je reçoive toujours
les reproches des autres? On dirait
que j'existe seulement pour
recevoir leur trop-plein. Si ça
va mal, c'est de ma faute;
s'il y a une coupable...
c'est moi.

   On dirait que j'attire le
négatif, que je suis là au
mauvais moment.

   C'est toujours comme ça.

   Est-ce une impression?
Je suis malheureuse et si
je veux m'exprimer, ça se bouscule
en moi, et puis... plus rien.
Je ne me défends pas, car j'ai trop attendu. C'est du passé
pour les autres, alors que dans mon cœur, je souffre d'injustice.

   Que faire pour me sentir mieux,
pour vivre positivement?

*Source: Béatrice D. Lechasseur et Nicole Gagnon, École Bois-du-Nord, commission scolaire de Manicouagan,
Baie-Comeau.*

# 3. PAUL, LE DUR DE LA BANDE

Mon cas est simple: je suis souvent
aux prises avec des fiches de
comportement, car la violence,
ça me connaît.

Donner des coups,
c'est facile, car je suis
spontané, rapide.

Parler sans réfléchir, répliquer, ça
c'est moi, car je n'endure rien qui me
contrarie. Certains diront que je suis violent, agressif,
d'autres affirmeront que je suis un «dur». Pourtant,
j'ai un cœur moi aussi, mais il me semble
que ma réputation est faite.

À quoi ça sert de vouloir essayer de changer? On ne me croit
pas, on ne remarque pas mes efforts.

J'aimerais ça recevoir des bons mots, être félicité... Même mes
parents sont parfois ennuyés de voir que je me retrouve souvent
avec des fiches de comportement.

Peut-être que toi, tu peux trouver les bons mots pour me permettre de changer, parce que moi, on dirait que je n'ai pas le
goût de vouloir commencer à changer.

*Source: Béatrice D. Lechasseur et Nicole Gagnon, École Bois-du-Nord, commission scolaire de Manicouagan,
Baie-Comeau.*

# 4. JE M'APPELLE COLETTE ET J'AI LA MAIN FORCÉMENT GÉNÉREUSE!

Moi, j'ai trop de gens autour de moi
quand j'ai des gommes, des bonbons, etc.

Je me sens obligée d'en donner et, à la
longue, c'est pénible.
C'est comme si on voyait en moi un
distributeur automatique.

«Donne-m'en...»

«Tu es gentille, tu es
généreuse.»

C'est drôle, j'entends ces phrases seulement quand je donne...

J'aimerais ça qu'on me laisse avec
mes collations, mes gâteries.

Non, il faut toujours que j'en donne.

Que ferais-tu à ma place?

Comment dire non à ceux qui m'en demandent?

*Source: Béatrice D. Lechasseur et Nicole Gagnon, École Bois-du-Nord, commission scolaire de Manicouagan, Baie-Comeau.*

## 5. JE M'APPELLE LOUISON ET JE CRÉE DES SITUATIONS AMBIGUËS

La chicane, ça me connaît.

Le placotage, on dirait que
je suis toujours dedans!

Je ne peux pas dire quelque chose, tout le monde le sait et la
mésentente s'installe.
Un secret n'est jamais gardé.

Je suis toujours aux prises avec des «mémèrages»,
des «qu'en dira-t-on», etc.

Ce sont mes amies et, tout à coup, houp! elles ne le sont plus.

C'est énervant de vivre ainsi.

Comment changer cela?

*Source: Béatrice D. Lechasseur et Nicole Gagnon, École Bois-du-Nord, commission scolaire de Manicouagan, Baie-Comeau.*

# 6. TOUS LES YEUX SUR MOI

Je suis celui qui se sent guetté, surveillé!

Comment cela?

J'attire toujours le regard de l'enseignante, du surveillant de la cour, du responsable de l'activité, etc.

C'est vrai que j'excelle dans les doubles comportements... Je fais semblant de... Je cherche l'approbation d'un copain pour...

Je ne dis pas franchement ce que je pense...

Est-ce ça de l'hypocrisie?

Des adultes diront que j'ai un visage à deux faces. Est-ce que ça se peut?

Quand j'y pense, c'est vrai qu'il est rare que je me retrouve responsable d'une tâche... pourtant, je serais capable.

Est-ce que mon cas est guérissable?

As-tu un remède à me proposer?

Je suis prêt à t'écouter.

*Source: Béatrice D. Lechasseur et Nicole Gagnon, École Bois-du-Nord, commission scolaire de Manicouagan, Baie-Comeau.*

# 7. TROP EN DEMANDE

Eh oui! Mon problème: une inca-pacité à dire non! Je t'explique.

S'il faut dessiner, on me le demande.

S'il faut aider un autre élève, on me le demande.

S'il faut quelqu'un pour rendre service, on me le demande.

Ça se passe à l'école, ça se passe aussi à la maison, même en jouant, entre amis.

J'aimerais me sentir plus libre, plus moi-même, plus comme les autres.

Mais comment dire non sans faire de la peine?

Comment dire non sans perdre l'appréciation de mes pairs?

Je me sens exploité souvent et je voudrais le dire aux autres, mais je crains qu'on me traite d'égoïste.

Tu sais, être trop en demande, ça peut devenir exigeant et je me sens fatigué de cela.

Que ferais-tu pour changer cela?

Comment t'y prendrais-tu?

*Source: Béatrice D. Lechasseur et Nicole Gagnon, École Bois-du-Nord, commission scolaire de Manicouagan, Baie-Comeau.*

# CONSTRUCTION D'UNE ALLÉGORIE

## DESCRIPTION

**Sujet traité:** _____

_____

_____

**Situation désirée:** _____

_____

_____

## CONSTRUCTION DE L'ALLÉGORIE

**Situation analogique choisie:** _____

| *Situation problématique*<br>(les personnages importants) | deviennent | *Allégorie*<br>(les personnages de l'histoire) |
|---|---|---|
| P1 _____ | | _____ |
| P2 _____ | | _____ |
| P3 _____ | | _____ |
| P4 | | |

| *Événements*<br>(le déroulement du problème) | devient | *Péripéties*<br>(le scénario de l'histoire) |
|---|---|---|
| _____ | | _____ |
| _____ | | _____ |
| _____ | | _____ |
| _____ | | _____ |

**Résolution heureuse:** _____

_____

_____

_____

*Source: Michel Dufour, Document de travail sur l'allégorie.*

## 4.6 VIVRE LA MOTIVATION AU JOUR LE JOUR
### (Une démarche à inventer)

## Contexte et intention

La motivation fait partie du quotidien. On peut la susciter même dans les plus petits gestes de tous les jours: dans la manière de corriger un devoir, dans la manière de s'adresser à un élève, dans la manière de présenter une remarque, dans la manière de livrer un bulletin. Il y a des mots et des attitudes qui écorchent et qui font mal. Il y a des mots et des gestes qui, au contraire, aident les élèves à grandir. C'est de là que peut naître d'abord la motivation existentielle, pierre angulaire de la motivation scolaire.

Pourquoi ne pas profiter des gestes habituels du quotidien pour susciter ou entretenir la motivation? Regardons de plus près cette avenue…

## Pistes d'utilisation

1. Élabore ou approprie-toi une démarche pour intervenir au niveau de la motivation. Cela te permettra d'intervenir de façon moins intuitive et moins affective. Voici une de ces démarches:

   Dresse le profil de ton groupe d'élèves sur le plan de la motivation, à la fin d'une étape ou au besoin. Utilise une grille simple, par exemple celle de Paul Hersey. Détermine chaque catégorie d'élèves.
   - Élèves non motivés et non capables
   - Élèves motivés et non capables
   - Élèves non motivés et capables
   - Élèves motivés et capables

   Inspire-toi des données du volume 1, pages 104 à 107.

2. Choisis un élève ou une catégorie d'élèves auprès desquels tu désires intervenir.

3. Cerne les facteurs de motivation ou de non-motivation. Réfère-toi à une banque de facteurs affectifs et cognitifs. (*Voir page 98.*)

4. Utilise un questionnaire à l'intention des élèves pour décoder les facteurs de leur démotivation. (Le questionnaire à l'intention des élèves du primaire est dans le volume 1, à la page 87; celui destiné aux élèves du secondaire se trouve aux pages 99 à 101.)

## Pistes d'utilisation *(suite)*

Ces questionnaires peuvent être utilisés autant oralement que par écrit. Si tu décides de décoder avec les élèves les raisons de leur démotivation, n'oublie pas de leur fournir un cadre de référence pour qu'ils aient des mots pour décrire la réalité vécue et pour échanger avec toi.

5. Valide les facteurs décodés auprès de l'élève lors d'une rencontre-entrevue. Demande-toi s'il s'agit de facteurs affectifs ou cognitifs.

6. Élabore un plan d'intervention adapté en complicité avec l'apprenant. Gère les différences sur le plan de la motivation en t'adaptant à chaque catégorie d'élèves. (*Voir page 102.*)

7. Réfère-toi périodiquement à l'album des intérêts personnels des élèves, que tu auras élaboré en début d'année. Cette source d'informations peut t'offrir des portes d'entrée intéressantes. (*Voir pages 103 à 106.*)

8. Interviens autant collectivement qu'individuellement pour susciter ou entretenir la motivation.

9. Sois créatrice dans l'utilisation des différentes stratégies. Personnalise celles qui sont proposées dans cet outil. (*Voir pages 107 à 109.*)

# FACTEURS DE MOTIVATION

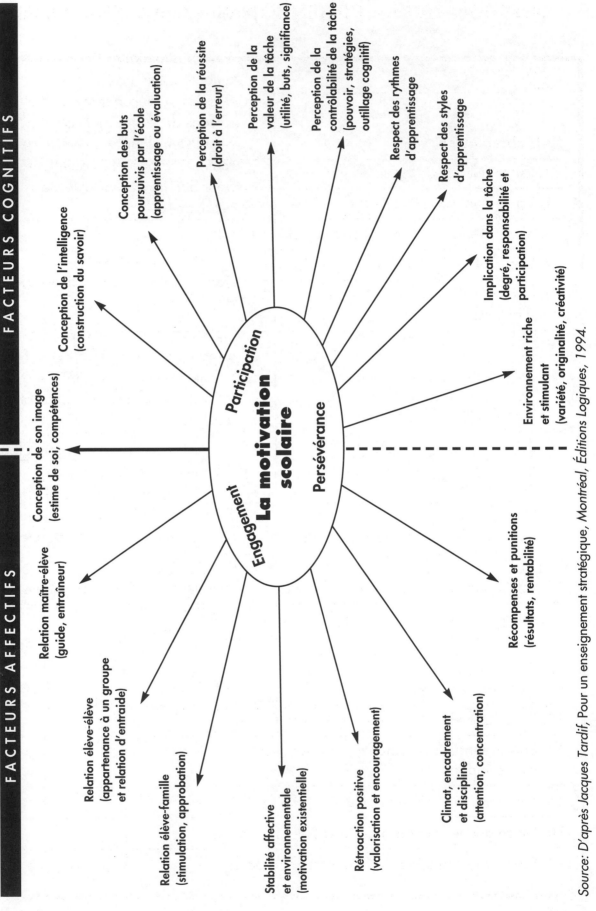

FACTEURS AFFECTIFS

FACTEURS COGNITIFS

Conception de son image
(estime de soi, compétences)

Relation maître-élève
(guide, entraîneur)

Conception de l'intelligence
(construction du savoir)

Conception des buts
poursuivis par l'école
(apprentissage ou évaluation)

Perception de la réussite
(droit à l'erreur)

Perception de la
valeur de la tâche
(utilité, buts, signifiance)

Perception de la
contrôlabilité de la tâche
(pouvoir, stratégies,
outillage cognitif)

Respect des rythmes
d'apprentissage

Respect des styles
d'apprentissage

Implication dans la tâche
(degré, responsabilité et
participation)

Environnement riche
et stimulant
(variété, originalité, créativité)

Relation élève-élève
(appartenance à un groupe
et relation d'entraide)

Relation élève-famille
(stimulation, approbation)

Stabilité affective
et environnementale
(motivation existentielle)

Rétroaction positive
(valorisation et encouragement)

Climat, encadrement
et discipline
(attention, concentration)

Récompenses et punitions
(résultats, rentabilité)

Participation

Engagement

La motivation
scolaire

Persévérance

*Source: D'après Jacques Tardif, Pour un enseignement stratégique, Montréal, Éditions Logiques, 1994.*

# QUESTIONNAIRE À L'INTENTION DE L'ÉLÈVE (SECONDAIRE)

**Nom:** _____

| Faits observables | Oui | Non | Je ne peux répondre |
|---|---|---|---|
| 1. Est-ce que j'aime mon enseignante? | | | |
| 2. Est-ce que ma relation est facile avec elle? | | | |
| 3. Mes parents m'encouragent-ils à venir à l'école? | | | |
| 4. Le climat est-il agréable dans ma classe? | | | |
| 5. Dans ma classe, je me sens seule ou seul avec mes difficultés. | | | |
| 6. Est-ce que je sens que le groupe m'accepte? | | | |
| 7. Dans ma classe, je peux prendre ma place: j'ai des responsabilités et je peux apporter des remarques et des suggestions. | | | |
| 8. Est-ce que je reçois des commentaires intéressants et valorisants de la part de mon enseignante ou de mes pairs? | | | |
| 9. Tient-on compte de mon vécu: de mes intérêts, de mes besoins, de mes états d'âme, de mes préoccupations? | | | |
| 10. Est-ce que je suis influençable? | | | |
| 11. Est ce que j'exerce un pouvoir d'influence sur les autres? | | | |
| 12. Est-ce que j'ai peur de donner mon opinion, de poser des questions? | | | |
| 13. Est-ce que j'ai un bon comportement en classe? | | | |
| 14. Suis-je sensible à ce que les autres pensent de moi? Est-ce important? | | | |
| 15. Pour moi, la réussite est-elle importante? | | | |
| 16. Est-ce que je connais mes faiblesses, mes forces? | | | |
| 17. Est-ce que j'aime apprendre et venir à l'école? | | | |

| Faits observables | Oui | Non | Je ne peux répondre |
|---|---|---|---|
| **18.** Est-ce que mes parents trouvent que l'école est importante? | | | |
| **19.** Est-ce que je trouve l'école importante? | | | |
| **20.** Ai-je le goût d'apprendre? | | | |
| **21.** Me donne-t-on le goût d'apprendre? | | | |
| **22.** Est-ce que je m'applique dans mes travaux ou mes études à la maison? | | | |
| **23.** Dans ma classe, les journées se vivent-elles toujours de la même façon? | | | |
| **24.** Est-ce que les activités proposées sont intéressantes et variées? | | | |
| **25.** Est-ce qu'on me consulte pour déterminer certains thèmes ou certains sujets de recherche? | | | |
| **26.** Dans ma classe, est-ce que je me sens en situation de réussite? | | | |
| **27.** Est-ce que je réussis bien à l'école? | | | |
| **28.** À l'école, ai-je des défis à relever? | | | |
| **29.** Est-ce que, parfois, mon enseignante me donne plus de temps pour remettre un travail? | | | |
| **30.** Est-ce que, dans ma classe, l'erreur est considérée comme un tremplin pour apprendre? | | | |
| **31.** Est-ce qu'on me propose des défis d'enrichissement, une fois mon travail obligatoire terminé? | | | |
| **32.** Est-ce que j'ai l'occasion de travailler sur une tâche d'apprentissage différente des autres, plus adaptée à mon rythme d'apprentissage? | | | |
| **33.** Mes parents m'aident-ils dans mes travaux scolaires? | | | |
| **34.** Est-ce que je reçois le soutien nécessaire pour réaliser mes travaux (méthode et questionnement appropriés)? | | | |

**Questionnaire** *(suite)*

| Faits observables | Oui | Non | Je ne peux répondre |
|---|---|---|---|
| **35.** Dans ma classe, l'enseignante peut recommencer à expliquer quand je ne comprends pas? | | | |
| **36.** Est-ce que j'ai la chance d'apprendre de différentes façons: en regardant, en écoutant, en manipulant? | | | |
| **37.** En classe, j'ai souvent l'occasion de vérifier mes stratégies d'apprentissage avec mes pairs. | | | |
| **38.** Je sais comment peut se développer l'intelligence. | | | |
| **39.** Je ne peux pas développer mon intelligence. | | | |
| **40.** Pour moi, l'école est plus un lieu d'évaluation qu'un lieu d'apprentissage. | | | |

**41.** Voici les matières que j'aime à l'école, parce que: _____

**42.** Voici les matières que je n'aime pas à l'école, parce que: _____

**Notes à l'enseignante**

1. La première partie du questionnaire (nos 1 à 17) permet de valider des attitudes ou des valeurs affectives: estime de soi, sentiment de compétence, sentiment de sécurité. Certains élèves peuvent remplir uniquement cette partie. D'autres peuvent remplir une autre partie du questionnaire. On ne peut valider tous les facteurs de démotivation en même temps.

2. Le questionnaire du primaire, que tu trouveras à la page 87 du volume 1, devrait être traité de la même façon. Les numéros 3, 4, 5, 6, 10 et 12 de ce questionnaire se rapportent à des valeurs affectives.

3. Les numéros 18 à 25 du questionnaire permettent de valider la valeur de la tâche: la signifiance et la clarté du «pourquoi de la tâche».

4. Les numéros 1, 11 et 13 du questionnaire du primaire, dans le volume 1, page 87, permettent de faire la même validation.

5. Les numéros 26 à 32 du questionnaire permettent de valider le facteur cognitif: exigence de la tâche (défis et efforts attendus réalistes).

6. Les numéros 7, 8 et 9 du questionnaire du primaire, dans le volume 1, page 87, permettent de valider le même facteur.

7. Les numéros 33 à 37 de ce questionnaire permettent de valider la contrôlabilité de la tâche (démarches, procédures, stratégies). Les numéros 38 à 42 permettent de recueillir des données sur la conception de l'école et les matières qu'on y offre.

8. Les numéros 13 à 15 du questionnaire du primaire, dans le volume 1, page 87, offrent la possibilité d'aller chercher les mêmes données.

# EST-CE QUE JE MOTIVE OU DÉMOTIVE MES ÉLÈVES?
## Objectivation après avoir recueilli le questionnaire

**Mes prises de conscience:** _____

_____

_____

_____

_____

**Mes interrogations:** _____

_____

_____

_____

_____

**Je constate que:** _____

_____

_____

_____

_____

| Mes forces | |
|---|---|
| Attitude et valeur affective (relation avec l'élève) | ❑ |
| Valeur de la tâche | ❑ |
| Exigences de la tâche | ❑ |
| Contrôlabilité de la tâche | ❑ |

| Mes faiblesses | |
|---|---|
| Attitude et valeur affective (relation avec l'élève) | ❑ |
| Valeur de la tâche | ❑ |
| Exigences de la tâche | ❑ |
| Contrôlabilité de la tâche | ❑ |

| Mes défis | |
|---|---|
| Attitude et valeur affective (relation avec l'élève) | ❑ |
| Valeur de la tâche | ❑ |
| Exigences de la tâche | ❑ |
| Contrôlabilité de la tâche | ❑ |

# DES SUJETS D'INTÉRÊT À DÉCOUVRIR
## (pour les élèves du secondaire)

Nom de l'élève: _____ Âge: _____

Année du secondaire: _____ Date: _____

# PARTIE I

## Sujets qui m'intéressent dans ma vie personnelle

1. Où habites-tu? _____

2. Avec qui habites-tu? _____

3. Quel est ton rang dans ta famille? _____

4. De quelle personne de ta famille te sens-tu le plus proche? _____

5. Nomme deux ou trois activités que tu pratiques en famille:

   _____  _____  _____

   Parmi ces activités, indique celle que tu préfères et dis-moi pourquoi.

   _____

   _____

6. Nomme deux ou trois activités que tu pratiques en groupe:

   _____  _____  _____

   Parmi ces activités, indique celle que tu préfères et dis-moi pourquoi.

   _____

   _____

7. Nomme deux ou trois activités que tu pratiques seule ou seul:

   _____  _____  _____

   Parmi ces activités, indique celle que tu préfères et dis-moi pourquoi.

   _____

   _____

8. Qui est ton amie ou ami préféré à l'école? _____

9. De quoi parles-tu le plus souvent avec cette personne?_____

   _____

10. Quelles sont tes deux émissions de télévision favorites? _____

    _____

11. Que font les personnes que tu admires le plus? Écris le nom de ces personnes vis-à-vis de l'activité.

    | **Activités** | **Noms** |
    | --- | --- |
    | a) Du sport | _____ |
    | b) De la musique | _____ |
    | c) Des romans | _____ |
    | d) De la comédie (actrices, acteurs) | _____ |
    | e) De la recherche scientifique | _____ |
    | f) De la chanson | _____ |
    | g) D'autres activités | _____ |

12. Aimes-tu voyager?            Oui ❑            Non ❑

    Si oui, où aimerais-tu aller?

    _____

13. Collectionnes-tu quelque chose?        Oui ❑            Non ❑

    Quoi? _____

14. Quand tu penses à ton avenir, quels métiers aimerais-tu exercer plus tard?

    _____

    _____

15. Quel genre de film préfères-tu? Classe les suggestions suivantes par ordre croissant en indiquant tes préférences à l'aide des chiffres 1 à 8.

    | aventures | ☐ | amour | ☐ |
    | --- | --- | --- | --- |
    | comédie | ☐ | policier | ☐ |
    | horreur | ☐ | western | ☐ |
    | science-fiction | ☐ | documentaire | ☐ |

16. Quel genre de musique préfères-tu?

| | | | |
|---|---|---|---|
| rock | ❑ | alternatif | ❑ |
| heavy-métal | ❑ | punk | ❑ |
| classique | ❑ | grunge | ❑ |
| québécois | ❑ | autres: _____ | |

17. Quelle est ta force (qualité) principale? _____

18. Quelle est ta faiblesse (défaut) principale? _____

19. Fais une brève description de toi-même. Pour t'aider, imagine que tu es un animal, un arbre ou un autre élément de la nature. Sers-toi du «je»…

_____

_____

_____

_____

_____

_____

_____

# PARTIE II

## Sujets qui m'intéressent dans ma vie scolaire

1. Quelle est ta matière préférée à l'école? _____

2. Peux-tu me dire pourquoi? _____

3. Quelle est la matière que tu aimes le moins? _____

4. Peux-tu me dire pourquoi? _____

_____

5. Qu'est-ce que tu aimerais apprendre cette année à mon cours?

   a) _____

   b) _____

   c) _____

6. Quels sont les activités ou les projets que tu aimerais réaliser à l'intérieur de mon cours?

Activités (courte durée) _____

_____

Projets (longue durée) _____

_____

7. Quel genre de livres choisis-tu à la bibliothèque?

a) livres d'aventure ❑      d) recherche ❑

b) bandes dessinées ❑      e) albums (beaucoup

c) science-fiction ❑              d'images, peu d'écriture) ❑

8. Quelles sont les qualités que doit posséder une enseignante pour être intéressante? _____

9. Par quoi aimerais-tu occuper tes moments libres, quand tu as terminé ton travail en classe?

a) _____

b) _____

c) _____

10. Si tu avais à changer deux choses qui t'agacent dans le fonctionnement de la classe, que changerais-tu?

a) _____

b) _____

11. Si tu avais à changer deux choses qui t'agacent dans le fonctionnement de l'école, que changerais-tu?

a) _____

b) _____

12. Si tu avais à travailler en dyade (équipe de deux), avec quelle personne:

a) aurais-tu le plus de facilité à le faire? _____

b) aurais-tu le moins de facilité à le faire? _____

*Source: Un groupe d'enseignants, Polyvalente des Rivières, commission scolaire de Bersimis, Forestville.*

            Feuille reproductible.

# DES STRATÉGIES POUR MOTIVER L'ÉLÈVE
## À S'ENGAGER EN CLASSE

À partir de la banque de stratégies suivante, trouve tes forces (F). Détermine ensuite tes défis prioritaires (D).

| Stratégies affectives | Force | Défi |
|---|---|---|
| Faire décoder les états d'âme des élèves à un moment précis du cours ou de la journée. | | |
| Installer dans la classe une boîte à lettres qui servira autant à l'enseignante qu'aux élèves. | | |
| Inviter les élèves à verbaliser leurs attentes à l'égard de leur enseignante. | | |
| Permettre aux élèves d'évaluer la qualité du vécu en classe, après une étape. | | |
| Proposer des outils d'auto-évaluation des comportements. | | |

| Stratégies affectives et cognitives | Force | Défi |
|---|---|---|
| Construire, avec les élèves, un tableau de responsabilités. | | |
| Définir avec les élèves des procédures de participation: à l'entrée, à la sortie, au retour des récréations. | | |
| Mettre en place un référentiel disciplinaire, avec la participation des élèves: règles de vie et conséquences d'application. | | |
| Engager l'élève dans la vie de la classe: «baptême» du groupe-classe, décoration, aménagement, responsabilités. | | |
| Inviter les élèves à se donner une force et un défi après un temps donné. | | |
| Utiliser des dyades spontanées pour développer l'entraide et la coopération. | | |
| Habituer les élèves à se donner des rôles à l'intérieur d'une équipe. | | |
| Développer avec les élèves une démarche et des stratégies de résolution de conflits. | | |
| Utiliser les élèves comme personnes-ressources: fabrication de matériel, animation de cliniques. | | |

| Stratégies cognitives | Force | Défi |
|---|---|---|
| Proposer aux élèves une banque de devoirs développementaux. | | |
| Planifier l'échéancier et les tâches avec les élèves. | | |

***Note à l'enseignante:*** *Les stratégies de la page 107 et celles des pages 108 et 109 constituent une banque qui peut te permettre d'élaborer un plan d'intervention mieux adapté à tes élèves.*

# DES STRATÉGIES POUR MOTIVER L'ÉLÈVE À PARTICIPER EN CLASSE

À partir de la banque de stratégies suivante, trouve tes forces (F). Détermine ensuite tes défis prioritaires (D).

| Stratégies cognitives | Force | Défi |
|---|---|---|
| Préciser les tâches par des consignes courtes, claires et graduées. | | |
| Instaurer dans la classe le principe d'autocorrection toutes les fois que le contexte pédagogique s'y prête. | | |
| Animer l'agenda pour développer chez les élèves l'habileté à gérer cet outil. | | |
| Proposer des outils d'auto-évaluation des apprentissages. | | |
| Développer avec les élèves des référents-matières. | | |
| Mettre à la disposition des élèves du matériel de manipulation. | | |
| Élaborer avec les élèves des outils pour apprendre: démarches, stratégies. | | |
| Constituer des dyades ou des équipes permanentes pour les apprentissages. | | |
| Exploiter les ateliers ou les centres d'apprentissage. | | |
| Aider les élèves à déterminer leur style d'apprentissage. | | |

| Stratégies cognitives et affectives | Force | Défi |
|---|---|---|
| Dire l'objectif d'apprentissage à l'élève, avant de décrire la tâche d'apprentissage. | | |
| Dire l'objet d'évaluation à l'élève, avant de décrire la tâche d'évaluation. | | |
| Écrire le menu du cours ou de la journée au tableau. | | |
| Préciser les critères d'évaluation au moment où l'on présente la tâche d'évaluation. | | |
| Définir le seuil de réussite au moment où l'on présente la tâche d'évaluation. | | |
| Inciter les élèves à s'établir des seuils de réussite personnels toutes les fois qu'ils se retrouvent en approfondissement. | | |
| Amener les élèves à objectiver le vécu de leurs apprentissages (mettre des mots sur…). | | |
| Utiliser la co-évaluation quand le contexte pédagogique s'y prête. | | |
| Ouvrir le menu de la journée ou du cours pour permettre à l'élève de développer l'habileté à gérer son temps. | | |
| Utiliser avec les élèves des outils pour gérer le temps: plan de travail, tableau d'enrichissement, tableau de programmation, grille de planification. | | |
| Modifier l'aménagement physique pour le rendre plus ouvert, interactif et participatif. | | |
| Suggérer aux élèves d'avoir un journal de bord pour noter ce qu'ils vivent, ce qu'ils apprennent, ce qu'ils comprennent ou ne comprennent pas, ce qu'ils aiment ou n'aiment pas. | | |

# INTERVENTIONS PARTICULIÈRES POUR FAVORISER LA MOTIVATION DE L'ÉLÈVE

1. Faire verbaliser à chaque élève ce qu'elle ou il réussit et consigner ces réussites dans un cahier personnel ou un cahier de bord pour la classe que l'on pourrait intituler: «Nos succès», «Nos réussites» ou «Je suis capable de...».

2. Toujours comparer l'élève à lui-même et non aux autres; cela renforce l'image de soi au lieu de dévaloriser.

3. Avoir en tête ou avoir consigné dans un cahier des exemples de progrès afin d'arriver avec des preuves concrètes pour l'élève qui se décourage ou se dévalorise facilement. Par exemple, si l'élève a travaillé sur la disposition dans ses cahiers (méthodologie, écriture), lui faire comparer son travail avec ce qu'il faisait avant.

4. Miser sur le moindre petit succès, car c'est déjà un pas vers l'avant... même s'il est petit!

5. Renforcer et encourager le moindre petit succès, qu'il soit scolaire ou comportemental: renforcement social, verbal, non verbal, affectif.

6. Faire voir à l'élève son cheminement, ses acquis, etc.

7. Donner à l'élève un prochain défi réaliste (en matière de comportement ou d'apprentissage, ou les deux).

8. Amener l'élève à se fixer un prochain défi, un objectif personnel (en matière de comportement ou d'apprentissage).

*Source: D'après Sylvie Côté, enseignante à la commission scolaire Jacques-Cartier, Longueuil.*

# 4.7 DE LA RÉTROACTION POSITIVE À L'ÉLÈVE… C'EST PAYANT!

*(Grilles d'objectivation)*

## Contexte et intention

Donner de la rétroaction positive à l'élève sur le plan des relations humaines peut s'avérer très payant. Pour pouvoir fournir une rétroaction aidante, il faut non seulement se donner un cadre d'intervention, mais aussi prévoir l'objectivation des pratiques.

Chaque fois que l'on vit une réussite ou un échec sur le plan des relations humaines, on doit toujours revenir à une grille d'objectivation pour revoir d'un œil neutre ce qui vient de se passer.

Pourquoi? Quoi? Comment? Quand?

## Pistes d'utilisation

1. Élabore un cadre d'intervention possible autour de la rétroaction positive. Quand une rétroaction est-elle positive et qu'exige-t-elle de toi?

2. Sois sensible aux deux dimensions suivantes: les caractéristiques de la rétroaction ainsi que les attitudes et les habiletés de la personne qui la donne.

3. Cible une ou un élève auprès de qui tu veux intervenir.

4. Utilise les grilles des pages suivantes afin d'offrir à l'élève une rétroaction aidante. Réponds mentalement ou par écrit aux questions. Revois mentalement la relation vécue avec l'élève. (*Voir page 111.*)

5. Revois les caractéristiques d'une rétroaction aidante.

6. Interviens et cherche par la suite pourquoi cela a fonctionné ou pas. Est-ce à cause de la rétroaction elle-même? Est-ce à cause de tes attitudes lors de ton intervention? Est-ce à cause de tes habiletés à intervenir? (*Voir page 112.*)

7. Trouve un élément que tu dois travailler comme intervenante dans le but de le réinvestir dans ta prochaine rétroaction. (*Voir page 113.*)

# TA RÉTROACTION À L'ÉLÈVE A-T-ELLE ÉTÉ POSITIVE?

## Grille d'objectivation sur la qualité de la rétroaction

| Critères favorables à la relation humaine | | Critères nuisibles à la relation humaine | |
|---|---|---|---|
| 1. La rétroaction porte sur le comportement. | ❑ | 1. La rétroaction porte sur la personne. | ❑ |
| 2. La rétroaction porte sur des faits, des observations. | ❑ | 2. La rétroaction porte sur des inférences, des suppositions. | ❑ |
| 3. La rétroaction porte sur la description du fait ou du comportement. | ❑ | 3. La rétroaction porte sur un jugement de fait à l'égard d'une personne. | ❑ |
| 4. La rétroaction porte sur la description du comportement formulée en termes de «plus ou moins» (appréciation rigoureuse). | ❑ | 4. La rétroaction porte sur la description du comportement formulée en termes de «soit..., soit...» (appréciation vague). | ❑ |
| 5. La rétroaction porte sur le comportement relié à une situation spécifique, de préférence liée à l'«ici et maintenant». | ❑ | 5. La rétroaction porte sur un comportement pris abstraitement dans le «là et alors». | ❑ |
| 6. La rétroaction porte sur l'échange d'idées et d'informations. | ❑ | 6. La rétroaction porte sur la formulation de conseils. | ❑ |
| 7. La rétroaction porte sur l'exploration de solutions de remplacement. | ❑ | 7. La rétroaction porte sur des réponses ou des solutions. | ❑ |
| 8. La rétroaction porte sur la valeur qu'elle peut avoir pour celle ou celui qui la reçoit. | ❑ | 8. La rétroaction porte sur la valeur de la «libération» qu'elle procure à la personne qui la donne. | ❑ |
| 9. La rétroaction porte sur la quantité d'informations que la personne qui la reçoit peut utiliser. | ❑ | 9. La rétroaction porte sur la quantité d'informations que tu as et que tu aimerais communiquer. | ❑ |
| 10. La rétroaction porte sur ce qui est dit. | ❑ | 10. La rétroaction porte sur le «pourquoi cela est dit». | ❑ |

**Consigne:** Choisis, pour chacune des rangées de la grille d'objectivation, l'affirmation qui correspond le plus à ce que tu viens de vivre. Que dégages-tu de ces observations? Conserve ces données pour la synthèse prévue à la page 113.

# GRILLE D'OBJECTIVATION DE LA PERSONNE AYANT FOURNI LA RÉTROACTION (HABILETÉS ET ATTITUDES)

| Conditions favorables à une rétroaction de qualité | Oui | Non |
|---|---|---|
| 1. Est-ce que ta rétroaction a été descriptive? (H) | | |
| 2. Est-ce que ta rétroaction a été spécifique? (H) | | |
| 3. Est-ce que ta rétroaction était située dans son contexte? (H) | | |
| 4. Ton message a-t-il commencé avec le «je» ou l'a-t-il utilisé? (H) | | |
| 5. Est-ce que tu as demandé à la personne si elle voulait recevoir ta rétroaction? (A) | | |
| 6. Est-ce que tu as gardé contact avec la personne? (A) | | |
| 7. Est-ce que ta rétroaction était respectueuse? (A) | | |
| 8. Est-ce que tu as été sensible à ce que l'autre vivait? (A) | | |

**Consigne:** Réponds par un oui ou par un non à chacune des questions. Que dégages-tu de ces observations? Conserve ces données pour la synthèse prévue à la page 113.

# TABLEAU-SYNTHÈSE

| Qualité de la rétroaction | Attitude de l'intervenante | Habiletés de l'intervenante |
|---|---|---|
|  |  |  |

**Consigne:**  1. Compile les données recueillies à l'aide des deux grilles d'objectivation précédentes.
2. Fais-en le bilan en utilisant ce tableau-synthèse.
3. Choisis la piste de réinvestissement qui t'apparaît la plus urgente à travailler:
   - améliorer la qualité de la rétroaction;
   - améliorer une attitude dans ta façon de communiquer;
   - améliorer une habileté dans ta façon de communiquer.

## 4.8  ENSEIGNER SANS PERDRE LES PÉDALES
*(Techniques d'intervention)*

## Contexte et intention

Certains élèves présentent des troubles de comportement qui nous désarment. Même si nous avons pris soin d'élaborer, dans la classe, un référentiel disciplinaire et un plan d'urgence (conséquences générales et graduées), il faut nous·ménager des techniques d'intervention à utiliser dans des situations urgentes face à des comportements non désirés.

Avoir une banque de techniques d'intervention et s'y référer souvent peut offrir des solutions gagnantes, surtout lorsqu'on pense qu'il n'y a plus rien à faire avec telle ou tel élève.

## Pistes d'utilisation

1. Vérifie les préalables requis pour une bonne application des techniques d'intervention rapides (*Voir page 115.*)

2. Prends connaissance de la banque de techniques d'intervention possibles en cas de crise (aspect général). (*Voir pages 116 à 119.*)

3. Situe-toi comme intervenante face à ces techniques. Détermine celles qui correspondent à tes valeurs, à ton tempérament. Constitue-toi une banque personnelle.

4. Détermine les élèves les plus susceptibles d'être à l'origine de ces situations de crise et mets en parallèle les techniques retenues afin de dégager celles qui seraient les plus efficaces à utiliser pour chaque individu.

5. Élabore un scénario possible avec telle ou tel élève afin de t'habiliter à gérer l'utilisation de ces techniques et de te sécuriser comme intervenante.

# TECHNIQUES D'INTERVENTION EN CLASSE LORS DE SITUATIONS OU DE COMPORTEMENTS NON DÉSIRÉS

Voici des outils qui peuvent être utilisés par les pédagogues, les enseignantes et même les parents. Ils constituent un guide plutôt qu'une ligne de conduite qui doit être rigoureusement suivie. Les intervenantes ne doivent pas hésiter à employer ces moyens et à modifier certains points pour les adapter à leur fonctionnement et personnaliser leurs interventions.

Ces techniques d'intervention ne sont pas des découvertes en soi. Ce sont des techniques simples pouvant faciliter votre travail. C'est leur utilisation consciente et précise qui fait leur efficacité. Elles peuvent devenir des moyens pour mettre fin à des comportements indésirables en tenant compte de la réalité extérieure, afin d'éviter tout dommage secondaire à l'élève ou au groupe.

Lorsqu'on regarde de près chacune des interventions faites en classe et qu'on les analyse, on se rend compte qu'on emploie plusieurs des outils présentés dans les pages qui suivent. Il s'agit de prendre conscience de ce qu'on fait afin de pouvoir réagir rapidement et ne pas épuiser tous ses moyens dès le début des interventions.

Cependant, certains préalables sont requis pour une bonne application de ces techniques. Il s'agit:

- d'avoir créé un lien avec l'élève;
- d'être calme lors de l'intervention,
- de reconnaître sa propre agressivité pour en diminuer les effets;
- de respecter ses limites, c'est-à-dire de privilégier les techniques avec lesquelles on se sent à l'aise.

La progression des interventions est très importante pour ne pas «brûler» ses moyens et passer d'un extrême à l'autre, c'est-à-dire se retrouver démunie et complètement dépassée par la situation. Il faut ménager ses réserves. Avoir toujours une solution de rechange au cas où ce qu'on se propose de faire ne fonctionne pas.

# TECHNIQUES LIÉES À LA MANIPULATION DU COMPORTEMENT

1. **Ignorance intentionnelle:** Si le comportement est isolé et sans gravité, si l'intention est provocatrice, si le comportement ne se reproduit pas, si rien n'empêche de rencontrer l'élève après coup.

   De nombreuses conduites infantiles contiennent une charge émotionnelle limitée qui s'évanouit d'elle-même dès que l'activité est terminée. Ces comportements sont parfois dirigés vers un but spécifique et disparaissent dès que ce but est atteint ou que l'intérêt décroît.

   Par le terme «ignorance intentionnelle», nous désignons la technique suivante:

   «La personne responsable intervient seulement si la situation risque de dégénérer.» Elle ignore «volontairement» les conduites dont l'élève se sert pour acquérir des gains secondaires, de l'attention individuelle exagérée ou pour manipuler les autres.

   Tant que ce comportement reste tolérable, cette technique est à privilégier. Le comportement non accepté risque de diminuer ou de s'arrêter très rapidement par manque d'encouragement et d'attention de la part de l'intervenante.

2. **Intervention de désapprobation par un signe quelconque:** Si le comportement n'est pas assez grave pour requérir une sanction; de façon non verbale: s'interrompre, fixer des yeux; de façon verbale: parler en gardant son calme.

   Lorsque l'élève n'est pas capable de s'arrêter ou de juger si ce qu'il fait est bien ou non, il suffit d'attirer son attention par un geste quelconque qui lui indique clairement notre désapprobation (geste de la main, du doigt, regard, toux ou tout autre signal habituel). Il faut cependant avoir une bonne relation avec l'élève pour qu'il ne se sente pas menacé, mais plutôt encouragé à cesser ce comportement qui peut être dérangeant. *Ne pas utiliser lors d'une situation de désorganisation.* Ce moyen est plutôt une forme de «prévention».

3. **Proximité et contrôle par le toucher:** Tout intervenante sait bien que des états d'excitation ou d'anxiété peuvent être apaisés par la seule proximité de l'adulte. Dans certaines conditions, la proximité physique semble apporter un soutien au Moi et au Surmoi de l'enfant. Avec certains jeunes, la proximité n'est pas suffisante, ils ont besoin d'un contact physique que nous appelons «contrôle par le toucher». Ce geste est perçu comme sécurisant, soutenant et protecteur, surtout pour des enfants qui ont très peu de résistance à la tentation. Dans la classe ou dans tout autre endroit où on se trouve avec les enfants, il faut se déplacer de façon à toujours pouvoir contrôler et voir tout ce qui se passe et encourager, avec des gestes simples ou des paroles, les efforts.

4. **Participation émotive de l'adulte qui manifeste son intérêt dans les activités de l'enfant:** L'adulte doit être capable de participer émotivement à tout ce qui est nouveau, qui intéresse, fascine ou rend heureux les enfants. L'enfant a besoin de ces marques d'intérêt, d'encouragement ou de participation directe de l'adulte. L'enfant qui paraît se désintéresser ou s'effrayer de la tâche à laquelle il travaille doit se sentir épaulé et encouragé. Il se reprendra en main de lui-même si l'adulte lui pose des questions et s'intéresse à ce qu'il fait.

# TECHNIQUES LIÉES À LA MANIPULATION DU COMPORTEMENT *(SUITE)*

5. **«Injection» d'affection permettant à l'enfant de garder son contrôle en face de poussées d'anxiété dues à ses pulsions:** Les jeunes aux prises avec des problèmes de comportement veulent que l'adulte participe émotivement à ce qu'ils font, mais ils cherchent aussi constamment de nouvelles preuves d'affection. Certaines des manifestations les plus hostiles peuvent être apaisées si on accentue notre affection plutôt que d'adopter l'attitude inverse; répondre à des menaces ou à des provocations par des interdictions formelles et des punitions engendre souvent une escalade dans les comportements négatifs et devient une lutte de pouvoir entre l'élève et l'intervenante.

Par exemple, l'enfant qui devient provocant parce qu'il craint brusquement de ne plus être aimé se calmera plus aisément si l'adulte ignore le côté agressif de son comportement et lui manifeste sa sympathie en l'aidant à résoudre ses difficultés. Il est cependant inutile de préciser qu'une telle technique ne doit pas constituer un palliatif destiné à résoudre tous les comportements agressifs.

6. **Décontamination par l'humour:** À condition d'être drôle, à condition de ne pas être méprisante.

Lorsqu'on utilise cette technique de décontamination par l'humour, l'essentiel est de savoir que, dans certaines conditions, on peut faire cesser de façon très efficace et sans complications secondaires des comportements inadaptés.

a) L'adulte démontre son invulnérabilité, il se met en sécurité face au problème qu'il affronte ou face aux impulsions destructrices et agressives de l'enfant.

b) L'enfant, à cause de cet humour, éprouve moins de sentiments de culpabilité et a moins peur de lui-même. Il ne craint pas la vengeance de l'adulte puisqu'il n'a pas été capable de toucher le point qu'il visait.

c) Lorsque les démonstrations agressives et impulsives ont dépassé la volonté du sujet, cette technique lui permet de ménager son amour-propre en lui fournissant un moyen de sauver la face. Il en éprouve un grand soulagement.

d) La technique peut aussi agir par diversion.

7. **Aide opportune:** Certains enfants réagissent agressivement ou anxieusement lorsqu'ils se heurtent à une difficulté en essayant d'atteindre un but. L'aide opportune est à privilégier dans ces moments. L'adulte doit faire preuve de vigilance et apporter l'aide dont l'enfant semble avoir besoin avant que celui-ci ne se décourage et tombe dans un excès (déchirer la feuille, sortir de la pièce, refuser de poursuivre l'activité, etc.).

8. **Interprétation (miroir):** Cette technique se veut préventive. Il s'agit d'aider les enfants à comprendre une situation qu'ils ont mal interprétée ou de les amener à découvrir leurs propres motivations. Pour que cette technique soit efficace, il faut que l'élève accepte l'adulte.

9. **Changement d'activité:** *Abandonner une activité et la substituer à une autre plus désirable ou mieux adaptée.*

# TECHNIQUES LIÉES À LA MANIPULATION DU COMPORTEMENT (SUITE)

10. **Regroupement:** Changer la disposition du local, donner un espace ou une place à chacune ou chacun en ayant bien soin de voir qui on place à côté de qui afin d'éviter des interactions non désirables entre les élèves. Changer immédiatement de place les élèves qui ne fonctionnent pas ensemble ou qui risquent de perturber le groupe s'ils décident de se liguer ensemble.

11. **Appel direct:** Par un rappel à l'ordre, pour faire savoir qu'on a vu. En posant une question.

    **Appel à une relation personnelle:** «S.V.P. ne fais pas cela. J'ai été gentille avec toi»; «Tu ne dois pas agir comme ça. Nous sommes des amis.»

    **Appel à une réalité physique:** «Tu ne dois pas faire cela, c'est dangereux…»

    **Appel au sens des valeurs:** «Tu ne veux pas ressembler à cela»; «Je suis sûre que tu ne voulais pas faire ça.»

    **Appel à des schèmes de valeurs collectives:** «Je ne pense pas que tes camarades trouveraient cela bien.»

    **Appel à l'amour-propre:** «Tu ne vas pas te comporter ainsi devant tout le monde.»

    **Appel à la hiérarchie:** «Je ne peux pas t'empêcher de faire cela, mais je sais que X (personne en autorité) ne l'admettra pas et elle devra y voir.»

    **Appel à la fierté éprouvée pour une amélioration personnelle:** «Tu ne peux plus agir comme cela alors que tu as fait de si beaux progrès.»

12. **Restriction de l'espace:** *Contraindre l'élève à un espace déterminé dans la classe.*

13. **Restriction dans l'usage du matériel:** *Enlever le matériel ou en limiter l'utilisation.*

14. **Contrainte physique:** Certains enfants se livrent parfois à de violents accès de colère ou de rage. Ils deviennent alors incapables de se contrôler, ils frappent, mordent, donnent des coups de pied, lancent tout ce qui leur tombe sous la main, crachent, hurlent: c'est une réaction à quelque chose de trop difficile à vivre. Durant ces moments, ils perdent temporairement toutes relations positives établies avec les adultes de leur entourage. Ni craintes des conséquences, ni autorité, ni respect ne semblent avoir d'effet. Il y a danger physique, intoxication par le groupe, nécessité pour ces enfants de sauver la face en agissant physiquement. Il faut alors imposer un arrêt d'agir immédiat et physique, retenir l'enfant physiquement pour l'emmener ailleurs ou pour l'empêcher de commettre des actes nuisibles pour lui-même ou pour les autres. Il n'y a pas là la moindre idée de punition; l'adulte ne doit pas manifester d'agressivité ni abuser de sa force et ne doit pas répliquer aux coups de l'enfant. L'adulte doit cependant être sûr de bien le tenir et attendre qu'il se calme tout en rassurant l'enfant. Il faut, en tant qu'adulte, ne pas éprouver de gêne à retenir un enfant.

15. **Retrait:** À condition de le faire calmement. Seulement si le fonctionnement du cours est compromis. À condition de faire un suivi; l'expulsion est une mesure pour le groupe, pas pour l'élève. *Retirer un élève du groupe ou de l'activité du groupe, faire suivre d'un retour.*

16. **Attribution d'une responsabilité:** En donnant une tâche à accomplir, et non une punition. *Donner une responsabilité à l'élève.*

# TECHNIQUES LIÉES À LA MANIPULATION DU COMPORTEMENT *(SUITE)*

17. **Promesses et récompenses:** Le système de promesses et de récompenses est basé sur l'idée que les enfants sont dépendants du «principe de plaisir». Il est parfois possible d'agir sur le comportement en offrant ou en promettant du «plaisir», le terme étant employé dans son sens le plus large. Ces techniques peuvent être utilisées pour stopper, provoquer ou modifier une conduite. Nous amenons l'enfant à faire quelque chose dont il admet difficilement la valeur et dont la réalisation demande un effort, en lui faisant miroiter une récompense finale. Promesses et récompenses sont plus complexes qu'il n'y paraît au premier abord.

18. **Interdiction formelle et suggestion:** À condition d'être sûre de pouvoir détecter et gérer la récidive éventuelle. À condition que le dernier avertissement soit vraiment le dernier. Éviter toute menace qu'on n'est pas prête à appliquer. *Interdire un agir: dire «non» et suggérer un meilleur comportement.*

19. **Conséquences et attentes:** La punition doit être ressentie comme un acte déplaisant. Toutefois, nos interventions doivent être très claires. Lorsqu'un enfant est puni, il a tout d'abord été avisé des conséquences liées au geste non désiré. Cela devient «sa responsabilité» s'il le fait quand même et *il doit en assumer les conséquences. Il est cependant très important de souligner à l'enfant qu'il est puni pour ce qu'il a fait. Que ce n'est pas lui qu'on n'aime pas, mais bien le comportement qu'on n'accepte pas.* Ne pas garder rancune à l'enfant même si on se sent directement attaquée. Lorsque la question est réglée et vidée, il faut continuer et ne pas revenir sur le sujet.

20. **Injonction paradoxale:** *«Prendre au mot» l'élève en disant le contraire de ce qu'on attend de lui.*

21. **Confrontation positive:** *Poser une question, non sur le message envoyé mais plutôt sur l'intention visée par l'élève.*

22. **Jugement fait par l'élève:** *Amener l'élève à porter un jugement sur ses attitudes et ses comportements.*

23. **Reformulation:** *Inviter l'élève à reformuler à haute voix une consigne, une explication.*

24. **Message personnalisé:** *Écrire un petit mot encourageant sur le travail de l'élève.*

25. **Intensité de la voix:** *Élever ou abaisser la voix.*

26. **Gagner du temps:** Annoncer une décision pour la fin du cours ou le cours suivant... et bel et bien prendre la décision. Convoquer l'élève après la classe.

**Source:** *Les textes des pages 116 à 119 en italique ou en retrait sont tirés de* Inter-Aide: Guide de techniques d'intervention en classe, *de J. Beaudoin, M. Comeau, M. Croteau, S. Gingras, M. Luneau, L. Plante, Région 04, Trois-Rivières, 1991.*

*Les autres textes sont cités ou adaptés de* L'enfant agressif: Méthodes de rééducation, *tome 2, de Fritz Redl et David Wineman, Paris, Éditions Fleurus, 1973.*

# 4.9 ES-TU UNE INTERVENANTE COHÉRENTE?
## (Grille d'auto-analyse)

## Contexte et intention

Il suffit parfois d'un geste pour gagner ou perdre la confiance d'une ou d'un élève. Une attitude, une parole, une action, et voilà un climat créé, endommagé ou détruit.

La crédibilité en tant qu'éducatrice se bâtit dès les premières semaines de l'année. Elle s'acquiert aussi grâce à la cohérence entre le dire et l'agir du quotidien.

Il peut être utile de s'auto-analyser afin de cerner ses forces et ses faiblesses et d'améliorer par la suite la qualité de ses interventions. Cette autoanalyse peut orienter la gestion du climat de la classe et même celle des apprentissages.

## Pistes d'utilisation

1. Utilise une grille d'auto-analyse regroupant des comportements observables et mesurables en matière de cohérence éducative. (*Voir pages 121 et 122.*) Tu peux aussi l'adapter ou en construire une toi-même.

2. Cerne ton image d'intervenante en dégageant tes forces et tes faiblesses. (*Voir page 123.*)

3. Cible une faiblesse que tu peux transformer en défi à relever. Demande-toi si ce défi aura un impact sur ta gestion du climat ou des apprentissages.

4. Agis positivement sur cette dimension.

5. Après une réussite, fixe-toi un autre objectif de développement.

6. Utilise cet outil d'auto-analyse au début ou à la fin de l'année de même qu'au début ou à la fin de chaque étape.

# GRILLE D'AUTO-ANALYSE DE MON DEGRÉ DE COHÉRENCE COMME ÉDUCATRICE

Complète cette grille. Ensuite, vérifie si ton degré de cohérence influence ta gestion du climat ou des apprentissages. Sers-toi de ces données pour compléter le bilan de la page 123.

| Tes comportements influencent-ils le climat de la classe ou les apprentissages? | Échelle d'appréciation | | |
|---|---|---|---|
| | Oui | Parfois | Non |
| 1. Gérer des règles de vie ou des règlements de classe sans prévoir de conséquences. | | | |
| 2. Poursuivre les élèves en les menaçant à gauche et à droite. | | | |
| 3. Ridiculiser les élèves et les mépriser devant toute la classe. | | | |
| 4. Parler négativement de la direction de l'école ou d'autres enseignantes devant ses élèves. | | | |
| 5. Expédier tous ses problèmes de discipline à la direction de l'école. | | | |
| 6. Gérer la discipline de sa classe uniquement à partir des règlements de l'école. | | | |
| 7. Se comporter envers les élèves d'après leurs notes et négliger ainsi la valorisation de l'effort. | | | |
| 8. Donner le mauvais exemple à ses élèves en dérogeant aux règlements de l'école. | | | |
| 9. Faire des remarques négatives à une ou à un élève dans un contexte collectif. | | | |
| 10. Punir les élèves sans expliquer le pourquoi de la conséquence ou de la sanction. | | | |
| 11. Gérer la classe ou le groupe-classe de façon non authentique. | | | |
| 12. Intervenir violemment pour obtenir le silence en classe. | | | |
| 13. Avoir des préférences, des amitiés particulières pour certains élèves, et cela, au détriment des autres. | | | |
| 14. Utiliser le local ou le coin de réflexion à la moindre petite gaffe d'une ou d'un élève. | | | |
| 15. Se comporter en super-enseignante qui ne se trompe jamais. | | | |

## Tes comportements influencent-ils le climat de la classe ou les apprentissages?

| | Échelle d'appréciation | | |
|---|---|---|---|
| | Oui | Parfois | Non |
| 16. Mettre tous ses élèves dans le «même moule» quant aux exigences en classe, peu importe leur vécu affectif. | | | |
| 17. Accepter des paroles ou des comportements irrespectueux en classe. | | | |
| 18. Annoncer des exigences et les gérer différemment, en fonction de son humeur quotidienne. | | | |
| 19. Diminuer ou dévaloriser son groupe-classe en le comparant aux autres groupes d'élèves de l'école. | | | |
| 20. Donner des sanctions à toute la classe même si cette mesure ne concerne qu'une ou quelques personnes. | | | |
| 21. Se servir de l'évaluation comme moyen de discipline. | | | |
| 22. Être impatiente envers les élèves qui éprouvent des difficultés d'apprentissage. | | | |
| 23. Faire des promesses de projets, d'activités dans la classe et ne pas les réaliser. | | | |
| 24. Inviter ses élèves à chercher dans le dictionnaire, à lire un livre de bibliothèque ou un journal, alors qu'on ne le fait jamais devant eux. | | | |
| 25. Mettre de côté les élèves qui sont plus faibles et qui éprouvent des difficultés d'apprentissage. | | | |
| 26. Mettre les élèves au travail sans leur fournir les explications et les consignes nécessaires. | | | |
| 27. Refuser les idées de ses élèves lorsqu'elles ne sont pas semblables aux siennes. | | | |
| 28. Proposer aux élèves des travaux ou des tâches évaluatives qui ne seront jamais corrigés. | | | |
| 29. Proposer à ses élèves des activités libres et des activités-cadeaux sans fournir d'encadrement. | | | |
| 30. Prendre les élèves en défaut en les questionnant sur des notions inconnues. | | | |

# BILAN DE MON AUTO-ANALYSE

1.  **Mes forces sont:**

    _____

    _____

    _____

    _____

    **Ces forces influencent davantage ma gestion
    du climat (questions 1 à 20);** ☐   **des apprentissages (questions 21 à 30).** ☐

2.  **Mes faiblesses sont:**

    _____

    _____

    _____

    _____

    **Ces faiblesses influencent davantage ma gestion
    du climat (questions 1 à 20);** ☐   **des apprentissages (questions 21 à 30).** ☐

3.  **Le défi que je désire relever est:**

    _____

    _____

    _____

    _____

4.  **Les moyens que je me donne pour m'aider à relever ce défi sont:**

    _____

    _____

    _____

    _____

# 4.10 LES PARENTS, DES ATOUTS ESSENTIELS À LA RÉUSSITE ÉDUCATIVE

*(Création d'une banque de ressources)*

## Contexte et intention

Une école ouverte aux parents, pourquoi pas? Grâce à cette idée, on peut rejoindre les intérêts des parents et bénéficier de leurs compétences dans différents champs d'activités.

L'école doit inventorier les multiples façons de favoriser leur participation. Parmi celles-ci, on retrouve la création d'une banque de ressources au sein d'une classe ou d'une école.

## Pistes d'utilisation

1. Consulte la banque de suggestions qui favorisent la collaboration famille-école. (*Voir pages 126 à 128.*)

2. Informe les parents par écrit de la possibilité de mettre sur pied une banque de ressources au sein de l'école ou de la classe. (*Voir page 129.*)

3. Présente le projet, de façon plus détaillée, lors d'une assemblée générale de parents ou d'une soirée d'information en classe.

4. Remets par la suite aux parents un questionnaire pour décoder leurs compétences. (*Voir pages 130 à 132.*)

5. Laisse-leur un temps de réflexion et fixe une date d'échéance pour le retour des feuilles d'inscription.

6. Traite les informations reçues dans un bilan général.

7. Élabore par la suite une banque de ressources. Prévois une procédure pour la diffusion dans l'école et un outil de gestion pour en faciliter l'utilisation.

8. Détermine si le décodage des compétences s'adresse seulement aux parents de ton milieu ou si tu l'étends à l'ensemble de ton quartier ou de ton village.

## Pistes d'utilisation *(suite)*

9. Tu peux aussi décoder les besoins d'information des parents ou leurs commentaires après une soirée d'information. (*Voir page 132.*)

# POUR DÉVELOPPER UN PARTENARIAT AU QUOTIDIEN...

Depuis toujours, les parents participent à la vie de l'école, non seulement dans l'intérêt de leurs enfants, mais aussi dans leur propre intérêt. La famille se préoccupe du développement des enfants en s'intéressant aux activités éducatives en général. L'école se préoccupe du développement des enfants en tant que spécialiste de l'apprentissage et de l'enseignement. Il est urgent, pour la réussite éducative, de concilier ces deux types de préoccupations. Pour y arriver, le partenariat entre enfant, famille et école s'avère une voie avantageuse.

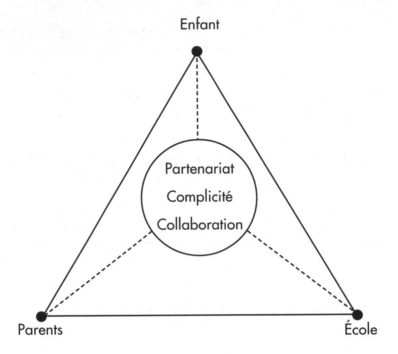

## STRATÉGIES POUR LES PARENTS (COMMENT?)

- Encadrer la vie familiale en regard des composantes suivantes: horaire de travail, horaire scolaire et climat familial de qualité.

- Aider son enfant à comprendre ce qui est attendu de lui à l'école.

- Favoriser un contact positif entre son enfant et le personnel scolaire.

- Contribuer à entretenir le plaisir d'apprendre chez l'enfant.

- Soutenir sa motivation.

- Se montrer intéressé à ce que son enfant fait et vit chaque jour à l'école.

- Encadrer adéquatement la réalisation des travaux scolaires.

- Apprendre à réagir adéquatement aux évaluations des apprentissages de son enfant.

- Apprendre à bien doser ses attentes envers chacun de ses enfants.

# STRATÉGIES POUR L'ÉCOLE (COMMENT?)

1. Tenter de faire appel autant aux pères qu'aux mères et compter autant sur les nouveaux conjoints des parents séparés que sur les parents biologiques. Accepter de transiger à l'occasion avec des tiers: grands-parents, amie ou ami du père ou de la mère, gardienne, gardien ou autre. Valoriser le rôle que joue cette personne auprès de l'enfant plutôt que d'y voir une quelconque démission parentale.

2. Offrir des possibilités de contacts famille-école plus nombreux et plus variés. La remise du bulletin de l'élève ne doit pas être le seul motif pour lequel l'école rencontre le parent.

3. Transiger directement avec tous les parents d'élèves qui le désirent, et non seulement avec ceux dont l'enfant a des difficultés ou lorsqu'il y a un problème.

4. Lorsqu'il y a un problème, l'école devrait chercher d'abord à le résoudre avec l'enseignante, la direction et les parents avant de faire intervenir divers spécialistes.

5. Lorsqu'il y a absence ou presque de relations directes entre un certain nombre de familles et l'école, chercher à en connaître les raisons plutôt que de conclure à un manque d'intérêt. Démarche à faire après une soirée d'information où le parent a été absent.

6. L'enseignante devrait accorder une attention particulière à ses contacts avec les parents qu'elle rencontre pour la première fois.

7. Diversifier davantage sa conception d'un bon parent.

8. Composer avec le désir des parents de participer autant individuellement que collectivement à la vie de l'école et des classes. Moyens suggérés: banque de ressources, comité d'aide pour chaque classe.

9. Offrir la possibilité aux parents de siéger à un conseil de classe. Quatre, cinq ou six parents pourraient faire partie de cette structure et ainsi contribuer directement à l'actualisation des projets de la classe.

10. Redécouvrir les soirées d'information aux parents en terme de contenu, d'approche utilisée et de modalités organisationnelles.

11. Lancer l'idée d'une série de conférences éducatives à l'intention des parents de toute une école. Cette série de soirées d'information aux parents pourrait être échelonnée tout au long d'une année scolaire. (Genre: Les Grands Explorateurs pédagogiques.)

# CADRE ORGANISATIONNEL
# D'UNE BANQUE DE RESSOURCES (QUOI?)

## Définition

La banque de ressources est composée des noms des parents ou d'adultes qui ont inscrit un enfant dans l'école du milieu où ils habitent. Avec ces noms, on retrouve les connaissances, les habiletés, les expériences ou simplement la disponibilité de la personne inscrite.

## But

La composition de la banque de ressources vise:

- la collaboration avec le personnel de l'école;

- un enrichissement des activités éducatives offertes aux enfants;

- un milieu scolaire plus stimulant grâce à un partage de connaissances, d'habiletés et d'expériences;

- la construction d'une nouvelle complémentarité entre enfant, famille et école.

## Contenu

- Matières scolaires ou connaissances spécifiques: musique, chant, histoire, géographie, botanique, biologie, etc.

- Entraînements particuliers: yoga, relaxation, méditation.

- Habiletés d'expression et savoir-faire: cuisine, tricot, danse, théâtre, peinture, poterie, etc.

- Instruments, outils ou appareils: four à poterie, four à émaux, chambre noire, lunettes d'approche, etc.

- Objets d'art: sculpture, tissage, batik, etc.

- Livres et revues: encyclopédies, biographies, ouvrages scientifiques, etc.

- Voyages: pays visités, cartes, dépliants touristiques, diapositives, etc.

- Passe-temps: jeux particuliers tels qu'échecs, bridge, Scrabble, etc.

- Sports: natation, ski, base-ball, judo, etc.

- Points d'intérêt avec lesquels les parents peuvent nous mettre directement en contact (relations publiques): centres de loisirs, centres culturels, artistes, artisans, fermes, chalets, lieux de plein air.

- Organismes, institutions, services: chambre de commerce, club Richelieu, club Lions, etc.

- Autres aspects: pour transport, surveillance, animation, participation à des ateliers, création de jeux éducatifs ou de matériel pédagogique.

*Source: André Paré,* Créativité et pédagogie ouverte, *vol. 3, Laval, NHP, 1977.*

# MESSAGE AUX PARENTS

Chers parents,

    L'équipe-école est à la recherche de personnes-ressources (parents, grands-parents, voisins, amis, etc.) qui pourraient apporter leur contribution à la vie de la classe ou de l'école en participant, à l'occasion, à des activités d'apprentissage qui s'adresseraient aux élèves du préscolaire à la 6e année.

    Nous savons que vous possédez des connaissances, de l'expérience et des habiletés dont les enfants pourraient bénéficier. C'est pourquoi, à partir de vos compétences, nous voulons élaborer une banque de ressources.

    Nous vous adressons deux questionnaires. Le premier permet de faire la collecte de vos ressources. Le deuxième permet de cerner vos besoins.

    Votre collaboration est un atout pour développer un plus grand partenariat entre la famille et l'école. Nous sommes assurés que vous donnerez suite à notre demande en complétant les deux questionnaires et en les retournant à l'école.

    Nous vous prions de recevoir, chers parents, nos salutations distinguées.

L'équipe-école

_____

Direction de l'école

# QUESTIONNAIRE 1
## DÉCODAGE DES RESSOURCES

Nom du parent ou d'une autre personne-ressource: _____

Nom de l'enfant: _____ Degré: _____

Adresse: _____

Téléphone (résidence): _____ Téléphone (travail): _____

Disponibilité: Jour de la semaine: _____ Matinée ❑ Après-midi ❑ Soir ❑

## Cochez le(s) domaine(s) où vous vous sentez à l'aise.

### Français

❑ Faire lire les enfants     ❑ Raconter un conte et l'animer

❑ Témoigner comme parent-lecteur     ❑ Présenter un livre ou une collection de livres

❑ Autre, spécifiez: _____

### Sciences

Connaissances spécifiques sur les thèmes suivants:

❑ Poissons     ❑ Roches et minéraux     ❑ Fleurs

❑ Mammifères     ❑ Arbres     ❑ Insectes

❑ Oiseaux     ❑ Électricité     ❑ Corps humain

❑ Fruits et légumes     ❑ Électronique

❑ Autre, spécifiez: _____

### Sciences humaines

Cartes, diapositives, photos, vidéo, documentation, souvenirs historiques (objets) sur:

❑ la vie d'autrefois     ❑ la province de Québec

❑ des métiers ou professions     ❑ le Canada

❑ des pays visités, spécifiez: _____

### Bibliothèque

❑ Rangement     ❑ Réparation     ❑ Animation

### Jeux éducatifs et matériel pédagogique

❑ Création     ❑ Découpage et assemblage     ❑ Utilisation de l'ordinateur

## Sports

- ❑ Natation
- ❑ Base-ball
- ❑ Autre, spécifiez: _____

- ❑ Ski
- ❑ Judo

## Savoir-faire

- ❑ Danse
- ❑ Tricot
- ❑ Horticulture
- ❑ Cuisine
- ❑ Autre, spécifiez: _____

- ❑ Bricolage
- ❑ Couture
- ❑ Macramé
- ❑ Poterie

- ❑ Peinture
- ❑ Artisanat
- ❑ Présentation d'objets d'art

## Passe-temps

- ❑ Collection de: _____
- ❑ Échecs
- ❑ Musique
- ❑ Autre, spécifiez: _____

- ❑ Scrabble
- ❑ Chant

- ❑ Informatique
- ❑ Poésie

## Théâtre

- ❑ Animation
- ❑ Fabrication de décors
- ❑ Confection de costumes

## Fêtes

- ❑ Publicité
- ❑ Collation-repas

- ❑ Organisation
- ❑ Musique

- ❑ Animation

Quand?
- ❑ Autre, spécifiez: _____

- ❑ Noël

- ❑ Halloween

## Comités

- ❑ Comité d'école
- ❑ Conseil d'orientation

## Santé (physique et mentale)

- ❑ Formation particulière: _____

(Ex.: ambulancier, médecine, travail social, hygiène dentaire, alimentation, etc.)

## Relations publiques

Contacts que vous pouvez établir:
- ❑ Magasin d'alimentation
- ❑ Chambre de commerce
- ❑ Bases de plein air
- ❑ Autre, spécifiez: _____

- ❑ Ferme
- ❑ Centre d'accueil
- ❑ Club Richelieu

- ❑ Centre de loisirs
- ❑ Club Lions
- ❑ Hydro-Québec

# QUESTIONNAIRE 2
## DÉCODAGE DES BESOINS

1. **Que pensez-vous de la dernière soirée de parents à laquelle vous avez assisté? Quels en ont été, d'après vous,**

   a) les points forts:

   _____

   _____

   _____

   _____

   _____

   b) les points faibles:

   _____

   _____

   _____

   _____

   _____

2. **Quels sujets aimeriez-vous traiter dans les prochaines soirées de parents?**

   a) Devoirs et leçons plus créatifs et éducatifs ❏

   b) Méthode de travail intellectuel ❏

   c) Styles d'apprentissage ❏

   d) Discipline en classe et à la maison ❏

   e) Motivation ❏

   f) Parallèle entre l'école d'hier et l'école d'aujourd'hui ❏

   g) Implication des parents à la vie de la classe et de l'école ❏

3. **Avez-vous d'autres besoins? Précisez-les.**

   h) _____

   i) _____

   j) _____

   k) _____

   l) _____

   m) _____

   n) _____

*Source: Ce questionnaire est inspiré de documents préparés par un groupe d'enseignants de l'École Leventoux, commission scolaire de Manicouagan, Baie-Comeau, par l'Équipe Mission/Gestion P.É.P. de l'École De La Montagne, commission scolaire Vallée-de-la-Lièvre, Buckingham et par l'École du Boisé, commission scolaire Vallée-de-la-Lièvre, Buckingham, en collaboration avec le Centre de formation Jacqueline Caron Inc.*

# Références bibliographiques

BLAIS, Michel et Marie-Andrée DION. *Éduquer ensemble. Guide pédagogique sur le suivi personnel et scolaire des élèves*, Commission scolaire Saint-Jean-sur-Richelieu, 1992.

BOILY, Pierre-Yves. *Le plaisir d'enseigner*, Montréal, Éditions Stanké, 1990.

CHERRY, Clare. *Crée le calme en toi*, Guide relaxation à l'école, Montréal, Éditions du Renouveau Pédagogique, 1991.

CIPANI, Ennio. *Les comportements perturbateurs: Trois techniques à utiliser dans ma classe*, traduit par Isabelle Tremblay (coll. adaptée par Égide Royer), Lévis, La Corporation École et Comportement, 1995.

COMMISSION SCOLAIRE DES MANOIRS. *Les parents et vous: garder le lien! Comment établir une communication positive et efficace entre les familles et l'école*, Terrebonne, 1990.

DECKER, Bert. *L'art de la communication, Les techniques des meilleurs*, Paris, Les Presses du Management, 1990.

DIGANGI, Samuel A., Juane HEFLIN et Timothy J. LEWIS. *Les troubles du comportement: des réponses à vos questions*, traduit par Isabelle Tremblay et Mario Cammarano, (coll. adaptée par Égide Royer), Lévis, La Corporation École et Comportement, 1995.

DUCLOS, Germain et Danielle LAPORTE. *Les grands besoins des tout-petits*, Montréal, Les Éditions Héritage, 1994.

DUCLOS, Germain, Danielle LAPORTE et Jacques ROSS. *L'estime de soi de nos adolescents, Guide pratique à l'intention des parents*, Montréal, Hôpital Sainte-Justine, 1995.

DUFOUR, Michel. *Allégories pour guérir et grandir*, Chicoutimi, Les Éditions JCL, 1993.

EN COLLABORATION. *Inter-Aide: guide de techniques d'interventions en classe*, Région 04, Trois-Rivières, 1991.

FALARDEAU, Guy Dr. *Les enfants hyperactifs et lunatiques*, Montréal, Le Jour, éditeur, 1992.

FUGITT, Eva D. *C'est lui qui a commencé le premier. Activités d'entraînement au choix, à l'autodiscipline, à la responsabilité et à l'estime de soi*, Québec, Centre d'intégration de la personne, 1984.

INSTITUT CHESAPEAKE. *Enseigner aux élèves présentant des troubles de l'attention accompagnés d'hyperactivité*, traduit par Isabelle Tremblay, (coll. adaptée par Égide Royer), Lévis, La Corporation École et Comportement, 1995.

JEAN, Charles-Édouard. *Remue-méninges*, Granby, Éditions de la Paix, 1992.

LAMBERT, Daniel. *Miroirs magiques. Contes thérapeutiques*, Chicoutimi, Les Éditions JCL, 1996.

LAPORTE, Danielle et Lise SÉVIGNY. *Comment développer l'estime de soi de nos enfants: Journal de bord à l'intention des parents*, Montréal, Hôpital Sainte-Justine et mensuel *Enfants*, 1993.

LÉTOURNEAU, Judith. *Prévenir les troubles du comportement à l'école primaire*, (coll. adaptée par Égide Royer), Lévis, La Corporation École et Comportement, 1995.

MONBOURQUETTE, Jean. *L'ABC de la communication familiale*, Ottawa, Novalis, 1993.

MONBOURQUETTE, Jean. *Allégories thérapeutiques, histoires pour instruire et guérir*, Ottawa, Université Saint-Paul.

NAULT, Thérèse. *L'enseignant et la gestion de la classe: Comment se donner la liberté d'enseigner*, Montréal, Les Éditions Logiques, 1994.

PARÉ, André. *Créativité et pédagogie ouverte*, vol. 3, Laval, Les Éditions NHP, 1977.

PLANTE, Charlotte. *Raconte-moi les règles de vie*, coll. «Libre cours», Sainte-Foy, Les Éditions Septembre, 1996.

PORTELANCE, Colette. *La communication authentique, L'éloge de la relation intime*, coll. «psychologique», Les Éditions du Cram, 1994.

ROY, Gabrielle. *Ces enfants de ma vie*, Montréal, Les Éditions du Boréal, 1977.

SALOMÉ, Jacques. *Heureux qui communique*, Paris, Albin Michel, 1993.

SALOMÉ, Jacques. *Charte de vie relationnelle à l'école*, Paris, Albin Michel, 1995.

WALKER, Janet Eaton et Hill M. WALKER. *L'indiscipline en classe: Une approche positive pour les enseignants*, traduit et adapté par Égide Royer, Ph.D. (coll. adaptée par Égide Royer), Lévis, La Corporation École et Comportement, 1995.

# CHAPITRE 5

## Enrichir sa pratique:
## structurer son contenu

**5.1**   L'ABC de l'apprentissage

**5.2**   Mes premiers pas vers un enseignement plus stratégique…

**5.3**   La PNL, un atout de plus

**5.4**   Apprivoiser la gestion mentale

**5.5**   Un peu plus loin en méthodologie du travail intellectuel

**5.6**   Des stratégies… dans la vie de tous les jours

**5.7**   Un agenda «animé»

**5.8**   Des apprentissages intégrés à évaluer

**Références bibliographiques**

**UNE CLÉ MAÎTRESSE:**
les types d'apprentissage: connaissances déclaratives,
procédurales et conditionnelles

**CONTENU D'APPRENTISSAGE**

**APPROCHES SUPPORTANT LE TRAITEMENT
DU CONTENU D'APPRENTISSAGE**

Philosophie de
l'éducation et de
l'enseignement

Approches
au service de la
communication

Programmes

Approches reliées
au traitement de
l'information

Conception de
l'apprentissage
Conception de
l'enseignement
Modes
d'apprentissage
Styles cognitifs
Styles
d'enseignement
Stratégies
d'enseignement

Objectifs

Approches reliées
à la pédagogie

Programme de
formation et d'éveil
Programmes d'études
obligatoires
Programmes
d'études
à option
Programme
d'études local

Objectif global
Objectifs terminaux
Objectifs intermédiaires
Contenus notionnels

# UNE CLÉ MAÎTRESSE: LES TYPES D'APPRENTISSAGE (CONNAISSANCES DÉCLARATIVES, PROCÉDURALES OU CONDITIONNELLES)

## Mise en situation

Paulette commence une carrière dans l'enseignement. Elle est accompagnée par un maître guide qui est très préoccupé par la liste des objectifs terminaux et intermédiaires des divers programmes. Pour lui, c'est ce qui compte prioritairement.

Paulette n'est pas à l'aise avec cette orientation, car, dans sa formation, on lui a présenté les programmes dans leur globalité. Bien sûr, il y a des objectifs d'enseignement à respecter, mais que fait-on des autres éléments, une fois sur le terrain?

Quelle place accorde-t-on à:
- son projet éducatif de classe?
- sa conception de l'apprentissage?
- sa conception de l'enseignement?

Comment établir des nuances entre les objectifs globaux, les objectifs terminaux, les objectifs intermédiaires et les contenus notionnels? Lesquels sont prioritaires? Existe-t-il un ordre d'enseignement pour tous ces objectifs?

En plus, elle se rappelle avoir lu des ouvrages traitant des divers types d'apprentissage. On parlait de connaissances déclaratives, procédurales et conditionnelles. Comment mettre de l'ordre dans tout ce fouillis pédagogique? Elle se souvient aussi d'avoir entendu parler des divers modes d'apprentissage des enfants, lors d'une conférence. Donc, il y a sûrement plusieurs données toutes aussi importantes les unes que les autres à considérer dans la gestion du contenu. «Ah! Si mon maître guide pouvait m'aider dans ce sens-là...»

## DES PISTES POUR ENSEIGNER SON CONTENU DE FAÇON PLUS STRATÉGIQUE

1. Revois d'abord les pages suivantes:

| Volume 1 |
|---|

**p. 192 à 198:** Philosophie et objectifs des programmes d'enseignement
**p. 199 à 204:** Conception de l'apprentissage
**p. 204 à 206:** Courants pédagogiques
**p. 207 à 216:** Styles d'enseignement
**p. 216 et 217:** Démarches, procédures et stratégies d'enseignement
**p. 237 à 254:** Un coffre d'outils pour apprendre
**p. 255 à 270:** Des outils pour côtoyer les matières

2. Prends connaissance des clés de la page précédente. Cerne les concepts qui sont clairs pour toi. Quels sont ceux qui sont embrouillés? Quels sont ceux que tu ne connais pas? Note tes observations et tes questions.

3. Retourne fouiller dans les pages de présentation et d'introduction des divers programmes.

4. Essaie de trouver des éléments de solution en sélectionnant deux ou trois ouvrages qui traitent de l'enseignement stratégique. La bibliographie présentée à la fin de ce chapitre ainsi que la réflexion liée aux approches qui favorisent la construction des savoirs, page 13, peuvent t'aider.

5. Élabore un mini-plan d'action composé de deux à trois pistes que tu désires scruter, approfondir et intégrer à ta pratique actuelle. Mets de l'ordre dans les défis que tu désires relever.

6. Inspire-toi, en particulier, du présent chapitre.

# L'ÉCOLE, UNE AVENTURE À PARTAGER

[…] «L'on devrait émettre un décret affirmant catégoriquement que l'école doit devenir le lieu de la simplicité et de l'essentiel, un lieu qu'elle n'aurait jamais dû cesser d'être. Un tel décret, affiché dans un endroit fleuri, à l'entrée de chaque école, présenterait ce message en lettres de feu:

– cette école est d'abord et avant tout au service de l'éducation et de la formation des jeunes;

– cette école est consacrée au développement des compétences et à l'acquisition des valeurs;

– cette école est exigeante sur le plan intellectuel et contraignante sur le plan de la formation personnelle;

– cette école permet de découvrir la diversité et de faire croître la créativité;

– cette école est une aventure partagée entre des adultes expérimentés et des jeunes en croissance et en apprentissage.»

*Source: Roland Arpin, revue* Vivre le primaire, *mars 1995, p. 29.*

# 5.1 L'ABC DE L'APPRENTISSAGE
## (Une démarche à respecter)

## Contexte et intention

Pour apprendre, l'apprenant doit se trouver dans des conditions facilitantes. De plus, il doit s'engager à part entière, ce qui signifie qu'il a besoin de l'accompagnement de l'enseignante tout au long de son projet d'apprentissage.

Certains indicateurs de comportement peuvent nous permettre d'observer l'élève en apprentissage et de déceler ce qui va et ce qui ne va pas. On ne peut voir ce qui se passe dans le cerveau d'un enfant, mais on peut analyser ce qu'il vit et comment il le vit. Vraiment, l'apprentissage a perdu de son mystère grâce aux apports de la psychologie cognitive.

## Pistes d'utilisation

1. Survole la grille d'objectivation sur les facteurs qui favorisent l'apprentissage. (*Voir page 140.*)

2. Décode les points forts ou faibles de tes interventions selon qu'il s'agit d'une préoccupation constante ou d'un élément négligé ou non présent dans ta pratique quotidienne.

3. Cible un facteur indispensable à l'apprentissage et travaille à améliorer ce qui laisse à désirer (par rapport au groupe-classe).

4. Puis passe à un deuxième facteur et ainsi de suite.

5. Utilise la grille d'observation et le plan d'interventions afin d'accompagner de façon plus efficace un élève qui n'est pas en projet d'apprentissage. (*Voir pages 141 et 143.*)

6. Utilise l'exemple du plan d'intervention adapté de la page 142 si tu as besoin de modelage.

7. Assure-toi que tes interventions respectent les trois temps de la démarche d'apprentissage.

# GRILLE D'OBJECTIVATION SUR LES FACTEURS QUI FAVORISENT L'APPRENTISSAGE

Complète cette grille. Tu pourras ensuite déceler tes forces et tes faiblesses au sujet de ta façon d'intervenir pour placer l'élève en projet d'apprentissage.

| | Préoccupation constante | Élément négligé |
|---|---|---|
| **Préparation à l'apprentissage** | | |
| 1. Se soucier de projeter une image positive de lui-même à l'apprenant (estime de soi). | | |
| 2. Placer l'élève en projet d'apprentissage de façon à ce qu'il se retrouve en présence d'un conflit cognitif, d'une situation-problème, d'un défi ou d'une tâche d'apprentissage signifiante. Autrement dit, l'engagement et la motivation sont au rendez-vous. | | |
| 3. Développer une perception positive de la tâche, autant sur le plan de la signifiance du défi à relever et de l'adaptation de la tâche à son potentiel que sur le plan du contrôle de cette tâche. | | |
| 4. Aider l'élève à faire des liens entre les nouvelles connaissances et ce qu'il sait déjà (rappel des connaissances antérieures). | | |
| **Réalisation de l'apprentissage** | | |
| 5. Favoriser une vue claire de l'organisation de ses connaissances dans sa mémoire à long terme.<br>• Connaissances déclaratives (quoi?)    • Connaissances procédurales (comment?)<br>• Connaissances conditionnelles (pourquoi? quand?) | | |
| 6. Aider l'élève à s'approprier des stratégies efficaces pour effectuer les tâches de lecture, d'écriture, de communication orale, de mathématique, de sciences. | | |
| 7. Favoriser les prises de conscience relatives à:<br>• sa façon de percevoir et de traiter la réalité;    • sa façon de résoudre les problèmes (de réagir aux difficultés);<br>• sa façon d'effectuer les tâches;    • sa façon de réagir face à l'erreur. | | |
| 8. Créer l'occasion pour que l'élève vive avec ses pairs une partie de son cheminement dans la construction de ses connaissances. | | |
| **Intégration de l'apprentissage** | | |
| 9. Accompagner l'élève dans la mise en mots de ce qu'il vient de vivre ou d'apprendre. | | |
| 10. Privilégier les prises de conscience sur le fait qu'il peut réinvestir ses acquis dans d'autres situations (scolaires, personnelles). | | |

*Source: D'après Jacques Tardif.*

# GRILLE D'OBSERVATION POUR DES INTERVENTIONS PLUS ADAPTÉES

Nom de l'élève ciblé: _____     Date: _____

## Collecte des informations

| Facteurs nuisibles à l'apprentissage | Après l'observation | |
|---|---|---|
| | Observations faites | Facteurs à améliorer |
| *Préparation à l'apprentissage* | | |
| 1. N'a pas une image positive de lui-même comme apprenant. | | |
| 2. N'est pas en projet d'apprentissage: n'est pas habité par l'engagement et de la motivation. | | |
| 3. N'a pas une perception positive de la tâche: <br>• signifiance    • contrôlabilité <br>• adaptation | | |
| 4. N'a pu faire de liens entre les nouvelles connaissances et celles qui étaient déjà acquises. | | |
| *Réalisation de l'apprentissage* | | |
| 5. N'a pas une vue claire de l'organisation de ses connaissances dans sa mémoire à long terme. | | |
| 6. Ne dispose pas de stratégies efficaces pour effectuer ses tâches d'apprentissage. | | |
| 7. N'a pas conscience de sa façon de percevoir et de traiter la réalité, de sa façon d'effectuer les tâches, de sa façon de résoudre les problèmes et de gérer l'erreur. | | |
| 8. N'a pas eu l'occasion ou ne veut pas vivre avec ses pairs une partie de son cheminement dans la construction de ses connaissances. | | |
| *Intégration de l'apprentissage* | | |
| 9. N'est pas capable ou n'a pas eu l'occasion de mettre des mots sur ce qu'il vient de vivre ou d'apprendre. | | |
| 10. N'a pas conscience qu'il peut réinvestir ses acquis dans d'autres situations. | | |

À partir des résultats de tes observations, prépare un plan d'intervention adapté à l'élève observé. Tu peux utiliser la grille de la page 143.

*Source: D'après Jacques Tardif.*

Outil 5.1   

# EXEMPLE D'UN PLAN D'INTERVENTION ADAPTÉ À _____ *Louis*

| Facteurs à améliorer (Quoi?) | | Interventions adaptées (Comment? Quand?) |
|---|---|---|
| **Préparation à l'apprentissage** | | |
| 1. N'a pas une image positive de lui-même comme apprenant. | Utilisation d'une force et d'un défi dans la formulation d'une rétroaction positive | Avant de réaliser un travail écrit, aider l'élève à se fixer un seuil de réussite réaliste |
| | Adaptation de la tâche d'apprentissage | Diminuer la longueur ou la complexité de la tâche toutes les fois que c'est possible |
| | Variation du seuil de réussite | Suggérer la possibilité d'un seuil de réussite personnel plutôt que collectif |
| **Réalisation de l'apprentissage** | | |
| 2. N'a pas l'occasion de vivre avec ses pairs une partie de son cheminement dans la construction de ses connaissances. | Partage de ses connaissances antérieures | Dans son journal de bord, quotidiennement, à l'aide de cadres de référence. Présentation par la suite à son conseiller |
| | Consultation d'un pair au moment d'une difficulté | Objectivation régulière à l'intérieur de sa dyade d'entraide permanente |
| | Retour sur un travail réalisé | Élaboration d'un carnet de réussites et de défis qu'il partagera chaque soir avec ses parents |
| **Intégration de l'apprentissage** | | |
| 3. N'est pas capable de mettre des mots sur ce qu'il vient de vivre ou d'apprendre. | Décodage des états d'âme | Avec une dyade naturelle affective sous forme de carte d'exploration |
| | Décodage des apprentissages Décodage des difficultés | Aide du mini-prof (l'élève-ressource de la classe), au besoin |
| | Décodage des réussites | Objectivation avec sa dyade d'entraide permanente pour déterminer les forces et les défis à relever |
| 4. | | |

# PLAN D'INTERVENTION ADAPTÉ À _____

## Facteurs à améliorer (Quoi?)

## Interventions adaptées (Comment? Quand?)

| Préparation à l'apprentissage | | |
|---|---|---|
| 1. | | |
| | | |

| Réalisation de l'apprentissage | | |
|---|---|---|
| 2. | | |
| 3. | | |

| Intégration de l'apprentissage | | |
|---|---|---|
| 4. | | |
| 5. | | |

## 5.2 MES PREMIERS PAS VERS UN ENSEIGNEMENT PLUS STRATÉGIQUE...

*(Enseigner en profondeur)*

## Contexte et intention

Actuellement, il n'y a pas une seule enseignante qui n'ait entendu parler d'enseignement stratégique. Depuis 1992, l'apparition du volume *Pour un enseignement stratégique: l'apport de la psychologie cognitive* de Jacques Tardif est venue remettre en question la pratique actuelle des pédagogues. Beaucoup ont parcouru cet ouvrage dans sa globalité. Certains se sont perfectionnés dans ce domaine. D'autres sont encore en interrogation. Ils connaissent le terme, le livre et l'auteur, mais ils ne sont pas allés plus loin.

La densité de cette recherche et les différentes facettes de la psychologie cognitive effraient un peu les enseignantes qui n'ont pas toujours la préoccupation et le temps de parcourir un livre de pédagogie de la première à la dernière page. Elles voudraient en connaître plus mais pour elles, l'enseignement stratégique représente encore un gros point d'interrogation.

Est-il possible de vulgariser ce langage tout en respectant la philosophie intégrale de l'auteur? Qu'est-ce que c'est au juste, l'enseignement stratégique? Quelle différence y a-t-il entre les connaissances déclaratives, procédurales et conditionnelles? Comment s'assurer que l'on fait présentement du modelage? Quel est le rôle de l'enseignante dans une pratique

## Pistes d'utilisation

1. Survole les pages décrivant l'enseignement stratégique. Indique ce qui est clair pour toi et note ce qui est obscur. (*Voir page 146.*)

2. Réfère-toi au début du chapitre 5 de l'ouvrage de Jacques Tardif. Il a pour titre «Caractéristiques et pratiques de l'enseignement stratégique». Parcours les pages 295 à 313 et tu trouveras sûrement des réponses à tes questions.

3. Intéresse-toi par la suite aux trois types de connaissances à enseigner. En plus de t'informer sur le sujet, exerce-toi à jouer avec ces trois catégories. Prends tes objectifs de programme et classe-les selon leur niveau de complexité. (*Voir pages 147 et 148.*)

4. Prends connaissance des étapes de l'enseignement stratégique. (*Voir page 149.*)

5. Relève le défi d'être plus stratégique dans la phase «Préparation à l'apprentissage». Utilise l'outil de la page 150 à cet effet.

6. Puis rends-toi à la phase «Réalisation de l'apprentissage» afin de faire vivre à tes élèves des apprentissages stratégiques. Consulte l'outil de la page 151.

## Contexte et intention *(suite)*

guidée? La pratique autonome doit-elle être la même pour tous les élèves?

Autant de facettes à découvrir en parcourant cet outil de vulgarisation sur l'enseignement stratégique.

## Pistes d'utilisation *(suite)*

7. Enfin, intéresse-toi de plus en plus à la phase d'intégration qui prépare au transfert des connaissances. (*Voir page 152.*)

8. Permets aux élèves de s'approprier la démarche d'apprentissage. Utilise des cadres de référence à cette intention. (*Voir pages 153 et 154.*)

9. Pour mieux décoder ce qui se passe au moment de l'apprentissage, utilise le cadre de référence de la page 155. Il te fournit également des pistes d'intervention pour chacune des étapes.

10. Retourne aux sources de l'enseignement stratégique toutes les fois que tu en sens le besoin.

11. Si le transfert des connaissances t'intéresse, consulte les pages 156 à 160.

# DONNÉES DE BASE POUR VULGARISER
# LE CONCEPT D'«ENSEIGNEMENT STRATÉGIQUE»

| | |
|---|---|
| 1. Jusqu'à maintenant, l'enseignement stratégique constitue un **modèle** d'enseignement ou un cadre de référence pédagogique. Il ne s'agit pas d'une théorie de l'enseignement. | 8. L'enseignement stratégique insiste sur le rôle capital de l'**organisation des connaissances** en apprentissage. |
| 2. L'enseignement stratégique est essentiellement une **traduction pédagogique** des principes de la psychologie cognitive pour ce qui est de l'apprentissage. | 9. L'enseignement stratégique reconnaît que la **motivation scolaire** est fondamentale dans tous les apprentissages. |
| 3. Historiquement, les modèles de l'enseignement direct et de l'enseignement explicite ont précédé l'enseignement stratégique. | 10. L'enseignement stratégique conçoit que les enseignantes ont un rôle constant de **médiation entre les connaissances et les élèves**. |
| 4. L'enseignement stratégique est axé sur la **construction active et personnelle** du savoir par les élèves, qu'il s'agisse de savoirs déclaratifs, de savoirs conditionnels ou de savoirs procéduraux. | 11. L'enseignement stratégique reconnaît que, si les enseignantes n'interviennent pas explicitement dans le transfert des connaissances, ces dernières demeurent **fortement contextualisées**. |
| 5. L'enseignement stratégique accorde une très grande importance aux **connaissances antérieures** des élèves dans leur construction du savoir. | 12. L'enseignement stratégique conçoit que les **apprentissages** doivent être effectués **à partir de tâches authentiques**. |
| 6. L'enseignement stratégique reconnaît que la très grande majorité des erreurs commises par les élèves, voire la totalité, sont dues à des **règles spécifiques** qu'ils utilisent de façon constante. | 13. L'enseignement stratégique conçoit que, comme les apprentissages, les **évaluations** doivent être réalisées **à partir de tâches authentiques**. |
| 7. L'enseignement stratégique reconnaît qu'il existe **trois catégories de connaissances**, que ces connaissances sont **représentées différemment dans la mémoire** à long terme et que, en conséquence, chacune d'elles exige des **interventions pédagogiques spécifiques**. | 14. Si je devais donner une définition précise de l'enseignement stratégique, ce que je me refuse à faire habituellement, je dirais que l'enseignement stratégique est un modèle d'enseignement qui privilégie la **dynamique de l'apprentissage** telle que la comprend la **psychologie cognitive** et qui vise à proposer des actions pédagogiques qui ont des probabilités élevées d'assister, et idéalement de provoquer la **construction personnelle du savoir** par l'élève. |

*Source: Jacques Tardif, pour le Centre de formation Jacqueline Caron Inc., 20 décembre 1995.*

# LES TYPES DE CONNAISSANCES EN ENSEIGNEMENT STRATÉGIQUE

## LES CONNAISSANCES DÉCLARATIVES

- correspondent à des **connaissances théoriques**;
- correspondent au savoir;
- répondent à la question **quoi?** ou **de quoi s'agit-il?**;
- correspondent à ce qu'une personne connaît du monde;
- sont représentées d'une façon **propositionnelle** en mémoire.

## LES CONNAISSANCES CONDITIONNELLES

- correspondent à des **connaissances pratiques**, à des connaissances d'action;
- sont parfois nommées «connaissances contextuelles» ou «connaissances pragmatiques»;
- sont essentiellement des **connaissances de catégorisation**, des connaissances de «diagnostic»;
- répondent à la question **quand?** à un premier niveau d'expertise et aux questions **quand?** et **pourquoi?** à un deuxième niveau d'expertise;
- sont représentées d'une façon **productionnelle** en mémoire;
- contiennent plusieurs conditions et une seule action.

## LES CONNAISSANCES PROCÉDURALES

- correspondent à des **connaissances pratiques**, à des connaissances d'action; elles correspondent au savoir-faire;
- sont essentiellement des **séquences d'action**;
- répondent à la question **comment?**;
- sont représentées d'une façon **productionnelle** dans la mémoire;
- contiennent une seule condition mais plusieurs actions.

*Source: Jacques Tardif, pour le Centre de formation Jacqueline Caron Inc., 20 décembre 1995.*

# POUR DEVENIR UNE ENSEIGNANTE PLUS STRATÉGIQUE
(TROIS TYPES DE CONNAISSANCES À ENSEIGNER)

|  | PHASE DE RÉALISATION | | PHASE D'INTÉGRATION |
| --- | --- | --- | --- |
|  | Connaissances déclaratives | Connaissances procédurales | Connaissances conditionnelles |
|  | Je sais quoi faire. | Je sais comment le faire. | Je sais quand et pourquoi le faire. |
| **Français** | Connaître la règle du participe passé employé avec l'auxiliaire être. | Utiliser adéquatement la règle du PPE à l'intérieur d'un exercice où l'on demande explicitement d'appliquer cette règle. | Orthographier correctement un PPE à l'intérieur d'une production écrite. |
| **Mathématiques** | Savoir la procédure à suivre pour additionner des nombres composés d'au moins deux chiffres chacun. | Appliquer la procédure lorsqu'un exercice demande de trouver la somme de deux nombres composés d'au moins deux chiffres chacun. | Reconnaître qu'un problème du manuel nécessite l'addition de nombres composés d'au moins deux chiffres et décider d'appliquer la procédure apprise. |
|  |  |  |  |
|  |  |  |  |
|  |  |  |  |

Tu peux compléter ce tableau pour te familiariser avec ces types de connaissances.

# ÉTAPES DE L'ENSEIGNEMENT STRATÉGIQUE

## PRÉAMBULE

La dynamique interactive des concepts de modelage, de pratique guidée avec les pairs et de pratique autonome se comprend mieux si l'on fait d'abord référence au **concept d'échafaudage ou d'étayage**.

En conformité avec les écrits de Vygotsky, plusieurs auteurs ont repris le concept de **zone proximale de développement**.

La zone proximale de développement d'un élève donné correspond à ce qu'il **peut accomplir dans un groupe de coopération en apprentissage ou avec le support de l'enseignante**, mais qu'il ne pourrait réaliser seul, sans l'aide de ce groupe de coopération ou de l'enseignante.

Dans l'esprit de la zone proximale de développement et en mettant l'accent sur quelques conclusions d'études portant sur les relations maître-apprenti, des auteurs ont introduit le concept d'échafaudage dans les réflexions pédagogiques.

Le concept d'échafaudage invite fortement l'enseignante à offrir à l'élève, dans une tâche d'apprentissage donnée, un **soutien gradué compte tenu du niveau de maîtrise** qu'il manifeste en regard des connaissances, des habiletés ou des compétences exigées par cette tâche.

## MODELAGE

Ce concept correspond à la situation où l'enseignante réalise devant les élèves, **en pensant à voix haute**, la tâche qu'ils devront faire ultérieurement.

L'enseignante offre une situation de modelage parce qu'elle estime que les élèves amorcent un nouvel apprentissage ou qu'ils ont un faible degré de maîtrise des connaissances, des habiletés ou des compétences exigées.

Un élève pourrait assumer la responsabilité d'une situation de modelage.

## PRATIQUE GUIDÉE ET PRATIQUE AVEC LES PAIRS

Dans une situation de pratique guidée, l'enseignante offre un **«fort» échafaudage** parce que les élèves ont développé peu d'expertise dans la tâche d'apprentissage qu'ils réalisent.

Dans un contexte où l'enseignante met en place des groupes de coopération en apprentissage, **la pratique guidée peut être assumée par un pair**.

Il ne faut toutefois pas rendre synonymes «pratique guidée» et «pratique avec des pairs».

La pratique avec des pairs permet d'attribuer des **rôles différenciés aux élèves** et, dans ce sens, ils peuvent autant agir dans une situation de modelage que dans une situation de pratique guidée ou dans une situation de «consultation».

## PRATIQUE AUTONOME

Dans une situation de pratique autonome, **l'échafaudage est minimal** et, lorsqu'ils sont dans une impasse, les élèves tentent eux-mêmes de se dépanner avant de recourir à l'enseignante pour discuter des diverses avenues qu'ils envisagent.

La pratique autonome poursuit entre autres l'objectif de conduire des connaissances conditionnelles et des connaissances procédurales **jusqu'à un haut degré d'automatisation**.

*Source: Jacques Tardif, pour le Centre de formation Jacqueline Caron Inc., 20 décembre 1995.*

# PRÉPARATION À L'APPRENTISSAGE

| Cadre de référence pour une animation plus stratégique | La planification de mon enseignement est-elle stratégique? |
|---|---|
| 1. Je présente aux élèves une situation d'apprentissage contextualisée. ☐ <br> 2. Je précise la nature de la tâche à réaliser. ☐ <br> 3. J'informe les élèves des objectifs spécifiques à atteindre afin de leur permettre de se construire une image mentale du produit final. ☐ <br> 4. Je précise aux élèves quand et pourquoi l'apprentissage leur sera utile. ☐ | Quand je planifie mon enseignement à court terme, je regarde ce cadre de référence (*à gauche*) et je précise ce qui est déjà acquis dans ma façon de respecter ce premier temps de la démarche d'apprentissage. <br><br> Je cible un aspect nouveau que je désire introduire dans ma façon de jouer mon rôle d'accompagnatrice. |
| 5. Je précise l'objet et les critères d'évaluation de la tâche. ☐ <br> 6. J'invite l'élève à survoler le matériel pédagogique. ☐ <br> 7. J'active les connaissances antérieures en tenant compte des aspects cognitifs, culturels et affectifs. ☐ <br> 8. J'amène les élèves à utiliser leurs connaissances antérieures pour construire de nouvelles connaissances: <br> a) déclaratives: ce que je sais déjà ou ce que je crois savoir; ☐ <br> b) procédurales: ce que je sais faire ou ce que je pense savoir faire; ☐ <br> c) conditionnelles: ce que je pense devoir faire lors des circonstances particulières. ☐ <br> 9. Je dirige l'attention et l'intérêt de l'élève: interrogations, anticipation, hypothèses. ☐ <br> 10. J'interviens directement sur les composantes de la motivation scolaire de l'élève, c'est-à-dire sur ses systèmes de conception (à l'égard des buts de l'école et de l'intelligence) et sur ses systèmes de perception (en ce qui a trait à la valeur de la tâche, à ses exigences et à sa contrôlabilité. ☐ | Voici la stratégie d'intervention pédagogique que je désire travailler: <br><br><br><br> Comment vais-je faire? |

# RÉALISATION DE L'APPRENTISSAGE (PRÉSENTATION DU CONTENU)

| Cadre de référence pour un soutien pédagogique plus stratégique | | La planification de mon enseignement est-elle stratégique? |
|---|---|---|
| 1. Je favorise l'appropriation des connaissances déclaratives, conditionnelles et procédurales. | ☐ | Quand je planifie mon enseignement à court terme, je regarde le cadre de référence (à gauche) et je précise ce qui est déjà acquis dans ma pratique quant au deuxième temps de la démarche d'apprentissage. |
| 2. Je rends le processus transparent en réalisant une partie de la tâche (modelage). | ☐ | Je cible un aspect nouveau que je désire introduire dans mon rôle de soutien pédagogique à l'élève qui apprend. |
| 3. J'accompagne l'élève dans son apprentissage en expliquant clairement les savoir-faire et les stratégies pour réussir les tâches présentées. | ☐ | |
| 4. J'accompagne l'élève dans l'élaboration et l'organisation de ses informations (pratique guidée). | ☐ | Voici la stratégie d'intervention pédagogique que je désire travailler: |
| 5. Je m'assure que l'élève dispose de résumés, de tableaux et de schémas et qu'il peut arriver à créer des réseaux. | ☐ | |
| 6. Je fais ressortir les ressemblances et les différences entre les connaissances antérieures et les nouvelles connaissances. | ☐ | Comment vais-je faire? |
| 7. Je guide l'élève en le questionnant sur les stratégies et les procédures qu'il a mises dans sa tête pour réussir l'activité. | ☐ | |
| 8. Je donne des exemples et des contre-exemples. | ☐ | |

# INTÉGRATION DE L'APPRENTISSAGE

| Cadre de référence pour jouer mon rôle de soutien pédagogique | | La planification de mon enseignement est-elle stratégique? |
|---|---|---|
| 1. Je favorise l'objectivation en amenant les élèves à faire un retour sur la situation d'apprentissage. | ☐ | Quand je planifie mon enseignement à court terme, je regarde le cadre de référence (*à gauche*) et je précise ce qui est déjà acquis dans ma pratique pédagogique quant au respect du troisième temps de la démarche d'apprentissage: l'intégration. |
| 2. J'amène les élèves à s'exprimer sur les stratégies qui ont favorisé la réalisation de la tâche. | ☐ | |
| 3. Je favorise la pratique autonome en proposant d'appliquer, dans diverses situations, les connaissances ou les stratégies utilisées. | ☐ | Voici la stratégie d'intervention pédagogique que je désire travailler: |
| 4. Je les aide à prendre conscience de leur niveau de maîtrise des nouvelles connaissances. | ☐ | _____ |
| 5. J'incite les élèves à porter un jugement sur leurs attitudes face à la tâche. | ☐ | _____ |
| 6. J'amène les élèves à utiliser les nouvelles connaissances qu'ils possèdent dans leur mémoire à long terme pour les appliquer dans une situation ou un contexte nouveau. | ☐ | _____ |
| 7. J'aide l'élève à recontextualiser ses connaissances en les appliquant dans d'autres contextes ou situations. | ☐ | Comment vais-je faire? |
| 8. Je place les élèves en projet de prévoir quand et pourquoi les connaissances seront utiles. | ☐ | _____ |
| 9. Je place les élèves en projet de réussir en faisant revenir les connaissances antérieures. | ☐ | _____ |

*Source des pages 150 à 152: Ministère de l'Éducation, L'apprentissage, l'enseignement et les nouveaux programmes d'études, Québec, Direction générale du développement pédagogique, 1984.*

# Quand j'apprends, je...

Toutes les fois que j'apprends quelque chose
de nouveau, je vis un projet comme...

1.  Je me prépare.

    - Je reçois une situation problème.

    - Je me parle de ce que je sais
      déjà ou de ce que je pense savoir.

    - Je formule mes interrogations.

2.  Je me pratique.

    - Je manipule, j'explore,
      j'observe.

    - Je me pose des
      questions et je fais
      des liens.

    - Je comprends, mais
      pour moi tout seul.

3.  J'applique mes connaissances dans mon histoire personnelle.

    - Je comprends assez
      pour l'expliquer
      à une autre personne.

    - Je comprends tellement
      que je m'en sers tout
      le temps et que je l'ai
      pour toute la vie.

*Source: Centre de formation Jacqueline Caron Inc.,* Des outils pour apprendre, *août 1992. D'après Woodruff.*

# CADRE DE RÉFÉRENCE POUR L'ÉLÈVE
## (SECONDAIRE)
## QUAND J'APPRENDS, JE...

1. Je me prépare à l'apprentissage.

2. Je me pratique.

3. J'applique mes connaissances dans mon histoire personnelle.

Je vis un projet...

- Je manipule, j'explore, j'observe.
- Je compare et je fais des liens.
- Je me pose des questions.
- Je comprends pour moi tout seul.

- Je parle de ce que j'ai appris et comment je l'ai appris.
- Je comprends tellement que je peux l'expliquer à une autre personne.
- Je réfléchis sur comment je peux utiliser ce que j'ai appris.

- Je reçois une situation problème, un défi, une tâche.
- Je me parle de ce que je sais déjà ou pense savoir.
- Je formule ce qui me questionne.

# CADRE DE RÉFÉRENCE POUR L'ENSEIGNANTE
## QUAND J'ENSEIGNE, JE...

| J'observe les réactions des élèves. | | J'interviens de façon stratégique. |
|---|---|---|
| **Expressions ou _output_ entendus** | **Habiletés ou comportements observés** | |
| **1 Au moment de la préparation de l'apprentissage** | | |
| Qu'est-ce que c'est? Que fais-tu? Je veux voir, faire... Je veux vérifier. | Toucher, Regarder, Écouter, Manipuler, etc. | Formuler le problème ou fournir une situation / Disposer d'un matériel adéquat / Favoriser l'exploration / Éveiller la curiosité |
| Comment cela se nomme-t-il? Pourquoi faire? Je vois, remarque, observe que... Je vois, mais je ne comprends pas. | Poser des questions, Repérer, sélectionner, Différencier | Favoriser la perception: Que vois-tu? Que remarques-tu? Qu'observes-tu? As-tu regardé, vérifié? Stimuler le rappel d'expériences. Reformuler les questions des enfants |
| **2 Au moment de la réalisation de l'apprentissage** | | |
| Ça fait penser à... Ça va ensemble. Voyons, il me semble que, l'autre fois, je... | Associer, grouper, Visualiser mentalement, Associer les expériences au problème, Réclamer des informations supplémentaires | Favoriser les associations, les comparaisons / Relier les expériences rappelées au problème posé / Comment peux-tu grouper? mettre ensemble? / À quoi cela te fait-il penser? / Est-ce que c'est semblable? |
| Je veux voir encore... Je pense que je comprends mais ne suis pas sûr. J'ai besoin de vérifier encore. Je commence à saisir, mais je ne puis te le dire. Je pense que c'est... | Centrer son attention sur... Avoir des intuitions sans pouvoir verbaliser clairement ce qu'on comprend. Inférer | Favoriser la verbalisation de ce qu'on a compris. Veux-tu dire ce que tu penses, comprends.... Explique ce que tu fais. Que veux-tu dire par...? Établir un climat de détente. Favoriser de nouvelles explorations. Veux-tu essayer un autre problème semblable? |
| **3 Au moment de l'intégration de l'apprentissage** | | |
| Je l'ai! Je comprends; veux-tu que je te l'explique? C'est parce que ça s'écrit comme ça. | Comprendre et le verbaliser, Expliquer ce qu'on a compris, Symboliser | Se montrer attentif aux explications des enfants. Qu'as-tu compris? Explique clairement. Peux-tu l'écrire au tableau, dans ton cahier, etc.? Favoriser la verbalisation entre apprenants. Peux-tu expliquer ce que tu as compris à... |
| On pourrait essayer de voir ce qui se passerait si... Ça se passe toujours comme ça: j'en suis sûr. J'ai trouvé une loi, une technique, etc. | Énoncer des hypothèses et les vérifier, Déduire, Formuler une règle ou une loi | Inviter les enfants au transfert et à la généralisation. Crois-tu que ça se passe toujours comme ça? Qu'est-ce qui arriverait si... (autre situation différente)? Est-ce toujours vrai? Peux-tu trouver une loi qui vaudrait dans tous les cas? |

_Source: D'après Jacqueline Caron et Ernestine Lepage, Vers un apprentissage de la mathématique, Victoriaville, Les Éditions NHP, 1985, p. 96._

# APPRIVOISER LE TRANSFERT
## (DONNÉES DE BASE À S'APPROPRIER)

1. En enseignement, on pourrait définir le transfert comme l'utilisation d'une compétence ou d'une connaissance **dans un nouveau contexte**.

2. En enseignement, il faut être conscient que le transfert des compétences et des connaissances est un **phénomène complexe** qui ne se produit que très rarement lorsqu'il n'est pas provoqué directement par les enseignantes.

3. En enseignement, il faut être conscient que le transfert des compétences et des connaissances que peut effectuer un élève est beaucoup plus en lien avec son **degré de maîtrise des connaissances spécifiques** en question qu'avec son niveau d'intelligence.

4. En enseignement, il semble que la façon la plus efficace de réfléchir au transfert des compétences et des connaissances est de les concevoir selon la «triade» suivante:

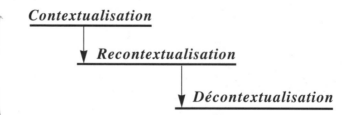

5. Il importe d'insister sur le fait que la contextualisation d'une compétence ou d'une connaissance **n'assure pas sa transférabilité**; elle ne fait que mettre en place une base sur laquelle le transfert peut s'ancrer.

6. Une condition incontournable: pour une compétence ou une connaissance donnée, le transfert n'est possible que dans la mesure où l'élève peut les **recontextualiser**.

*Source: Jacques Tardif, pour le Centre de formation Jacqueline Caron Inc., 20 décembre 1995.*

# UNE DYNAMIQUE FAVORABLE AU TRANSFERT

(LA TRIADE CONTEXTUALISATION, RECONTEXTUALISATION ET DÉCONTEXTUALISATION)

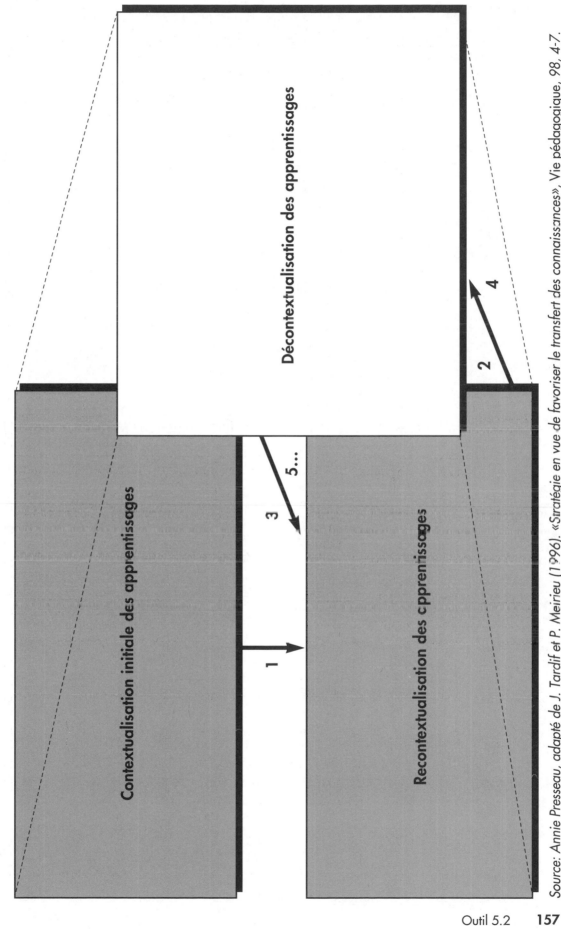

Contextualisation initiale des apprentissages

Décontextualisation des apprentissages

Recontextualisation des apprentissages

1

2

3

4

5...

Source: Annie Presseau, adapté de J. Tardif et P. Meirieu (1996). «Stratégie en vue de favoriser le transfert des connaissances», Vie pédagogique, 98, 4-7.

# ENSEIGNEMENT DANS UNE PERSPECTIVE DE TRANSFERT

Contextualisation: Mise en contexte des apprentissages.

| Cadre de référence pour un enseignement stratégique axé sur le transfert | | La planification de mon enseignement est-elle stratégique? |
|---|---|---|
| • J'accorde beaucoup d'attention à la sélection des exemples quant à leur nombre et à leur variété. | ☐ | Quand je planifie mon enseignement, je regarde le cadre de référence (à gauche) et je précise à court terme ce qui est déjà acquis dans ma pratique quant à la contextualisation des apprentissages. |
| • J'attire l'attention des élèves sur les similitudes et les différences entre les tâches. | ☐ | Je cible un aspect nouveau que je désire introduire dans mon rôle de soutien du transfert. |
| • Je fais prendre conscience aux élèves des connaissances qu'ils ont et j'insiste sur l'adéquation de ces connaissances avec la nouvelle tâche. | ☐ | Voici la stratégie d'intervention pédagogique que je désire travailler: _____ |
| • Je supervise l'élève lors de la générali-sation de ses connaissances; j'évite la «surgénéralisation», entre autres par le recours aux contre-exemples. | ☐ | _____ _____ Comment vais-je faire? |
| • J'interviens sur la formation de groupes de coopération en classe pour que les élèves puissent s'interroger réciproquement sur les raisons qui les ont poussés à réutiliser certaines connaissances en particulier. | ☐ | _____ _____ _____ |

*Source: Annie Presseau et Jacqueline Caron.*

# ENSEIGNEMENT DANS UNE PERSPECTIVE DE TRANSFERT

Décontextualisation: Extraction des connaissances des contextes dans lesquels elles ont été acquises dans le but de leur accorder un plus haut degré de conscience et éventuellement de transférabilité.

| Cadre de référence pour un enseignement stratégique axé sur le transfert | La planification de mon enseignement est-elle stratégique? |
|---|---|
| • J'explicite les similitudes et les différences entre les différentes tâches; j'extrais des contextes les connaissances communes. | Quand je planifie mon enseignement à court terme, je regarde le cadre de référence (à gauche) et je précise ce qui est déjà acquis dans ma pratique quant à la décontextualisation des apprentissages. ☐ <br><br> Je cible un aspect nouveau que je désire introduire dans mon rôle de soutien au transfert. ☐ |
| • Je négocie avec les élèves la disparition progressive du support fourni. | Voici la stratégie d'intervention pédagogique que je désire travailler: _____ _____ ☐ |
| • Après avoir permis aux élèves de vivre un processus complet d'apprentissage axé sur le transfert, c'est-à-dire incluant une phase de contextualisation, une phase de recontextualisation et une phase de décontextualisation, je propose de nouveau à mes élèves de nouvelles situations de recontextualisation, qui, à leur tour, donneront lieu à de nouvelles décontextualisations des connaissances. | Comment vais-je faire? _____ _____ _____ _____ _____ _____ _____ |

*Source: Annie Presseau et Jacqueline Caron.*

# ENSEIGNEMENT DANS UNE PERSPECTIVE DE TRANSFERT

Recontextualisation: Nouvelle mise en contexte des connaissances pouvant être plus ou moins semblable à la contextualisation initiale et impliquant la réutilisation de connaissances déjà acquises.

| Cadre de référence pour un enseignement stratégique axé sur le transfert | | La planification de mon enseignement est-elle stratégique? |
|---|---|---|
| J'active les connaissances antérieures des élèves. | ☐ | Quand je planifie mon enseignement, je regarde le cadre de référence (*à gauche*) et je précise à court terme ce qui est déjà acquis dans ma pratique quant à la recontextualisation des apprentissages. |
| Je dirige l'attention des élèves vers les données essentielles. | ☐ | Je cible un aspect nouveau que je désire introduire dans mon rôle de soutien au transfert. |
| J'interviens explicitement sur l'organisation des connaissances avec les élèves (cartes sémantiques). | ☐ | |
| Je sers de modèle explicite lors de l'accomplissement de tâches. | ☐ | Voici la stratégie d'intervention pédagogique que je désire travailler: |
| J'interroge les élèves sur les règles ou les principes qui les conduisent à proposer telles solutions, telles stratégies. | ☐ | |
| J'interviens explicitement sur les connaissances conditionnelles: le quand et le pourquoi. | ☐ | |
| Je demande aux élèves d'inventorier eux-mêmes des exemples de situations où les mêmes connaissances peuvent être appliquées. | ☐ | Comment vais-je faire? |
| Je valide ces exemples. | ☐ | |

*Source: Annie Presseau et Jacqueline Caron.*

## 5.3 LA PNL, UN ATOUT DE PLUS
*(Un modèle de communication et de changement)*

## Contexte et intention

Quand quelque chose ne marche pas... fais autre chose! Bien facile à dire. Mais dans le contexte d'une classe aujourd'hui, il est de plus en plus difficile de trouver le temps pour inventer de nouvelles façons de faire. De plus, les besoins des jeunes sont différents et il importe d'en tenir compte. Il faut avoir un gros coffre à outils, nous dit-on, mais on a peu de temps pour le garnir!

Le principal avantage qu'il y a à travailler avec la programmation neuro-linguistique est que ces techniques et ces outils ont fait leurs preuves. Ce sont ceux qu'utilisent, souvent sans le savoir, des personnes qui sont très habiles et qui réussissent. Oui, ça marche!

Pour pouvoir réaliser ces changements et permettre à une personne d'avoir du pouvoir sur ce qui se passe en elle à divers moments de son expérience, il est important de lui permettre de bien préciser ses objectifs.

## Pistes d'utilisation

Prépare-toi à appliquer quelques stratégies ou techniques proposées par la programmation neurolinguistique. Consulte les pages 163 à 166.

1. Trouve dans la classe l'élève avec lequel tu veux utiliser une première stratégie: la synchronisation non verbale. C'est un élève qui dérange ton enseignement. Il s'agit peut-être d'un élève qui recherche ton attention. Ou ça pourrait être une personne avec laquelle la confrontation directe ne ferait qu'augmenter le problème. Tu crois que ça ne prendrait pas grand-chose, mais tu ne sais pas ce que ça prendrait au juste pour qu'il se joigne au travail du groupe. *(Voir pages 166 et 167.)*

2. Assure-toi de ta disponibilité par rapport aux contenus enseignés, car tu devras, surtout au début, te concentrer sur les réactions du jeune.

3. Approprie-toi la démarche pour appliquer la technique expliquée à la page 167.

4. Ensuite, cerne des apprentissages faisant appel à la mémorisation. Par exemple les mots de vocabulaire (pour les jeunes qui ont des difficultés en orthographe). Cela peut être aussi des formules, des dates, etc.

## Contexte et utilité *(suite)*

Tu désires avoir un outil pour améliorer le climat de ta classe en contrôlant certains comportements problématiques?

Tu désires mettre en contact tes élèves avec leurs ressources de confiance en eux et d'estime d'eux-mêmes?

Tu désires aider l'élève à construire des images mentales?

Oui, c'est possible. Pour bien t'assurer du résultat, tu dois quand même accepter de prendre un certain temps pour devenir habile.

Mais après, combien de minutes auras-tu gagnées? Moins de discipline à faire, moins de répétition, un meilleur climat dans ta classe et donc de meilleurs apprentissages. Cela en vaut la peine, n'est-ce pas?

## Pistes d'utilisation *(suite)*

5. Familiarise-toi avec une autre technique: l'écran mental. Cette dernière permettra de faire vivre à l'élève des réussites encourageantes et valorisantes. (*Voir pages 167 et 168.*)

6. Cherche, si tu peux, à ajouter une image ou un dessin au mot à apprendre. Tu utilises alors davantage les deux hémisphères du cerveau: le mot sera deux fois mieux mémorisé!

7. Approprie-toi le déroulement de la technique de l'écran mental de la page 168.

8. Sois créatrice! Utilise au maximum les formes et les couleurs. Ce sont autant d'ancrages!

9. Applique ensuite la technique de l'ancrage spatial. (*Voir pages 168 et 169.*)

10. Choisis un climat de classe que tu voudrais offrir aux élèves. Cela peut être un climat de travail, de curiosité, etc.

11. Réfléchis aux différentes situations qui amènent ces climats dans la classe.

12. Approprie-toi le déroulement de la technique de l'ancrage spatial des pages 168 et 169.

13. Crée le contexte autant de fois qu'il sera nécessaire pour que l'ancrage soit efficace.

14. Tu peux aussi ancrer un élève distrait, à un moment où il est très attentif, en lui touchant le bras, par exemple. Par la suite, lorsque tu veux l'aider à retrouver cet état pour qu'il vive de plus grandes réussites, tu retouches son bras de la même façon.

# JE ME PRÉPARE À APPLIQUER DES TECHNIQUES ET DES STRATÉGIES PROPOSÉES PAR LA PNL

## Définition et historique

### Qu'est-ce que la programmation neurolinguistique (PNL)?

C'est un modèle, non une théorie.

La PNL n'est pas une nouvelle théorie qui explique pourquoi les personnes communiquent entre elles d'une telle façon pourquoi elles ont telle ou telle difficulté actuellement dans leur vie.

C'est un modèle. Qu'est-ce à dire? Le rôle d'un modèle est de décrire le fonctionnement d'un système. La distinction entre les deux concepts est importante. À la différence de certaines théories, la programmation neurolinguistique a une approche pragmatique. Elle propose un modèle qui fonctionne. Son rôle n'est pas d'expliquer pourquoi cela est ainsi... mais de réaliser le changement désiré. Par ailleurs, même si le modèle est performant, l'habileté de l'utilisateur a aussi son importance. Et l'on sait bien qu'une habileté se développe par la pratique. Alors pourquoi n'essaierais-tu pas?

### Un modèle de communication et de changement

On peut dire que la programmation neurolinguistique enseigne l'art de la simplicité efficace. En effet, les outils proposés en PNL ont été choisis pour l'élégance et la rapidité avec laquelle ils atteignent leur objectif. Les deux principaux champs d'application de la PNL sont la communication et le changement. Ces deux réalités font partie de l'expérience de toutes les personnes, les très jeunes comme les moins jeunes.

Quand on observe les diverses situations vécues à l'école, on peut même dire que la communication et le changement font partie du quotidien: la communication entre l'enseignante et les élèves, les échanges entre élèves, la communication entre la direction et les enseignantes et entre les collègues. Et pour les jeunes, on sent bien que le changement est au menu de chaque jour. En effet, chaque apprentissage réalisé implique un changement d'état interne, un changement de perception de soi et du monde ainsi que la mise en place de nouvelles stratégies.

Un modèle qui propose des moyens pour permettre de réaliser la communication et le changement de façon élégante, simple et rapide, n'est-ce pas un outil merveilleux à posséder?

### Historique: D'où vient la PNL?

C'est dans le milieu des années 1970 que Richard Bandler et John Grinder, deux Américains, se rencontrent. Bandler est mathématicien, Grinder est linguiste. Ils sont tous les deux docteurs en psychologie. Ils veulent bâtir pour la psychothérapie et le développement personnel un modèle précis et efficace. Divers scientifiques possèdent déjà des modèles pour leur domaine respectif. Pourquoi n'y en aurait-il pas dans le domaine du changement personnel?

**Prendre pour modèle les meilleurs**

Mais comment Bandler et Grinder en sont-ils arrivés à concevoir la PNL? Comme leur objectif était d'élaborer un modèle efficace et performant, ils sont allés observer des thérapeutes et des professionnels de la communication qui réussissaient très bien dans leur travail. Ils ont choisi les meilleurs, peu importe l'approche théorique utilisée. Ils les ont observés jusqu'à découvrir ce qu'ils faisaient de semblable, ce qui les distinguait des autres intervenants moins performants. Bandler et Grinder ont ensuite structuré ces observations en un modèle cohérent et reproductible par d'autres personnes; la programmation neurolinguistique était née. Depuis, plusieurs chercheurs ont continué à développer des voies nouvelles pour la PNL, entre autres en éducation et autour des croyances, des valeurs et de la mission de la personne.

## Dix idées clés en PNL

Le modèle de la programmation neurolinguistique s'appuie sur quelques idées ou croyances qui facilitent la réussite des interventions. C'est pour cette réussite qu'il importe de s'y référer. Les principes de la PNL constituent un cadre de référence qui favorise la relation et le changement. Ces principes sont les suivants:

1. **La carte (géographique) n'est pas le territoire** et ma perception de la réalité n'est pas la réalité.

2. **Une personne fait le meilleur choix parmi ceux qui lui paraissent possibles,** même si cela apparaît complètement illogique et nuisible pour une autre personne.

3. **Plus on a de choix, mieux cela vaut.** Souvent, à se voir faire et refaire une chose qui ne marche pas, sans qu'on atteigne de résultat, on comprend bien la portée de ce principe.

4. **On ne peut pas ne pas communiquer.** Dès que deux personnes sont en présence, il s'établit une communication, qu'elle soit verbale ou non verbale.

5. **Il faut rencontrer l'autre dans son modèle du monde.** Pour établir le contact, il est nécessaire d'aller rejoindre l'autre dans sa façon de comprendre et de vivre une situation précise.

6. **Le niveau inconscient de la communication est le plus important…** C'est celui qui donne le vrai sens.

7. **La signification d'un message est donnée par la réaction qu'il suscite**; donc, si la réaction n'est pas celle que je veux, je dois changer mon message… sinon la réponse va rester la même.

8. **Les êtres humains sont toujours plus complexes que les théories qui les décrivent.** Attention à la création de catalogues: c'est un visuel, un auditif, un TCC, etc.

9. **La personne possède les ressources nécessaires:** même si elles ne sont pas immédiatement disponibles au moment où elle en a besoin, ces ressources sont déjà là.

10. **Le cadre dans lequel une situation est perçue détermine le sens qu'on lui accorde.** Les devoirs à la maison sont-ils une obligation, un travail supplémentaire (cadre 1)? Ou la chance de vérifier ce que je sais, à quel point je suis déjà bon (cadre 2)? Ou la chance de donner du travail à l'enseignante chaque jour parce qu'elle doit corriger les devoirs (cadre 3)? Ou…

## Trois concepts de base

### Comment fonctionne la programmation neurolinguistique?

Comment expliquer cela clairement et de façon succincte? Allons-y pour un essai. Premièrement, il s'agit d'établir le **rapport** avec la personne. Pour y arriver, la PNL utilise la synchronisation. Ensuite, on utilise les processus internes (comment la personne pense), les **représentations mentales** (comment elle voit, entend et ressent la réalité), ainsi que l'expression **linguistique** de cette réalité (comment elle en parle) pour l'aider à faire de nouveaux liens (programmation) **neurologiques**. Cela se fait souvent à l'aide de différents **ancrages**. Grâce à différentes techniques, un changement se produit chez la personne et lui permet d'atteindre l'objectif désiré.

Évidemment, cette présentation est très simplifiée, mais peut-être te permets-t-elle déjà d'entrevoir les possibilités de la PNL en situation de classe. Voici maintenant une brève présentation des trois concepts de base: le rapport, les systèmes de représentations mentales (VAKO) ct l'ancrage.

### Pour être en relation, il faut un rapport

La base de toutes les interventions en PNL, comme en éducation d'ailleurs, c'est le rapport. On peut être le meilleur praticien, connaître toutes les autres techniques du monde, si le rapport n'est pas préalablement établi, aucune intervention ne sera efficace. Il n'y aura ni changement, ni apprentissage. Ainsi, pour gérer le climat de la classe, c'est un point dont il faut absolument tenir compte. Mais que signifie «établir un rapport»? C'est entrer dans le monde de l'autre afin qu'il sente qu'on est vraiment sur la même longueur d'onde que lui. C'est à cela que sert la synchronisation. Le rapport établi, il devient possible de guider la personne pour qu'elle nous suive là où elle reprendra contact avec les ressources qu'elle a en elle. Cela lui permettra d'atteindre l'objectif qu'elle s'était fixé.

### On découvre le monde par nos sens (VAKO)

Les systèmes de représentations sont un deuxième concept de base en PNL. En effet, il n'y a pas trente-six manières de découvrir les réalités qui nous entourent. Il faut absolument passer par les sens pour se représenter le monde. Je vois, j'entends, je ressens, je sens et je goûte. Nos sens sont vraiment des «portes ouvertes sur les réalités extérieures». Les représentations mentales du monde que l'on perçoit suivent, elles aussi, le mode des sens. C'est là une clé essentielle pour comprendre ce qui se passe dans la tête de l'autre. Faisons une expérience, si tu le veux bien.

J'aimerais te demander de penser à tout ce que fait surgir le mot «POMME» dans ta tête. **Ferme les yeux un instant, laisse venir ce que te suggère le mot «pomme»... puis ouvre-les.** Que se passe-t-il? As-tu vu le mot écrit sur un tableau, sur une feuille ou par terre? Ou as-tu vu une pomme? Ou plusieurs? De quelle couleur? Où était-elle? Devant toi, proche de ton nez? Plutôt en haut et loin? T'es-tu répété le mot «pomme» intérieurement? As-tu plutôt entendu le bruit que l'on fait en mordant à belles dents dans une bonne pomme? As-tu senti l'odeur d'un panier de pommes fraîchement cueillies? Ou l'odeur de la compote maison? As-tu goûté la première Lobo un peu surette? As-tu ressenti le plaisir du temps des pommes? La texture et la fermeté du fruit? Et en lisant ces mots sur le papier, t'es-tu retrouvé «quand revient septembre», au temps des pommes? Les pommes que tu apportais à ton enseignante... celles que tu reçois peut-être aujourd'hui?

Toutes ces différentes façons de se représenter la réalité de «pomme» (visuelle, auditive, kinesthésique, olfactive ou gustative) sont présentes chez la personne, peu importe la réalité ou le concept. Selon l'individu ou le type d'expérience, le système de représentation pourra être différent, mais il sera visuel, auditif, kinesthésique, olfactif ou gustatif. Ce concept de la PNL est très près de l'idée d'évocation (c'est-à-dire faire exister dans sa tête des images mentales visuelles, auditives ou verbales) utilisée en gestion mentale.

### L'ancrage, une réalité pleine de ressources

L'ancrage est un processus naturel très fréquemment utilisé. C'est le lien créé entre un stimulus (une ancre) et une autre réalité comme une émotion ou une sensation, sans lien direct avec le stimulus. La PNL a organisé cette réalité déjà connue afin de pouvoir l'utiliser pour obtenir un état précis chez une personne. Les ancrages sont donc des liens neurologiques qui rattachent ensemble deux réalités n'ayant pas de liens entre elles. Une autre petite expérience…

Entends dans ta tête la musique sur laquelle tu as dansé ton premier *slow*... Écoute-la bien... Prends le temps de la ressentir… N'y a-t-il pas une émotion qui revient aussi? C'est comme si l'émotion était rattachée avec le souvenir de la musique…

Et l'odeur des pâtisseries maison, oui celles-là, celles de ton enfance, quand tu rentres de l'école et qu'elles sortent du four… Quelle émotion survient maintenant pour toi? D'autres images surgissent, tu entends peut-être les bruits de la maison, les voix? Tout cela est ramené à ta conscience par la simple évocation de leur odeur.

Intéressant, n'est-ce pas? De plus, les ancrages que tu peux utiliser sont multiples: visuels, auditifs, kinesthésiques, gustatifs, olfactifs et spatiaux. C'est un exemple d'ancrage spatial qui te sera proposé dans la troisième activité des pistes d'utilisation, aux pages 168 et 169.

## Des techniques et des stratégies pour t'aider

### La synchronisation non verbale... pour établir le rapport et gérer le climat

Un autre problème fréquent qui se produit en classe est la situation d'un élève qui, sans déranger ouvertement encore, a un comportement qui annonce une explosion. Il bouge sur sa chaise, remue la tête sans arrêt, joue avec son crayon de façon rythmique... c'est la bombe à retardement. Quelque chose ne va pas aujourd'hui pour ce jeune. Et si tu n'as pas la disponibilité nécessaire pour prendre cet élève à part, à ce moment précis, que se passera-t-il? Il va finir pas déranger ouvertement ou exploser. N'y a-t-il donc rien à faire? Plusieurs interventions sont certainement possibles. Entre autres, créer un rapport fort avec cet élève, à distance, pour l'amener à être plus calme. Comment faire?

**Attention:** Cette technique, comme n'importe quelle autre, demande de la pratique. Mais en investissant ton temps et ton énergie, tu découvriras comment tu devient rapidement habile. Et c'est plaisant.

**Démarche à suivre**

- Tu trouves un geste à synchroniser. Tu observes avec attention tous les comportements de l'élève. Tu remarques par exemple un mouvement rythmique qu'il produit. Ça peut être avec la tête, le pied, la main ou le crayon. Tu peux aussi reproduire sa façon d'être assis (si cela est faisable!), sa façon de tenir sa tête (l'angle que font sa tête et ses épaules) ou sa façon de placer ses jambes ou ses bras (étendus ou croisés).

- Tu synchronises le geste. Si tu choisis de synchroniser un mouvement rythmique, tu le reprends avec un doigt de ta main, en tapant sur ton autre main ou sur le bureau. Si l'élève bouge la tête ou la main, tu fais le mouvement avec ton pied. C'est la synchronisation croisée, qui est moins «singeante». Il est nécessaire que le jeune puisse percevoir ton geste. Cela ne veut pas dire que tu doives être devant lui; par sa vision périphérique, il sait exactement ce que tu fais... et devine souvent ce que tu penses même s'il ne te regarde pas. Le rapport qui est établi dans la relation enseignante-élève est déjà très fort. Cela rend d'autant plus facile l'application de cette technique. La synchronisation peut être directe: sa main-ta main, son pied-ton pied, etc., ou croisée: sa main-ton pied, sa tête-ton pied, sa tête-ta main, etc.

- Tu conduis. Pour conduire, tu vérifies si le rapport est vraiment créé en ralentissant légèrement ton mouvement et tu remarques si le jeune suit. C'est-à-dire s'il ralentit lui aussi. S'il n'y a pas de changement, c'est une indication que le rapport n'est pas encore établi; il faut continuer ou bien synchroniser autre chose. À un moment, l'élève ralentira lui aussi son mouvement pour rester synchronisé avec toi. Tu peux alors l'amener à un état plus calme en diminuant lentement ton rythme jusqu'à l'état désiré.

*Variante possible*

Si tu es en train de donner des explications au groupe, tu peux aussi synchroniser par une tonalité plus aiguë ou plus grave, ou par le rythme de ta voix, selon la vitesse du mouvement de l'élève. Attention, cependant, car tous les élèves qui sont déjà synchronisés avec toi peuvent alors développer des comportements plus actifs. Tu as déjà remarqué que, lorsque tu es plus en forme, que tu parles avec une voix rapide, enjouée, que tu bouges avec dynamisme, tout ton groupe développe plus d'énergie… Par contre, une journée où tu es plus fatiguée, où tu parles plus lentement, où le ton de ta voix est plus bas, où tes gestes sont calmes, où tu bouges moins, le climat de ta classe suit habituellement ton rythme. C'est la preuve qu'un rapport est établi et qu'il y a une bonne synchronisation. À toi de l'utiliser consciemment pour guider tes élèves vers un état qui favorise la réussite.

## Un autre pas en PNL: l'écran mental

La deuxième technique que je te propose est celle de l'écran mental. Les chercheurs en PNL ont découvert que les bons élèves, ceux et celles qui réussissent le mieux, utilisent leur mémoire visuelle (ils voient des images dans leur tête) plutôt que leur mémoire auditive (réentendre les sons ou les mots dans sa tête). Tu peux aider tes élèves à se rappeler en favorisant chez eux la construction d'images mentales. Que ce soit pour des mots de vocabulaire, pour des formules de mathématiques ou de physique, pour des dates d'histoire ou pour tout autre concept à retenir, tu peux utiliser et adapter cette technique.

**Démarche à suivre**

- Explique aux élèves qu'ils vont se créer un écran mental. Invite-les à fermer les yeux et à imaginer un écran dans leur tête. Guide-les dans ce travail. «De quelle forme est ton écran? Rond? Carré? Ovale? Avec quoi est-il fait? Choisis-lui une couleur. Y a-t-il un cadre autour? De quelle couleur est ce cadre? Est-il brillant?» etc. Cet écran leur appartient, ils peuvent lui apporter les changements qu'ils veulent, n'importe quand.

- Au moment d'une leçon, écris ou fais écrire les mots que tu veux que les élèves retiennent sur un carton, en utilisant des crayons-feutres de couleur vive. S'il y a une difficulté particulière dans le mot ou un élément auquel les jeunes doivent être plus attentifs, utilise une autre couleur. Les lettres sont bien visibles pour tous. Si tu mets un dessin avec le mot, ce sera très aidant, car cela rejoint l'hémisphère droit du cerveau, celui qui est plus analogique. On retient mieux en utilisant les deux parties de son cerveau!

- Tu montres ensuite ce carton aux élèves en le tenant dans ta main droite, le bras levé. Cela a pour effet de faire lever les yeux en haut à gauche pour le jeune qui te regarde. On sait, en PNL, que l'on a accès à des images visuelles mémorisées en levant ses yeux en haut et à gauche (mais cela est souvent inversé pour les gauchers!). Pour favoriser la mémorisation visuelle, tu peux aussi parler aux élève du mot en utilisant un ton de voix plus aigu. Évidemment, tu dois être à l'aise avec ce ton de voix et les jeunes ne doivent pas s'en apercevoir. Juste un ton plus haut... sans être plus fort!

- Invite ensuite les élèves à fermer les yeux, et en tournant le carton à l'envers mais en le tenant toujours en haut, demande-leur (avec ta voix haute) de continuer à bien voir le mot dans leur tête, sur leur écran mental. Si tu veux vérifier la mémorisation, demande-leur de l'écrire, puis fais-leur vérifier en retournant le carton pour leur faire voir le mot. S'il y a une erreur, demande-leur de la corriger sur leur écran mental et de colorer la correction de façon plus brillante ou plus vive.

- Tu passes ainsi chacun des mots puis, si tu peux, tu les installes sur le mur en haut et à leur gauche. Si tu n'as pas assez de place, tu peux installer une enveloppe ou une chemise dont les côtés sont collés, puis tu places les mots un à un dedans.

- Pour faire une révision, tu invites les élèves premièrement à regarder l'enveloppe dans laquelle sont les mots afin de réactiver la mémoire visuelle. Ensuite, tu leur demandes de les écrire en insistant pour qu'ils les revoient en premier sur leur écran mental. Bon travail et amuse-toi!

## Pour aller plus loin en PNL...

### L'ancrage spatial

Une dernière technique pour ta classe est l'utilisation de la réalité de l'ancrage pour mettre les élèves en contact avec leurs ressources internes (par exemple: la motivation, la confiance en soi, la créativité, etc.)

### Démarche à suivre

- Choisis l'émotion ou l'état que tu veux rappeler. Par exemple un état de confiance ou de concentration au travail, de joie face au travail bien fait ou de certitude de la réussite, etc.

- Choisis ensuite un lieu dans la classe qui sera le déclencheur rappelant l'état que tu as choisi. Ce sera un endroit où tu te tiendras seulement pour cet ancrage. Debout devant le tableau ne conviendrait pas: tu es là trop souvent!

- Établis le lien entre l'état et l'ancrage. Attendre ou créer un moment où l'émotion sera vécue par l'ensemble des élèves du groupe. Par exemple, au terme d'un projet, les élèves sont contents, ils réalisent le travail fait, tout le chemin parcouru, ils se sentent bien, se disent leur satisfaction et voient qu'ils sont capables de dépasser les difficultés pour apprendre… Une bonne objectivation peut être l'occasion souhaitée. Précisément au moment où tu sens que le groupe vit avec une intensité presque maximale l'émotion à ancrer, tu te rends à l'endroit qui sera ton ancre spatiale: $R_{confiance}$ (R pour ressource). Tu peux alors reformuler le sentiment en leur demandant leur assentiment.

- Renforce l'ancrage. Pour réaliser cela, tu peux le répéter quand les élèves vivent une autre situation de réussite. Toujours au moment où l'émotion atteint son apogée, tu te rends à l'endroit ancre. Il est absolument nécessaire que cet endroit soit réservé à cet ancrage précis. Si tu te déplaces souvent à cet endroit, il sera difficile d'établir un lien clair, une ancre forte; diverses émotions seront alors mêlées.

- Sers-toi de l'ancre. Au moment de la présentation d'un nouveau projet, retourne dans l'espace $R_{confiance}$ puis explique aux élèves le projet. Vérifie l'effet de ton ancre en observant les élèves. Montrent-ils des signes non verbaux qui indiquent qu'ils sont confiants en leur capacité de réussite? Si oui, l'ancre est efficace. Si non, tu peux la renforcer par une autre expérience et vérifier si ton espace ancre n'est pas «pollué».

Tu peux aussi utiliser l'ancrage pour contrer un état de découragement, un sentiment généralisé de «on n'est pas capable»; à ce moment, tu te rends dans l'espace $R_{confiance}$ puis tu expliques aux élèves les éléments nécessaires à la réussite de leur apprentissage.

Tu réaliseras aussi que la classe est remplie d'«ancres». La cloche de fin de cours, le coin d'activités, le tableau de discipline ou simplement l'espace d'où tu enseignes. Connaître la force de ces ancres te permettra d'en faire un usage encore plus efficace et d'atteindre les objectifs fixés.

*Source: Louise Lepage, pour le Centre de formation Jacqueline Caron Inc.*

# 5.4 APPRIVOISER LA GESTION MENTALE
## (Utiliser le projet mental)

## Contexte et intention

Dans la vie de tous les jours, en classe, on déplore souvent le fait que les élèves ne soient pas autonomes intellectuellement. Ils manquent d'attention, ou ils ne prennent pas le temps de réfléchir avant d'agir.

Et si on leur enseignait comment leur intelligence fonctionne et, surtout, comment développer des habitudes mentales évocatives pour utiliser au maximum leur potentiel intellectuel?

Dans cette optique, la gestion mentale aide l'élève à gérer mentalement ses apprentissages.

Lorsque l'élève prend conscience de son fonctionnement mental et qu'il connaît sa démarche cognitive en situation de réussite, il peut plus facilement en faire le transfert dans des contextes différents ou plus complexes.

Cette prise de conscience lui donne aussi du pouvoir sur ses apprentissages et l'aide à structurer peu à peu des gestes mentaux tels que la mémorisation, l'attention, la réflexion, la compréhension et l'imagination.

## Pistes d'utilisation

1. Prends connaissance des informations que tu trouves aux pages 172 à 174 et 179.

2. Présente tes messages, tes consignes et tes notions toujours selon la double entrée:
   - visuelle;
   - auditive.

   Cette façon d'intervenir favorisera la «pédagogie de l'évocation». Sans cela, il est impossible de structurer les gestes mentaux indispensables à l'apprentissage. (*Voir pages 175 à 177 et 180.*)

3. Mets toujours l'élève en projet d'apprendre. (*Voir page 173.*)

4. Laisse à l'élève des temps d'évocation pour:
   - intégrer les données perçues;
   - aller chercher ses acquis antérieurs.

5. Fais prendre conscience à l'élève qu'il peut être payant d'évoquer au pluriel:
   - ce qu'il voit dans sa tête;
   - ce qu'il entend dans sa tête;
   - ce qu'il ressent dans sa tête.

   (*Voir page 178.*)

6. Par le dialogue pédagogique, aide l'élève à connaître son cheminement mental.

## Pistes d'utilisation *(suite)*

7. Amène l'élève à prendre conscience de ce qui arrive dans sa tête après la lecture d'un texte ou d'une résolution de problème.

8. Montre à l'élève les procédures nécessaires pour qu'il développe son attention. (*Voir page 181.*)

9. Montre à l'élève comment se mettre en projet de mémoriser, comment mémoriser et comment aller chercher des informations dans sa mémoire. Tu peux inviter l'élève à évaluer l'efficacité de sa mémoire. (*Voir pages 182, 186 et 187.*)

10. Travaille d'autres gestes mentaux avec les élèves, tels que la compréhension, la réflexion et l'imagination. (*Voir page 183 à 185.*)

# UN SURVOL DE LA GESTION MENTALE

Antoine de la Garanderie[1] propose une compréhension de la vie mentale. Il suggère aux pédagogues, à travers l'utilisation de l'introspection, une manière de faire émerger au niveau de la conscience, et ce de façon explicite, le déroulement de l'activité mentale.

L'utilisation de l'introspection en pédagogie permet donc à l'apprenant de découvrir son fonctionnement mental et de devenir ainsi plus autonome. C'est par le dialogue pédagogique, moyen privilégié en gestion mentale, que l'apprenant prend conscience de ses capacités et des stratégies qu'il utilise ou qu'il pourrait utiliser.

Dans la foulée de la psychologie cognitive, la gestion mentale fait partie des stratégies métacognitives. Elle permet à l'individu de prendre conscience de son fonctionnement mental à partir de situations réussies. Celles-ci peuvent même être extra scolaires.

Donc, la gestion mentale vise à mettre en évidence des ressources préexistantes, à les rendre conscientes pour qu'elles soient utilisées volontairement.

Par conséquent, le rôle de l'enseignante est d'amener l'élève à connaître son fonctionnement mental et à faire des transferts dans des situations plus difficiles pour favoriser des réussites. C'est par le biais du dialogue pédagogique que l'enseignante permet à l'élève cette prise de conscience. Elle propose ensuite à l'élève des moyens de «remédiation». Ce dialogue pédagogique peut se vivre individuellement ou avec tout le groupe-classe.

1. *Source: Comité régional de l'enseignement général (CREG) de la région de Québec-Chaudière-Appalaches, L'apport de certaines approches pédagogiques, La gestion mentale.*

# CONDITIONS D'UNE ACTIVITÉ MENTALE EFFICACE

## (POUR GÉRER MENTALEMENT SES APPRENTISSAGES)

Trois conditions sont **essentielles** pour qu'une activité mentale soit rentable.

### 1

## ÊTRE EN PROJET

Ne dit-on pas de quelqu'un qui agit sans but qu'il est «insensé»? Par conséquent, la première question à se poser pour apprécier la qualité de toute activité physique ou intellectuelle, y compris l'activité scolaire, concernera son **but**, l'**objectif** qu'elle vise. Se mettre en projet, c'est donc se «projeter» dans l'avenir.

### Conséquences pédagogiques

L'enseignante doit donc susciter chez l'élève l'état de projet:

- *«Je fais cet exercice avec le **projet** de mieux comprendre ce théorème et de pouvoir m'en servir après.»*
- *«Je lis ce texte avec le **projet** d'en parler à quelqu'un après.»*

### 2

## PRENDRE LE TEMPS D'ÉVOQUER

Pour que puissent se réaliser les bonnes évocations, il faut **prendre le temps** nécessaire au bon moment.

### Conséquences pédagogiques

L'enseignante doit donc **faire penser** à l'élève de provoquer les évocations avant de lui présenter l'objet de perception et lui **laisser du temps** pour faire ces évocations.

### 3

## FAIRE DES RESTITUTIONS FRÉQUENTES

Une fois qu'on a fait des évocations, il faut toujours faire des **retraits** fréquents de ces évocations. Autrement dit, amener les élèves à se redire ce qu'ils ont acquis.

### Conséquences pédagogiques

Pour réaliser cette condition, l'élève a besoin de l'enseignante. On comprendra ici l'importance, voire la nécessité de l'**objectivation** et de l'**évaluation formative interactive**.

*Source: Institut de gestion mentale du Québec, 1335 de Longueuil, Québec, G1S 2I9.*

# JE PERÇOIS LA RÉALITÉ

## LA PERCEPTION

**Je perçois** des choses.

❧

La **perception** n'apporte
jamais la compréhension.

*Source: Denise Couillard, commission scolaire de l'Asbesterie, Asbestos.*

# DEUX RÉALITÉS DIFFÉRENTES

**Quelle que soit la qualité de la présentation du message de l'enseignante, le facteur le plus important de la réussite de ses élèves lui échappe!... Car tout dépend de la représentation mentale que les élèves se font du message.**

*La condition nécessaire à tout apprentissage est l'évocation.*

| PERCEPTION ≠ | ÉVOCATION |
|---|---|
| Ce qui est reçu par les cinq sens | Façon de faire vivre dans sa tête le monde extérieur |
| | = |
| et reconnu par le cerveau | cerveau actif. |
| | L'évocation peut être spontanée ou dirigée. |
| | C'est la «traduction mentale» personnelle de ce que j'ai |
| | • vu,   • goûté, <br> • entendu,   • touché, <br> • senti, |
| en présence de l'objet de perception. | en l'absence de l'objet de perception. |

## L'ACTE MENTAL DE BASE: ÉVOQUER

### Quelques précisions

1. Traditionnellement, on a une pédagogie de la **perception-action**, alors qu'avec la gestion mentale, on a une pédagogie de l'évocation (**perception-évocation-action**).

2. **Évoquer**, c'est **redire, revoir dans sa tête** ce qui est perçu par les sens.

3. L'évocation permet au sujet de se développer, de s'ordonner dans la tête de l'élève. En classe, écouter ne suffit donc pas. Il faut que l'élève intériorise le message par un **geste mental** auditif ou visuel.

4. L'enfant qui a appris consciemment ou non à faire des gestes mentaux auditifs ou visuels lorsqu'il apprend aura de bons résultats scolaires. Pour apprendre ou pour comprendre, on a **besoin d'évocations**.

5. Il peut arriver qu'avec l'évocation, nous modifiions les informations fournies par nos sens, d'où l'importance de la phase suivante: la **restitution**.

*Source: Institut de gestion mentale du Québec, 1335 de Longueuil, Québec, G1S 2I9.*

# DE LA PERCEPTION À L'ÉVOCATION

| LA PERCEPTION | L'ÉVOCATION |
|---|---|
| L'objet de perception est à l'**extérieur** de moi.<br><br>C'est un dessin,<br>    un texte,<br>    des nombres,<br>    un objet,<br>    un numéro de téléphone, etc.<br><br>Exemple:<br><br>1. J'observe.<br><br>$2 \times 2 = 4$<br>$2 \times 3 = 6$<br>$2 \times 4 = 8$<br>$2 \times 5 = 10$<br><br>2. Je me parle:<br><br>$2 \times 2 = 4$<br>$2 \times 3 = 6$<br>$2 \times 4 = 8$<br>$2 \times 5 = 10$<br><br>3. Je regarde longtemps.<br><br>$2 \times 2 = 4$<br>$2 \times 3 = 6$<br>$2 \times 4 = 8$<br>$2 \times 5 = 10$<br><br>4. J'écoute ce qu'on me dit. | L'évocation est à l'**intérieur** de moi. Je me suis approprié l'objet de perception.<br><br>Quand l'objet de perception n'est plus là, je peux le faire revenir dans ma tête.<br><br>1. Je le laisse revenir dans ma tête.<br><br><br><br>2. Je me reparle.<br><br><br><br>3. Je réentends.<br><br><br><br>4. Je revois.<br><br>$2 \times 2 = 4$<br>$2 \times 3 = 6$<br>$2 \times 4 = 8$<br>$2 \times 5 = 10$ |

*Source: Lisette Ouellet, pour le Centre de formation Jacqueline Caron Inc.*

    

# DISTINCTION ENTRE LES ÉVOCATIONS

**On distingue deux types d'évocations:**

1. Les évocations **spontanées** ou vagabondes: le sujet est en attente. Il n'est pas conscient qu'il a un pouvoir sur ses évocations et qu'il pourrait les provoquer. Lorsqu'il y a évocations, elles surgissent à l'improviste.

2. Les évocations **dirigées** ou volontaires: le sujet choisit ce qu'il veut évoquer, il est conscient de ses évocations, il choisit de les faire et décide de la direction qu'il veut leur donner.

*La pédagogie commence avec les évocations dirigées.*

## Les types d'évocation à partir des familles mentales

| Évocations spontanées ou dirigées | |
|---|---|
| • Visuelles | • Auditives |
| • Autovisuelles | • Autoauditives ou verbales |

**Visuelles:** Le sujet se redonne la photographie de l'authentique.

**Autovisuelles:** Le sujet se construit une image plus personnelle dans laquelle il joue un rôle.

**Auditives:** Le sujet réentend le message tel qu'entendu.

**Autoauditives ou verbales:** Le sujet se réentend dire le message tel qu'entendu.

## Les types d'évocations à partir des différents paramètres

**Paramètre 1**  Évocations à partir du concret, de scènes de la vie courante.
**Paramètre 2**  Évocations de symboles, de mots, de chiffres, de règles simples (le «par cœur»).
**Paramètre 3**  Évocations de liens logiques, analogiques, de raisonnements, de déductions ou d'inductions.
**Paramètre 4**  Évocations de l'ordre de l'imaginaire, de la création, de l'invention, de la reproduction, du prolongement du réel.

### LOIS GÉNÉRALES DES ÉVOCATIONS

| L'élève auditif | L'élève visuel |
|---|---|
| Évocations auditives ou verbales | Évocations visuelles ou autovisuelles |
| Gère le temps | Gère l'espace |
| Sait dire mais ne sait pas faire | Sait faire mais ne sait pas dire |
| Préfère réciter | Préfère raconter |
| Comprend par étapes | Comprend globalement |
| Préfère une démarche déductive | Préfère une démarche inductive |
| Plutôt littéraire | Plutôt scientifique |
| Se lance et improvise | A besoin de repères sûrs |
| Crée, invente au fur et à mesure | Crée, invente à partir d'un schéma prévu |

*Source: Institut de gestion mentale du Québec, 1335 de Longueuil, Québec, G1S 2I9.*

*Source:* © *Pierre-Paul Gagné,* Trucs et astuces pour apprendre à penser *(à paraître), Les Ateliers Cogito, Centre québécois de programmation de gestion mentale.*

# DES GESTES MENTAUX DÉVELOPPÉS PAR L'ÉVOCATION

En gestion mentale, nous apprenons aux élèves les gestes mentaux: attention, mémorisation, compréhension, réflexion et imagination. Par la mise en projet, l'enseignante présente à l'élève des objectifs clairs, elle le met en situation de réussite et lui laisse un temps de retour, de réflexion que l'on nomme évocation.

De là l'importance de définir un geste mental...

> **Un geste mental est une structure qui a besoin de prendre appui sur des contenus visuels ou auditifs pour s'activer, pour fonctionner.**
>
> **Si ce geste reste sur le plan de la perception, s'il ne s'accompagne pas du *projet* d'avoir des images mentales, il ne pourra pas être accompli.**
>
> **Tout geste mental s'accompagne donc d'un *projet*.**

Les principaux gestes mentaux sont:

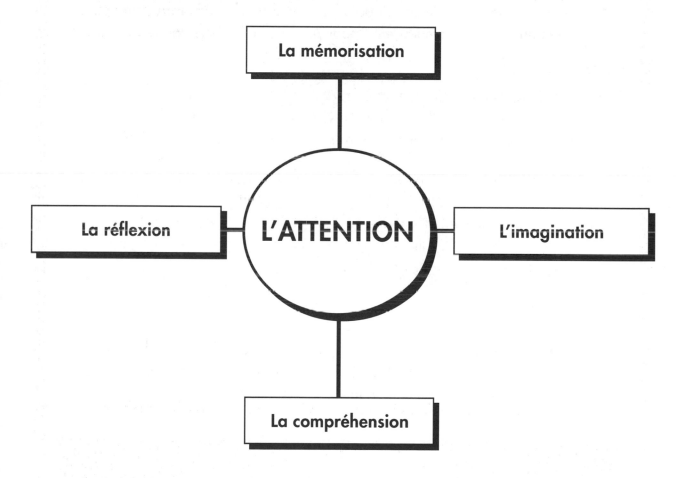

*Source: Institut de gestion mentale du Québec, 1335 de Longueuil, Québec, G1S 2I9.*

# POUR DÉVELOPPER DES HABITUDES MENTALES ÉVOCATIVES

## (APPLICATIONS PÉDAGOGIQUES)

- Présenter le message pour les visuels et les auditifs.

- Donner des projets d'évocation visuelle ou auditive en lien avec le geste mental sollicité.

- Donner des projets d'évocation visuelle ou auditive en lien avec le paramètre sollicité.

- Partir des acquis des élèves.

- Laisser des temps d'évocation pour permettre à l'élève de faire revenir une connaissance antérieure ou pour placer dans sa tête une nouvelle connaissance, un nouveau concept.

- Permettre à l'élève de vivre des situations de visualisation (qui s'adressent autant à l'auditif qu'au visuel), dans sa vie scolaire ou ailleurs, pour l'amener à connaître son cheminement mental.

- Amener l'élève à faire le transfert dans ses matières scolaires.

- Donner à l'élève une démarche sur les gestes mentaux, c'est-à-dire lui apprendre à être attentif, à mémoriser, à comprendre, à réfléchir et à imaginer.

- Partir des forces de l'élève.

- Proposer des situations de manipulation régulièrement pour permettre aux élèves qui partent du concret de pouvoir faire des liens avec le réel, et aux élèves kinesthésiques de mieux intégrer.

- Présenter des exemples et des contre-exemples.

- Partir de l'exemple pour aller à la règle, et de la règle pour aller à l'exemple.

*Source: Lisette Ouellet, pour le Centre de formation Jacqueline Caron Inc.*

# JE ME PLACE EN PROJET... J'ÉVOQUE...

## LE GESTE D'ATTENTION

**J'évoque** visuellement (des images), auditivement (des mots).

C'est le **projet** de mettre dans sa tête, dans le but de revoir, de réentendre ou de se redire.

# J'ÉVOQUE À NOUVEAU... JE MÉMORISE...

## LE GESTE DE MÉMORISATION

### Je retiens

୨ଈ

C'est le **projet** de conserver ce que j'ai mis dans ma tête dans un imaginaire d'avenir pour le retrouver au besoin, soit en le revoyant, soit en le réentendant, soit en me le redisant.

*Source: Denise Couillard, commission scolaire de l'Asbesterie, Asbestos.*

# JE FAIS UN RETOUR... JE RÉFLÉCHIS...

---

## LE GESTE DE RÉFLEXION

---

## Je réfléchis

1. Je fais revenir dans ma tête les données du problème.
2. Je fais un retour à une loi, à une règle ou à un exemple.
3. Je sélectionne pour trouver une solution.

# C'est le **projet** de faire un retour vers des connaissances acquises pour les utiliser dans une résolution de problème ou pour accomplir une tâche spécifique.

---

*Source: Denise Couillard, commission scolaire de l'Asbesterie, Asbestos.*

# JE FAIS DES LIENS AVEC... JE COMPRENDS...

Le geste de compréhension repose sur le projet d'évoquer une information, de comparer mentalement cette évocation nouvelle aux évocations déjà existantes. Des traductions mentales et des analyses de différences et de similitudes permettront à des «intuitions de sens» d'apparaître.

Pour comprendre, la personne:

1. pratique le geste d'attention: elle regarde ou écoute l'information avec le projet d'évoquer;

2. confronte ses évocations à l'objet de perception;

3. opère une traduction avec des mots ou des images de l'objet perçu;

4. opère des comparaisons, des jugements lors de cette confrontation.

C'est de ces rapports de traduction et de comparaison que naît l'intuition du sens.

Dans le geste de compréhension, le sujet vise soit la promotion d'un sens «d'APPLICATION», soit la promotion d'un sens «d'EXPLICATION». Les visuels et les auditifs procèdent donc de façon différentes. Les personnes visuelles y arriveront par induction: de l'exemple à la règle. Les personnes auditives utiliseront plutôt une démarche déductive: de la règle à l'exemple.

**Devant toute connaissance nouvelle, il faut se poser cinq questions pour passer d'une compréhension application à une compréhension explication.**

1. D'où vient-elle? (son «avant», son histoire)

2. À quoi se rattache-t-elle? (l'ensemble auquel on peut la rattacher)

3. Comment se formule-t-elle? (l'énoncé exact)

4. À quoi sert-elle? (son but, sa finalité)

5. Comment s'en sert-on? (son «après», son application)

*Source: Raymond Soucy, pour le Centre de formation Jacqueline Caron Inc.*

# JE VAIS PLUS LOIN QUE LA COMPRÉHENSION... J'IMAGINE...

## Le geste de l'imagination

Geste mental toujours accompagné d'un projet et par lequel on écoute, on regarde, on perçoit le monde afin d'évoquer ce qui peut être découvert ou inventé qui demeurait jusqu'à présent caché. Dans la découverte, aucun objet n'est créé alors que l'invention produit des objets nouveaux.

---

### J'imagine

1. J'observe avec le projet de transformer la réalité.

2. Je fais un choix parmi ces transformations de deux façons: par le projet de découverte ou par le projet d'invention.

3. J'évoque ce nouvel élément tout en m'imaginant en train de le décrire ou de le dessiner.

4. Je dessine ou je décris en faisant revenir dans ma tête ce que j'avais imaginé.

---

*Source: D'après Lisette Ouellet, pour le Centre de formation Jacqueline Caron Inc.*

# TESTEZ VOTRE MÉMOIRE!
## JEU-TEST

### Un petit arpent de pièges

Lisez très attentivement le texte ci-dessous. Sous des apparences anodines il cache des pièges subtils. Et comment! Ne le lisez qu'une seule fois; ne trichez pas! Puis répondez, *dans l'ordre*, à toutes les questions.

M. Pierre-Henri Gagnon et sa femme Louise arrivent à 11 h 30 au centre commercial Saint-Jean, par une journée grise de novembre, pour faire leurs emplettes des Fêtes. Ils achètent des cadeaux pour leurs enfants, dont trois sont mariés, puis boivent un café avec un ami rencontré par hasard. Louise entre ensuite dans une boutique de jouets et achète des cadeaux pour leurs quatre petits-enfants. De son côté, Pierre-Henri achète une cravate après avoir croisé deux policiers, son camarade Paul Tremblay et un Père Noël. Comme Louise est végétarienne depuis 1982, les Gagnon font aussi provision de fruits et de légumes: des tomates, des fraises, des radis, des cerises, des framboises. Fatigués mais contents d'avoir fait leurs courses en aussi peu que deux heures, ils sortent du centre commercial, cherchent leur auto pendant dix minutes et constatent alors qu'on l'a volée. Au moment où ils rapportent le fait aux deux policiers, ils voient le Père Noël s'enfuir à toute allure au volant de leur véhicule.

#### QUESTIONNEZ VOTRE MÉMOIRE

1) Où se passe la scène?

2) Pendant quel mois?

3) Quel est le nom de jeune fille de Louise?

4) Depuis quand est-elle végétarienne?

5) Qui les Gagnon rencontrent-ils par hasard?

6) Qui Pierre-Henri rencontre-t-il par la suite?

7) À quelle heure commence l'histoire?

8) Combien d'enfants et de petits-enfants les Gagnon ont-ils?

9) À quelle heure constatent-ils le vol de leur auto?

10) Énumérez les fruits et les légumes qu'ils achètent à l'épicerie.

11) Combien de temps passent-ils dans le centre commercial?

12) Quel titre de film vous rappelle cette histoire?

*Réponses à la page suivante.*

*Source:* Revue Actualité, *juillet 1993.*

## CORRIGEZ VOTRE MÉMOIRE!

1) *Au centre commercial Saint-Jean* (1 point)

Et pas «de» Saint-Jean, ce qui est une mauvaise réponse. Et si vous n'avez même pas répondu «dans un centre commercial», inquiétez-vous…

2) *En novembre* (1 point)

La période des Fêtes commence de plus en plus tôt!

3) *L'histoire ne le dit pas* (3 points)

Une question piège: il est toujours plus difficile de se rappeler qu'une information n'existe pas. Vous avez peut-être répondu Tremblay ou Saint-Jean, deux autres noms propres cités dans le texte — comme quoi la mémoire prend parfois l'initiative d'«inventer» un souvenir.

4) *Depuis 1982* (1 point)

Il est normal de vous en souvenir, c'est la seule date de l'histoire, vous étiez sûr de vous faire poser la question.

5) *Un ami* (1 point)

Celui avec qui ils boivent un café. La difficulté, c'est qu'il n'est pas nommé dans l'histoire et qu'aucun autre détail ne permet de s'en souvenir.

6) *Deux policiers, Paul Tremblay et un Père Noël* (2 points, 1 si vous avez oublié un des éléments)

Si vous avez un certain âge, vous avez peut-être été aidé par votre «mémoire des faits anciens»: dans les années 60, à Montréal, un malfaiteur déguisé en Père Noël avait tué deux policiers en pleine rue. Si la mémoire s'use avec l'âge, elle *s'enrichit* avec les années!

7) *11 h 30* (1 point)

Une autre question à laquelle votre mémoire s'attendait…

8) *Au moins quatre enfants* (ou plus de trois, ou l'histoire ne le précise pas) et quatre petits-enfants (2 points)

Ils ont en effet «des» enfants «dont trois sont mariés».

9) *À 13 h 40* (3 points)

Cette question vous oblige à vous souvenir de trois éléments d'information et à les mettre en relation, comme le fait la mémoire. En effet, il ne fallait pas oublier les 10 minutes qu'ils passent à chercher leur voiture…

10) *Des tomates, fraises, radis, cerises, framboises* (2 points pour les cinq éléments, 1 seulement pour trois ou quatre des éléments)

Si vous avez remarqué que tous ces fruits et légumes sont rouges, vous avez utilisé un bon truc de mémorisation.

11) *Deux heures* (1 point)

Facile: ce ne pouvait être ni 11 heures 30, ni 10 minutes.

12) *«Le Père Noël est une ordure»* (2 points)

En tout cas, un gredin qui n'a pas froid aux yeux… Vous ne pouviez répondre à cette question que si vous avez vu le film, ou du moins avez été «baigné» plus ou moins consciemment par des informations sur ce film (critiques, bandes-annonces, discussions sur le titre, etc.): c'est comme ça que se construit la mémoire sémantique.

## Faites vos comptes

**17 à 20:** EXCELLENT. Si vous avez un score parfait, attention: l'hypermnésie est parfois une maladie.

**13 à 16:** TRÈS BON. Surtout si vous n'avez vraiment lu qu'une seule fois…

**9 à 12:** ENCORE BON. D'autant que vous n'avez pas pu vous contenter des seules questions à un point pour obtenir cette note.

**8 et moins:** Où étiez-vous quand vous avez lu le texte? Vous avez droit à un deuxième essai.

*Source:* Revue Actualité, *juillet 1993.*

Feuille reproductible. © 1997 Les Éditions de la Chenelière inc.

## 5.5 UN PEU PLUS LOIN EN MÉTHODOLOGIE DU TRAVAIL INTELLECTUEL (MTI)

*(Un projet mobilisant pour des apprentissages intégrés)*

## Contexte et intention

Depuis quelques années, l'enseignement de la méthodologie du travail intellectuel a suscité de l'intérêt et de l'engouement chez bon nombre d'enseignantes. Ces dernières ont rapidement constaté et déploré le fait que ce soit une faiblesse au sein de leur école.

Certes, il y a eu des gestes isolés dans les milieux scolaires pour améliorer l'enseignement et l'apprentissage des stratégies de lecture ou d'écriture. Cependant, l'on constate souvent que cet outillage cognitif est véhiculé à l'intérieur d'un modèle dans lequel on retrouve encore les éléments suivants: intuition, éparpillement, isolement, contexte artificiel et mécanique, interventions verbales dirigées par l'adulte.

Les enseignantes reconnaissent que la plus grande faiblesse dans ce domaine vient surtout du fait que chacune a développé son programme personnel de MTI et qu'il n'y a aucune vision commune et aucune concertation au sein de l'école dans ce domaine.

Que de répétitions! Que d'insatisfactions! Que de pertes de temps!

Mobiliser le personnel enseignant d'une école autour du défi «Comment aider les élèves à apprendre?» est sûrement une

## Pistes d'utilisation

1. Explore théoriquement le concept de MTI sous toutes ses facettes:
   • Pourquoi?
   • Quoi?
   • Quand?
   • Comment?
   (*Voir pages 190 à 193.*)

2. Prends le temps de bien distinguer les nuances entre compétences, habiletés, démarches, procédures et stratégies. (*Voir page 195.*)

3. Revois les outils 4.2 et 4.3 du volume 1, pages 237 à 270.

4. Pense aux trois dimensions de la MTI:
   • outils à l'intention des enseignantes;
   • outils à l'intention des élèves;
   • outils à l'intention des parents.
   (*Voir page 194.*)

5. Documente-toi sur le concept de la «méthodologie du travail intellectuel». Des ouvrages intéressants ont été édités depuis quelques années. Consulte la bibliographie, à la page 233.

6. Communique avec des écoles qui ont déjà structuré un projet dans ce sens. Le personnel de ces écoles se fera sans doute un plaisir de te communiquer les résultats de leurs expérimentations.

## Contexte et intention *(suite)*

voie gagnante. Personne n'y résiste, même l'enseignante qui gère sa classe de façon plus directive ou plus fermée...

Pour celles qui sont tentées par cette exploration pédagogique, voici un outil de travail intéressant.

## Pistes d'utilisation *(suite)*

7. Utilise les outils prévus pour t'aider à structurer ce projet au sein de ton école:

   - philosophie à préciser;

   - bilan de la situation;

   - profil de passage ou de sortie après un niveau, un cycle ou un ordre d'enseignement (en matière de MTI);

   - guide d'animation à élaborer;

   - projet de répartition des outils (pages 196 et 197);

   - démarrage du coffre à outils pour l'élève;

   - montage du coffre à outils pour les parents. (*Voir pages 198 à 201.*)

8. N'oublie pas qu'il s'agit d'un projet à long terme. Donc, il peut s'échelonner sur plus d'une année. L'important, c'est d'avoir en tête les finalités de ce projet.

9. Accepte la prise de risques, les essais, les erreurs et les réajustements. Place-toi périodiquement en situation d'objectivation et de réinvestissement.

# LA MTI

---

## POURQUOI?

---

1. Parce que dans les facteurs influençant la motivation scolaire, on retrouve nécessairement un élève en relation avec une tâche d'apprentissage. Cet élève doit avoir une perception positive de la tâche pour être motivé; il faut qu'il lui reconnaisse une valeur (de la signifiance), que les exigences de la tâche soient adaptées à son potentiel (respect du rythme d'apprentissage) et qu'il soit capable d'exercer un certain contrôle sur cette tâche (outillage cognitif).

2. Parce qu'on ne peut parler d'autonomie intellectuelle chez l'élève si ce dernier n'est pas impliqué dans le processus de construction de ses connaissances. Pour gérer ses apprentissages avec plus d'efficacité et d'efficience, il doit se munir de démarches, de procédures et de stratégies. Et cela, il ne peut le faire seul.

3. Parce que pour apprendre pour de vrai et faire ainsi des transferts de connaissances, l'élève a besoin de vivre un apprentissage contextualisé. Cet objectif d'enseignement et d'apprentissage ne pourra être réalisé que si l'on développe avec lui, non seulement le «quoi faire?», mais aussi le «comment faire?». D'ailleurs, toutes les nouvelles approches en éducation en témoignent.

4. Parce que dans la démarche constructiviste (appelée POC), privilégiée dans les programmes d'enseignement, l'enseignante et l'élève sont tous deux acteurs et participants. Et cette participation est présente à la fois dans la mise en projet, dans l'objectivation et dans l'outillage cognitif.

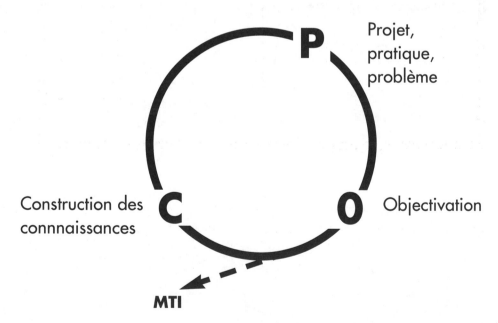

*Source: D'après Rosée Morissette*

5. Parce que dans l'accompagnement des devoirs et des leçons à la maison, les parents sont souvent démunis. Ces derniers ne possèdent pas nécessairement, de façon innée, tous les outils qu'il faut pour appuyer leur enfant dans le «Comment apprendre?».

# LA MTI

Dans son *Dictionnaire actuel de l'éducation*, Renald Legendre mentionne que la méthodologie du travail intellectuel vise à développer «une qualité qui rend apte à réussir une entreprise avec un minimum de ressources et d'efforts».

## Autres façons de le dire

- Mille trucs intelligents
- Des outils pour apprendre à apprendre
- Apprendre à apprendre
- Savoir apprendre
- Comment apprendre?
- Savoir-faire procédural
- Connaissances procédurales
- Un coffre à outils
- Stratégies d'apprentissage
- Comment faire pour l'élève?
- Devenir efficace dans ses études
- Habiletés techniques et intellectuelles
- Toute attitude, technique, méthode facilitant l'apprentissage.

On pourrait même, de façon caricaturale, parler de maladies transmises intellectuellement. Un bon virus que l'on souhaiterait voir se propager au sein des écoles.

# LA MTI

- Au moment de l'objectivation, de la réflexion sur un agir, du retour sur une pratique ou un projet. L'outil étant rattaché à une situation d'apprentissage, dans un contexte d'utilité et de signifiance, à une mise en pratique...

## Objectivation

### Une prise de conscience de ses comportements (habiletés et attitudes)

> Quand un sportif veut améliorer ses performances, on enregistre ce qu'il fait et on lui fait voir l'enregistrement obtenu. On observe avec lui sa façon d'agir et on en fait la critique: on voit ce qui est bien, ce qui est moins bien. On essaie de comprendre pourquoi il réussit tel geste, pourquoi il ne le réussit pas. On lui donne des conseils, il s'entraîne à nouveau.

> Pour améliorer la manière d'apprendre, c'est la même chose. On commence par essayer de savoir comment on s'y prend. On observe, on analyse les démarches d'apprentissage qui réussissent comme celles qui n'aboutissent pas à un résultat satisfaisant. À partir de là, on cherche à améliorer sa «manière de faire».

### Réinvestissement: une mise en pratique

### Acquisition de compétences

- **À l'intérieur de chacune des matières,** afin de favoriser un transfert, une généralisation et, enfin, des automatismes… Il ne peut y avoir apprentissage de savoir-faire si celui-ci n'est pas rattaché à un contexte signifiant et complet.

  Par conséquent, la MTI ne devrait pas faire l'objet d'un apprentissage systématique et devenir ainsi une nouvelle matière venant s'ajouter à la grille-horaire.

- **À l'intérieur de chaque année scolaire** vécue par l'élève à l'école. Toutefois, au lieu d'être vécue individuellement au primaire, sans concertation, un peu éparpillée, çà et là, au hasard des cours sans la nommer, la MTI devrait être structurée dans chaque école primaire. Par la suite, en concertation avec le personnel enseignant de l'école, on pourrait faire une répartition par année ou par cycle. Ainsi, il y aurait des «moments forts» pour l'apprentissage d'un outil en particulier avec telle enseignante, tandis que les autres enseignantes auraient à faire du renforcement et de la consolidation pour ce même outil.

- **Au secondaire,** au lieu d'encadrer la MTI dans un cours titré, hors du contexte d'utilité, l'on aurait intérêt à se concerter par équipe-niveau pour l'enseigner **à l'intérieur de chaque matière**. Ainsi, les enseignantes de première secondaire sauraient toutes que les élèves doivent acquérir, par exemple, 12 outils durant leur année scolaire. Des liens pourraient être faits d'une matière à une autre. On pourrait alors entendre une enseignante d'écologie dire à un élève: «Fais ta recherche d'écologie en utilisant la démarche de recherche que t'a enseignée ton enseignante de français.»

*Source: Micheline Béchard pour le Centre de formation Jacqueline Caron Inc.*

# LA MTI

## COMMENT?

### CARACTÉRISTIQUES

L'enseignement de la méthodologie du travail intellectuel est en ce moment un modèle en devenir. Par conséquent, elle devrait s'inspirer des caractéristiques suivantes:

- Significative, greffée sur le savoir d'expérience de l'élève;

- Participative, développée avec les élèves;

- Progressive, contextualisée, en lien direct avec le vécu de l'élève;

- Planifiée, au même titre que l'on planifie l'enseignement des connaissances déclaratives;

- À la fois verbale et visuelle. Donc, il faut laisser des traces, que ce soit des symboles ou de l'écriture;

- Concertée dans chaque école: par cycle, par année scolaire.

### ASPECT TRIDIMENSIONNEL

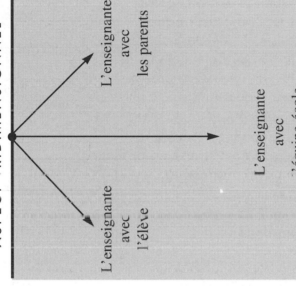

L'enseignante avec l'élève

L'enseignante avec les parents

L'enseignante avec l'équipe-école

### DÉMARCHE

Approche participative, responsabilisante, tenant compte des différences de rythmes et de styles d'apprentissage. Structure en spirale (apprentissage et renforcement).

- L'enseignante doit faire participer l'élève au choix de l'outil à utiliser. Dans certains cas, selon son style d'apprentissage, par exemple, l'élève peut préférer tel outil à tel autre. Il en est ainsi surtout dans la sélection des stratégies d'apprentissage, par exemple lorsqu'un élève veut apprendre «Comment mémoriser l'orthographe d'un mot».

- Dans d'autres cas, il est nécessaire que les règles proposées soient fermées et non négociables. En effet, afin de créer de bonnes habitudes de travail, il est utile que tous les intervenants d'une école ou d'un même niveau s'entendent, par exemple, sur les exigences de la présentation d'un travail, l'en-tête d'une feuille, la calligraphie, etc.

Bref, pour que la MTI soit efficace, il est nécessaire que l'enseignante fasse participer les élèves au choix de l'outil à utiliser et même qu'elle aille jusqu'à leur permettre de choisir les éléments de son contenu, ou qu'elle compose avec eux les banques de stratégies.

# COMMENT METTRE SUR PIED UN PROJET DE MTI?

| Avec l'équipe-école | Avec l'élève | Avec les parents |
|---|---|---|
| • Faire l'inventaire des outils remis aux élèves et de ceux contenus dans les manuels de base.<br><br>• Dresser la liste de tous les outils jugés pertinents pour faciliter l'apprentissage des élèves (profil de passage ou de sortie après un niveau, un cycle ou un ordre d'enseignement).<br><br>• Faire une évaluation de l'écart entre la situation actuelle et celle que l'on désire.<br><br>• Répartir les outils par cycle ou niveau d'enseignement.<br><br>• Se donner un guide d'animation. | • Faire acheter un cahier en début d'année. Bien montrer la nuance entre des outils pour apprendre à apprendre (MTI) et des outils pour se souvenir (cahier aide-mémoire).<br><br>• Dresser l'inventaire des outils déjà donnés:<br>**Outils d'ordre cognitif** (approches telles que gestion mentale, actualisation du potentiel intellectuel ou enseignement par médiation);<br>**Outils d'ordre général** (démarches, procédures et stratégies transférables dans diverses matières);<br>**Outils liés à une matière en particulier**<br><br>• Établir un référentiel visuel collectif élaboré conjointement avec les élèves.<br><br>• Établir un référentiel personnel pour faire suite à la disparition du référentiel visuel collectif. | • Définir les besoins des parents en matière d'outillage pour les devoirs et les leçons.<br><br>• Monter les outils dont les parents ont besoin.<br><br>• Faire insérer un *duo-tang* spécial ou une section à la fin du «coffre à outils» de l'élève.<br><br>• Fixer une ou des dates de rencontre pour la présentation du coffre à outils. Il pourrait même y avoir trois parties différentes:<br>Outils en français;<br>Outils en mathématique et en sciences;<br>Outils pour devoirs et leçons. |

# CONTENU DE LA MTI

Dans l'enseignement et l'apprentissage de la méthodologie du travail intellectuel, nous retrouvons des **démarches**, des **stratégies** et des **procédures** pour développer des habiletés et des compétences. Voyons le sens que nous devons donner à chacun de ces termes.

| **Démarche** | Une démarche, c'est l'ensemble des interventions choisies par l'enseignante dans le but de favoriser l'apprentissage de l'objet d'études par le sujet. C'est une manière utilisée par l'élève pour apprendre.<br><br>*Exemples:*<br>• Démarche inductive;<br>• Démarche déductive;<br>• Démarche d'apprentissage;<br>• etc. |
|---|---|
| **Stratégie** | Une stratégie est un plan général et bien établi, composé d'un ensemble d'opérations agencées habilement en vue de favoriser l'atteinte d'un but. Les stratégies aident à actualiser la démarche d'une séquence d'activités en vue de faire comprendre des concepts et de développer des habiletés.<br><br>*Exemples:*<br>• Résolution de problèmes;<br>• Approche technologique;<br>• Apprentissage coopératif;<br>• etc. |
| **Procédure** | Une séquence d'étapes à suivre pour arriver à un résultat satisfaisant dans la réalisation d'une tâche.<br><br>*Exemples:*<br>• Chercher un mot dans le dictionnaire;<br>• Ouvrir l'ordinateur;<br>• Utiliser un rapporteur d'angles;<br>• Suivre des consignes;<br>• etc. |

*Source: Le Conseil des écoles séparées catholiques de langue française de Prescott-Russell, octobre 1995.*

# RÉPARTITION SUGGÉRÉE POUR L'ENSEIGNEMENT DE LA MTI AU SEIN D'UNE ÉCOLE PRIMAIRE (PREMIER CYCLE)

## Première année

- Comment résoudre un problème? (Démarche)
- Comment vivre la démarche scientifique?
- Comment aider mon ami à apprendre?

- Comment décoder ce que je lis? (Stratégies)
- Comment réussir mon projet d'écriture? (Stratégies)
- Comment présenter mes travaux dans mon cahier?
- Comment faire des devoirs avec facilité?
- Comment mémoriser l'orthographe des mots?
- Comment suivre des consignes simples?

- Comment m'exprimer à l'oral?
- Comment inscrire la date sur un travail?
- Comment travailler ma calligraphie?

## Deuxième année

- Comment résoudre un problème? (Démarche)
- Comment vivre la démarche scientifique?
- Comment travailler en équipe? (Gardien de la parole et du temps seulement)

- Comment comprendre un texte?
- Comment réussir ma communication écrite?
- Comment présenter un travail sur une feuille?
- Comment faire des devoirs avec facilité?
- Comment mémoriser l'orthographe des mots?
- Comment suivre des consignes plus complexes?

- Comment utiliser le dictionnaire?
- Comment transcrire sans faute?
- Comment rédiger un message à un ami?

## Troisième année

- Comment résoudre un problème? (Démarche)
- Comment vivre la démarche scientifique?
- Comment travailler en équipe? (Gardien de la parole, du temps, de la tâche, de l'écriture)

- Comment comprendre un texte?
- Comment produire un texte d'un paragraphe?
- Comment soigner la présentation de mon travail?
- Comment faire des devoirs avec facilité?

- Comment me servir d'un dictionnaire?
- Comment réaliser la mise en page d'une lettre?
- Comment élaborer une carte d'exploration?
- Comment travailler individuellement de façon efficace?

*Source: Le Conseil des écoles séparées catholiques de langue française de Prescott-Russell, octobre 1995.*

# RÉPARTITION SUGGÉRÉE POUR L'ENSEIGNEMENT DE LA MTI AU SEIN D'UNE ÉCOLE PRIMAIRE (SECOND CYCLE)

| Quatrième année | Cinquième année | Sixième année |
|---|---|---|
| • Comment travailler en équipe? (Apprentissage coopératif) | • Comment travailler en équipe? (Apprentissage coopératif) | • Comment travailler en équipe? (Apprentissage coopératif) |
| • Comment créer un produit technique? (Approche technologique) | • Comment créer un produit technique? (Approche technologique) | • Comment créer un produit technique? (Approche technologique) |
| • Comment comprendre un problème? (Stratégies – modèle simple) | • Comment utiliser des stratégies de résolution de problèmes? | • Comment utiliser des stratégies de résolution de problèmes? |
| • Comment faire une recherche? (Modèle simple) | • Comment sélectionner les informations pertinentes pour une recherche? | • Comment consigner ma démarche en résolution de problèmes? |
| • Comment réussir ma communication orale? | • Comment raffiner mon exposé oral? | • Comment faire une recherche plus détaillée? |
| • Comment planifier mes échéanciers? | • Comment utiliser un agenda? | • Comment trouver les livres nécessaires à ma recherche? |
| • Comment réussir un test, une épreuve? | • Comment étudier efficacement? (Modèle complexe) | • Comment mettre en pages une recherche? |
| • Comment travailler individuellement de façon efficace? | • Comment suivre efficacement un cours? (Modèle complexe) | • Comment utiliser efficacement mon agenda? |
| • Comment présenter un travail dans mon cahier? | • Comment écrire des textes informatifs, ludiques, expressifs? | • Comment améliorer le travail de groupe? |
| • Comment aider mon ami à apprendre? | • Comment organiser mon lieu de travail? | • Comment démarrer un projet personnel? |
| • Comment utiliser mes moments libres en classe? | • Comment présenter un article de journal? | • Comment présenter mes idées sous forme de synthèse? |
| | • Comment rédiger une fiche biographique? | • Comment structurer mes idées et les mettre sous forme de plan? |
| | • Comment rentabiliser la période des devoirs et des leçons? | |

*Source: Le Conseil des écoles séparées catholiques de langue française de Prescott-Russell, octobre 1995.*

# COFFRE D'OUTILS POUR LES PARENTS
## (OUTILS-SUPPORTS EN LECTURE)

1. Classifier des mots contenant des sons difficiles avec une image, si possible, dans un spicilège (*scrap-book*).

   *Exemple:*

   sol | eil |
   merv | eil | leux
   ort | eil |
   or | eil | le

2. Classifier des mots par thème.

   *Exemple:* Animaux
   hippopotame
   guenon
   perdrix
   faon

3. Faire une liste des mots ou expressions problématiques et les revoir occasionnellement pour vérifier si votre enfant les reconnaît.

4. • Remettre une phrase en ordre.
   • Remettre un court texte en ordre (phrases découpées).
   • Remettre un texte en ordre (paragraphes découpés et titre).

5. Trouver un titre à un texte.

6. Découper des titres et des sous-titres dans un journal; les coller dans un spicilège.

7. Associer des descriptions d'articles de maison aux images préalablement découpées et mélangées.

8. Lire une définition du dictionnaire et essayer de faire deviner le mot.

9. Jouer aux charades, aux mots croisés.

10. Lire les règles d'un jeu.

11. Lire une lettre ou une carte postale reçue.

12. Inviter l'enfant à lire une revue adaptée à son âge.

13. Cacher les bulles des bandes dessinées et essayer de deviner le texte avant de le lire.

14. Inciter l'enfant à lire des informations sur des dépliants touristiques pour pouvoir donner ensuite son avis sur une prochaine sortie ou un voyage en famille.

15. Souligner une information importante dans un texte.

16. Faire une liste des ingrédients d'une recette en prévision des emplettes de la semaine.

17. Faire une recette facile en respectant les étapes.

18. Utiliser les lettres magnétiques sur le réfrigérateur pour fixer un son ou un mot nouveau.

19. Utiliser une feuille plastifiée et un marqueur à l'eau pour travailler dans un livre.

20. Reprendre un texte qui a été fait en classe et réviser les erreurs pour vérifier sa compréhension.

21. Enregistrer une lecture sur magnétophone et ensuite s'écouter.

22. Lire à deux un même texte en alternance.

23. Raconter dans ses mots le contenu d'un texte, d'un conte, etc.

24. Trouver des noms bizarres dans l'annuaire téléphonique.

25. Lire des tableaux de résultats sportifs.

26. Lire des annonces classées.

27. Lui lire des histoires.

28. Lui laisser des messages écrits.

29. Jouer à réécrire une phrase sans erreurs, plusieurs mots à la fois.

30. Avant tout, faire du moment de lecture un moment heureux.

*Source: Martine Boivin, Lise Darche, Michèle Desmarais, Annie Hébert, enseignantes, École Le Rucher, commission scolaire des Mille-Îles, Vimont, Laval.*

# COFFRE D'OUTILS POUR LES PARENTS
## (OUTILS-SUPPORTS EN ÉCRITURE)

Voici quelques idées de départ à suggérer à votre enfant pour la rédaction de courts textes.

1. Faire l'inventaire de ses jouets ou de ses objets personnels.

2. Écrire à une station de télévision pour commenter une émission.

3. Écrire à une station de radio pour suggérer une nouvelle émission.

4. Demander par lettre à une station de télévision de changer l'heure ou le jour de diffusion d'une émission.

5. Composer une chanson sur un air connu.

6. Rédiger un trajet pour un ami ou un parent qui désire se rendre chez vous.

7. Écrire une série de conseils sur la sécurité à la plage, en auto, à la maison, etc.

8. Composer une série de suggestions pour aider les gens à diminuer leur consommation d'électricité.

9. Faire par écrit la critique d'un livre ou d'un texte lu.

10. Composer une petite histoire.

11. Écrire pour se plaindre de quelque chose.

12. Rédiger un texte pour convaincre une ou plusieurs personnes.

13. Produire un texte pour la boîte de suggestions de l'école ou de la maison.

14. Écrire à sa chanteuse ou à son chanteur préféré.

15. Composer une lettre pour sa vedette sportive favorite.

16. Inventer les règlements d'un nouveau jeu.

17. Écrire un message personnel à un parent.

18. Envoyer une lettre à un ami.

19. Écrire à une compagnie de jouets pour lui faire part de ses commentaires sur un jeu (son prix, sa durabilité, son intérêt, etc.).

20. Suggérer par écrit la production d'un nouveau jouet à une compagnie.

21. Composer un poème à un parent ou à un ami.

22. Inventer une aventure fantastique.

23. Créer une bande dessinée.

24. Écrire des notes explicatives au verso de photos afin de pouvoir se rappeler les événements.

25. Transcrire son horaire de télévision pour la semaine et le soumettre à ses parents.

26. Dresser la liste d'épicerie avec maman ou papa.

27. Créer un mot caché.

28. Inventer des mots croisés.

29. Rédiger une carte de souhaits à l'occa-sion de Noël, de Pâques, de la Saint-Valentin ou d'un anniversaire de naissance.

30. Écrire à un parent, à un ami, à une copine ou à la classe ses commentaires au sujet d'une expérience vécue ou d'un voyage réalisé.

31. Composer un mot d'appréciation pour son enseignante, pour son père, sa mère, sa sœur, son frère, un grand-parent, etc.

32. Écrire pour s'abonner à une revue.

33. Rédiger le portrait de son meilleur ami.

34. À l'aide d'un court texte, demander des informations à une personne ou à un organisme.

35. Commander un produit par écrit.

36. Écrire à un parent ou à un ami pour le remercier.

37. Inviter par écrit une ou plusieurs per-sonnes à une fête ou à un souper.

38. Dresser la liste des cadeaux que l'on aimerait recevoir pour son anniversaire ou pour Noël.

39. Rédiger une petite annonce pour vendre un produit.

40. Inventer une recette par écrit.

41. Faire l'inventaire des choses à apporter lors d'un voyage projeté.

42. Se décrire physiquement dans un court texte.

43. Décrire sa personnalité en parlant de ses qualités et de ses défauts.

44. Dresser la liste de ses préférences ali-mentaires, sportives, artistiques, musi-cales, etc., et afficher le texte à la maison ou en classe.

45. Énumérer par ordre d'importance les rêves que l'on aimerait réaliser.

46. Écrire à son enseignante ou à la direction pour lui faire part d'une ou de plusieurs suggestions afin d'améliorer la qualité de vie en classe ou à l'école.

47. Établir une correspondance régulière avec une personne éloignée.

48. Écrire à un organisme municipal ou gou-vernemental (différents ministères) pour manifester son accord ou son désaccord au sujet d'un projet ou d'une loi.

49. Mettre par écrit le plan d'évacuation de la maison en cas d'incendie.

50. Écrire dans son journal intime.

*Source: René Bélanger,* Apprendre à lire et à écrire au primaire, Guide à l'intention des parents, L'Assomption, *Logiciels RWB inc., 1992.*

# SUGGESTIONS DE JEUX ÉDUCATIFS POUR LES PARENTS
## (OUTILS-SUPPORTS EN MATHÉMATIQUE ET EN SCIENCES)

| | | |
|---|---|---|
| Multi-barres | Électro | Architeck |
| Réglo-éduc | Bingo | Logix |
| Mastermind | Tic-Tac-To | Jeux de mémoire |
| Véritech | Jeux de cartes | Légo |
| Qui est-ce? | Dominos | Casse-tête |
| Cartes-éclairs | Othello | Tangram |
| Yahtzee | Bataille navale | Trouvez une paire |
| Jeu plus | Clue junior | Échecs |
| Chiffres et nombres | Monopoly | Jeux de dés |
| Serpent et échelle | Pousse-boules | |
| Formes à enfiler | Jeu de dames | |

*Source: Martine Boivin, Lise Darche, Michèle Desmarais, Annie Hébert, enseignantes, École Le Rucher, commission scolaire des Mille-Îles, Vimont, Laval.*

# 5.6 DES STRATÉGIES...
## DANS LA VIE DE TOUS LES JOURS
### (Utiliser l'API)

## Contexte et intention

Un des plus grands souhaits formulés par les enseignantes est le suivant: développer une plus grande rigueur intellectuelle chez leurs élèves et les habituer à utiliser des outils cognitifs: des démarches, des procédures ou des stratégies susceptibles de les conduire à une plus grande autonomie intellectuelle.

Ce souhait doit-il demeurer un rêve ou peut-on le vivre au quotidien? Si cela est possible, quelle méthodologie doit-on utiliser? Comment créer une alliance pour travailler dans ce domaine? Comment développer une approche participative? Comment placer l'élève en projet?

C'est en créant un contexte d'échanges entre un intervenant et un apprenant que s'établissent les rapports affectifs et pédagogiques, que se mettent en place les conditions essentielles pour faciliter l'apprentissage des stratégies et la construction du savoir.

De plus, pour rendre l'apprenant autonome et responsable de la construction de son savoir, l'enseignante devra planifier, animer et évaluer le développement de cet outillage. Ainsi, l'élève apprendra enfin à apprendre et il pourra progresser continuellement dans la maîtrise de ses

## Pistes d'utilisation

1. Consulte la théorie sur l'API ainsi que la liste de stratégies cognitives et métacognitives. (*Voir pages 205 et 206.*)

2. Décode ensuite les stratégies présentes, les stratégies absentes. Cible quelques stratégies prioritaires.

3. Place-toi en projet d'enseignement et favorise le développement des stratégies choisies. (*Voir page 207.*)

4. Fais constamment la promotion de ces stratégies tout au long des situations d'apprentissage. (*Voir pages 208 à 211.*)

5. Permets aux apprenants de comprendre ce qui se passe dans leur tête lorsqu'ils utilisent ces stratégies.

6. Propose des défis et soutiens l'apprenant.

7. Aide l'élève à faire le récit de ses apprentissages: quoi? pourquoi? comment? quand?

8. Amène l'apprenant à généraliser l'emploi de la stratégie dans différents contextes. (*Voir page 212.*)

## Contexte et intention *(suite)*

habiletés et de ses connaissances. Puisque le développement de ses compétences sera ainsi assuré, l'élève découvrira le plaisir d'apprendre et de savoir...

Dans cette optique, une relation média-teur-apprenant facilite grandement l'enseignement de stratégies.

# UN PEU DE THÉORIE...

## L'actualisation du potentiel intellectuel (API)

Le système scolaire est actuellement envahi par des approches pédagogiques qui visent toutes le même but, celui de faciliter les apprentissages chez nos jeunes.

L'actualisation du potentiel intellectuel (API), modèle proposé par Pierre Audy, est issu en grande partie de l'intégration des modèles complémentaires de Reuven Feuerstein, psychologue israélien, et de Robert J. Sternberg, psychologue américain.

Il s'agit d'un programme de formation visant à remédier aux effets de la privation de médiation dans le développement intellectuel et humain. De plus, ce programme est susceptible de prévenir les déséquilibres personnels et sociaux grâce à la médiation des principes de vie.

Les moyens utilisés sont la leçon de médiation de stratégies donnée à un groupe ou à un individu. Cette leçon vise explicitement et systématiquement l'enseignement de stratégies de résolution de problèmes, et ce, dans le but d'outiller l'apprenant et de lui permettre ainsi de profiter pleinement de l'enseignement offert. L'élève étant placé dans une situation problématique résolvable seulement en utilisant la stratégie visée par la leçon, il prendra forcément **conscience de l'avantage d'utiliser cette stratégie**. On l'amènera par la suite à généraliser et à reconnaître les situations où il pourrait utiliser cette même stratégie.

Quatre-vingt-trois stratégies de résolution de problèmes (stratégies cognitives, de support affectif, de mise à profit des ressources et de créativité) composent la taxonomie de l'API.

# TAXONOMIE DES STRATÉGIES DE RÉSOLUTION DE PROBLÈMES

Liste des 4 stratégies métacognitives et des 47 stratégies cognitives selon les principales phases du processus de résolution de problèmes (*input*, élaboration, *output*). Modèle intégrateur proposé par Audy (1993) à partir de Feuerstein (1979) et Sternberg (1986).

| | |
|---|---|
| Métacognition-1 | Anticiper la nature et les implications du problème |
| Métacognition-2 | Comparer et sélectionner les stratégies d'exécution pertinentes |
| Métacognition-3 | Planifier les stratégies retenues |
| Métacognition-4 | Contrôler et réguler le processus de résolution du problème |

| Input (stratégies d'observation) | | Élaboration (stratégies de recherche de solutions) | | Output (stratégies de réponse) | |
|---|---|---|---|---|---|
| I-1. | Anticiper l'observation à faire | E-1. | Anticiper le problème à résoudre | O-1. | Estimer ma réponse à l'avance |
| I-2. | Observer de façon complète et précise | E-2. | Définir mon problème avec précision | O-2. | Être précis dans ma façon de répondre |
| I-3. | Comparer ce qui est semblable et différent | E-3. | Comparer mon problème avec ceux que j'ai déjà faits | O-3. | Comparer ma réponse avec celle que j'attendais |
| I-4. | Sélectionner l'essentiel (données pertinentes) | E-4. | Sélectionner ce qui est important pour la résolution | O-4. | Sélectionner les éléments essentiels de la réponse |
| I-5. | Explorer méthodiquement | E-5. | Planifier les étapes pour résoudre le problème | O-5. | Prendre mon temps au moment de répondre |
| I-6. | Regrouper par ensembles (catégorisation) | E-6. | Appeler le problème par son nom | | |
| I-7. | Interpréter ce que j'observe (relations existantes) | E-7. | Voir les liens existants entre les éléments du problème | | |
| I-8. | Extrapoler à partir de ce que j'observe (relations virtuelles) | E-8. | Faire des liens entre les éléments du problème | | |
| I-9. | Décomposer un ensemble en sous-ensembles | E-9. | Décomposer le problème en sous-problèmes | | |
| I-10. | Remarquer et combler ce qui manque (abstraction) | E-10. | Se faire une représentation mentale du problème | | |
| I-11. | Appeler les choses par leur nom exact | E-11. | Conserver bien en tête la définition du problème | O-6. | Tenir compte de l'interlocuteur |
| I-12. | Voir ce qui ne varie pas malgré le changement | E-12. | Élargir le cadre de résolution | O-7. | Retrouver les relations virtuelles perçues |
| I-13. | Compter les choses semblables | E-13. | Conserver toutes les informations utiles à la résolution | O-8. | Vérifier ma réponse avant de la produire |
| I-14. | Qualifier ce que j'observe | E-14. | Me servir de ma logique | O-9. | Utiliser adéquatement les outils de communication |
| I-15. | Situer les informations dans l'espace | E-15. | Élaborer différentes hypothèses de solutions | | |
| I-16. | Situer les informations dans le temps | E-16. | Vérifier mes hypothèses | | |
| I-17. | Rassembler les informations retenues | E-17. | Réfléchir aux conséquences de mes choix | | |
| I-18. | Tenir compte de plus d'une chose à la fois | | | | |
| I-19. | Faire l'inventaire de mes observations | E-18. | Faire le point sur mes progrès vers la solution | O-10. | Vérifier ma réponse après l'avoir produite |

# LISTE DES STRATÉGIES COMPLÉMENTAIRES PRIVILÉGIÉES PAR LE PROGRAMME D'ACTUALISATION DU POTENTIEL INTELLECTUEL (API)

## MÉMORISATION

M-1 Focaliser son attention
M-2 S'imprégner du contenu à mémoriser
M-3 Organiser
M-4 S'approprier
M-5 Intérioriser
M-6 Se rappeler et réviser périodiquement
M-7 Utiliser le contenu mémorisé

## GÉNÉRALISATION

G-1 Dégager un acquis généralisable
G-2 Déterminer les bénéfices escomptés par la généralisation
G-3 Imaginer des transpositions de l'acquis dans différents contextes
G-4 Transférer l'acquis dans différents contextes d'utilisation

## SUPPORT AFFECTIF

A-1 Contrôler son impulsivité
A-2 Surmonter les blocages
A-3 Gérer son stress
A-4 Anticiper des bénéfices éventuels
A-5 Se récompenser pour les réussites
A-6 Se parler positivement
A-7 S'attribuer la responsabilité de son apprentissage
A-8 Persévérer

## SUPPORT DES RESSOURCES

R-1 Mobiliser son attention
R-2 Utiliser son langage interne
R-3 Utiliser l'imagerie mentale
R-4 Planifier son temps
R-5 Organiser son environnement physique
R-6 Planifier l'utilisation de ressources matérielles adéquates
R-7 Recourir à des personnes-ressources compétentes

## CRÉATIVITÉ

C-1 Générer des combinaisons aléatoires
C-2 Générer des combinaisons prédéterminées
C-3 Recourir à l'antithèse
C-4 Recourir à l'analogie
C-5 Recourir à l'imaginaire
C-6 Être ouvert à ses intuitions

## COMMUNICATION

(à définir)

# POUR FAVORISER LE DÉVELOPPEMENT DES STRATÉGIES...

Pour être motivé, l'élève doit se sentir compétent devant une tâche, percevoir que celle-ci est réalisable et vivre ainsi des réussites. Il s'agit donc pour une enseignante d'aider cet élève à devenir compétent à l'aide d'apprentissages signifiants. **Les savoirs que l'élève aura lui-même construits deviendront en quelque sorte le matériel dont il pourra disposer au fil des jours.**

En pratique, comment peut-on l'aider?

## Dans l'enseignement des stratégies, il est essentiel pour une enseignante de:

- Clarifier son intention;

- Rendre cette intention commune (réciprocité);

- Donner un sens (expliquer les concepts);

- Encourager les élèves à affronter les situations nouvelles;

- Souligner les progrès;

- Respecter les façons d'apprendre de chacun;

- Donner à chacun la chance de s'exprimer et amener certains à le faire;

- Apporter des critiques constructives;

- Objectiver chaque exercice;

- Faire nommer par l'élève ce qu'il a appris, compris ou non compris (ce qui lui pose encore problème).

# DÉMARCHES D'ACCOMPAGNEMENT PÉDAGOGIQUE EN REGARD DE QUELQUES STRATÉGIES (API)

## PISTE 1: Contrôler son impulsivité (stratégie affective; API: A1)

*Stratégie affective:* Acte affectif qui peut expliquer le comportement particulier d'un sujet, influencer son choix personnel d'action et affecter plus ou moins considérablement sa performance générale.

Le contrôle de l'impulsivité ou l'habitude de bien réfléchir avant d'agir constitue une des capacités minimales (stratégies) à la base de tout processus d'apprentissage.

Voici un exercice facile qui peut donner une piste aux enseignantes qui désirent amener leurs élèves à faire une réflexion sur leurs comportements impulsifs.

### Démarche à utiliser en classe

1. S'assurer de la compréhension de l'expression utilisée: «contrôler son impulsivité».

2. En grand groupe ou en équipe, demander aux élèves de compléter la phrase suivante en donnant le plus d'exemples possible:

   *Je suis impulsif quand...*

   Ex.: je ne lis pas un problème jusqu'au bout.
   je ne lis pas les instructions.
   je ne lève pas la main pour parler.

3. Échanger sur les réponses recueillies (importance, fréquence, etc.).

4. Demander à chaque élève de choisir une attitude impulsive qu'il croit avoir.
   Pendant la semaine qui suit, leur demander de trouver au moins un **inconvénient** et un **avantage** à chaque attitude impulsive choisie.

*Je suis impulsif quand je ne lis pas les instructions.*

Avantage:

Inconvénient:

5. Discuter, objectiver après une semaine. Noter d'un côté tous les avantages et de l'autre côté, les inconvénients. Les élèves se rendront vite compte qu'il y a peu d'avantages à être impulsif.

**Avantages**

L'élève qui recourt à cette stratégie (contrôler son impulsivité) sera plus efficace, perdra moins de temps, évitera de dire des paroles inutiles ou d'agir avec étourderie, sera plus rigoureux dans son travail.

Dans les situations d'apprentissage de tous les jours, l'enseignante pourra faire comprendre à l'élève qu'il est impulsif, par exemple, dans sa façon d'observer et elle pourra l'amener à être plus méthodique. Ou encore, elle constatera une certaine impulsivité dans sa façon de répondre et pourra réfléchir avec lui sur les avantages et les désagréments d'une telle attitude.

Des interventions faites au jour le jour dans toutes les situations qu'une classe peut offrir ne peuvent qu'amener les élèves à modifier leurs comportements impulsifs. De cette façon, les transferts pourront être plus facilement faits dans les situations du quotidien.

Toutefois, le respect des stades du développement cognitif demeure important dans l'acquisition de certaines stratégies.

## PISTE 2: Explorer méthodiquement (stratégie cognitive; API: I-5)

*Stratégie cognitive:* Acte mental qui consiste à organiser, ordonner de façon consciente sa collecte d'informations sur une personne, une chose, un texte, une image, un événement, etc., et établir dans une séquence ordonnée les étapes nécessaires à la résolution d'une situation problème.

### Démarche à utiliser en classe

1. Lire un texte ou un énoncé de problème mot à mot.
2. Parcourir une image de haut en bas, de gauche à droite.
3. Regarder quelqu'un de la tête aux pieds.
4. Favoriser les exercices où la lecture mot à mot est essentielle à la compréhension du message.
5. Faire écrire des textes descriptifs.
6. Faire décrire des objets oralement.
7. Faire expliquer à l'élève le trajet qu'il parcourt pour se rendre à l'école.

### Avantages

- Permet de ne rien manquer d'important et nous évite de revenir plusieurs fois sur les mêmes choses et de manquer des informations importantes.
- Nous amène à prendre des décisions plus éclairées.
- Permet une meilleure observation, donc moins de perte de temps.

**QUESTIONNEMENT**

- Par où vais-je commencer mon observation?
- Par quoi vais-je commencer?
- Qu'est-ce que je cherche en premier?
- Qu'est-ce que je fais en premier?
- etc.

## QUESTIONNEMENT

- Est-ce que j'ai tout ce qu'il me faut pour travailler?
- Est-ce que je respecte bien mon plan de travail?
- Est-ce que je respecte bien les échéances?
- Est-ce que je tiens compte de toutes les données?
- Est-ce que je n'ai rien oublié?
- etc.

## PISTE 3: S'organiser (principe d'organisation; API: R-5)

*Principe d'organisation:* Règle générale théorique qui guide les conduites.

### Démarche à utiliser en classe

- Bien organiser son matériel de travail (crayons, manuels, cahiers, etc.).
- Bien organiser son temps (prévoir du temps pour le travail, pour le jeu, etc.).
- Bien organiser ses idées avant d'écrire.
- Bien organiser ses réponses pour une meilleure présentation.
- Favoriser l'utilisation d'un agenda, d'un plan de travail.
- Établir des échéances pour la remise de travaux.
- Avant un travail, demander aux élèves d'en établir oralement les étapes.

### Avantages

L'élève qui recourt à ce principe sera mieux disposé pour faire ses travaux, perdra moins de temps, trouvera plus facilement des solutions à ses problèmes et apprendra plus rapidement.

## PISTE 4: Décomposer un ensemble en sous-ensembles (stratégie cognitive; API: I-9)

*Stratégie cognitive:* Acte mental qui consiste à percevoir les multiples parties qui composent un objet, une situation, une société, un concept, un livre, etc., et l'organisation de ces multiples parties.

### Démarche à utiliser en classe

- Voir les parties (segments de droite, angles, etc.) qui composent une figure géométrique.
- Observer l'agencement des paragraphes dans un texte, des phrases dans un paragraphe, des mots dans une phrase.
- Percevoir les différentes parties qui composent un livre.
- Reconstituer les mots d'une phrase.
- Reconstituer les phrases d'un texte.
- Reconstituer les exercices de numération (unité, dizaine, centaine, unité de mille, etc.).
- Reconstituer les parties du corps humain, d'une bicyclette, etc.
- Reconstituer les parties d'un texte.

**Avantages**

- Permet de percevoir de nouvelles informations.
- Voir les rapports que des parties ont entre elles.
- Permet de mieux voir l'organisation des choses et de mieux en comprendre le fonctionnement.

## PISTE 5: Vérifier sa réponse après l'avoir produite (stratégie cognitive; API: M-6)

*Stratégie cognitive:* Acte mental qui consiste à ne pas prendre de chance en répondant, à s'assurer plutôt de la production de sa réponse en la révisant.

**Démarche à utiliser en classe**

- Faire un calcul (preuve).
- Faire l'opération inverse.
- Relire un texte.
- Revoir son raisonnement.
- Comparer ce que j'ai produit avec ce que je voulais produire (brouillon/propre).
- Parcourir à plusieurs reprises une lettre, un texte pour en améliorer le style et l'orthographe.

Beaucoup d'occasions permettront à l'enseignante de faire valoir tous les avantages de développer chez l'élève l'habitude de se réviser.

**Avantages**

L'élève qui recourt à cette stratégie aura une plus grande certitude quant à la validité de sa réponse et il pourra se corriger plus facilement.

### QUESTIONNEMENT

- Quelles sont les différentes parties de mon texte? de mon problème?
- Qu'est-ce qui compose ce que j'observe?
- Comment les parties sont-elles agencées?
- Quelles parties ont un rapport entre elles?
- etc.

### QUESTIONNEMENT

- Est-ce que ma réponse a du bon sens?
- Est-ce que je suis certain que ma réponse est bonne?
- Est-ce que j'ai tout vérifié?
- Est-ce que j'ai fait la preuve de mes calculs?
- Est-ce que j'ai cherché et vérifié au fur et à mesure?
- etc.

# DES LIENS QUI CONDUISENT À L'INTÉGRATION
# DE STRATÉGIES DÉJÀ DÉVELOPPÉES...

**PISTE 6: Situation intégrée des stratégies**

## COMMENT PUIS-JE COMPRENDRE CE QUE JE LIS?
### DÉMARCHE PERSONNELLE

1. Je contrôle mon impulsivité.

2. Je procède méthodiquement.
   a) Je lis le texte mot à mot.
   b) Je lis chaque question jusqu'au bout.
   c) J'encercle les données pertinentes.

3. Je suis persévérant.
   a) Je ne me décourage pas à la première incertitude.
   b) Je suis capable de mener mon projet à terme.

4. J'établis la certitude en révisant.
   a) Je relis chaque question et chaque réponse en m'assurant que la réponse trouvée répond bien à la question.
   b) Je vérifie si ma réponse a du bon sens.

5. Autres stratégies utilisées: _____

_Source: Patricia Saucier, pour le Centre de formation Jacqueline Caron Inc._

# 5.7 UN AGENDA «ANIMÉ»

*(Des pistes d'animation)*

## Contexte et intention

L'agenda est un outil qui a fait son entrée dans le monde scolaire depuis une dizaine d'années, autant au primaire qu'au secondaire. Beaucoup de dollars sont investis chaque année pour l'achat de ce matériel. Pourtant, l'agenda en soi ne peut pas changer les habitudes personnelles des élèves s'il n'est pas «animé».

Derrière l'utilisation de l'agenda se retrouvent des habiletés essentielles à la gestion de cet outil. L'élève est-il sollicité par le vécu de sa classe en ce qui a trait à ces habiletés? L'élève a-t-il une marge de manœuvre pour gérer son temps et ses possibilités? Un agenda peut être utilisé de façon très fermée et très mécanique, ou très libre si l'élève n'est pas soutenu dans cette démarche.

Animer l'agenda suppose non seulement des activités de présentation et d'animation de l'outil en soi, mais aussi des moments de conscientisation par rapport aux habiletés nécessaires à la gestion efficace d'un agenda. Parle-t-on avec les élèves de la planification, de la prévision, de la prise de décisions, de l'évaluation? En plus de définir avec eux ce que c'est, leur offre-t-on la possibilité de vivre des situations d'apprentissage leur permettant de développer ces habiletés? Voilà des dimensions intéressantes à explorer...

## Pistes d'utilisation

1. Présente et anime l'outil en soi:
   - c'est quoi, un agenda?
   - pourquoi l'utiliser?
   - comment s'en servir?
   - quand s'en servir? (*Voir page 215.*)

2. Sensibilise les élèves aux habiletés nécessaires pour gérer efficacement un agenda:
   - la planification;
   - la prévision;
   - l'évaluation;
   - la prise de décisions. (*Voir page 216.*)

3. Trouve avec le groupe-classe l'habileté qui apparaît la plus importante à travailler ou celle avec laquelle les élèves sont le moins à l'aise.

4. Vis des activités de formation en regard de cette habileté-cible. (*Voir pages 217 et 218.*)

5. Amène, par la suite, chaque élève à évaluer son fonctionnement dans la gestion de son agenda personnel. «Ce qui est facile pour moi, c'est... Ce qui est difficile, c'est...»

6. Invite chaque élève à se fixer des objectifs personnels en regard d'une habileté qu'il ne maîtrise pas bien.

## Pistes d'utilisation *(suite)*

7. Crée des moments propices en classe pour que les élèves puissent développer l'habileté à faire des choix et à gérer leur temps:

    • menu ouvert avec plan de travail;

    • choix de thèmes pour une production écrite ou orale, une recherche;

    • projets personnels;

    • projet collectif;

    • activités «cinq minutes». (*Voir page 220.*)

8. Introduis même une banque de devoirs qui permettra aux élèves de faire des choix en fonction de leurs besoins ou de leurs intérêts. (*Voir page 221.*)

9. Gère le travail à la maison à l'intérieur d'un cadre à la fois rigoureux et souple: échéancier et plan de travail personnel.

10. Utilise beaucoup le projet personnel pour développer l'autonomie des élèves dans la gestion du temps. Tu peux aussi utiliser le projet collectif d'enrichissement. (*Voir page 219.*)

11. Dans le cadre des projets personnels (*voir volume 1, page 424*), fais la promotion de certaines activités axées sur la créativité ou la communication, telles qu'un livre à composer ou une enquête à mener. (*Voir page 222.*)

# ANIMATION DE L'OUTIL EN SOI

## 1. ANIMATION DU «QUOI?»

Faire observer divers modèles d'agenda: montrer le sien, exposer ceux des élèves, en emprunter à la secrétaire ou à la direction d'école, parler des agendas électroniques.

Faire décrire les différences observées: format, espace réservé à chaque jour, calendriers mensuels et annuel, informations de toutes sortes.

Amorcer une discussion sur les usagers des agendas:

- La plupart des travailleurs, dans divers domaines, en utilisent.
- Les étudiants de niveau collégial et universitaire en sont équipés aussi.
- Les parents des élèves en ont probablement un.
- Des secrétaires gèrent l'agenda de leur supérieur immédiat.

Faire explorer par les élèves le contenu de leur propre agenda en le feuilletant page par page. Faire visualiser les deux types d'utilisation: informations imprimées et aide-mémoire. Demander aux élèves d'énumérer les informations que peut contenir un agenda.

Exemples: horaire des cours, numéros des locaux, locaux des enseignantes, dates de remise de travaux, leçons et devoirs, dates d'examens, rendez-vous, anniversaires, congés, achats à faire, travaux à faire à la maison, adresses et numéros de téléphone, activités parascolaires, téléphones à faire, etc.

Attirer l'attention sur les informations imprimées dans l'agenda des élèves: règlements de l'école, horaire, projet éducatif, éléments de mathématique ou de français.

## 3. ANIMATION DU «COMMENT?»

Aider les élèves à découvrir la façon de retrouver les informations au moment où ils en auront besoin, à partir de la structure de leur agenda, de la table des matières, de l'ordre alphabétique, etc.

Aborder la partie aide-mémoire de l'agenda. Amener les élèves à énoncer ou du moins à comprendre certains principes de base:

- écrire au crayon à mine parce qu'il peut arriver qu'on veuille changer une inscription;
- adopter une écriture petite mais lisible;
- utiliser des abréviations, si l'on manque d'espace;
- conserver son agenda propre et ordonné;
- le réserver aux usages convenus avec l'enseignante;
- garder son agenda à portée de la main en classe;
- apporter son agenda chaque soir à la maison avec ses livres de classe;
- éviter de s'en servir pour écrire des messages personnels ou faire des dessins;
- éviter d'en déchirer des pages, même usagées.

## 2. ANIMATION DU «POURQUOI?»

Faire énumérer divers usages de l'agenda et faire ressortir deux catégories d'utilisation: les informations déjà imprimées que je peux consulter et l'aide-mémoire que je pourrai bâtir chaque jour.

Inviter les élèves à décoder les utilités de leur agenda scolaire.

## 4. ANIMATION DU «QUAND?»

Inviter les élèves à noter dans leur agenda toutes les périodes fixes de l'horaire: bibliothèque, éducation physique, laboratoire, etc., pour une certaine durée, soit l'étape, soit l'année entière.

Faire noter les devoirs et les leçons lorsque le besoin se manifeste. Au début, guider les élèves dans la bonne façon de procéder et leur allouer le temps nécessaire pour le faire correctement:

- noter l'échéance des devoirs et des leçons et non la date où ils sont donnés;
- noter tous les détails nécessaires à la bonne marche du travail: matière, page, numéro, tâche précise (lire, mémoriser, compléter, souligner les verbes en couleur);
- noter sur le calendrier mensuel les échéances importantes pour avoir un coup d'œil d'ensemble des travaux prévus;
- aider les élèves à répartir les tâches requises de façon réaliste dans des travaux d'envergure comme une recherche ou un projet personnel.
- Chaque tâche doit être notée à sa propre date d'échéance;
- habituer les élèves, aux moments opportuns, à noter dans leur agenda tous les détails dont ils voudront se souvenir: date d'une sortie, somme à apporter pour un dîner à l'école, matériel à apporter pour une expérience en classe;
- prévoir avec les élèves l'implication de leurs parents dans leur agenda: réserver un endroit pour un échange de messages, pour une signature hebdomadaire, etc.

Établir une routine d'utilisation de l'agenda dans la classe. Les élèves doivent consulter leur agenda régulièrement:

- le matin, au moment de planifier la journée;
- en fin d'après-midi; pour préparer leur sac d'école;
- chez eux, le soir, pour se donner des points
- de repère dans les devoirs et les leçons et pour se rappeler d'apporter à l'école, le lendemain, leurs espadrilles, leurs livres de bibliothèque, etc.

*Source:* Le savoir-apprendre, *commission scolaire d'Aylmer, Aylmer.*

# COMMENT DÉVELOPPER DES HABILETÉS ESSENTIELLES À LA GESTION DE L'AGENDA?

## 1. LA PLANIFICATION

**Habileté à élaborer une activité en se préoccupant du matériel requis, des étapes et des ressources nécessaires.**

Engager les élèves dans la planification d'un projet commun de nature pratique.

Exemple: Préparer une activité-fête pour souligner les anniversaires des élèves pour une période donnée.

Demander aux élèves comment la planification de ce projet pourrait se faire. Leur suggérer au besoin les étapes suivantes:

- établir l'objectif;
- diviser la tâche en plusieurs étapes;
- déterminer le moment (jour et heure) où se fera chacune de ces étapes;
- déterminer les rôles de chacun ou faire le partage des tâches.

Lorsque les élèves ont compris à quoi ressemble la planification, remplacer les projets de nature pratique par des projets de nature scolaire.

Exemple: Je vous donne une liste de quinze mots d'orthographe et vous avez trois jours pour en mémoriser l'orthographe. Mais faites d'abord votre planification.

Demander ensuite aux élèves d'élaborer un projet personnel. Les inviter à utiliser la démarche vécue antérieurement dans les projets de nature pratique ou scolaire.

Demander aux élèves qui maîtrisent bien la planification de servir de tuteurs et d'expliquer leurs stratégies à leurs camarades.

## 3. L'ÉVALUATION

**Habileté à considérer des données à partir de critères avant de poser un jugement.**

Apprendre aux élèves à établir des priorités et, par là même, à éliminer une importante source de stress.

- Amener les élèves à s'interroger sur cet aspect. Leur expliquer qu'on ne peut tout faire en même temps; qu'on a parfois intérêt à choisir une activité plutôt qu'une autre, à décider de ce qui est prioritaire, quitte à laisser tomber des activités intéressantes, à refuser une invitation, etc.
- Les aider à se familiariser avec des critères d'évaluation. Qu'est-ce qui fait que ce travail est plus important qu'un autre? Par quel travail dois-je commencer? Dans quoi dois-je mettre le plus d'énergie? Si je manque de temps, qu'est-ce que je peux laisser de côté? Qu'est-ce qui peut être remis à demain?
- Leur suggérer d'examiner le rapport effort/rendement. Si un travail compte peu pour la note finale, il n'est pas rentable d'y investir toutes ses énergies. Réussir à l'école, c'est aussi obtenir de bonnes notes!
- Trouver avec les élèves des pistes les aidant à établir des priorités.

Exemples:

1. Consacrer plus de temps aux matières difficiles.
2. Consacrer plus de temps aux travaux pour lesquels l'évaluation accorde plus de points.
3. Choisir les moments où l'on est le moins fatigué pour effectuer des tâches difficiles.
4. S'attaquer d'abord aux matières les plus difficiles.
5. Faire une tâche simple après une tâche complexe.

## 2. LA PRÉVISION

**Habileté à prévoir des choses, des événements, des réactions.**

Amener les élèves à prévoir le pourquoi de leur action de même que les résultats de cette action.

Prévoir même les éléments manquants de même que les réajustements possibles.

Exercer les élèves à prévoir l'influence de leur action par rapport à celles des autres:

action → réaction

## 4. LA PRISE DE DÉCISIONS

**Habileté à évaluer soigneusement des données à partir de l'expérience, de la logique ou du jugement.**

Rendre les élèves capables d'étudier et de comprendre toutes les solutions possibles d'un problème.

Les amener à reconnaître la valeur de chaque solution.

Développer leur capacité à prendre une décision finale.

*Source: Jean Archambault et Monique Doyon,* Apprendre ça s'apprend, *Montréal, CÉCM, 1988.*

# COMMENT APPRENDRE AUX ÉLÈVES À MIEUX GÉRER LEUR TEMPS?
## (BANQUE DE GESTES CONCRETS)

### PLANIFIER

1. Planifier un projet collectif mensuel dans la classe avec les élèves.

2. Organiser et planifier des jeux dans la cour de récréation.

3. À partir de cette liste, aider l'élève à établir des priorités.

4. Aider l'élève à répartir son temps, que ce soit pour une période, une journée ou une soirée.

5. Fixer avec l'enfant un horaire pour le travail à la maison comprenant des activités obligatoires encadrées dans un premier temps et des activités facultatives, choisies selon ses goûts personnels, dans un second temps.

6. Planifier une banque de devoirs pour les élèves. Cette banque pourrait être alimentée de devoirs à caractère scolaire ou de devoirs développementaux. De plus, elle pourrait être gérée hebdomadairement. On pourrait la remettre à jour chaque mois ou à chaque étape de l'année, ou encore faire le choix de l'épurer et de l'alimenter chaque semaine.

7. Élaborer une banque de projets personnels où chacun pourrait travailler en fonction de ses intérêts, de ses besoins ou de ses préoccupations.

8. Favoriser la participation des élèves à la vie de la classe par le biais du conseil de coopération.

9. Établir des procédures de fonctionnement dans la classe, afin d'éviter les pertes de temps.

### PRÉVOIR

10. Mesurer avec les enfants le temps qu'ils prennent pour s'habiller et se déshabiller.

11. Fixer la durée d'un travail avant de le commencer afin d'apprendre aux élèves à travailler avec des limites de temps.

12. Prévoir le temps en fonction de ces activités. Suggestion: Proposer un échéancier.

13. Faire avec l'élève la liste des activités, des travaux à faire avant qu'il ne quitte l'école; autrement dit, déterminer avec lui ce qui est à faire à la maison.

14. Habituer l'élève à prévoir son matériel à chacune des pauses entre les cours.

15. Introduire un certain nombre d'activités «cinq minutes» de consolidation ou de récupération.

16. Donner des périodes où l'enfant a un choix à faire parmi certaines activités d'apprentissage. Suggestion: Menu ouvert avec choix d'activités.

17. Faire participer les élèves à l'aménagement de la classe.

18. Effectuer un partage des tâches, des responsabilités entre les élèves de la classe.

19. Faire participer les élèves au conseil étudiant de l'école ou de la classe.

20. Se concerter avec les enseignantes du secondaire pour doser les travaux à faire à la maison afin que ce soit plus facile pour l'élève de gérer son temps quotidiennement.

21. Apprendre graduellement à l'enfant à faire des choix, à partir de ses loisirs personnels et de son travail scolaire.

22. Donner à l'élève une certaine liberté dans la gérance d'une activité, même au risque qu'il y ait erreur. Il est important d'évaluer avec lui ce qui peut sembler une erreur afin de réinvestir positivement.

## ÉVALUER

23. Déterminer avec les élèves les causes qui font que certains prennent beaucoup de temps pour démarrer une activité.

24. Prendre le temps de faire un retour pour évaluer ce qui s'est passé.
    Qui a respecté son échéancier? Pourquoi?
    Qui a éprouvé des difficultés à le respecter? Pourquoi?
    Qui n'a pas réussi à le respecter? Pourquoi?

25. _____

26. _____

27. _____

28. _____

29. _____

30. _____

# DES ACTIVITÉS DE FORMATION POUR GÉRER LES MOMENTS LIBRES
## (ACTIVITÉS «CINQ MINUTES»)

### Consolidation

- Jogging mathématique: petits problèmes mathématiques, calcul mental

- Mot-mystère sur du vocabulaire déjà vu

- Mots croisés sur des notions grammaticales

- Écriture cursive

- Charade, devinette, énigme à résoudre

- Classification de mots par ordre alphabétique

- Jeux d'addition et de multiplication avec objets stimulants: dés, cartes à jouer, sablier

- Phrases à remettre en ordre

- Jeu d'associations (images et mots)

- Fiches de français ou de mathématique portant sur un contenu notionnel très précis

- _____
  _____

- _____
  _____

- _____
  _____

### Enrichissement

- Activités d'anti-coloriage

- Jeu «Tangram»

- Observation avec loupe ou microscope

- Responsabilité personnelle à assumer

- Invention d'une charade, d'une devinette

- Illustration d'une histoire

- Création de rimes

- Construction d'un solide géométrique avec carton ou pâte à modeler

- Préparation d'une nouvelle de l'actualité qui fera partie du téléjournal en classe

- Création d'un message publicitaire sur le village, la ville, la région, la province ou le pays

- Lecture libre

- Question énigmatique à résoudre (question de culture générale)

- Utilisation du journal de bord personnel de chaque élève

- Création d'une activité «cinq minutes»

- _____

- _____

# DES ACTIVITÉS DE FORMATION POUR GÉRER LES MOMENTS LIBRES
## (BANQUE DE PROJETS COLLECTIFS)

- Murale de Noël

- Recherche sur le nom du groupe-classe ou de chacune des équipes

- Montage d'un guide alimentaire: illustration et classification des quatre groupes d'aliments

- Livre géant sur les quatre saisons: illustration et classification à partir des événements, des vêtements, des activités extérieures

- Illustration de la ligne du temps

- Élaboration d'un coffret de problèmes écrits à partir de critères précis

- Construction d'une maquette du quartier ou du village avec des formes géométriques et des dimensions précises

- Élaboration d'un prétest sur une matière donnée. Chaque élève est invité à préparer une question en lien avec un objectif ou un contenu notionnel précis.

- Murale sur les sports d'hiver

- Fabrication d'une carte du monde

- Planification d'une fête ou d'une sortie

- Préparation d'un rallye

- Correspondance scolaire

- Création d'un casse-tête

- Casse-tête géant à reconstituer

- Travail auprès d'organismes communautaires

- Album de finissants

- Journal de classe

- Création d'un théâtre de marion-nettes

- _____

- _____

- _____

- _____

- _____

# POUR DÉVELOPPER L'AUTONOMIE
## (BANQUE DE DEVOIRS DÉVELOPPEMENTAUX)

- Recherche à partir d'un livre de bibliothèque

- Construction de machines simples (sciences de la nature)

- Construction de mobiles à partir de solides géométriques

- Création de mots croisés ou de mots-mystères

- Création de bandes dessinées avec messages

- Correspondance personnelle

- Cartes de souhaits

- Lecture d'un journal ou d'une revue

- Partie de Scrabble avec un membre de ma famille

- Écoute d'une émission de télévision dans une langue différente de la langue maternelle

- Recette pour cuisiner un mets

- Faire le récit, le résumé, la critique d'un film ou d'un livre

- Invention d'un jeu-questionnaire

- Création de matériel pour l'enseignante: matériel de manipulation, mots-étiquettes, référentiels visuels

- Poème à composer

- Problèmes écrits à inventer

- Activité manuelle: tricot, macramé, broderie, bricolage, peinture

- Logiciels ouverts en informatique

- Projet personnel

- Collection de timbres à compléter

- Pratique d'un instrument de musique

- Participation à un concours offert dans les écoles

- Enquête sur un sujet précis

- _____

- _____

# POUR DÉVELOPPER LA QUALITÉ DE TA COMMUNICATION

## (DÉMARCHE POUR MENER UNE ENQUÊTE)

1. Je décide d'abord du thème de mon enquête. Je peux d'abord faire la liste de plusieurs sujets qui m'intéressent. Par la suite, je peux les évaluer à tour de rôle. Enfin, je peux choisir le sujet qui me plaît davantage.

2. Je décide aussi de la clientèle à qui s'adressera l'enquête:
   a) nombre de personnes interrogées;
   b) sexe;
   c) occupation, profession;
   d) âge;
   e) lieu de résidence.

3. J'entreprends mon enquête en ayant bien soin de noter les réponses qui me sont données.

4. Je compile les résultats.

5. Je peux communiquer les résultats de mon enquête par le biais d'un histogramme ou d'un graphique.

**Histogramme (une seule variable)**

Illustre la performance
de quatre élèves aux
olympiades scolaires

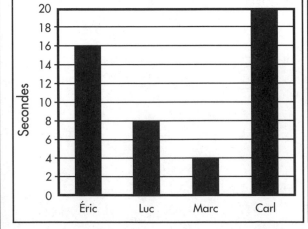

**Graphique (deux variables)**

Illustre la température
sur une période
de sept jours

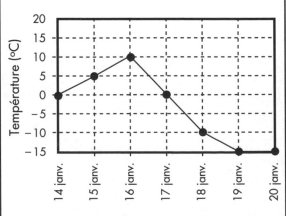

## 5.8 DES APPRENTISSAGES INTÉGRÉS À ÉVALUER

*(Faire autrement)*

## Contexte et intention

Dans la relance au sujet de l'évaluation, on a énoncé explicitement que la démarche d'évaluation faisait partie intégrante du processus d'apprentissage de l'élève.

Or, dans les faits, on n'arrive pas à actualiser cette réalité. Même si la démarche d'évaluation formative est sensée occuper une place importante en classe, on trouve énormément de tests, de contrôles, d'examens, de gels d'horaire, etc.

Actuellement, on pourrait dire que l'on enseigne pour évaluer, alors qu'on devrait évaluer pour mieux enseigner.

Et que dire du rôle de l'élève dans l'évaluation de ses apprentissages! Sa participation est très mince. De plus, lorsqu'on prend le risque de le faire participer, on est souvent habité par la peur ou l'insécurité que l'élève ne soit pas à la hauteur de la situation.

Il faut apporter des changements profonds dans les moyens pour recueillir des informations et les consigner.

Et si l'on décidait de faire autrement? Si l'enseignante vivait l'évaluation formative dans le quotidien? Et si l'élève devenait un partenaire important dans l'évaluation des apprentissages?

## Pistes d'utilisation

1. Dresse l'inventaire des moyens que tu utilises présentement en classe:
   - pour recueillir des informations en vue de porter un jugement;
   - pour consigner les informations recueillies.

2. Que constates-tu? Ces moyens sont-ils nombreux? variés? Font-ils appel à la participation de l'élève? Relèvent-ils surtout de toi? Sont-ils intégrés aux apprentissages de tous les jours? Sont-ils contingentés dans une partie intensive d'évaluation que l'on retrouve à la fin d'une semaine, d'un mois ou d'une étape du calendrier scolaire?

3. Prends connaissance d'une banque de stratégies d'évaluation formative:
   - évaluation sur le terrain;
   - évaluation instrumentée.
     (*Voir pages 226 et 227.*)

   Essaie d'intégrer quelques stratégies nouvelles à chacune des étapes de l'année scolaire.

4. Trouve des façons d'engager l'élève dans l'appropriation de ses apprentissages:
   - par l'autocorrection;
   - par l'objectivation;
   - par l'auto-évaluation. (*Voir page 228.*)

5. Invite l'élève à se monter un dossier d'apprentissage tout au long de l'année scolaire. Guide-le dans l'élaboration de son portfolio. (*Voir pages 230 à 232.*)

## Pistes d'utilisation *(suite)*

6. Mets en place un journal de bord qui te servira d'instrument de consignation. Démarre-le en ciblant d'abord une seule dimension, puis augmente progressivement sa complexité. (*Voir pages 229 et 230.*)

7. Invite aussi l'élève à se servir d'un journal de bord pour mettre des mots sur ce qu'il apprend et sur sa façon de l'apprendre. Préoccupe-toi d'animer cet outil en fournissant à l'élève des pistes d'objectivation à la fois variées et concrètes. Réfère-toi à l'outil 6.1, «Parle-moi de toi et de tes apprentissages», aux pages 241 à 248.

# DES APPRENTISSAGES
# À ÉVALUER

Le développement des compétences exige qu'on tienne compte de l'expérience de l'élève, de ses connaissances, de ses habiletés et de son cheminement. En tenant compte de ces dimensions, on peut prévoir plus facilement l'aide pédagogique dont il aura besoin. Et c'est là le sens même de l'évaluation formative.

L'évaluation formative a été présentée comme une étape intégrée à la démarche d'apprentissage et d'enseignement. Source de renseignements essentiels à l'élève et à l'enseignante, elle permet à chacun de se situer dans son action et de s'ajuster en cours de route, et elle favorise ainsi une plus grande efficacité. L'utilisation de ce type d'évaluation se fonde sur une attitude positive face à l'évaluation, attitude qui aidera grandement l'élève tout au long de ses études et même de sa vie personnelle.

Pour que l'évaluation formative soit vécue dans cette perspective, il faut revoir ses stratégies d'évaluation formative. Dans le fascicule du MEQ, *Éléments de docimologie – L'évaluation formative*, l'on propose une variété d'instruments de mesure et d'instruments de consignation.

Si l'on se rappelait ces méthodes de recherche d'information afin de cerner son portrait d'évaluateur? Quels sont les moyens que j'utilise pour évaluer? Sont-ils variés? Quels sont les moyens auxquels j'ai recours le plus souvent? Quels sont les moyens que je n'utilise pas? Pourquoi? Y en a-t-il que je ne connais pas? Y en a-t-il qui me font peur?

# BILAN DES MOYENS UTILISÉS
## Variété des stratégies d'évaluation

### ÉVALUATION «SUR LE TERRAIN» (non consignée)

- **L'observation:** Elle permet de déterminer l'intérêt, la motivation, l'état d'âme par le non-verbal. Au cours des situations d'apprentissage, l'observation permet de repérer des difficultés chez certains élèves et des acquisitions chez d'autres.

- **Le questionnement:** Il permet de vérifier si le processus d'apprentissage progresse normalement. (L'art d'enseigner, c'est aussi l'art de questionner judicieusement.)

- **L'écoute:** Elle permet de saisir ce que l'élève ne comprend pas lors des conversations entre élèves ou avec l'enseignante.

- **L'analyse des réponses:** Elle permet de vérifier comment l'élève a interprété la consigne et la tâche et quel a été son cheminement pour parvenir au résultat quand on lui a proposé des travaux ou des activités.

### ÉVALUATION «INSTRUMENTÉE» (consignée au besoin)

- **Grille d'observation:** À partir d'une liste d'éléments observables contrôlée par l'enseignante pour des tâches spécifiques.

- **Le questionnaire oral:** Plus structuré et plus sélectif que le «questionnement». Il doit s'adresser au plus grand nombre d'élèves possible et permet de repérer les sujets en difficulté.

- **Le questionnaire écrit:** Il permet de mesurer un nombre restreint d'objectifs. C'est probablement la méthode la plus utilisée, mais ce n'est pas la seule valable. Ces questionnaires peuvent être orientés vers des réponses fermées ou ouvertes.

- **Grille d'évaluation descriptive:** Elle est utilisée par l'enseignante ou par les pairs pour évaluer des habiletés par des comportements observables. Cette échelle d'appréciation peut être utile dans la co-évaluation par le groupe, par une équipe ou par un pair.

- **Grille d'auto-évaluation:** Elle est remplie par l'élève. Elle donne sa perception de ses acquis, de ses comportements, de sa performance.

- **Portfolio:** Dossier dans lequel on verse des informations et des documents qui permettent aux élèves, aux parents et aux enseignantes de mesurer le chemin parcouru. Il se distingue du dossier cumulatif dont on fait usage dans de nombreuses classes.

*Source: D'après Daniel Guillot, conseiller pédagogique, commission scolaire de l'Abesterie, Asbestos.*

# STRATÉGIES D'ÉVALUATION FORMATIVE

| Évaluation «sur le terrain» (non consignée) | Étape 1 | | | Étape 2 | | | Étape 3 | | | Étape 4 | | |
|---|---|---|---|---|---|---|---|---|---|---|---|---|
| 1. L'observation | | | | | | | | | | | | |
| 2. Le questionnement | | | | | | | | | | | | |
| 3. L'écoute | | | | | | | | | | | | |
| 4. L'analyse des réponses | | | | | | | | | | | | |

| Évaluation «instrumentée» (consignée au besoin) | Étape 1 | | | Étape 2 | | | Étape 3 | | | Étape 4 | | |
|---|---|---|---|---|---|---|---|---|---|---|---|---|
| 5. La grille d'observation | | | | | | | | | | | | |
| 6. Le questionnaire oral | | | | | | | | | | | | |
| 7. Le questionnaire écrit (à réponses fermées) | | | | | | | | | | | | |
| 8. Le questionnaire écrit (à réponses ouvertes) | | | | | | | | | | | | |
| 9. Grille d'évaluation descriptive (co-évaluation par le groupe) | | | | | | | | | | | | |
| 10. Grille d'évaluation descriptive (co-évaluation par une équipe) | | | | | | | | | | | | |
| 11. Grille d'évaluation descriptive (co-évaluation par un pair) | | | | | | | | | | | | |
| 12. Portfolio | | | | | | | | | | | | |

*Source: D'après Daniel Guillot, conseiller pédagogique, commission scolaire de l'Asbesterie, Asbestos.*

# DES APPRENTISSAGES À AUTO-ÉVALUER

Apprendre à l'élève à s'auto-évaluer, c'est le rendre plus autonome et plus responsable de ses apprentissages (Scallon, 1988, p. 145), l'inciter à tenir compte de ses processus cognitifs et à développer ses capacités métacognitives. Pour d'autres auteurs, c'est aider l'élève à structurer ses apprentissages, à organiser ses prestations, à porter un regard critique sur ses productions en vue de les améliorer.

Faire participer l'élève à l'auto-évaluation de ses apprentissages, c'est accepter de lui donner du pouvoir sur ceux-ci. Toutefois, une enseignante doit être consciente du fait qu'un élève apprend à s'auto-évaluer lentement. De nombreux auteurs soutiennent que la formation de l'élève doit être progressive pour que celui-ci en arrive à une compréhension certaine de son rôle et de la tâche à accomplir.

Pourquoi ne pas le faire participer d'abord à des tâches plus simples, telles l'autocorrection, l'objectivation, pour en arriver par la suite à l'auto-évaluation? Si on prenait le temps avec les élèves de nuancer les trois processus suiants, à la fois différents et complémentaires?

## AUTOCORRECTION

### AUTOCORRECTION DANS UN CONTEXTE FERMÉ

Je vérifie si mes réponses sont bonnes ou mauvaises à l'aide d'une clé de correction.

### AUTOCORRECTION DANS UN CONTEXTE OUVERT

J'améliore ma réalisation en intégrant les critères choisis et en examinant la façon dont je comprends ces critères.

## OBJECTIVATION

Je fais un retour pour prendre conscience de mes apprentissages et des moyens que j'ai utilisés pour apprendre.

Je mets des mots sur ce que j'ai appris et sur la façon dont je l'ai appris.

Je fais le récit de mes apprentissages.

## AUTO-ÉVALUATION

Je porte un jugement sur mes apprentissages, en regard d'objectifs prédéfinis, à partir de critères précis d'appréciation.

Je peux porter ce jugement sur la qualité de mon cheminement, de mon travail ou de mes acquis.

# DES APPRENTISSAGES À CONSIGNER

## Comment conserver le portrait des apprentissages?

Une caractéristique importante de l'évaluation formative est sa rapidité d'exécution. En effet, quelque soit la modalité choisie, le jugement et la décision doivent suivre de très près les activités d'apprentissage.

On peut se demander quels moyens prendre pour arriver à baser ses jugements sur des renseignements solides, surtout lorsqu'on a de nombreux élèves. Très souvent, le manque d'instruments de consignation en classe contribue à un usage abusif de l'évaluation. On ne se fait plus confiance et l'on se sent obligé de justifier devant les parents le jugement noté sur le bulletin par une batterie d'examens que l'on appelle des épreuves évaluatives.

Dans le fascicule du MEQ, *Éléments de docimologie    L'évaluation formative*, l'on rappelle que peu importe l'outil ou le formulaire de consignation, celui-ci doit répondre aux caractéristiques suivantes:

- Être **informatif**: il permet d'informer sur les apprentissages réalisés;
- Être **pratique**: il permet d'agir adéquatement;
- Être **économique**: il est facile à compléter et ne requiert que peu de temps.

Dans cette foulée, l'on pourrait parler de deux outils principaux. L'un, le journal de bord, serait destiné surtout à l'enseignante, tandis que l'autre, le portfolio, serait destiné à l'élève et à ses parents.

## LE JOURNAL DE BORD

Outil destiné à l'enseignante, le journal de bord comprend des feuilles de route constituées de tableaux, selon ce que l'on désire recueillir comme informations.

Toujours dans ce même fascicule du MEQ, l'on mentionne sept types de tableaux que l'on aurait grandement intérêt à connaître, à élaborer et à utiliser:

- *Tableau pour l'enregistrement des activités entreprises par les élèves:* Tableau à double entrée où l'enseignante ou les élèves peuvent inscrire les activités commencées ou terminées.

- *Tableau pour l'enregistrement des performances graduées:* Tableau à double entrée où l'enseignante peut enregistrer, à l'aide d'un code, une appréciation du degré de maîtrise atteint par les élèves pour chacune des activités.

- *Tableau pour l'enregistrement des auto-appréciations:* Tableau à double entrée où l'élève peut enregistrer plusieurs auto-appréciations à partir de situations d'apprentissage différentes. On lui fournit l'opportunité d'observer régulièrement sa méthode de travail et de juger de l'efficacité de celle-ci.

- *Tableau pour l'enregistrement de notions acquises:* Tableau à double entrée où l'enseignante peut consigner plusieurs auto-appréciations à partir de situations d'apprentissage différentes. On peut s'en servir pour tout le groupe d'élèves ou pour quelques-uns seulement.

- *Tableau pour l'enregistrement de notions acquises et du rythme d'apprentissage:* Feuille de route individuelle pour chaque élève où l'enseignante ou l'élève enregistre le rythme d'apprentissage en regard d'un objectif ou d'un contenu notionnel.

- *Tableau pour l'enregistrement des méthodes utilisées par l'élève:* Grille à double entrée où l'enseignante note les méthodes utilisées par les élèves.

- *Tableau pour l'enregistrement des objectifs atteints:* Formulaire à double entrée pouvant être utilisé à plusieurs reprises pour établir le portrait de la classe par rapport à plusieurs objectifs d'apprentissage. Ce tableau permet à l'enseignante de suivre l'évolution de chaque élève.

## LE PORTFOLIO

Outil destiné à l'élève.

### Définition

Dans son *Dictionnaire actuel de l'éducation*, Renald Legendre le définit ainsi: Document écrit dans lequel les acquis de formation d'une personne sont définis, démontrés et articulés en fonction d'un objectif. Landry, F. (1987).

Pour sa part, Georgette Goupil et Guy Lusignan le définissent ainsi dans leur livre *Apprentissage et enseignement en milieu scolaire*: Le portfolio est une collection significative et intégrée des travaux de l'élève illustrant ses efforts, ses progrès et ses réalisations dans un ou plusieurs domaines. Cette collection repose sur des normes de performance et témoigne de la réflexion de l'élève et de sa participation dans la mise au point de celle-ci, le choix des contenus et les jugements portés. Le portfolio indique ce qui est appris et en quoi c'est important.

Finalement, ne pourrait-on pas dire qu'il s'agit d'un album dont les «images» illustrent le cheminement du vécu scolaire de l'élève, autant sur le plan affectif que sur le plan des apprentissages? Toutefois, il ne faudrait pas que le portfolio ne consiste qu'en des photographies de moments isolés et sans suite. Il faudrait arriver à créer l'impression d'une vidéo conçue à partir d'un montage illustrant la continuité et la diversité.

### Origine

La démarche d'élaboration du portfolio a été faite aux États-Unis, principalement par le Council for Adult and Experiential Learning, qui a prouvé par de nombreuses recherches que c'était un procédé valide et fidèle.

En Grande-Bretagne et aux États-Unis, l'usage du portfolio est apparu en réaction contre l'emploi des tests d'évaluation standardisés, qui ne tenaient aucun compte de la vie de la classe, de l'élève comme personne globale en état de développement ou des progrès accomplis sur le plan des apprentissages.

Au Canada, le système d'évaluation des apprentissages centré sur le portfolio a été expérimenté en Colombie-Britannique.

Au Québec et dans les autres provinces où l'on retrouve des minorités francophones, le portfolio est utilisé de façon isolée, souvent intuitive, car il existe très peu de littérature francophone sur ce sujet.

## Catégories

| | |
|---|---|
| *Portfolio affectif* | Dossier social et affectif où l'on illustre ou décrit les caractéristiques importantes d'une personne: ses goûts, ses intérêts, ses ambitions. Ce dossier peut tenir compte des différentes étapes d'une vie. Très bon moyen pour une activité d'accueil et de présentation en début d'année. |
| *Portfolio des apprentissages (portfolio d'évaluation)* | Dossier permettant à l'élève de consigner ses apprentissages en accumulant et en classant ses activités, ses découvertes, ses recherches, ses réflexions, ses prises de conscience. Ainsi, un «portrait authentique» de l'élève se dégage, ce qui permet de voir ses progrès, son cheminement et, surtout, les moyens qu'elle ou il prend pour arriver au but. |
| *Portfolio mixte* | Dossier où on combine l'aspect affectif et cognitif (vie personnelle et vécu d'apprentissage). |
| *Portfolio de présentation* | Ensemble des travaux, pièces, exposés que l'élève propose comme preuve de son apprentissage. |

## Avantages

- Permet une évaluation efficace en situation réelle.
- Permet d'établir le cheminement de l'apprentissage de chacun, sans comparaison.
- Peut être utilisé facilement par tous les élèves, même par ceux qui sont en difficulté.
- Permet à l'élève d'être un participant et non un objet d'évaluation.
- Évite les erreurs de l'évaluation par une seule personne.
- Donne une évaluation qualitative respectant les critères choisis.
- Favorise les échanges élèves/parents au moment de la transmission du portfolio aux parents.
- Permet de faire participer l'élève et les parents au moment de la définition des défis à relever pour une prochaine étape.

**Contenu**

Comme la force réelle du portfolio réside dans sa diversité et dans sa capacité de représenter l'apprentissage de chaque élève dans son unicité, il doit refléter le travail de l'élève, ses intérêts ainsi que les projets et les activités menés dans la classe.

- Productions retenues par l'élève;
- Réflexions personnelles sur sa vie en classe;
- Grilles d'objectivation;
- Observations des parents;
- Observations des pairs;
- Grilles d'auto-évaluation;
- Commentaires généraux de l'enseignante sur le cheminement de l'élève;
- Remarques de l'élève sur ses réalisations;
- Journal de bord personnel de l'élève;
- Projets personnels ou d'équipe.

**Gestion**

L'élève choisit, parmi les travaux effectués en classe de manière individuelle ou en sous-groupe, les éléments jugés les plus pertinents pour son évaluation. Il peut consulter ses partenaires (enseignante, parents et pairs) pour faire ce choix.

Au moment de la transmission de l'évaluation du portfolio aux parents, l'élève est la ressource première. Toutefois, l'enseignante veille à préparer ce dernier à cette démarche.

*Source: Les informations sur le portfolio ont été recueillies dans les deux ouvrages suivants et adaptées par l'auteure:*

*Louise Bélair,* Profil d'évaluation, *Montréal, Les Éditions de la Chenelière, 1995, p. 53-55.*

*Georgette Goupil et Guy Lusignan,* Apprentissage et enseignement en milieu scolaire, *Montréal, Gaëtan Morin Éditeur ltée, 1993, p. 304-306. Reproduit avec la permission de l'éditeur.*

# Références bibliographiques

ARCHAMBAULT, Jean et Monique DOYON. *Apprendre ça s'apprend! La méthodologie du travail intellectuel*, Montréal, CECM, 1988.

AUDY, Pierre *et al.* «La prévention des échecs et des abandons scolaires par l'actualisation du potentiel intellectuel (API)», *Revue québécoise de psychologie*, vol. 14, n° 1, 1993.

BARTH, Britt-Mari. *Le savoir en construction*, Paris, Les Éditions Retz, 1993.

BÉGIN, Christian. *Devenir efficace dans ses études*, coll. «Agora», Montréal, Éditions Beauchemin, 1992.

BÉLAIR, Louise. *Profil d'évaluation*, Montréal, Les Éditions de la Chenelière, 1995.

BÉLANGER, René. *Apprendre à lire et à écrire au primaire, Guide à l'intention des parents,* Montréal, Les Éditions de l'Homme, 1992.

CANAL, Jean-Luc, Pascal PAPILLON et Jean-François THIRION. *Les outils de la PNL à l'école*, Paris, Les Éditions d'Organisation, 1994.

CARON, Jacqueline et Ernestine LEPAGE. *Vers un apprentissage authentique de la mathématique*, cahier n° 10, coll. «Outils pour une pédagogie ouverte», Victoriaville, Les Éditions NHP, 1985.

CAYROL, Alain et Josianne DE SAINT-PAUL. *Derrière la magie — la programmation neuro-linguistique*, Paris, Inter-Éditions, 1984.

CONSEIL SUPÉRIEUR DE L'ÉDUCATION. *Évaluer les apprentissages au primaire: un équilibre à trouver (50-0387)*, Sainte-Foy, Direction des communications du Conseil supérieur de l'éducation, 1992.

DE KONINCK, Godelieve. *À quand l'enseignement? Plaidoyer pour la pédagogie*, Montréal, Les Éditions Logiques, 1996.

ESSER, Monique. *La P.N.L. en perspective*, Bruxelles, Les Éditions Labor, 1994.

GAGNÉ, Pierre-Paul. *Trucs et astuces pour apprendre à penser* (à paraître).

GOUDMAN, Ken. *Le pourquoi et le comment du langage intégré*, Richmond Hill, Scholastic, 1989.

GOUPIL, Georgette et Guy LUSIGNAN. *Apprentissage et enseignement en milieu scolaire*, Boucherville, Gaëtan Morin Éditeur ltée, 1993.

GROUPE DE RECHERCHE-ACTION AQUITAINE, sous la direction de Christiane Pébrel. *La gestion mentale à l'école*, Paris, Les Éditions Retz, 1993.

LA GARANDERIE, Antoine de. *Tous les enfants peuvent réussir*, Paris, Les Éditions du Centurion, 1988.

LEGENDRE, Renald. *Dictionnaire actuel de l'éducation*, 2e édition, Montréal, Guérin, Paris, Eska, 1993.

MEIRIEU, Philippe et Jacques TARDIF. «Stratégies pour favoriser le transfert des connaissances», *Vie pédagogique,* n° 98, mars-avril 1996.

MEIRIEU, Philippe. *Enseigner, scénario pour un métier nouveau*, coll. «Pédagogies», Paris, Les Éditions E.S.F., 1992.

MINISTÈRE DE L'ÉDUCATION. *Éléments de docimologie. L'évaluation formative 3, (16-7266)*, Québec, Direction générale du développement pédagogique, 1984.

PARÉ, André. *Créativité et pédagogie ouverte*, volume 3, Laval, Les Éditions NHP, 1977.

SAINT-ONGE, Michel. *Moi j'enseigne, mais eux apprennent-ils?*, Montréal, Éditions Beauchemin, 1992.

SAINT-ONGE, Michel. «Comment répondre aux besoins des élèves?», *Vie pédagogique,* n° 86, novembre-décembre 1993.

SCALLON, Gérard. *L'évaluation formative des apprentissages: La réflexion, première partie*, Québec, Les Presses de l'Université Laval, 1988.

TARDIF, Jacques. *Pour un enseignement stratégique. L'apport de la psychologie cognitive*, Montréal, Les Éditions Logiques, 1992.

# CHAPITRE 6

## Enrichir sa pratique: donner du pouvoir à l'élève sur ses apprentissages

**6.1**   Parle-moi de toi et de tes apprentissages

**6.2**   Les habiletés: des richesses à observer et à exploiter

**6.3**   Savoir décoder et gérer les styles d'apprentissage

**6.4**   Planifier et évaluer… deux inséparables

**6.5**   Des scénarios d'enseignement-apprentissage à l'ombre des ateliers

**6.6**   Une nouvelle piste à explorer: les centres d'apprentissage

**6.7**   Intégrer des matières pour mieux intégrer des apprentissages

**6.8**   Vers un apprentissage coopératif

**Références bibliographiques**

## UNE CLÉ MAÎTRESSE: LE PROJET D'APPRENTISSAGE

### Mise en situation

Sara vient de terminer un cours sur la gestion mentale. Elle en est ressortie avec la conviction que, sans «projet d'apprendre», il n'y a pas d'apprentissage possible.

Que faire maintenant pour mettre ses élèves en projet d'apprentissage? C'est là son défi. Peut-être est-ce le tien? Si oui, inspire-toi des pistes suggérées.

### DES PISTES POUR ENGAGER L'APPRENANT

1. Revois d'abord les données du volume 1:

| Volume 1 |
| --- |

**p. 100 à 106:** Climat et motivation

**p. 197 à 204:** Processus d'apprentissage

**p. 86 à 87** et **p. 217 à 223:** Motivation

**p. 296 à 301** et **p. 323 à 330:** Objectivation du vécu des apprentissages

**p. 308 à 311:** Transfert

**p. 348 à 353** et **p. 369 à 380:** Gestion des groupes de travail

**p. 376 à 377**et **p. 424 à 427:** Projet personnel

2. À la page suivante, il y a des composantes sur lesquelles tu peux intervenir afin de placer les élèves en projet d'apprentissage.

3. Élabore un mini-plan d'action composé de deux à trois pistes que tu désires scruter, approfondir et intégrer à ta pratique actuelle. Mets de l'ordre dans les défis que tu désires relever.

**UNE CLÉ MAÎTRESSE:** le projet d'apprentissage

**Apprenant**

**Environnement**

**Transfert des apprentissages**

Processus
d'apprentissage
et fonctionnement
du cerveau
Motivation scolaire
Rythmes
d'apprentissage
Styles d'apprentissage

Climat
Interrelations
avec les pairs
Matériel-support
à l'apprentissage

Démarche d'apprentissage
Traitement de l'information:
mémoire à court terme et
à long terme
Outillage cognitif: démarche,
procédures et stratégies
d'apprentissage
Objectivation

## UNE CLÉ MAÎTRESSE: «Faire AVEC l'élève»

**Planification pédagogique**

**Organisation pédagogique**

**Intervention pédagogique**

**Évaluation pédagogique**

Planification intermédiaire
Planification de l'évaluation sommative
Planification à long terme et à court terme
Planification de l'évaluation formative
Scénario d'apprentissage
Situation d'apprentissage
Activité d'apprentissage
Matériel didactique
Matériel de manipulation
Équipement
Logiciels

Outils de gestion du temps
Situations d'approfondissement
Situations d'enrichissement
Situations de consolidation
Aménagement des groupes de travail
Aménagement de l'espace
Grilles de planification à l'intention des élèves

Intervenante
Environnement riche et stimulant
Animation
Modelage
Pratique guidée
Pratique par les pairs
Pratique autonome
Stratégies d'enseignement: similitudes et analogies, exemples et contre-exemples

Évaluation formative interactive
Évaluation formative rétroactive
Évaluation sommative
Démarche d'évaluation: intention, objet d'évaluation, instruments de mesure, jugement, décision-action
Seuil de réussite

# UNE CLÉ MAÎTRESSE: «FAIRE AVEC L'ÉLÈVE»

## Mise en situation

Sarto vient de lire des articles traitant de l'apprentissage authentique et de l'enseignement stratégique.

Après ces lectures, il se demande: «Suis-je un enseignant stratégique? Mon enseignement est-il stratégique? Mes élèves réalisent-ils des apprentissages durables et transférables?»

Peut-être te poses-tu les mêmes questions? En parlant avec tes collègues, tu sens qu'ils sont en train de prendre un tournant dans le «comment enseigner de façon plus stratégique?» et le «comment apprendre de façon plus stratégique?».

Tu as le goût de relever des défis en ce sens? Prends d'abord connaissance des clés de la page précédente. Ensuite, inspire-toi des pistes suivantes.

## DES PISTES POUR GÉRER L'ENSEIGNEMENT AVEC LES ÉLÈVES

1. Revois d'abord les pages suivantes:

| Volume 1 |
| --- |

**p. 272 à 280:** Grilles d'auto-analyse
**p. 281 à 289:** Planification de l'enseignement
**p. 289 à 294:** Animation des situations d'apprentissage
**p. 295 à 301:** Médiation et l'objectivation
**p. 301 à 308:** Évaluation des apprentissages

2. À l'aide des clés de la page précédente, détermine tes forces et tes faiblesses. Note tes questions.

3. Tu pourrais trouver des éléments de solution en sélectionnant quelques ouvrages de la bibliographie de la page 333 et en consultant les outils suivants:

   p. 271: Planifier et évaluer... deux inséparables
   p. 279: Des scénarios d'enseignement-apprentissage à l'ombre des ateliers
   p. 286: Une nouvelle piste à explorer: les centres d'apprentissage
   p. 299: Intégrer des matières pour mieux intégrer des apprentissages

4. Élabore un mini-plan d'action comprenant deux à trois défis relatifs à l'enseignement dans le cadre de la gestion de classe participative.

# APPRENDRE

Apprendre, c'est découvrir ce que tu sais déjà.

Faire, c'est démontrer que tu le sais.

Enseigner, c'est rappeler aux autres qu'ils savent aussi bien que toi.

Vous êtes tous apprenants, faisants et enseignants.

*Source: Richard Bach, Illusions, Paris, Flammarion, 1978.*

# 6.1 PARLE-MOI DE TOI ET DE TES APPRENTISSAGES

*(Des mots pour le dire...)*

## Contexte et intention

Apprendre, c'est prendre conscience de ce que l'on vit, c'est établir des liens entre ce qui est acquis et ce qui ne l'est pas. Cette phase d'objectivation est le cœur même de l'apprentissage. De là l'importance pour l'élève de faire un retour sur la journée ou la semaine qu'il vient de vivre pour qu'il puisse faire le récit de ses apprentissages ou mettre des mots sur son vécu.

Pour aider l'élève à faire des prises de conscience et à vivre des rétroactions signifiantes et riches, il est essentiel de lui fournir des pistes faciles d'utilisation, telles que grille d'objectivation ou journal de bord, grille d'auto-évaluation.

## Pistes d'utilisation

1. Élabore différents outils qui permettront à l'élève de faire un retour sur sa journée ou sur sa semaine. (*Voir pages 243, 246, 247.*)

2. Privilégie un de ces outils et présente-le. Utilise-le pendant une période donnée.

3. N'oublie pas de faire objectiver les apprentissages des élèves. Donne-leur des cadres de référence pour qu'ils aient des mots pour le dire. (*Voir pages 244 et 245.*)

4. Varie l'utilisation des outils chaque fois que le besoin se fait sentir.

5. Demande à l'élève de conserver ses objectivations dans un journal de bord, un dossier d'apprentissage ou un portfolio pour qu'il puisse les présenter à ses parents.

6. Invite l'élève à relire ses objectivations après une période donnée et à les comparer les unes aux autres. Qu'est-ce qui s'en dégage? Sent-on des forces? des faiblesses? des constantes? des progrès? des réussites? des défis à relever?

7. Crée de l'intérêt autour de l'outil «Journal de bord». Suggère à l'élève de décorer sa page-couverture. Il peut même s'identifier à une idole et se servir de ce personnage lorsqu'il écrit dans son journal de bord. Aie le souci de l'animer.

## Pistes d'utilisation *(suite)*

8. Fournis à l'élève des pistes d'anima-tion pour le guider dans son objecti-vation personnelle. Permets-lui de choisir lui-même les pistes qui lui parlent le plus. De temps à autre, impose des cibles d'objectivation. *(Voir page 248.)*

9. Détermine avec l'élève l'utilité du jour-nal de bord. Demande-lui avec qui il aurait le goût de partager son vécu d'apprentissage:
   - son enseignante;
   - son conseiller;
   - ses parents;
   - toute autre personne intervenant au sein de l'école;
   - un élève de sa classe;
   - un élève d'une autre classe.

10. Respecte le caractère personnel du journal de bord. Il serait peu délicat de corriger les fautes d'orthographe à l'intérieur de cet outil ou d'obliger l'élève à remettre son contenu à quelqu'un d'autre, si cela est con-traire à sa vision personnelle.

11. Utilise d'autres moyens que le journal de bord pour varier les formes d'ob-jectivation et d'auto-évaluation: car-net des défis et des réussites, cube à objectiver, cartons-étiquettes à compléter, grille d'objectivation pour les apprentissages, grille d'auto-évaluation pour le travail personnel ou d'équipe. *(Voir pages 246 et 247.)*

# GRILLE POUR OBJECTIVER MA JOURNÉE

| Je fais un retour sur ma journée | |
|---|---|
| **Ce que j'ai le plus aimé durant la journée** | **Ce que j'ai le moins aimé durant la journée** |
| | |
| **Ce que j'ai appris** | **Mes points d'interrogation** |
| | |
| **Ce que j'apprécierais pour demain** (genre d'activités proposées, contenu, longueur des travaux, durée des activités, matériel utilisé, etc.) | |
| | |

# GRILLE POUR OBJECTIVER MES APPRENTISSAGES

| | |
|---|---|
| **Je prends conscience de ma démarche d'apprentissage** | |
| **1. Ce que je sais déjà sur...** <br> **Ce que je pense savoir...** | **2. Ce que je veux savoir...** <br> **Ce qui me questionne...** |
| | |
| **3. Ce que j'ai appris de nouveau...** | **4. Voici comment je l'ai appris...** |
| | |

**5. Ce que je vais faire avec ce que j'ai appris...**

- **Je vais l'utiliser dans la même matière (à l'intérieur)** ☐

- **Je vais l'utiliser dans une autre matière (entre)** ☐

- **Je vais l'utiliser dans ma vie personnelle (au-delà)** ☐

# DES MOTS POUR PRÉCISER MES APPRENTISSAGES

Je savais déjà…

Je comprends très bien…

Je ne comprends pas encore assez…

J'ai trouvé l'étape suivante difficile:…

Je ne comprends pas du tout…

J'ai utilisé la stratégie suivante:…

J'ai appris du nouveau…

J'aurais souhaité que…

J'ai développé l'habileté suivante:…

Je me propose d'améliorer…

J'ai utilisé la démarche suivante:…

Je pense que je pourrais appliquer ce que j'ai appris dans la situation suivante:…

J'ai trouvé l'étape suivante facile:…

Je pensais savoir…

J'aimerais recevoir une rétroaction positive sur…

Je me suis posé la question suivante:…

Mon prochain défi est…

J'ai utilisé la procédure suivante:…

# RETOUR SUR MES ATELIERS, MES ACTIVITÉS ET MES JEUX

## (ÉLÈVES DE 5 À 7 ANS)

**Auto-évaluation**

vert ⭕ j'aime beaucoup

jaune ⭕ j'aime un peu

rouge ⭕ je n'aime pas

collage ⭕

peinture ⭕

dessin ⭕

modelage ⭕

lecture ⭕

construction ⭕

atelier «La petite maison» ⭕

jeux de table ⭕

ordinateur ⭕

motricité ⭕

musique ⭕

## Objectivation

Mon activité préférée est:_____

L'activité la plus ennuyante est: _____

# RETOUR SUR MA JOURNÉE OU MA SEMAINE
## (ÉLÈVES DE 5 À 7 ANS)

**Auto-évaluation**

| | | | |
|---|---|---|---|
| J'aime prendre l'autobus. | | | |
| Je suis contente ou content de voir les camarades de ma classe. | | | |
| Je suis bien avec mon enseignante. | | | |
| J'aime aller à l'école. | | | |

**Objectivation**

Le moment le plus heureux a été: _____

_____

_____

Le moment le plus difficile a été: _____

_____

_____

# MON JOURNAL DE BORD

## AUJOURD'HUI, JE DIS CE QUE JE PENSE DE:

**Mon travail et ma participation**

- La planification de mon temps
- La qualité de mon travail en classe
- La qualité de mon travail à la maison
- La ponctualité dans la remise de mes travaux
- Mon degré de participation en grand groupe
- Mon degré de participation en équipe

**Mon comportement**

- Le respect des règles de vie dans la classe
- Le respect des règlements de l'école
- Mes difficultés de vie de groupe
- Mes humeurs

**Mes apprentissages**

- Mes découvertes
- Mes réussites
- Mes difficultés

**Mes états d'âme ou mes sentiments**

- Je me sens bien parce que…
- Je ne me sens pas bien parce que…
- Je suis fière ou fier de moi parce que…

**Consignes**

- Tu réponds personnellement à quelques questions qui traduisent bien ton vécu
  ou
- Tu réponds aux questions proposées par ton enseignante.
- Tu indiques la date.
- Tu signes ton nom.
- Tu indiques à la personne qui te lira si tu désires recevoir un message en retour.

248    Outil 6.1                    Feuille reproductible. © 1997 Les Éditions de la Chenelière inc.

# 6.2 LES HABILETÉS: DES RICHESSES À OBSERVER ET À EXPLOITER

*(Une force et un défi pour toi et moi)*

## Contexte et intention

Chaque élève arrive en classe avec son potentiel interne. Dès les premiers mois de l'année, il peut être intéressant d'observer ses élèves, de les interroger, de les regarder vivre afin de décoder au moins une force à valoriser et une faiblesse que l'on peut traduire en défi.

Les habiletés diffèrent d'un élève à l'autre. De plus, celles-ci se traduisent dans différents volets du développement de la personne: habiletés scolaires, sociales, intellectuelles, artistiques, physiques, etc.

La grille de Taylor est un outil aussi intéressant à découvrir qu'à utiliser. Elle fait référence aux habiletés naturelles que nous utilisons dans la vie de tous les jours. Très simple à gérer, elle peut servir à observer globalement les habiletés des élèves, à décoder les talents d'un élève en particulier et à analyser le degré d'ouverture de l'organisation de la classe.

Au fur et à mesure que l'on dresse le portrait global de sa classe à partir de ses élèves, il est payant aussi de jeter un regard critique sur l'organisation de sa classe en se posant les questions suivantes: Mon organisation de classe contribue-t-elle actuellement à développer l'autonomie

## Pistes d'utilisation

1. Utilise la grille de Taylor pour élaborer le bilan de ton organisation de classe. (*Voir page 251.*)

2. Explore davantage la pensée productrice d'idée: divergence, évaluation et convergence. Ces habiletés sont à la base du développement des autres et leur contribution est importante.

3. Trouve les forces, les faiblesses. Travaille une seule dimension à la fois en précisant le défi à relever. Consacre-toi au développement général d'abord, puis au développement plus spécifique ensuite.

4. Pour développer une habileté en particulier, réfère-toi à la présentation détaillée pour cerner les composantes et les manifestations de cette habileté. (*Voir page 252.*)

5. Fais connaître aux élèves la liste des habiletés de la grille de Taylor. Élabore avec eux un cadre de référence simple afin qu'ils soient capables de mettre des mots sur leur vécu en classe. (*Voir page 251.*)

6. Cible quelques élèves afin de faciliter une phase d'observation plus spécifique. (*Voir page 253.*)

## Contexte et intention *(suite)*

des élèves? Les maintient-elle plutôt dans un climat de dépendance? Ma façon de diriger l'élève dans ses apprentissages permet-elle à ce dernier de développer des habiletés importantes que l'on retrouve dans la vie de tous les jours?

## Pistes d'utilisation *(suite)*

7. Au fur et à mesure, dresse le portrait de ta classe. (*Voir page 256.*)

8. Amène les élèves à s'auto-évaluer au fur et à mesure que ceux-ci sont familiers avec le cadre de référence et que la vie de la classe leur permet de développer les différentes habiletés. (*Voir page 255.*)

9. Entre en interaction avec chacun des élèves pour co-évaluer l'habileté ciblée. Détermine avec lui des propositions afin qu'il poursuive le développement de certaines habiletés.

10. Invite chaque élève à consigner ses forces et ses défis à chacune des étapes de l'année scolaire. (*Voir pages 256 et 257.*)

# PRÉSENTATION GÉNÉRALE DES HABILETÉS
## (GRILLE DE TAYLOR)

1. **La divergence** Habileté à trouver plusieurs solutions différentes à un problème donné.

2. **L'évaluation** Habileté à évaluer soigneusement des données ou des solutions à partir de critères avant d'émettre un jugement ou de prendre une décision.

3. **La convergence** Habileté à choisir la meilleure solution selon le problème donné.

4. **La prise de décisions** Habileté à prendre une décision à partir de l'expérience, de la logique et du jugement.

5. **La planification** Habileté à élaborer une activité en se préoccupant du matériel requis, du temps, des étapes et des ressources du milieu.

6. **La prévision** Habileté à prévoir des choses, des événements, des réactions.

7. **La communication** Habileté à entrer facilement en relation avec les autres pour communiquer un message.

8. **La créativité** Habileté à choisir de nouvelles solutions ou de nouveaux moyens pour exprimer ses idées (dans une réalisation).

## Bilan de mon organisation de classe

Mon organisation de classe permet-elle aux élèves, dans le quotidien, de développer les habiletés suivantes?

| Habiletés (selon Taylor) | Oui | Un peu | Pas du tout |
|---|---|---|---|
| 1. Diverger | | | |
| 2. Évaluer | | | |
| 3. Converger | | | |
| 4. Prendre des décisions | | | |
| 5. Planifier | | | |
| 6. Prévoir | | | |
| 7. Communiquer | | | |
| 8. Créer | | | |

*Source: D'après Denis Bourget,* La théorie des talents multiples dans une pédagogie ouverte, *Victoriaville, Les Éditions NHP, 1985.*

# MON ORGANISATION DE CLASSE PERMET-ELLE AUX ÉLÈVES DE DÉVELOPPER DES HABILETÉS?
(PRÉSENTATION DÉTAILLÉE DES HABILETÉS)

| Habiletés | Composantes de l'habileté | Manifestations de l'habileté | Cibles visées |
|---|---|---|---|
| DIVERGER | • Quantité d'idées<br>• Variété des idées<br>• Originalité des idées | • J'ai pensé à deux, trois ou quatre idées.<br>• Mes idées étaient différentes les unes des autres.<br>• Mes idées étaient nouvelles. | ☐☐☐ |
| ÉVALUER | • Atteinte des objectifs<br>• Pertinence<br>• Fonctionnalité | • J'ai éliminé certaines solutions.<br>• J'ai conservé ces idées parce que…<br>• Ce n'était pas possible parce que… | ☐☐☐ |
| CONVERGER | • Choix de la solution<br>• Considération<br>• Sélection | • Je choisis cette idée.<br>• Je choisis cette idée parce que…<br>• Je rejette les autres idées. | ☐☐☐ |
| PRENDRE DES DÉCISIONS | • À partir de l'expérience<br>• À partir de la logique<br>• À partir du jugement | • Je sais ce que ça va me demander.<br>• Je sais ce que je peux et veux faire.<br>• Maintenant que je sais ce qui m'attend, je décide. | ☐☐☐ |
| PLANIFIER | • Du temps<br>• Des étapes à franchir<br>• Du matériel nécessaire<br>• Des ressources du milieu | • J'organise mon temps.<br>• J'organise les étapes à franchir.<br>• Je pense au matériel dont j'aurai besoin.<br>• Je pense aux livres et aux personnes que je peux consulter. | ☐☐☐☐ |
| PRÉVOIR | • Élaboration d'hypothèses<br>• Perspicacité<br>• Conscience sociale | • Je pense que ça va donner…<br>• Si ça ne fonctionne pas, je sais ce que je ferai.<br>• Je sais aussi comment les autres vont réagir. | ☐☐☐ |
| COMMUNIQUER | • Clarté d'expression<br>• Justesse des mots utilisés<br>• Facilité d'improvisation | • Je livre un message clair aux autres.<br>• J'utilise les bons mots pour expliquer mon travail.<br>• Je suis capable de répondre à des questions inattendues. | ☐☐☐ |
| CRÉER | • Fluidité<br>• Originalité<br>• Flexibilité<br>• Élaboration d'un projet | • J'ai réalisé beaucoup d'idées.<br>• J'ai conçu une nouvelle idée.<br>• J'ai réalisé des idées différentes.<br>• J'ai réussi une réalisation complète. | ☐☐☐☐ |

*Source: D'après Denis Bourget, La théorie des talents multiples dans une pédagogie ouverte, Victoriaville, Les Éditions NHP, 1985.*

# POUR DÉCODER LES HABILETÉS D'UN ÉLÈVE
## (GRILLE D'OBSERVATION)

Nom de l'élève: _____

Force: _____        Défi: _____

| Habiletés scolaires se manifestant dans les domaines suivants: | | |
|---|---|---|
| Expression orale ❑ | Mathématiques ❑ | Informatique ❑ |
| Expression écrite ❑ | Sciences ❑ | Danse ❑ |
| Lecture ❑ | Arts plastiques ❑ | Histoire ❑ |
| Expression dramatique ❑ | Musique ❑ | Langue étrangère ❑ |

| Habiletés sociales | | |
|---|---|---|
| • Ouverture aux autres ❑ | • Serviabilité ❑ | • Esprit d'initiative ❑ |
| • Esprit d'équipe ❑ | • Générosité ❑ | • Leadership positif ❑ |
| • Respect des autres ❑ | • Tolérance ❑ | |

| Habiletés intellectuelles | | |
|---|---|---|
| • Diverger ❑ | • Décider ❑ | • Créer ❑ |
| • Évaluer ❑ | • Planifier ❑ | • Communiquer ❑ |
| • Converger ❑ | • Prévoir ❑ | |

| Autres habiletés |
|---|
| _____ |
| _____ |
| _____ |
| _____ |
| _____ |

# POUR ÉLABORER LE PORTRAIT DE LA CLASSE
## SUR LE PLAN DES HABILETÉS
### (GRILLE À L'INTENTION DE L'ENSEIGNANTE)

| Nom des élèves | Diverger | Évaluer | Converger | Décider | Planifier | Prévoir | Communiquer | Créer | Habileté scolaire | Habileté sociale | Autres habiletés |
|---|---|---|---|---|---|---|---|---|---|---|---|
|  |  |  |  |  |  |  |  |  |  |  |  |
|  |  |  |  |  |  |  |  |  |  |  |  |
|  |  |  |  |  |  |  |  |  |  |  |  |
|  |  |  |  |  |  |  |  |  |  |  |  |
|  |  |  |  |  |  |  |  |  |  |  |  |
|  |  |  |  |  |  |  |  |  |  |  |  |
|  |  |  |  |  |  |  |  |  |  |  |  |
|  |  |  |  |  |  |  |  |  |  |  |  |
|  |  |  |  |  |  |  |  |  |  |  |  |
|  |  |  |  |  |  |  |  |  |  |  |  |
|  |  |  |  |  |  |  |  |  |  |  |  |
|  |  |  |  |  |  |  |  |  |  |  |  |
|  |  |  |  |  |  |  |  |  |  |  |  |
|  |  |  |  |  |  |  |  |  |  |  |  |
|  |  |  |  |  |  |  |  |  |  |  |  |
|  |  |  |  |  |  |  |  |  |  |  |  |
|  |  |  |  |  |  |  |  |  |  |  |  |
|  |  |  |  |  |  |  |  |  |  |  |  |
|  |  |  |  |  |  |  |  |  |  |  |  |
|  |  |  |  |  |  |  |  |  |  |  |  |
|  |  |  |  |  |  |  |  |  |  |  |  |
|  |  |  |  |  |  |  |  |  |  |  |  |
|  |  |  |  |  |  |  |  |  |  |  |  |
|  |  |  |  |  |  |  |  |  |  |  |  |
|  |  |  |  |  |  |  |  |  |  |  |  |
|  |  |  |  |  |  |  |  |  |  |  |  |
|  |  |  |  |  |  |  |  |  |  |  |  |
|  |  |  |  |  |  |  |  |  |  |  |  |
|  |  |  |  |  |  |  |  |  |  |  |  |
|  |  |  |  |  |  |  |  |  |  |  |  |
|  |  |  |  |  |  |  |  |  |  |  |  |

# POUR ÉVALUER LES HABILETÉS INTELLECTUELLES
## (GRILLE D'AUTO-ÉVALUATION ET DE CO-ÉVALUATION)

## AUTO-ÉVALUATION (ÉLÈVE)

Après avoir vécu cette étape de l'année scolaire, je suis capable d'auto-évaluer mes habiletés intellectuelles. Je suis capable de décoder mes forces et les défis à relever.

| | Force | Défi | | Force | Défi |
|---|---|---|---|---|---|
| • Diverger | ❑ | ❑ | • Planifier | ❑ | ❑ |
| • Évaluer | ❑ | ❑ | • Prévoir | ❑ | ❑ |
| • Converger | ❑ | ❑ | • Communiquer | ❑ | ❑ |
| • Prendre des décisions | ❑ | ❑ | • Créer | ❑ | ❑ |

## AUTO-ÉVALUATION (ENSEIGNANTE)

Au cours de cette étape, mes interventions auprès de _____
ont été les suivantes:

1. L'aider à trouver plusieurs solutions ❑
2. L'aider à évaluer ❑
3. L'aider à choisir la meilleure solution ❑
4. L'aider à prendre des décisions ❑
5. L'aider à planifier ❑
6. L'aider à prévoir ❑
7. L'aider à communiquer avec les autres ❑
8. L'aider à imaginer, à créer ❑

## CO-ÉVALUATION (ENSEIGNANTE ET ÉLÈVE)

Voici les décisions que nous avons prises pour poursuivre le développement de certaines habiletés intellectuelles:

_____

_____

_____

# POUR CONSIGNER MES FORCES ET MES DÉFIS
## FEUILLE DE ROUTE SUR MON CHEMINEMENT PERSONNEL

Nom de l'élève: _____ Date: _____

---

| **Étape 1** | **Mes forces** | **Mes défis** |
|---|---|---|

**Mes forces**

Habiletés scolaires

_____

_____

Habiletés sociales

_____

_____

Habiletés intellectuelles

_____

_____

Autres habiletés (artistiques, physiques, etc.)

_____

_____

**Mes défis**

Habiletés scolaires

_____

_____

Habiletés sociales

_____

_____

Habiletés intellectuelles

_____

_____

Autres habiletés (artistiques, physiques, etc.)

_____

_____

---

| **Étape 2** | **Mes forces** | **Mes défis** |
|---|---|---|

**Mes forces**

Habiletés scolaires

_____

_____

Habiletés sociales

_____

_____

Habiletés intellectuelles

_____

_____

Autres habiletés (artistiques, physiques, etc.)

_____

_____

**Mes défis**

Habiletés scolaires

_____

_____

Habiletés sociales

_____

_____

Habiletés intellectuelles

_____

_____

Autres habiletés (artistiques, physiques, etc.)

_____

_____

# POUR CONSIGNER MES FORCES ET MES DÉFIS (*suite*)

| Étape 3 | Mes forces | Mes défis |
|---|---|---|
| | Habiletés scolaires | Habiletés scolaires |
| | _____ | _____ |
| | _____ | _____ |
| | Habiletés sociales | Habiletés sociales |
| | _____ | _____ |
| | _____ | _____ |
| | Habiletés intellectuelles | Habiletés intellectuelles |
| | _____ | _____ |
| | _____ | _____ |
| | Autres habiletés (artistiques, physiques, etc.) | Autres habiletés (artistiques, physiques, etc.) |
| | _____ | _____ |
| | _____ | _____ |

| Étape 4 | Mes forces | Mes défis |
|---|---|---|
| | Habiletés scolaires | Habiletés scolaires |
| | _____ | _____ |
| | _____ | _____ |
| | Habiletés sociales | Habiletés sociales |
| | _____ | _____ |
| | _____ | _____ |
| | Habiletés intellectuelles | Habiletés intellectuelles |
| | _____ | _____ |
| | _____ | _____ |
| | Autres habiletés (artistiques, physiques, etc.) | Autres habiletés (artistiques, physiques, etc.) |
| | _____ | _____ |
| | _____ | _____ |

# 6.3 SAVOIR DÉCODER ET GÉRER LES STYLES D'APPRENTISSAGE

*(Des interventions mieux adaptées)*

## Contexte et intention

En milieu scolaire, on entend abondamment parler des styles d'apprentissage depuis dix ans. Être au courant de son propre style d'apprentissage est un préalable pédagogique. Cependant, connaître les différentes portes d'entrée de ses élèves pour apprendre est une dimension encore plus importante à respecter. Cela permet d'adapter ses interventions en regard des différentes façons d'apprendre.

L'élève a un style d'apprentissage qui lui est propre. Il arrive en classe avec sa porte d'entrée, qu'il aura tendance à utiliser spontanément. Connaître son mode d'apprentissage et amener l'élève à en prendre conscience lui-même est une nécessité pour mieux l'accompagner.

Actuellement, il est plus facile de rejoindre les élèves de type auditif. Il faut faire preuve d'une plus grande créativité pour inventorier des moyens afin d'aller chercher davantage les clientèles visuelle et kinesthésique. Faisons place à la divergence dans ce domaine...

Plusieurs auteurs se sont intéressés à cette réalité de l'apprentissage. Les grilles sont nombreuses, le vocabulaire est varié. Par contre, ces grilles suivent un même fil conducteur: il existe des stratégies d'accès à l'information et des stratégies de traitement de l'information qui diffèrent selon chaque individu. En partant des modèles

## Pistes d'utilisation

1. Consulte les pages du «survol des différents styles d'apprentissage». (*Voir page 260.*)

2. Essaie de déterminer, comme intervenante, ton style d'apprentissage. (*Voir pages 261 à 263.*)

3. Amène l'élève à se questionner, à s'observer et à se regarder quand il apprend pour qu'il puisse prendre conscience lui aussi de son style d'apprentissage. (*Voir page 265.*)

4. Fais-le objectiver par rapport à sa démarche et à ses stratégies. Cela l'amènera à nommer ce qu'il vit. Offre-lui un cadre de référence pour le soutenir dans sa démarche. (*Voir page 266.*)

5. Utilise, si tu le désires, des outils plus structurés pour décoder les différents styles d'apprentissage de tes élèves: façons de percevoir la réalité, d'abord, et façons de traiter la réalité, ensuite. (*Voir pages 264 à 267.*)

6. Dresse le portrait de ta classe à l'aide des observations faites.

7. Fais un bilan des moyens déjà utilisés en classe pour rejoindre tes trois types de clientèles: les auditifs, les visuels et les kinesthésiques.

## Contexte et intention *(suite)*

qu'elle connaît déjà et en leur ajoutant ceux qui sont présentés dans les pages suivantes, l'enseignante doit établir des liens et élaborer son propre modèle intégrateur dans le domaine des styles d'apprentissage et des formes d'intelligence. Un modèle intégrateur présente une interaction entre différentes théories.

## Pistes d'utilisation *(suite)*

8. Consulte la banque de stratégies pour devenir plus habile à jouer avec les trois portes d'entrée. Cible un moyen nouveau que tu as le goût d'expérimenter. (*Voir pages 268 à 270.*)

9. Utilise la stratégie choisie, objective le vécu, évalue et cible une seconde priorité.

# SURVOL DE DIFFÉRENTS STYLES D'APPRENTISSAGE
## (DES SIMILITUDES PAR DELÀ LES DIFFÉRENCES)

## Façons de percevoir la réalité (Quoi?)

### *Programmation neurolinguistique*

**1.** Auditif    **2.** Visuel    **3.** Kinesthésique    **4.** Olfactif    **5.** Gustatif

### *Frank Smith*

**1.** Par information    **2.** Par démonstration    **3.** Par expérience

### *André Paré, Claude Paquette*

**1.** Rationnel    **2.** Relationnel    **3.** Analytique

### *Denise Gaouette*

**1.** Auditif    **2.** Convergent    **3.** Affectif    **4.** Centré sur l'environnement humain
    Visuel        Divergent       Cognitif        Centré sur l'environnement physique

### *Hermann*

**1.** Approche intellectuelle logique    **2.** Approche intellectuelle intuitive    **3.** Processus d'organisation    **4.** Processus de communication

## Façons de traiter la réalité (Comment?)

| *Pierre-Paul Gagné* | • Détective   • Fou   • Inventeur   • Juge <br> • Menuisier   • Bibliothécaire   • Contrôleur aérien   • Etc. <br> • Arbitre   • Chef d'orchestre   • Architecte |
|---|---|
| *Alan et Nadeen Kaufman et Janine Flessas* | • Simultané verbal      • Séquentiel verbal <br> • Simultané non verbal      • Séquentiel non verbal |
| *La Garanderie* | • Approche introspective + dialogue pédagogique <br> • Projet ⎰ Perception / Évocation — Famille: visuelle, auditive, mixte; Paramètres: concret, symbolique, logique, créatif; Constantes: globalité, séquentialité / Vérification <br> • Explicitation des gestes mentaux — Attention ⎰ Mémorisation, Compréhension, Réflexion, Imagination |

# FAÇONS DE PERCEVOIR ET DE TRAITER LA RÉALITÉ

## Intelligences multiples d'Howard Gardner

- L'intelligence musicale
- L'intelligence corporelle-kinesthésique
- L'intelligence logico-mathématique
- L'intelligence linguistique
- L'intelligence spatiale
- L'intelligence interpersonnelle
- L'intelligence intrapersonnelle

### Des précisions à apporter...

1. **Intelligence musicale:** habileté de produire et d'apprécier le rythme, le timbre et la tonalité; une appréciation des diverses formes d'expression musicale (perfection: compositeur, interprète).

2. **Intelligence kinesthésique:** capacité de contrôler les mouvements de son propre corps et de manipuler avec aise des objets (apogée: athlète, danseur, sculpteur).

3. **Intelligence logico-mathématique:** sensibilité et capacité de discerner des patterns logiques et numériques; capacité de s'engager dans de longs processus de raisonnement (summum: scientifique, mathématicien).

4. **Intelligence linguistique:** sensibilité aux sons, aux structures, aux sens et à la fonction des mots et du langage (apogée: écrivain, orateur).

5. **Intelligence spatiale:** capacité de percevoir le monde visuel et spatial adéquatement et d'effectuer des transformations sur sa propre perception initiale (maximum: artiste, architecte).

6. **Intelligence interpersonnelle:** capacité de discerner et de répondre convenablement aux diverses humeurs, tempéraments, désirs et motivations d'autrui (apogée: chef politique).

7. **Intelligence intrapersonnelle:** être à l'écoute de ses propres sentiments, pouvoir déterminer ses propres émotions, connaître ses forces et ses faiblesses (maximum: psychothérapeute, chef religieux).

Source: Thomas Armstrong, Multiple Intelligences in the Classroom, *Association for Supervision and Curriculum Development*, 1994, p. 6.

## Modèle de David Kolb

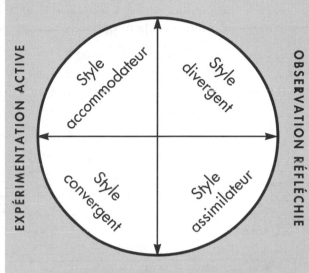

### Des précisions à apporter...

1. **Style divergent:** le sujet manifeste une plus grande disposition pour l'expérience concrète et l'observation réfléchie: imagination.

2. **Style assimilateur:** le sujet manifeste une plus grande disposition pour la conceptualisation et l'observation réflexive: préférence pour le raisonnement inductif.

3. **Style convergent:** le sujet manifeste une plus grande disposition pour la conceptualisation et l'expérimentation active: préférence pour le raisonnement hypothético-déductif.

4. **Style accommodateur:** le sujet manifeste une plus grande disposition pour l'expérience concrète et l'expérimentation active: capacité d'adaptation aux circonstances qui changent.

Source: Renald Legendre, Dictionnaire actuel de l'éducation, p. 1197-1198.

# DÉFINITION DES STYLES D'APPRENTISSAGE

En programmation neurolinguistique, on parle de systèmes sensoriels auditifs, visuels, kinesthé-siques, etc. Ce sont les portes d'entrée utilisées par les élèves, c'est-à-dire les façons dont ils perçoivent la réalité. Il est donc très important d'en tenir compte dans nos interventions.

- Les **visuels** apprennent en regardant: ils ont besoin du support visuel, d'exemples concrets. Donner la consigne verbalement, afficher un support visuel au tableau aide grandement ces élèves à comprendre la tâche à faire. Ils ont besoin de se référer à des images. L'utilisation de cartes référentielles et de matériel de manipulation et d'exploration les aide beaucoup.

- Les **auditifs** apprennent en écoutant: ils décodent facilement ce que vous demandez verbale-ment, ils n'ont pas ou peu besoin de support visuel. L'image ou le schéma se forme rapidement dans leur tête. On reconnaît facilement ces élèves: ce sont ceux qui font autre chose lorsque vous donnez les consignes et qui, lorsque vous leur demandez de vous dire les consignes don-nées, vous les récitent presque mot pour mot.

- Les **kinesthésiques** apprennent en faisant: ils ont besoin de ressentir, de faire, de manipuler, d'expérimenter. Plusieurs élèves en difficulté d'apprentissage utilisent cette porte d'entrée. C'est pourquoi l'étape de manipulation devient très importante pour ce type d'apprenant. Il faut prévoir, dans notre aménagement de classe, une table ou un atelier de manipulation ou d'explo-ration comme support.

## Indices comportementaux pour illustrer les styles d'apprentissage

| L'auditif | Le visuel | Le kinesthésique |
|---|---|---|
| - travaille moins vite que le visuel<br>- se montre perfectionniste<br>- aime les longs travaux, la recherche<br>- n'a pas besoin de regarder pour comprendre<br>- regarde rarement dans les yeux<br>- aime employer le mot juste<br>- se sent à l'aise au téléphone<br>- aime les concerts, les disques, la radio<br>- préfère les instructions orales aux instructions écrites | - habite peu son corps<br>- pense et agit vite<br>- travaille volontiers sous pression<br>- remet ses travaux à la dernière minute<br>- a besoin d'adrénaline pour fonctionner<br>- n'aime pas le téléphone<br>- peut se sentir agressé par le toucher<br>- a horreur de la routine<br>- manifeste peu de goût pour la recherche<br>- se montre direct, peu diplo-mate<br>- aime l'ordre et le rangement<br>- se place en arrière dans une salle<br>- préfère les instructions écrites aux instructions orales<br>- se préoccupe de son aspect extérieur<br>- aime fréquenter les galeries d'arts, les musées, les cinémas | - aime travailler à son rythme, sans pression<br>- accumule volontiers la paperasse, les dossiers<br>- aime le confort<br>- accorde peu d'importance à l'ordre, au rangement<br>- aime manger, faire l'amour<br>- prend le temps de vivre<br>- aime faire de la gymnastique<br>- prend facilement du poids<br>- aime les travaux manuels<br>- aime la danse et les massages |

# PROBLÈMES DE COMMUNICATION RELIÉS À LA MÉCONNAISSANCE DES STYLES D'APPRENTISSAGE

*Dans un groupe d'appartenance, école ou commission scolaire, il y a des gens que vous entendez, que vous comprenez et il y a des gens que vous n'écoutez plus.*

**Si vous êtes de type cognitif,** il est possible que vous n'entendiez pas les demandes affectives ou émotives de vos apprenants. Exemple: un éducateur physique propose à ses élèves de faire du ski de fond. Marie, une élève, lui dit: «Moi, la dernière fois, je n'ai pas été capable de revenir, je n'ai pas aimé cela.» L'éducateur ne répond pas et il donne la parole à une autre élève. Cet enseignant n'entend pas les commentaires affectifs, mais dès qu'un élève fait une demande cognitive, il apporte son aide.

**Si vous êtes de type affectif,** il est possible que vous n'entendiez pas les demandes cognitives de vos apprenants. Exemple: un élève dit à son enseignante: «Moi, ce que je n'aime pas des chenilles, c'est que le sang est vert.» L'enseignante sourit et donne la parole à un autre élève. Cette enseignante n'entend pas les commentaires cognitifs, mais dès qu'un élève fait une remarque affective, elle renchérit.

**Si vous êtes de type convergent,** il est possible que vous n'acceptiez pas de traîner en longueur sur des problématiques ou des démarches et que vous refusiez d'entendre ce qui ne vous concerne pas directement. Par contre, **si vous êtes de type divergent**, vous êtes ouvert à la production d'idées, à un éventail de moyens, de démarches. Plus on brasse d'idées, mieux ça va.

**Si vous êtes de type récepteur visuel,** vous traduisez toute consigne en moyens, en démarches, en activités. Vous donnez vos consignes aux apprenants sous forme d'activités.

**Si vous êtes de type récepteur auditif,** vous questionnez le pourquoi. Exemple: un élève, à qui on propose le jeu de s'amuser à mêler des couleurs, répond: «Moi, ça me tente parce que parfois quand je peinture, il me manque des couleurs. Ainsi je peux fabriquer les couleurs qui me manquent.» Cet élève doit se donner un enjeu, un objectif pour vivre l'activité.

Bien communiquer, c'est être capable de sélectionner les informations en fonction des personnes et des contextes. Comme, en communication pédagogique, le but est souvent incitatif (faire agir, convaincre), il est fort utile de mieux connaître l'autre, d'utiliser sa porte d'entrée.

Ainsi, lorsqu'on communique avec une personne de type **affectif,** on utilisera le discours expressif. Avec une personne de type **cognitif,** on utilisera le discours informatif. S'il s'agit d'un type **récepteur visuel,** il sera préférable de donner des informations de façon analytique (décrire, faire voir). S'il s'agit plutôt d'un type **récepteur auditif,** il sera préférable de donner des informations de façon circonstancielle (expliquer ce que l'on fait avec la personne ou l'objet décrit). Avec une personne de type **divergent,** on pourra se permettre un discours ludique.

Où en êtes-vous comme communicatrice? Réussissez-vous à convaincre ou faites-vous transmettre vos messages par les autres?

*Source: Denise Gaouette, Les styles d'apprentissage, outil d'animation.*

# DES EXEMPLES DE PRÉDICATS (VOCABULAIRE) POUR DÉCODER LES STYLES D'APPRENTISSAGE

| VISUEL | AUDITIF | KINESTHÉSIQUE | OLFACTIF ET GUSTATIF | NON SPÉCIFIQUE (NEUTRE) |
|--------|---------|---------------|----------------------|-------------------------|
| Voir | Entendre | Sentir | Goûter | Penser |
| Regarder | Dire | Toucher | Saliver | Comprendre |
| Montrer | Écouter | Bousculer | Croquer dans la vie | Changer |
| Visualiser | Questionner | Flotter | Flairer | Croire |
| Éclairer | Dialoguer | En contact avec | Sentir | Savoir |
| Perspective | Crier | Connecté | Savoureux | Apprendre |
| Brillant | Parler | Relaxé | Saveur | Se souvenir |
| Coloré | Prêter l'oreille | Concret | C'est pas du gâteau | Considérer |
| Vague | Accord | Pression | Goût amer | Décider |
| Flou | Désaccord | Chaleureux | Parfum | |
| Net | Mélodieux | Froid | Ça sent mauvais | |
| Brumeux | Discordant | Tendu | L'argent n'a pas d'odeur | |
| Sombre | Longueur d'onde | Excité | | |

*Source: Centre québécois de programmation neurolinguistique inc., Montréal, (514) 281-7553.*

# RÉFÉRENTIEL VISUEL POUR DÉCODER
# LA FAÇON DE PERCEVOIR LA RÉALITÉ

## *Ma porte d'entrée pour apprendre est...*

1. J'apprends en regardant, par l'observation ou la démonstration. *«Montre-moi quoi faire et comment faire.»*

2. J'apprends en écoutant, par le langage ou en me faisant dire: *«Dis-moi quoi faire et comment faire.»*

3. J'apprends en faisant des choses, par l'action ou par l'expérience. *«Laisse-moi faire. Tu m'aideras si...»*

*Source: Frank Smith.*

## Pistes de travail

1. Cherche dans une revue trois photographies d'enfants ou d'adolescents qui entrent en contact avec la réalité de façons différentes.

2. Découpe-les, colle-les sur un carton et écris au bas de chaque photographie:
«J'apprends en écoutant.»
«J'apprends en regardant.»
«J'apprends en faisant.»

3. Invite les élèves à s'identifier à une photographie quand ils apprennent ou quand ils ont terminé leur apprentissage.

4. Sois sensible aux commentaires des élèves en classe. Réfère-toi aux prédicats (vocabulaire) page 264.

5. Plus tard, installe un quatrième référentiel intitulé: «J'apprends en combinant les trois.»

# RÉFÉRENTIELS VISUELS POUR DÉCODER
# LA FAÇON DE TRAITER L'INFORMATION

## *Ma façon de traiter l'information*

1. Je traite les données tour à tour, une à la fois, point par point, étape par étape.

 → de façon séquentielle

2. Je traite les données toutes ensemble, de façon globale.

 → de façon globale

*Source: Alan et Nadeen Kaufman.*

## *Comment traites-tu ton information dans ta tête?*

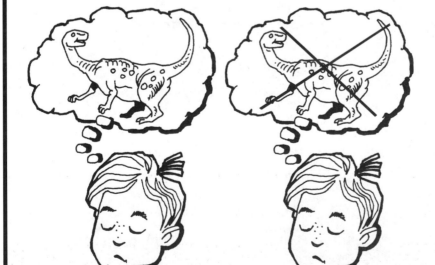

1. Je mets des images dans ma tête.

2. J'entends ou je me raconte des mots dans ma tête.

3. Je fais les trois: en m'en reparlant, en réentendant, en le revoyant.

*Source: Antoine de La Garanderie.*

# AUDITIF OU VISUEL?

1. Quelqu'un vous a été présenté. Vous ne l'avez vu qu'une fois. Vous souvenez-vous le mieux:
   a) de son nom, de sa voix, de ses paroles?
   b) de son visage, de sa silhouette, de ses vêtements?

2. Vous est-il relativement facile de mémoriser un texte par cœur?
   a) Oui;
   b) Non.

3. Un ami vous a fait visiter un musée, une ville ou une maison. Qu'est-ce qui vous reste le mieux en mémoire?
   a) Ce que vous avez vu;
   b) Ce qu'il vous a raconté.

4. Avez-vous une bonne orthographe d'usage?
   a) Oui;
   b) Non.

5. Vous essayez de vous souvenir d'une règle de grammaire ou d'un théorème. Qu'est-ce qui est le plus facile?
   a) Retrouver le déroulement verbal de l'énoncé ou du théorème;
   b) Revoir en pensée dans le livre l'emplacement de la règle ou du théorème.

6. Vous voulez retrouver une recette de cuisine; vous rappelez-vous davantage
   a) les gestes de la personne qui a fait la démonstration?
   b) les paroles de la personne qui a fait la démonstration?

7. Vous avez égaré un objet que vous aviez encore dans les mains quelques minutes plus tôt. Pour le retrouver, vous faites un effort de mémoire:
   a) Vous énumérez les actions successives que vous venez de faire;
   b) Vous vous revoyez, en pensée, en train de faire, successivement, un certain nombre d'actions.

8. Vous rencontrez un mot nouveau. Pouvez-vous le mémoriser:
   a) simplement après l'avoir entendu?
   b) devez-vous, pour le mémoriser, l'avoir vu écrit?

9. Vous faites appel à un ami bricoleur pour qu'il vous aide à réparer un appareil. Préférez-vous:
   a) qu'il vous montre comment faire?
   b) qu'il vous explique comment faire?

10. Un schéma, un graphique sont-ils pour vous une aide à la compréhension?
    a) Oui;
    b) Non.

11. Aimez-vous les jeux de mots ou les sonorités belles ou étranges?
    a) Oui;
    b) Non.

*Reportez vos réponses positives dans l'un ou l'autre de ces deux tableaux. Selon le nombre de réponses inscrites dans chacun d'eux, vous pouvez vous considérer plutôt comme un visuel ou plutôt comme un auditif.*

| VISUEL | | | | | | | | |
|---|---|---|---|---|---|---|---|---|
| 1b | 3a | 4a | 5b | 6a | 7b | 8b | 9a | 10a |
|  |  |  |  |  |  |  |  |  |

| AUDITIF | | | | | | | | |
|---|---|---|---|---|---|---|---|---|
| 1a | 2a | 3b | 5a | 6b | 7a | 8a | 9b | 11a |
|  |  |  |  |  |  |  |  |  |

**Note:** Ce test n'a d'autre prétention que de provoquer une discussion avec les élèves.

*Source: «Différencier la pédagogie. Des objectifs à l'aide individualisée», Cahiers pédagogiques, numéro spécial, 4ᵉ édition, Paris, 1992, p. 44.*

# STRATÉGIES PARTICULIÈRES POUR RESPECTER LES STYLES D'APPRENTISSAGE

1. Permettre à des élèves de lire les consignes à voix haute dans la classe.

2. Faire reformuler les consignes par les élèves.

3. Surveiller son ton de voix et son intonation et mettre de l'expression.

4. Utiliser le jeu comme moyen d'apprentissage.

5. Mettre en place, dans la classe, du matériel d'exploration et de manipulation.

6. Utiliser des élèves pour mimer des consignes ou faire des démonstrations.

7. Se déplacer dans la classe quand on anime, circuler parmi les élèves.

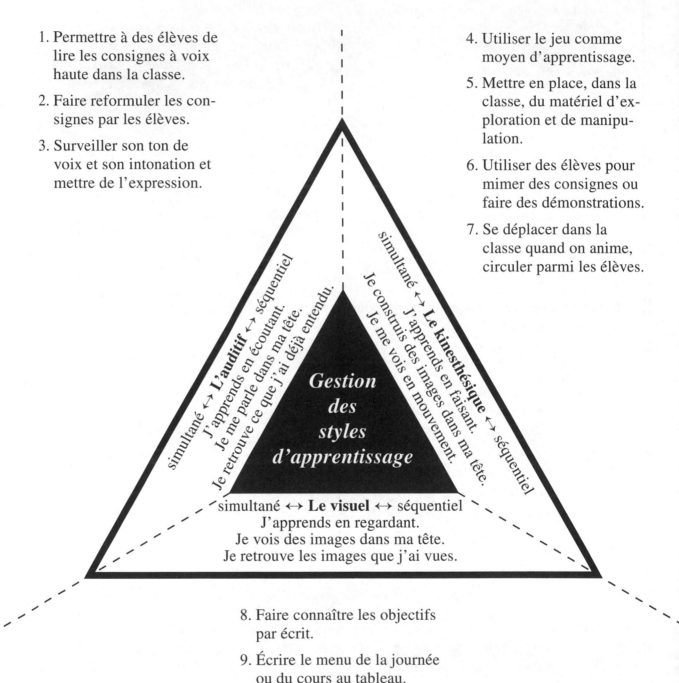

simultané ↔ **L'auditif** ↔ séquentiel
J'apprends en écoutant.
Je me parle dans ma tête.
Je retrouve ce que j'ai déjà entendu.

simultané ↔ **Le kinesthésique** ↔ séquentiel
J'apprends en faisant.
Je construis des images dans ma tête.
Je me vois en mouvement.

**Gestion des styles d'apprentissage**

simultané ↔ **Le visuel** ↔ séquentiel
J'apprends en regardant.
Je vois des images dans ma tête.
Je retrouve les images que j'ai vues.

8. Faire connaître les objectifs par écrit.

9. Écrire le menu de la journée ou du cours au tableau.

10. Afficher des référentiels visuels en classe.

11. Regarder les élèves quand on leur parle.

# STRATÉGIES GÉNÉRALES POUR RESPECTER LES STYLES D'APPRENTISSAGE

1. Planifier son enseignement immédiat en tenant compte des trois portes d'entrée des apprenants: écouter, regarder, faire. Se poser toujours les trois questions suivantes: Que vais-je dire à mes élèves? Qu'est-ce que j'ai à leur montrer? Comment vais-je les *placer en expérience*?

2. Sensibiliser les élèves aux trois portes d'entrée:
   - J'apprends en écoutant;
   - J'apprends en regardant;
   - J'apprends en faisant.

3. Faire connaître les objectifs aux élèves dans des termes simples et accessibles, autant verbalement que par écrit.

4. Utiliser autant l'information écrite que verbale pour communiquer les tâches et les démarches. Faire reformuler celles-ci par les élèves et permettre à ces derniers de s'en parler deux à deux, de se les expliquer.

5. Faire reformuler par l'apprenant une tâche, un mandat de deux façons différentes: globalement ou par étape.

6. Prévoir une aire de rassemblement (pour les élèves qui ont besoin d'être proches de l'enseignante lors des explications).

7. Être attentive aux places qu'occuperont les élèves dans la classe: les visuels peuvent être placés plus vers l'arrière de la classe, les auditifs en plein centre et les kinesthésiques dans les côtés, en avant.

8. Être consciente que certains mots ont une portée affective toute particulière pour des groupes d'élèves ayant des styles d'apprentissage différents.

   Exemple:
   - Je sens que tu as de la difficulté.
     (type kinesthésique)

   - Je vois que tu as de la difficulté.
     (type visuel)

   - Dis-moi tes difficultés, je t'écoute.
     (type auditif)

9. Suggérer des moyens variés pour une même réalisation (divergence des moyens). Certains outils d'expression sont à tendance auditive (monologue), d'autres sont à tendance visuelle (album, poster) ou kinesthésique (sketch, sculpture ou modelage).

10. Utiliser un des gestes mentaux de base de la gestion mentale en classe par l'évocation. Placer les élèves en projet d'évocation dans leur tête: représentation auditive (entendre les sons), représentation visuelle (voir les images).

11. Utiliser le travail d'équipe, le tutorat (dyades), les interactions entre les élèves. Le jumelage pourrait être fait de façon à utiliser les différents styles d'apprentissage des élèves. On pourrait former des dyades d'entraide à partir du critère de la complémentarité des portes d'entrée.

12. Afficher, en classe, des stratégies de résolution de problèmes. Les nommer, les illustrer et les faire dessiner ou mimer.

13. Planifier des mises en situation variées sollicitant les différentes portes d'entrée: discussion (type auditif), observation d'objets (type visuel) et expérience à faire (type kinesthésique).

14. Faire objectiver les élèves tout au long de l'apprentissage, et ce, de différentes façons: verbalement, par écrit, à l'aide d'un dessin ou d'un outil structuré.

15. Développer dans la classe avec les élèves des démarches et des stratégies pour apprendre. Les nommer et les écrire (banque de stratégies, référentiels collectifs et coffre d'outils à l'intention de l'élève).

16. Permettre aux élèves de décoder leur style d'apprentissage par un jeu approprié ou par un questionnaire pertinent.

17. Faire connaître aux élèves leurs tendances naturelles pour aborder la réalité. «Comme apprenant, quelles sont mes portes d'entrée?»

18. Demander aux élèves de parler de leur style d'apprentissage à leurs parents. Souvent, ces différences sont source de conflit au moment des devoirs et des leçons à la maison.

19. Être à l'écoute du langage utilisé par les élèves.
    • «Dis-moi quoi faire.» (type auditif)
    • «Montre-moi comment faire.» (type visuel)
    • «Laisse-moi faire. Je suis capable.» (type kinesthésique)

20. _____

21. _____

22. _____

23. _____

24. _____

25. _____

## 6.4 PLANIFIER ET ÉVALUER... DEUX INSÉPARABLES

*(Des modèles de planification)*

## Contexte et intention

Planifier est un acte pédagogique qui exige à la fois de la rigueur, du temps et de l'énergie. C'est la source même de la réussite en enseignement. Savoir où l'on va, visualiser le point d'arrivée en même temps que l'on démarre un apprentissage demande un travail qui peut nous sembler aride et pénible. Toutefois, l'on peut simplifier la tâche en se donnant des grilles de planification de l'enseignement. Ici, il s'agit d'une invitation à explorer quelques-unes de ces grilles.

## Pistes d'utilisation

1. Jette un regard critique sur tes habitudes de planification de l'enseignement. Est-ce que tu prends le temps de planifier chacune des matières enseignées? Quelle est la matière que tu aimes le moins? Quelle est celle où tu as le plus d'élèves en difficulté? Y en a-t-il une où tu improvises de temps à autre? Cible une matière pour expérimenter une nouvelle façon de planifier.

2. Prends d'abord connaissance de la planification intermédiaire qui existe au sein de ta commission scolaire ou de ton école.

3. Détermine également le modèle de planification que tu désires privilégier (à court terme ou à long terme):
   • Situation d'apprentissage;
   • Scénario d'apprentissage;
   • Projet d'apprentissage.
   Consulte les pages 272 et 275.

4. Choisis ou élabore une grille de planification en relation avec ton modèle. Consulte la grille de la page 314 du volume 1 ainsi que les pages 273 et 274 et 276 à 278 du présent outil.

5. Réserve-toi du temps pour planifier.

6. Expérimente en ayant toujours comme «boussole» la grille de planification élaborée.

7. Reviens à cette même grille au moment de l'évaluation et du réinvestissement.

8. Répète l'expérience...

# POUR SAVOIR OÙ L'ON VA,
# POUR VISUALISER LE POINT D'ARRIVÉE...

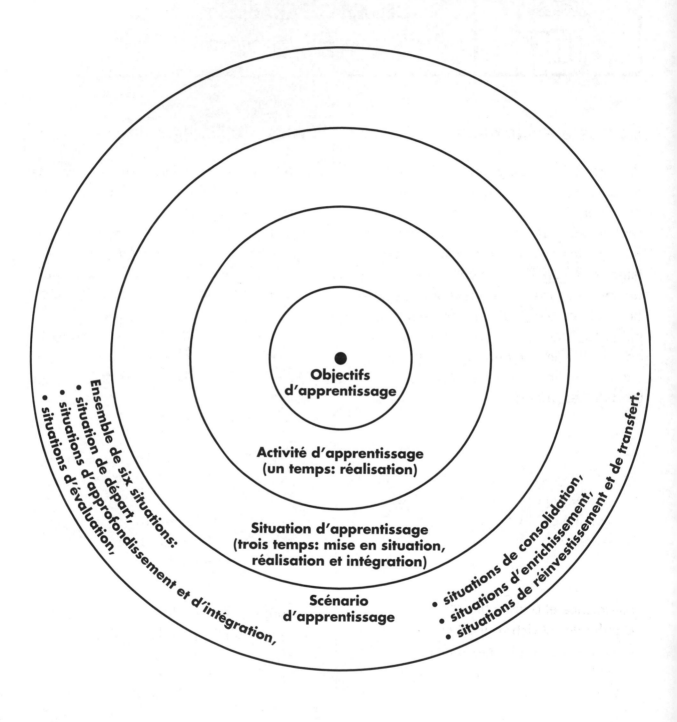

*Source:* Quand revient septembre..., *volume 1, p. 283.*

# PLANIFICATION DE L'ENSEIGNEMENT ET DE L'ÉVALUATION
(À PARTIR DE SITUATIONS D'APPRENTISSAGE)

Objectif d'apprentissage: _____

Objet d'évaluation: _____

| Situation d'apprentissage | Matériel pédagogique | Organisation de la classe | Stratégies d'évaluation formative interactive | Décision-action |
|---|---|---|---|---|
| Avant | | Temps | | |
| Pendant | | Groupes de travail | | |
| Après | | Espace | | |

# PLANIFICATION DE L'ENSEIGNEMENT ET DE L'ÉVALUATION
## (À L'AIDE D'UN SCÉNARIO D'ENSEIGNEMENT-APPRENTISSAGE)

**Objectifs d'apprentissage:** _____

**Objets d'évaluation:** _____

| | Situation de départ | Situations d'appro-fondissement et d'intégration | Situation d'évaluation | Situations de consolidation | Situations d'enrichissement | Situations de réinvestissement et de transfert |
|---|---|---|---|---|---|---|
| **AVANT** | | | Intention:<br><br>Objet d'évaluation: | | | |
| **PENDANT** | | | Mesure:<br><br>Jugement: | | | |
| **APRÈS** | | | Décision:<br><br>Action: | | | |

# MODÈLE DE PLANIFICATION À LONG TERME

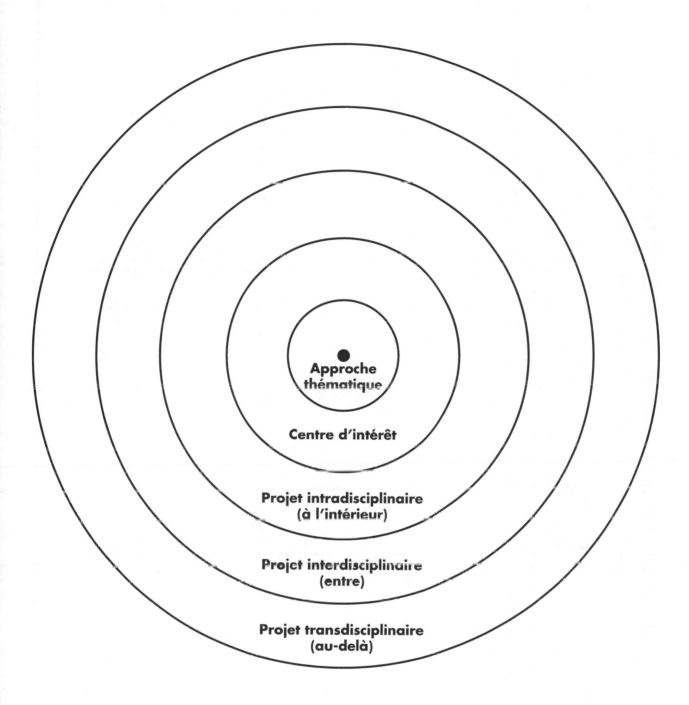

Source: Quand revient septembre…, volume 1, p. 286.

# GRILLE DE PLANIFICATION D'UN PROJET

(POUR L'ENSEIGNANTE QUI EXPLOITE LES SOUS-GROUPES DE TRAVAIL)

| 1 Émergence du projet | 2 Élaboration et animation du projet | 3 Évaluation du projet |
|---|---|---|
| Mise en situation pour aborder un problème ou une question préoccupant les élèves | Liste des tâches à accomplir et échéancier | Analyse de ce qui a été fait |
| Carte d'exploration et choix du thème | Liste des ressources et outils nécessaires | Décodage des apprentissages |
| Exploration des ressources | Plan de travail de chaque équipe | Évaluation des objectifs |
| But du projet ou liste des objectifs | Rencontres de groupe | Réinvestissement |

# GRILLE DE PLANIFICATION D'UN PROJET
(POUR L'ENSEIGNANTE QUI FONCTIONNE PAR ATELIERS)

## PLANIFICATION

**Point de départ**
- Intérêts des enfants, exploitation du milieu de vie _____

ou

- Objectifs d'apprentissage du programme d'études _____

**Objectifs décodés :**
_____
_____

**Objectifs codés :**
_____
_____

## ANIMATION

**Préparation**
- Lors de la causerie
- Lors d'une activité d'apprentissage _____
- Dans un atelier exploratoire
- Lors d'une activité parascolaire
- À partir d'objets apportés par les enfants
- À partir de la présence d'un visiteur dans la classe _____

**Réalisation**

En grand groupe | Dans des ateliers _____

**Intégration**

Retour sur les apprentissages et mise en mots
- par la parole ☐  • collectivement ☐
- par le dessin ☐  • en équipe de quatre ☐
- par le geste ☐  • en dyade ☐
- à l'aide d'un outil structuré ☐  • individuellement ☐

## ÉVALUATION

**Objets d'évaluation**

☐ ☐ ☐ ☐   ☐   ☐   ☐

_____
_____
_____
_____

**Moyens pour évaluer**
- observation de l'enfant en apprentissage
- questions verbales
- auto-évaluation de l'enfant
- analyse d'une production
- discussion avec un sous-groupe d'enfants
- tâche d'évaluation à l'intérieur du grand groupe
- tâche d'évaluation à l'intérieur d'un atelier spécifique

# PLANIFICATION D'UN PROJET
## (GRILLE POUR LES ÉLÈVES)

**Thème central du projet:** _____

| Liste des activités à réaliser (quoi?) | Début du projet, échéancier pour les activités et fin du projet (quand?) | Répartition des tâches (qui et quoi?) | Matériel nécessaire (avec qui?) | Mode de présentation aux autres élèves (comment?) |
|---|---|---|---|---|
| | | | | |

# 6.5 DES SCÉNARIOS D'ENSEIGNEMENT-APPRENTISSAGE À L'OMBRE DES ATELIERS

*(Des liens à faire)*

## Contexte et intention

Plusieurs nouveaux manuels scolaires privilégient la planification de scénarios d'apprentissage et l'animation de situations d'apprentissage. La pédagogie de l'«activité» tend de plus en plus à disparaître, car la réalisation d'activités ne favorise pas la signifiance des apprentissages de même que leur durabilité et leur transfert.

S'habituer à planifier des scénarios d'enseignement-apprentissage suppose que l'on voit et que l'on fait déjà quotidiennement des liens dans l'utilisation des ateliers en classe. De plus, cela exige de la part de l'intervenante de se préoccuper de visualiser le point d'arrivée au moment de planifier la situation de départ. Et, parfois, c'est un défi de taille... Qu'est-ce que l'on va évaluer? Comment va-t-on l'évaluer? Qu'est-ce qui va arriver après l'évaluation? Comment se vivra le réinvestissement?

Pour apprivoiser ce modèle de planification, il est important d'y aller progressivement... Les pistes qui suivent peuvent te guider dans la gestion des ateliers en classe.

Pas de révolution, mais une évolution...

## Pistes d'utilisation

1. Lis les informations des pages 280 et 281, objective ta façon de gérer les ateliers et pose-toi les questions suivantes: Y a-t-il des liens entre les diverses situations d'apprentissage suggérées? Y a-t-il des liens entre les journées d'une semaine? entre les semaines d'une étape du calendrier scolaire?

2. Cible un élément qui apparaît plus faible et tente de faire des liens avec au moins un autre élément: causerie quotidienne, salon de lecture, atelier spécifique. (*Voir page 282.*)

3. Fais des liens avec plusieurs éléments dans la classe. Invite les enfants à en faire aussi lors du vécu en classe ou au moment de l'objectivation.

4. Sélectionne, dans un matériel pédagogique, un scénario d'apprentissage et vis-le avec tes élèves. Profites-en pour analyser la structure, le déroulement et les résultats obtenus. (*Voir pages 283 et 284.*)

5. Fais une tentative de planification de scénario d'apprentissage à partir de la grille proposée. Vas-y progressivement: un scénario par étape du calendrier scolaire, puis un par mois. (*Voir page 285.*)

# UN PRÉALABLE AU SCÉNARIO: LA SITUATION D'APPRENTISSAGE

## Situation d'apprentissage

La situation d'apprentissage se veut le cadre dans lequel est placé un enfant pour réaliser des apprentissages. C'est donc elle qui doit contenir tous les éléments formant l'environnement de l'enfant au moment où l'enseignante le soumet à un processus de changement. La situation d'apprentissage doit comprendre trois temps:

- une phase de préparation, c'est-à-dire de prise de contact avec l'objet d'apprentissage;
- une phase de réalisation, c'est-à-dire d'appropriation de l'objet d'apprentissage;
- une phase d'intégration, c'est-à-dire de prise de conscience des apprentissages.

## Phase de préparation

Dans un premier temps, l'enseignante rappelle la situation d'apprentissage précédente, présente et précise les objectifs d'apprentissage à poursuivre, propose des situations d'apprentissage stimulantes de façon à susciter de l'intérêt et de la motivation, formule les consignes et suggère divers modes de fonctionnement.

De son côté, l'enfant se rappelle la situation d'apprentissage vécue, définit et précise pour lui-même les objectifs d'apprentissage, constate que ses habiletés ou ses connaissances ne suffisent pas toujours pour atteindre les objectifs poursuivis et organise seul ou avec ses pairs, à partir des consignes qu'il reçoit, l'environnement propice à la réalisation des apprentissages.

## Phase de réalisation

Dans un deuxième temps, l'enseignante guide, propose, questionne. Elle aide l'enfant à objectiver son action, fait des suggestions, donne de l'information jugée trop difficile à découvrir. Elle incite l'enfant à poursuivre ou à reprendre certaines tâches, observe et soutient celui qui éprouve des difficultés. Bref, elle facilite le traitement du contenu d'apprentissage.

De son côté, l'enfant réalise la tâche ou le problème avec les moyens dont il dispose. Il cherche l'information dont il a besoin, l'organise, l'évalue et se fait une idée des actions à accomplir. Tout au long de cette étape, il exploite les ressources de l'environnement et peut devenir lui-même une ressource pour un ou plusieurs autres enfants. Bref, il traite à sa façon le contenu d'apprentissage.

## Phase d'intégration

Dans un troisième temps, l'enseignante aide l'enfant à faire un retour sur la situation d'apprentissage, favorise l'objectivation permettant à l'enfant de prendre conscience du degré de développement de ses habiletés et de ses attitudes et des acquisitions faites ou à faire. L'enseignante amène l'enfant à réfléchir sur la signification de la situation d'apprentissage, sur son fonctionnement, sur son degré de satisfaction et sur les améliorations qui peuvent être apportées.

De son côté, l'enfant prend conscience du développement de son répertoire d'attitudes, d'habiletés et de connaissances, découvre son besoin de posséder certaines connaissances ou de développer certaines habiletés nécessaires à la réalisation d'une tâche analogue, apprécie son habileté à accomplir des actions. Enfin, il a l'occasion de se prononcer sur ce qu'il a vécu, de communiquer son degré de satisfaction ou d'insatisfaction sans crainte d'être puni.

*Source: Fascicule L du MEQ,* Planification de situations d'apprentissage, *cadre de référence, 1988.*

# POUR S'HABILITER À FAIRE DES LIENS:
## LE SCÉNARIO D'APPRENTISSAGE

Un scénario d'apprentissage, c'est le déroulement d'un ensemble de situations d'apprentissage visant un ou plusieurs objectifs. Il s'agit d'orchestrer les différents types de situations en vue des apprentissages à atteindre.

### Situations d'approfondissement et d'intégration

Les situations d'approfondissement sont celles qui, après la situation de départ, permettent aux enfants de s'approprier davantage l'objet d'apprentissage en explorant ses différentes composantes et de réutiliser leurs acquis antérieurs.

(Situations obligatoires)
Le nombre de situations d'approfondissement peut varier selon le rythme d'apprentissage.

Les situations d'intégration, quant à elles, permettent aux enfants de dégager des ressemblances, des différences de façon à établir des liens entre les apprentissages en cours ou déjà acquis.

(Situations obligatoires)

### Situation de départ

La situation de départ est celle qui va permettre aux enfants de prendre contact une première fois avec l'objet d'apprentissage. C'est la situation problème.

(Situation obligatoire)

### Situations d'évaluation formative rétroactive

Les situations d'évaluation permettent de situer les élèves dans l'appropriation des objectifs poursuivis lors des situations d'approfondissement. Elles sont utiles autant à l'élève qu'à l'enseignante.

(Situations obligatoires)

### Situations d'enrichissement

Les situations d'enrichissement sont des situations de dépassement. Elles permettent aux enfants qui ont atteint le résultat attendu après une ou plusieurs situations d'approfondissement d'aller plus loin. Ces situations s'adressent donc aux enfants qui, après une évaluation de l'atteinte des objectifs poursuivis lors des situations d'approfondissement, ont le désir d'aller plus loin. Au lieu de choisir des situations d'enrichissement, ces enfants pourraient tout aussi bien décider de s'orienter vers un autre scénario d'apprentissage.

(Situations facultatives)

### Situations de consolidation

Les situations de consolidation permettent aux enfants qui n'ont pas atteint le résultat visé après une ou plusieurs situations d'approfondissement de revenir sur leurs apprentissages ou de les renforcer. Ces situations s'adressent donc aux enfants qui, après une évaluation de l'atteinte des objectifs poursuivis lors des situations d'approfondissement, éprouvent des difficultés.

(Situations semi-obligatoires)

### Situations de réinvestissement et de transfert

Ces situations permettent aux enfants d'appliquer leurs connaissances dans de nouvelles situations d'apprentissage proposées par l'enseignante ou dans des projets personnels.

(Situations obligatoires)

### Autres scénarios d'apprentissage

*Source: Fascicule L du MEQ, Planification de situations d'apprentissage, cadre de référence, 1988.*

# AVANT DE CRÉER UN SCÉNARIO, DES LIENS À FAIRE...

## Au moment de la causerie

### Exploitation d'un discours à caractère expressif

Thème abordé:    Mon congé de Noël

Causerie I:    Je raconte à mes amis le moment le plus heureux de mes vacances.

Causerie II:    Je fais connaître à mes amis un apprentissage que j'ai fait (quelque chose que j'ai vécu pour la première fois).

Causerie III:    Je raconte à mes amis le moment le plus triste de mes vacances.

Causerie IV:    Je présente à mes amis une personne que j'ai connue durant mes vacances (quelqu'un que je ne connaissais pas et que j'ai rencontré pour la première fois).

Causerie V:    Je parle d'un animal que j'ai vu durant mes vacances (dans ma maison, dans la rue, dans d'autres maisons).

Il pourrait y avoir un lien entre la causerie et le défi proposé à l'intérieur d'un atelier donné.

### Exploitation d'un discours à caractère informatif

Thème abordé:    Notre mascotte Jeannot Lapin

Causerie I:    Je dis à mes amis une chose que je sais déjà sur le lapin.

Causerie II:    Je dis à mes amis la question que je me pose par rapport au lapin.

Causerie III:    Je dis à mes amis ce que j'ai appris de nouveau sur le lapin.

## Au moment des ateliers

**Deux ateliers interreliés** (atelier de dessin et de découpage, salon de lecture)

L'enfant dessine une fée des étoiles. Il la découpe et il compare sa fée des étoiles à celle que l'on retrouve sur la couverture d'un livre du salon de lecture. Est-elle pareille? différente?

**Trois ateliers interreliés** (atelier de blocs, atelier de peinture et causerie)

L'enfant recrée sa propre maison avec des gros blocs. Il peut même utiliser des petits blocs pour imaginer les meubles qui lui sont familiers. Par la suite, il peut en faire une peinture qu'il présentera aux autres enfants lors de la causerie.

**Quatre ateliers interreliés** (salon de lecture, atelier de dessin et découpage, atelier d'écriture, coin d'épicerie)

L'enfant regarde un livre de lecture sur la salade de fruits. Il dessine deux fruits qu'il aime beaucoup. Il les découpe et il les colle sur une feuille afin de se faire une petite liste d'épicerie. Il cherche, au salon de lecture, les mots-étiquettes fruits afin de transcrire sur sa feuille le nom des fruits. Il se rend au coin d'épicerie afin d'acheter les deux fruits qu'il aime beaucoup.

# PLANIFICATION D'UN SCÉNARIO D'ENSEIGNEMENT-APPRENTISSAGE

| | |
|---|---|
| **Situation de départ** | Examine… Nomme… (atelier obligatoire) |
| **Situations d'approfondissement et d'intégration** | Essaie… Expérimente… (atelier obligatoire) Le nombre d'activités obligatoires varie selon le rythme de l'enfant. |
| **Situation d'évaluation formative** | Vérifie… Compare… (atelier obligatoire) |
| **Situations de consolidation** | Essaie encore… Essaie différemment… (atelier semi-obligatoire) |
| **Situations d'enrichissement** | Fais un pas de plus… Va plus loin… (atelier facultatif) |
| **Situations de réinvestissement et de transfert** | Réutilise ton savoir dans une situation semblable ou différente. (atelier obligatoire) |

**Objectif visé:** Habiliter les enfants à inventer une histoire à trois séquences où l'ordre chronologique des actions sera respecté.

## Activités possibles

- Album d'histoires géant conçu par un élève de niveau primaire.
- Écoute d'un livre-cassette.
- Habillage au vestiaire.
- Jeu de blocs à reconstituer dans un ordre logique (blocs-histoire).
- Histoire dessinée à trois séquences.
- Ronde musicale: jeu de train avec consignes avant-après.
- Histoire dessinée racontée à un ami.
- Causerie sur trois actions faites avant de venir à l'école.
- Classification des images, des dessins en indiquant la séquence:

Le soir,

  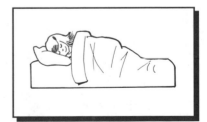

je mets mon pyjama, je me couche, je dors.

- Invention d'un langage écrit sur les trois séquences de l'histoire.
- Reportage sur une émission de télévision préférée en dessinant les cinq moments les plus importants dans l'ordre où ils se sont déroulés.
- Montage sur sa vie personnelle en affichant par ordre chronologique quatre photographies prises à des âges différents.
- Planification d'une petite fête d'enfants.

# GRILLE DE PLANIFICATION D'UN SCÉNARIO D'ENSEIGNEMENT-APPRENTISSAGE

## À L'OMBRE DES ATELIERS

**Objectif visé:** Habiliter les enfants à inventer une histoire à trois séquences où l'ordre chronologique des actions sera respecté.

**Clientèle visée:** Enfants du préscolaire

| Situation de départ | Situations d'approfon-dissement et d'intégration | Situations d'évaluation | Situations de consolidation | Situations d'enrichissement | Situations de réinvestissement et de transfert |
|---|---|---|---|---|---|
| Présenter un album d'histoires géant conçu par un élève du primaire. | • Participer à une ronde musicale en tenant compte des consignes «avant moi» et «après moi». | Inventer une histoire dessinée où l'on retrouvera trois séquences dans un ordre chronologique. | • Respecter les étapes logiques lors d'une séance d'habillage au vestiaire: bottes avant mitaines, etc. | • Présenter son histoire dessinée à un ami de la classe en décodant les séquences. | • Réaliser un album sur sa vie person-nelle à partir de photographies placées en ordre chronologique. |
| Défi proposé: Inventer une histoire à trois séquences et l'illustrer. | • Raconter dans un ordre logique trois actions faites avant de venir à l'école. | | • Replacer en ordre des images, des dessins indiquant une séquence. | • Inventer un langage écrit sur les trois séquences de l'histoire. | • Planifier une petite fête d'en-fants où l'on retrouvera les trois temps: avant, pendant et après. |
| | • Reconstituer un jeu de blocs en respectant l'ordre logique. | | | | • Présenter un reportage sur une émission de télévision où l'on devra retrouver cinq séquences. |
| | • Inviter les élèves à écouter un livre-cassette et observer l'ordre des événements. | | | | |

# GRILLE DE PLANIFICATION D'UN SCÉNARIO D'ENSEIGNEMENT-APPRENTISSAGE

À L'OMBRE DES ATELIERS

Objectif visé: _____

Clientèle visée: _____

| Situation de départ | Situations d'approfon-dissement et d'intégration | Situations d'évaluation | Situations de consolidation | Situations d'enrichissement | Situations de réinvestissement et de transfert |
|---|---|---|---|---|---|
| | | | | | |

# 6.6 UNE NOUVELLE PISTE À EXPLORER: LES CENTRES D'APPRENTISSAGE
## *(Un pas de plus vers l'autonomie)*

## Contexte et intention

Comme les différences sont de plus en plus grandes dans les classes, l'on se doit d'inventorier de nouvelles façons de faire. Parmi celles-ci se trouvent les centres d'apprentissage. Modèles organisationnels conçus au départ pour être gérés de façon autonome, ils peuvent être adaptés dans une perspective non seulement d'approfondissement, mais aussi de consolidation et d'enrichissement.

La présence de l'enseignante peut se faire plus ou moins discrète selon la clientèle visée. De plus, l'utilisation du centre par les élèves pourra être gérée de façon autonome, semi-autonome ou guidée par l'enseignante, un autre adulte ou un élève-ressource. Toutes les avenues sont possibles... À vous de risquer...

## Pistes d'utilisation

1. Dresse le profil de ta classe en déterminant le nombre d'élèves rapides, moyens ou en difficulté.

2. À partir de ce portrait, cerne les besoins prioritaires nécessitant une démarche d'individualisation.

3. Survole l'information de base concernant les centres d'apprentissage. (*Voir pages 287 à 290.*)

4. Approprie-toi le cadre de référence sur la gestion des centres d'apprentissage. (*Voir page 291.*)

5. Mets en place un mini-centre d'apprentissage en regard d'une clientèle ciblée et d'une intention précise. Planifie des activités d'exploration, de formation et d'expérimentation. (*Voir pages 295 à 298.*)

6. Présente le mini-centre aux élèves, utilise-le avec eux, supervise son fonctionnement et évalue les apprentissages faits. (*Voir pages 291 à 293.*)

7. Planifie la création d'un centre d'apprentissage plus complet orienté vers le scénario d'apprentissage et vis les étapes d'implantation. (*Voir page 294.*)

8. Augmente le nombre de centres graduellement par la suite, selon ton degré d'aisance et celui des élèves.

# DÉFINITION DES CENTRES D'APPRENTISSAGE

D'après Renald Legendre (*Dictionnaire actuel de l'éducation*), de façon générale, l'on pourrait dire que le centre d'apprentissage est un «endroit spécialement aménagé, dans la classe ou dans l'école, disposant d'une variété de matériel pédagogique nécessaire aux apprentissages d'un groupe d'élèves.

«Dans un enseignement modulaire, le centre d'apprentissage désigne aussi une aire d'étude et de travail où des élèves peuvent venir effectuer des activités d'apprentissage au moment qui leur convient.»

Ces lieux organisés permettent la réalisation autonome d'activités d'apprentissage. On y retrouve donc une organisation spéciale du matériel et des documents permettant à l'élève de choisir des thèmes ou des problèmes qui l'intéressent. On lui offre aussi la possibilité de gérer lui-même une bonne partie de sa démarche d'apprentissage.

Le centre d'apprentissage est donc un outil pédagogique et organisationnel intéressant pour individualiser l'enseignement. Il permet aux élèves de vivre, au sein d'un même atelier, des activités rattachées à des objectifs différents. L'on pourrait même définir les centres d'apprentissage comme des «ateliers à plusieurs dimensions».

## Types de centres d'apprentissage

Il existe différents types de centres d'apprentissage, et il faut faire un choix au moment de la planification.

- **Centres orientés vers des objectifs généraux différents**

  Centres d'exploration, centres de formation, centres d'expérimentation. Souvent, ces centres sont axés sur le développement d'habiletés plus ou moins complexes. La grille de Bloom peut alors orienter la planification:

  1. Développement de la mémoire;
  2. Compréhension;
  3. Application;
  4. Analyse;
  5. Synthèse;
  6. Évaluation.

- **Centres d'exploration**

  Ces centres sont organisés autour d'un thème donné: cinéma, faune, flore, etc. Ils visent à stimuler les élèves et à leur faire découvrir de nouveaux champs d'intérêt.

- **Centres de formation**

  Ces centres sont orientés vers l'acquisition des habiletés de base: manipulation d'appareils, techniques de recherche, techniques de résolution de problèmes, etc.

- **Centres d'expérimentation**

  Ces centres sont organisés afin de permettre aux élèves d'effectuer certaines expérimentations. Ces centres requièrent la manipulation du matériel.

- **Centres orientés vers des matières**

  Centre de sciences, centre d'arts, centre de mathématiques, centre de lecture, etc. Ces centres sont créés autour des différents volets du développement des connaissances.

- **Centres orientés vers l'intégration des matières**

  Centre sur les planètes, centre sur les mammifères. À ce moment-là, le centre porte de préférence le nom d'un thème intégrateur et les différentes activités offertes font appel à un mode d'organisation de l'enseignement où sont reliés des objectifs de plusieurs programmes d'études ou de champs d'enseignement.

- **Centres orientés vers un scénario d'apprentissage complet**

  On pourrait l'appeler centre d'apprentissage tout court. Ce type de centre permet à l'apprenant de vivre les étapes suivantes:

  – Situation de départ;
  – Situation d'approfondissement et d'intégration;
  – Situations d'évaluation;
  – Situations de consolidation;
  – Situations d'enrichissement.

- **Centres orientés vers une étape du scénario d'apprentissage**

  Centre d'enrichissement, centre de consolidation. Ce centre a moins d'ampleur que les précédents. Il peut être une bonne avenue pour les pédagogues qui désirent prolonger un atelier ou commencer l'expérimentation des centres en regard de la gestion des rythmes d'apprentissage.

Comme on peut le constater, ce concept organisationnel est riche en possibilités. Il s'agit de l'utiliser en regard des besoins des élèves et du cheminement pédagogique de l'enseignante.

Peu importe la formule utilisée, un fil conducteur est toujours présent, celui de la gestion des différences au sein d'une classe. C'est pourquoi les adeptes de l'enseignement individualisé vantent les mérites du centre d'apprentissage et l'utilisent pour faire disparaître les nombreuses rencontres formelles en classe. En contrepartie, les centres exigent un matériel pédagogique abondant et très diversifié, et une disponibilité quasi constante de l'enseignante.

# LES CENTRES D'APPRENTISSAGE ET LE RÔLE DE L'ENSEIGNANTE

**1**

## Assistante et guide

L'enseignante doit se distancier de son rôle traditionnel de «fournisseuse de connaissances» et devenir plutôt l'assistante et la guide de l'élève. Il lui faudra suivre pas à pas l'élève et l'amener graduellement à prendre en main ses apprentissages.

**2**

## Catalyseur

L'enseignante peut jouer un rôle de catalyseur en offrant à ses élèves des ressources dont ils ne soupçonnent même pas l'existence. Elle peut leur proposer divers projets, diverses façons de faire ou divers groupes de travail. Par des défis, l'enseignante peut amener ses élèves à se dépasser, à ne pas se contenter d'un minimum d'apprentissage.

**3**

## Agente de liaison avec le milieu

Les enseignantes doivent tenir les parents au courant de la démarche des élèves. Cette initiative satisfait le besoin d'information des parents et confirme aux yeux des élèves l'intérêt et la validité de leur démarche.

L'enseignante doit établir également un pont entre les élèves et le milieu afin de trouver de nouvelles ressources pour combler les besoins des apprenants. Une lettre exposant les intérêts des élèves pourrait être distribuée à cette fin, accompagnée d'un questionnaire destiné à inventorier les ressources communautaires. Par la suite, l'élaboration d'une banque des ressources du milieu pourrait émerger.

# LES ÉLÉMENTS DE BASE D'UN CENTRE D'APPRENTISSAGE

### 1. Les compétences à développer

Il s'agit d'un court texte décrivant aux élèves ce qu'il est possible de réaliser ou d'apprendre dans le centre. Il s'agit somme toute des objectifs terminaux visés par le centre.

### 2. Le tableau des contenus

C'est en quelque sorte le plan du centre d'apprentissage. C'est un tableau où on trouve en ordonnée les contenus développés dans le centre et en abscisse les niveaux de pensée (se référer à la taxonomie des objectifs pédagogiques de Bloom) exploités pour chacun des contenus. Les coordonnées renvoient aux différentes activités du centre.

### 3. Les fiches d'activité

Des fiches décrivent les activités qui peuvent être réalisées au centre. Elles spécifient les objectifs de ces activités, les critères d'évaluation, le déroulement des activités, les pistes de recherche, les démarches, les stratégies et les procédures, les références bibliographiques, les suggestions de matériel à utiliser, etc.

### 4. Les règles de fonctionnement du centre

Des règles de fonctionnement concises et claires sont indispensables pour le bon déroulement du centre. Si les élèves sont capables de lire, ces règles peuvent être inscrites sur un carton et affichées au centre. Si les élèves ne savent pas lire, on peut faire un dessin qui leur rappellera quelles sont les règles à suivre pour travailler au centre. Ces règles spécifient le nombre d'élèves admissibles au centre, les procédures à suivre pour y travailler et les comportements à adopter.

### 5. Le matériel nécessaire

L'intégration du matériel nécessaire à la réalisation des activités proposées dans le centre augmente la qualité du centre. Ce matériel inclut l'équipement, les références, la bibliographie, la liste des ressources, les photographies, etc. L'intégration de ces ressources au centre permet aux élèves de réaliser plus rapidement les activités suggérées et déclenche chez eux de nouveaux intérêts. Par contre, cette intégration de ressources peut nuire à l'autonomie des élèves, dans la mesure où on ne les implique pas dans la démarche de planification. Pour contrer cet effet nuisible, on peut faire participer les élèves au développement de ces ressources.

### 6. La supervision à l'intérieur du centre

Pour favoriser une plus grande autonomie dans la gestion des apprentissages proposés et pour faciliter la supervision des élèves, il faut leur faire compléter un relevé des activités effectuées ou un contrat de travail pour chacun des centres visités. Selon le degré d'autonomie des élèves, l'intervention de l'enseignante sera plus ou moins directe.

### 7. L'inscription et le contrôle

Le relevé des utilisateurs permet de connaître le niveau de popularité d'un centre et de chacune de ses activités. Chaque fois qu'un élève visite un centre, il doit inscrire son nom, la date de la visite et le numéro des activités réalisées sur une feuille mise au centre à cette fin. (*Voir l'exemple proposé, page 293.*)

### 8. La situation physique du centre

La forme générale des centres d'apprentissage est relativement constante, c'est-à-dire qu'ils sont habituellement situés dans le coin d'une classe régulière ou dans une classe-ressource.

*Source: Les pages 287 à 290 s'inspirent de la recherche de Line Massé, «Les centres d'apprentissage», à paraître.*

# LA GESTION DES CENTRES D'APPRENTISSAGE

## 1. Présentation des centres d'apprentissage

Chaque centre d'apprentissage doit être présenté aux élèves avant son utilisation. Lors de cette présentation, certains points devront être touchés:

- Qu'est-ce qu'on peut faire dans le centre? (Liste des activités; quoi?)
- Comment effectue-t-on les activités? (Les démarches, les procédures, les stratégies)
- Comment trouve-t-on, utilise-t-on et replace-t-on le matériel? (Modalités de fonctionnement)
- Que fait-on lorsqu'on a fini de travailler à un centre? (Objectivation et auto-évaluation)

Il est préférable de ne présenter aux élèves qu'un centre à la fois, afin de ne pas les saturer d'informations à retenir.

## 2. Utilisation des centres d'apprentissage par les élèves

- **Assignation par l'enseignante**

Les élèves sont assignés à un centre par l'enseignante selon les besoins déterminés par cette dernière chez les élèves.

- **Autosélection**

Les élèves vont travailler par eux-mêmes dans les centres d'apprentissage qui les intéressent durant leurs temps libres.

- **Contrat**

Les élèves négocient avec l'enseignante les activités à réaliser et le temps consacré à cette réalisation en utilisant un contrat de travail.

- **Rotation**

La classe est divisée en différentes équipes de travail. Une période est allouée à chacune des équipes pour aller travailler dans les centres d'apprentissage.

## 3. Supervision des apprentissages réalisés au centre

- **Dossier personnel ou portfolio**

C'est un dossier d'apprentissage dans lequel chaque élève note les activités qu'il réalise dans les centres d'apprentissage. Ce dossier permet à l'enseignante de prendre rapidement connaissance de la situation d'un élève. Les élèves sont engagés dans la mise à jour de ces dossiers. Ils ont la responsabilité d'y insérer les informations nécessaires et de le tenir en ordre. Tous ces dossiers sont conservés au même endroit.

- **Rencontres individuelles ou entrevues**

Il faut consacrer un certain temps à des rencontres individuelles de mise au point où élève et enseignante discutent globalement du cheminement de l'élève et de ses réalisations. Ces rencontres sont importantes, car elles amènent l'élève à prendre au sérieux les activités réalisées dans les centres d'apprentissage. Ces rencontres doivent être déterminées à l'avance et se tenir à une fréquence régulière.

- **Utilisation de l'auto-évaluation et de la co-évaluation**

Pour alléger la tâche de l'enseignante et favoriser l'autonomie des élèves, des formules d'auto-évaluation et d'évaluation par les pairs peuvent être utilisées. Quelle que soit la formule choisie, les résultats désirés et les critères de performance devront être spécifiés dès le départ et devront vraiment servir à l'évaluation des apprentissages.

# EXEMPLE DE RÈGLES POUR UN CENTRE D'APPRENTISSAGE

1. Vérifie s'il y a des places disponibles au centre.

2. Inscris ton nom sur le relevé des utilisatrices et des utilisateurs du centre.

3. Choisis une activité.

4. Inscris le numéro de cette activité sur ton relevé d'activités (passeport personnel).

5. Si l'activité demande un travail très élaboré, fais un plan de travail. Fais approuver ton plan de travail par ton enseignante.

6. Réalise l'activité que tu as choisie.

7. Fais l'évaluation de ton travail.

8. Avant de quitter le centre, range chaque chose à sa place.

9. Range ton travail dans ton dossier personnel.

# RELEVÉ DES UTILISATRICES ET DES UTILISATEURS DU CENTRE

**COCHE LE NUMÉRO CORRESPONDANT À L'ACTIVITÉ QUE TU VIENS DE RÉALISER.**

| Noms des utilisatrices et des utilisateurs | Date | Activités réalisées | | | | | | | | | | | | | | | | | |
|---|---|---|---|---|---|---|---|---|---|---|---|---|---|---|---|---|---|---|---|
| | | 1 | 2 | 3 | 4 | 5 | 6 | 7 | 8 | 9 | 10 | 11 | 12 | 13 | 14 | 15 | 16 | 17 | 18 |
| | | | | | | | | | | | | | | | | | | | |
| | | | | | | | | | | | | | | | | | | | |
| | | | | | | | | | | | | | | | | | | | |
| | | | | | | | | | | | | | | | | | | | |
| | | | | | | | | | | | | | | | | | | | |
| | | | | | | | | | | | | | | | | | | | |
| | | | | | | | | | | | | | | | | | | | |
| | | | | | | | | | | | | | | | | | | | |
| | | | | | | | | | | | | | | | | | | | |
| | | | | | | | | | | | | | | | | | | | |
| | | | | | | | | | | | | | | | | | | | |
| | | | | | | | | | | | | | | | | | | | |
| | | | | | | | | | | | | | | | | | | | |
| | | | | | | | | | | | | | | | | | | | |
| | | | | | | | | | | | | | | | | | | | |
| | | | | | | | | | | | | | | | | | | | |
| | | | | | | | | | | | | | | | | | | | |
| | | | | | | | | | | | | | | | | | | | |
| | | | | | | | | | | | | | | | | | | | |
| | | | | | | | | | | | | | | | | | | | |
| | | | | | | | | | | | | | | | | | | | |
| | | | | | | | | | | | | | | | | | | | |
| | | | | | | | | | | | | | | | | | | | |
| | | | | | | | | | | | | | | | | | | | |
| | | | | | | | | | | | | | | | | | | | |
| | | | | | | | | | | | | | | | | | | | |
| | | | | | | | | | | | | | | | | | | | |
| | | | | | | | | | | | | | | | | | | | |
| | | | | | | | | | | | | | | | | | | | |
| | | | | | | | | | | | | | | | | | | | |

# CRÉATION D'UN CENTRE D'APPRENTISSAGE

## Démarche suggérée

1. Pour créer un centre d'apprentissage à l'intention des élèves, détermine:
   - l'intention de l'utilisation (pourquoi? → enseignante);
   - la clientèle (qui?);
   - l'habileté ou la matière (lecture, écriture, maths, sciences; quoi?);
   - le ou les objectifs (pourquoi? → élève).

2. Prépare trois types d'activités en regard de l'objectif ciblé (quoi? → élève):
   - des activités d'exploration;
   - des activités de formation;
   - des activités d'expérimentation.

3. Élargis le concept «centre d'apprentissage» pour permettre aux élèves de vivre les situations d'un scénario d'apprentissage.

   Dans un premier temps, il y aura:
   - des situations d'approfondissement;
   - des situations de consolidation;
   - des situations d'enrichissement.

   Dans un second temps, on complétera le scénario et il y aura:
   - une situation de départ;
   - des situations d'approfondissement et d'intégration;
   - des situations d'évaluation;
   - des situations de consolidation;
   - des situations d'enrichissement.

# PREMIER MODÈLE D'UN MINI-CENTRE D'APPRENTISSAGE

| | |
|---|---|
| **INTENTION** | Permettre à des élèves de s'approprier une connaissance déjà vue collectivement. |
| **CLIENTÈLE** | Élèves en difficulté d'apprentissage |
| **MATIÈRE** | Français (lecture) |
| **OBJECTIF** | Reconnaître le «ch». |
| **ACTIVITÉS D'EXPLORATION** | • Nommer des mots où on entend le «ch».<br>• Découper des gravures dans une revue.<br>• Classifier les mots correspondant au sujet des gravures selon les syllabes: cho, che, chu, chan, chon. |
| **ACTIVITÉS DE FORMATION** | • Encercler le «ch» dans des mots.<br>• Composer des mots avec ces sons. |
| **ACTIVITÉS D'EXPÉRIMENTATION** | • Texte troué: compléter le mot à l'aide des syllabes.<br>• Lire un court texte contenant des mots avec le son «ch». Encercler le son «ch». Puis faire nommer par l'élève le nombre de fois où il aura repéré ce son. |

# DEUXIÈME MODÈLE D'UN MINI-CENTRE D'APPRENTISSAGE

| | |
|---|---|
| **INTENTION** | Permettre à des élèves de s'approprier une connaissance déjà vue collectivement depuis longtemps. |
| **CLIENTÈLE** | Élèves en très grande difficulté |
| **MATIÈRE** | Français (lecture) |
| **OBJECTIF** | Reconnaître les accents. |
| **ACTIVITÉS D'EXPLORATION** | Encercler les accents dans les prénoms, les affiches, un texte. |
| **ACTIVITÉS DE FORMATION** | Classer les accents d'après les modèles (ex.: bébé, père, fête).<br>• Mimer les accents.<br>• Nommer les accents.<br>• Montrer les accents (trois cartons). |
| **ACTIVITÉS D'EXPÉRIMENTATION** | • Ajouter l'accent requis aux mots, à la phrase, au texte.<br>• Composer un court texte où l'on devra retrouver des mots nécessitant l'utilisation des trois accents. |

# TROISIÈME MODÈLE D'UN MINI-CENTRE D'APPRENTISSAGE

**INTENTION**

Permettre à des élèves de s'approprier une notion abstraite pour eux.

**CLIENTÈLE**

Élèves en situation d'approfondissement

**MATIÈRE**

Mathématiques (division)

**OBJECTIF**

Comprendre le concept de la division.

**ACTIVITÉS D'EXPLORATION**

- Manipuler du matériel concret (argent, pailles, blocs, etc.).
- Regrouper et partager des ensembles.
- Se séparer en équipes, en sous-groupes.

**ACTIVITÉS DE FORMATION**

- Diviser en groupes de deux, trois, quatre, etc. à l'aide de matériel.
- Transposer ses essais en langage mathématique.
- Inventer une situation où l'élève aura à diviser.
- Tenter de résoudre une division à l'aide du matériel.

**ACTIVITÉS D'EXPÉRIMENTATION**

- Résoudre un problème où l'élève devra appliquer la technique de la division.
- Composer et résoudre un problème où l'élève devra appliquer l'opération de la division.

# QUATRIÈME MODÈLE D'UN MINI-CENTRE D'APPRENTISSAGE

| | |
|---|---|
| **INTENTION** | Permettre à des élèves d'atteindre un objectif qui n'apparaît pas au programme. |
| **CLIENTÈLE** | Élèves rapides |
| **MATIÈRE** | Français (écriture) |
| **OBJECTIF** | Reconnaître l'adjectif qualificatif dans un texte. |
| **ACTIVITÉS D'EXPLORATION** | • Manipuler des objets (crayon, pomme, verre, berlingot, etc.).<br>• Dire comment sont ces objets.<br>• Écrire les adjectifs qualificatifs trouvés sur un carton individuel. |
| **ACTIVITÉS DE FORMATION** | • Associer les adjectifs qualificatifs trouvés à d'autres objets.<br>• Composer mentalement de courtes phrases contenant un ou des adjectifs qualificatifs à partir des objets qu'ils ont devant les yeux.<br>• Dire sa phrase au groupe. Les autres membres doivent reconnaître l'adjectif qualificatif. |
| **ACTIVITÉS D'EXPÉRIMENTATION** | • Souligner dans un court texte tous les adjectifs qualificatifs.<br>• Composer un court texte où l'on devra retrouver un certain nombre d'adjectifs qualificatifs. |

## 6.7  INTÉGRER DES MATIÈRES POUR MIEUX INTÉGRER DES APPRENTISSAGES
*(Un projet en devenir)*

## Contexte et intention

Depuis cinq ou six ans, on entend parler beaucoup de multidisciplinarité, de pluridisciplinarité, d'intradisciplinarité, d'interdisciplinarité et de transdisciplinarité. Certaines enseignantes sont en recherche, en expérimentation dans ce domaine. Il ne s'agit pas d'une piste non négociable, obligatoire dans chacune des classes du Québec.

Il faut plutôt reconnaître à ces modèles de planification de l'enseignement des avantages nombreux: possibilité de faire des liens autant pour l'enseignante que pour les élèves; signifiance plus grande des apprentissages; motivation plus profonde des élèves, surtout si l'on travaille avec eux un thème, un projet rattaché à leur vécu; possibilité de respecter le processus d'apprentissage; implication plus grande de l'apprenant; groupes de travail plus variés à l'intérieur de la classe; développement d'habiletés non seulement intellectuelles, mais aussi personnelles et sociales; interventions en regard d'une approche plus globale et, de là, d'une formation fondamentale et récupération du temps à l'intérieur de la grille-horaire.

## Pistes d'utilisation

1. Réfléchis à tes attitudes par rapport à la possibilité de faire des liens. Quelles sont tes forces? Quels défis pourrais-tu relever pour améliorer ta pratique?

2. Tente de cerner ton vécu pédagogique à l'aide du tableau-synthèse et des précisions concernant les différents modèles de planification. (*Voir pages 301 et 302.*) Jusqu'à maintenant, as-tu fait des tentatives en regard de l'approche thématique (multidisciplinarité ou pluridisciplinarité)? de l'intradisciplinarité? de l'interdisciplinarité? de la transdisciplinarité? Si oui, quels ont été les résultats et comment peux-tu réinvestir? Si non, par quoi as-tu le goût de commencer?

3. Prends connaissance des deux témoignages d'expérimentation vécue sur l'approche thématique. (*Voir pages 303 à 306.*)

4. Planifie un projet d'expérimentation en tentant de respecter une démarche structurée te permettant de vivre toutes les étapes nécessaires à la réussite du projet. Inspire-toi des données fournies aux pages 304 à 306. Les grilles des pages 310 et 311 peuvent te faciliter la tâche.

5. Vis ce projet d'expérimentation avec tes élèves, décode au fur et à mesure les apprentissages faits, les réussites connues, les difficultés rencontrées.

## Contexte et intention *(suite)*

Expérimenter dans ce domaine peut s'avérer insécurisant. Ici, tu trouveras des balises pouvant t'aider à faire tes premiers pas vers un modèle de planification visant à intégrer des matières pour faciliter une meilleure intégration des apprentissages.

## Pistes d'utilisation *(suite)*

6. Prévois des moments formels d'objectivation et d'évaluation formative non seulement à la fin du projet, mais aussi en cours de route.

7. Fixe-toi des objectifs réalistes d'expérimentation. Au tout début, deux projets avant les fêtes. Plus tard, un par étape, pour en arriver finalement à l'introduire dans ton vécu quotidien.

8. Fournis à tes élèves des grilles de base pour élaborer un projet d'équipe ou un projet personnel. (*Voir pages 312 à 316.*)

9. Consulte les pages 307 à 309 si tu veux aller plus loin dans le travail en projet.

# TABLEAU-SYNTHÈSE

## L'INTÉGRATION DES MATIÈRES, UN OUTIL PERMETTANT UNE MEILLEURE INTÉGRATION DES APPRENTISSAGES

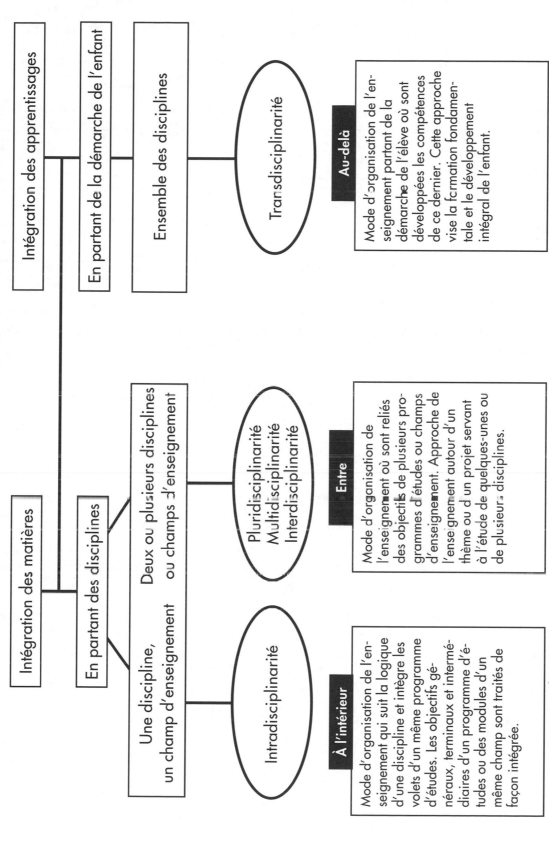

Source: D'après le ministère de l'Éducation, Sensibilisation à l'intégration des matières au primaire, Session de perfectionnement à l'intention des multiplicateurs et des multiplicatrices, Québec, Direction de la formation générale des jeunes, 1994.

# L'INTÉGRATION DES MATIÈRES, OUTIL D'INTÉGRATION DES APPRENTISSAGES

| **INTÉGRATION DES MATIÈRES** | **INTÉGRATION DES APPRENTISSAGES** |
|---|---|
| Opération qui consiste à conjuguer deux ou plusieurs contenus interdépendants d'apprentissage, appartenant à la même discipline ou à des disciplines différentes, en vue de résoudre un problème, d'étudier un thème ou de développer des habiletés. | Processus de l'apprenant visant à nommer les apprentissages réalisés et à les transférer dans d'autres contextes. |

*Renald Legendre,* Dictionnaire actuel de l'éducation.

Dans son avis sur l'intégration des matières, le Conseil supérieur de l'Éducation la définit comme un mode d'organisation de l'enseignement qui permet à l'enseignante de faire des rapprochements entre les objectifs et les démarches des divers programmes d'études.

Dans un autre document, le ministère de l'Éducation reconnaît différentes formes d'intégration des matières:

1. **La pluridisciplinarité:** approche de l'enseignement centrée sur quelques disciplines ou matières voisines exploitées parallèlement. Les objectifs sont traités en parallèle et l'organisation de l'enseignement se fait autour d'un thème.

2. **La multidisciplinarité:** approche de l'enseignement centrée sur la *juxtaposition de plusieurs disciplines ou matières* exploitées parallèlement.

3. **L'intradisciplinarité:** opération qui consiste à conjuguer deux ou plusieurs contenus interdépendants d'apprentissage appartenant au même domaine d'études, en vue de résoudre un problème, d'étudier un thème ou de développer des habiletés.

4. **L'interdisciplinarité:** approche de l'enseignement qui favorise la concertation et les intersections entre les objectifs de divers programmes d'études.

5. **La transdisciplinarité comportementale:** approche abordant le problème de la détermination des contenus de l'éducation, non plus par les matières ou les thèmes qui font l'objet de l'enseignement, mais par ce que l'élève doit pouvoir faire et par la manière dont il doit pouvoir se comporter dans les situations qu'il est susceptible de rencontrer à sa sortie du cycle d'enseignement considéré. Il s'agit donc de déterminer les contenus de l'enseignement en partant des démarches intellectuelles et socio-affectives très générales que l'élève doit pouvoir maîtriser dans les situations pour lesquelles on le prépare.

# L'APPROCHE THÉMATIQUE...
## UN PREMIER PAS POUR FAIRE DES LIENS...
### (TÉMOIGNAGE D'UNE ENSEIGNANTE)

Je pratique une pédagogie qui tente de partir du vécu des élèves.

Voici ma façon de procéder pour lancer mon thème. Une large place est laissée aux jeunes dans la prise de décisions.

1. Je décode avec les élèves leurs intérêts, leurs goûts, leurs préoccupations.

2. Je leur demande de privilégier un thème.

3. Je fais trouver aux élèves les raisons pour lesquelles ils veulent vivre ce projet thématique: on décode alors les objectifs que l'on pourrait atteindre.

4. Je leur demande de faire la liste des activités qu'ils aimeraient vivre à partir de ce thème. Je suggère moi aussi certaines activités.

5. Une fois la liste des activités établie, les élèves décident lesquelles sont retenues. Ensuite, ils les classent comme réalisations collectives, réalisations d'équipe ou réalisations personnelles.

6. Les élèves établissent un échéancier accompagnant leur planification et ils décident du nombre de périodes allouées aux activités choisies.

7. L'ensemble des étapes de la planification du thème intégrateur est évalué en cours de route et à la fin.

8. Les élèves réinvestissent, par la suite, par des activités de consolidation ou d'enrichissement.

*Source: Régina d'Astous, enseignante d'une classe multiprogramme, commission scolaire La Neigette, Rimouski.*

## Suggestions pratiques

1. Comme première expérience, il peut être plus facile de faire des liens entre les volets du français: écriture, lecture, expression verbale. Le projet thématique deviendra alors intradisciplinaire.

2. Commencer par intégrer deux matières seulement peut s'avérer une piste réaliste et efficace. Ne pas oublier que chaque démarche d'apprentissage doit être respectée dans son intégrité, et cela pour chacune des matières intégrées dans le projet interdisciplinaire.

3. Partir de certaines matières telles que mathématiques, sciences humaines, sciences de la nature et greffer d'autres matières telles que français, arts plastiques, formation personnelle et sociale. Procéder de façon inverse peut s'avérer vraiment plus complexe.

4. Se réserver le droit de travailler à certains objectifs d'apprentissage de façon plus «traditionnelle» au cours ou à la fin d'une étape sans se sentir coupable, même si l'on expérimente les approches pluridisciplinaire, multidisciplinaire, interdisciplinaire ou transdisciplinaire. Il est utopique de penser que l'on peut tout intégrer sans nuire à certains objectifs, à certains programmes.

# EXEMPLE D'UN PROJET THÉMATIQUE ÉLABORÉ ET VÉCU PAR UN GROUPE D'ÉLÈVES DE 6ᴱ ANNÉE

**Mise en situation: Un voyage culturel, oui! Mais comment le financer?**

| ÉLÈVES | ENSEIGNANTE |
|---|---|
| • Les élèves arrivent en 6ᵉ année avec le goût de vivre un voyage culturel à Québec, comme l'ont fait leurs collègues les années passées. Ils ont déjà entendu parler de ce projet à l'école. Ils savent que vivre des projets au sein d'une classe, c'est agréable, intéressant et motivant. | • J'accueille ce désir avec beaucoup d'ouverture et d'intérêt. Je soutiens même leur motivation en leur manifestant de l'approbation. |
| • Ils savent aussi que le financement d'un projet est indispensable et que cela exige des efforts. Ils sont donc ouverts à l'exploration de différents moyens de financement. Toutefois, ils veulent le faire à leur façon. | • Toutefois, j'en profite pour les placer en situation problème: comment allons-nous financer ce projet d'envergure? |
| • Ils me suggèrent d'inviter des élèves qui ont déjà vécu le projet. Ils sont intéressés à leur poser des questions. Ils veulent recevoir des suggestions de leur part. | • J'invite quelques-uns de mes anciens élèves à venir dans la classe pour parler du projet vécu et surtout des activités de financement utilisées précédemment. |
| • Ils suggèrent que l'on fasse une liste des différents moyens de financement dans le but de faire un choix par la suite. | • Je complète l'information en relatant le déroulement des diverses campagnes de financement. Je leur suggère d'élaborer des critères de sélection afin de faire un choix éclairé et je recueille leurs idées tout en les soutenant dans cette démarche d'évaluation. |
| • Pour faire un choix éclairé nous établissons les critères suivants: <br> – innovation sur le plan du financement au sein du milieu; <br> – résultats efficaces, payants; <br> – possibilité d'investissement de la part des parents et des élèves; <br> – avantages connus et validés dans d'autres milieux. | • Je les guide dans l'élaboration des critères qui serviront à la sélection de l'activité de financement. |

# EXEMPLE D'UN PROJET THÉMATIQUE ÉLABORÉ ET VÉCU PAR UN GROUPE D'ÉLÈVES DE 6ᴱ ANNÉE (SUITE)

À la lumière de ces critères, nous retenons le moyen suivant: un marché aux puces.
Nous faisons une tempête d'idées autour de notre thème central à partir de notre savoir d'expérience.

| ÉLÈVES | ENSEIGNANTE |
|---|---|
| • Les élèves font part de façon spontanée de leurs connaissances antérieures:<br><br>   – Ce qu'ils savent…<br>   – Ce qu'ils pensent savoir…<br><br>• Ils précisent leurs questions, leurs doutes.<br><br>• Ils font part des divers besoins matériels et intellectuels qu'ils devront combler avant d'entreprendre le projet.<br><br>• Ils voient déjà le rôle qu'ils pourraient jouer.<br><br>• Ils voient déjà la formation des équipes de travail, des sous-comités. | • J'accompagne les élèves dans leur démarche d'objectivation:<br><br>   – Connaissez-vous des personnes qui ont déjà organisé un marché aux puces?<br>   – Avez-vous déjà visité un marché aux puces?<br>   – Avez-vous acheté des choses?<br>   – Quel secteur du marché aux puces vous a particulièrement attirés?<br>   – Y avez-vous aimé l'ambiance?<br>   – Avez-vous remarqué comment cela fonctionnait? |

Nous mettons de l'ordre dans nos idées. Nous faisons des liens. Nous regroupons ce qui va ensemble. Nous créons des réseaux. Nous organisons nos idées. Nous constituons des sous-ensembles.

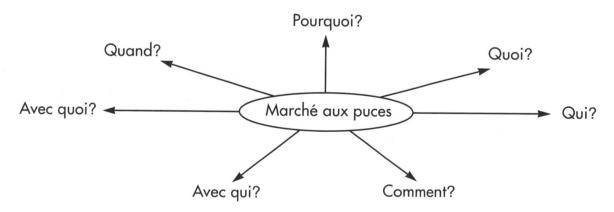

Nous décidons de préciser tout de suite notre démarche d'apprentissage et nos procédures organisationnelles.

## Quoi?

Un marché aux puces est un endroit où l'on vend des objets d'occasion, des objets qui ne sont pas neufs, à des prix réduits.

## Comment?  PRÉPARATION → Avant

Formation des comités

- **Comité de la publicité (Habiletés: communiquer verbalement et par écrit)**
  - Faire des pancartes publicitaires (textes à caractère informatif et incitatif) et les afficher dans des endroits publics.
  - Écrire de la publicité et la faire paraître dans le journal municipal et le feuillet paroissial.
  - Faire de la publicité orale à la radio et dans toutes les classes de l'école.
  - Distribuer des feuillets publicitaires dans les maisons.

- **Comité central (Habiletés: planifier et prévoir)**
  - Planifier les tâches et la durée du marché aux puces (organisation de l'horaire pour les deux jours).

- **Comité des finances (Habiletés: calculer et estimer)**
  - Se pratiquer à remettre la monnaie (atelier de manipulation d'argent).
  - S'habiliter à calculer le pourcentage (comment calculer les 20 % de profit que l'on veut prendre sur la marchandise à vendre).
  - Estimer la marchandise et fixer des prix.

- **Comité de la décoration et de l'entretien (Habileté: organiser)**
  - Aménager les locaux selon les besoins: restaurant, artisanat, divers kiosques du marché, etc.
  - Déballer la marchandise, la classifier et l'exposer pour qu'elle soit accessible aux clients.

## Comment?  RÉALISATION ET OBJECTIVATION → Pendant

- Vendre de la marchandise et l'emballer.
- Manipuler de l'argent, remettre la monnaie et compter le contenu de sa caisse.
- Revoir la mise en place des différents points de vente.
- Déplacer certains kiosques qui fonctionnent moins bien.
- Évaluer le déroulement de l'ensemble des activités.
- Faire de nouvelles affiches, s'il y a lieu.
- Revoir les stratégies pour attirer et accueillir les clients.
- Prévoir des rencontres par comité.
- Ajuster les différents comités.

## Comment?  ÉVALUATION → Après

**Nous avons appris:**
- à vivre de vraies situations de communication orale (messages publicitaires, échanges avec les clients) et écrite (pancartes publicitaires);
- à estimer la valeur de la marchandise;
- à remettre la monnaie avec exactitude;
- à calculer le profit sur de la marchandise.

**Nous avons développé:**
- la prise de décisions à partir de certains critères (décisions concernant le prix de la marchandise et le choix de l'espace);
- la prévision au sujet de diverses composantes du projet, divers événements pour que cette activité soit une réussite (prévision des divers modes de publicité ainsi que des échéanciers pour chaque forme de publicité);
- la planification, en nous préoccupant, tout au long de notre projet, du matériel requis, du temps, de la main-d'œuvre et des problèmes qui pourraient survenir;
- la communication, en entrant en relation avec les gens pour leur communiquer un message (oral et écrit).

## Quoi?

Nous pouvons planifier un autre projet thématique: **notre voyage culturel à Québec.**

# D'AUTRES PAS POUR ALLER PLUS LOIN... LE TRAVAIL EN PROJET

**Pour vivre dans sa classe une démarche pédagogique axée sur le travail en projet, l'enseignante doit:**

- être transdisciplinaire, c'est-à-dire vouloir le développement personnel, social et cognitif de l'enfant;

- se faire confiance et faire confiance à l'enfant;

- reconnaître en tant qu'intervenante les valeurs qu'elle veut privilégier;

- connaître les besoins des enfants;

- comprendre ce qui se passe quand l'enfant apprend;

- intervenir en tenant compte de la démarche d'apprentissage de l'enfant;

- comprendre et utiliser les programmes comme des outils au service de l'apprentissage;

- favoriser la participation des enfants dans l'organisation de la vie de la classe;

- tenter des expériences et aménager la classe pour y vivre avec les enfants des activités ouvertes, des ateliers et des petits projets;

- se donner des outils pour analyser son intervention, l'organisation de la vie de la classe et les apprentissages que font les enfants;

- rechercher la cohérence entre vouloir, faire et être;

- planifier et évaluer avec les enfants de façon continue;

- être la médiatrice privilégiée entre l'enfant et l'objet à connaître: l'enseignante guide l'enfant vers un apprentissage intégré;

- accepter d'être dans un cheminement de croissance continue.

*Source: Les ateliers éducatifs ESAI, Lucie Arpin et Louise Capra.*

# DÉMARCHE POUR VIVRE DANS SA CLASSE
# DES PROJETS AVEC LES ENFANTS
## (DÉMARCHE DE L'ENSEIGNANTE)

**Je me prépare à intervenir.**

---

**J'ai un but.**

- Je connais les goûts et les intérêts des enfants de ma classe.

- Je choisis un champ d'étude.

- Je détermine les apprentissages que je peux travailler avec les enfants (habiletés, connaissances, attitudes).

- Je sais qu'il y aura d'autres apprentissages que je devrai décoder à partir de ce que les enfants m'apporteront.

**Je sais pourquoi les enfants vont travailler sur ce projet.**

- Pour s'engager dans leur démarche pour apprendre.

- Pour se questionner.

- Pour chercher à comprendre.
  - Pour juger de leur compréhension.
  - Pour intégrer leurs apprentissages.
  - Pour construire leurs connaissances.

**Je sais comment.**

- Je cherche dans ma tête différents scénarios pour y engager les enfants (mise en situation).

- Je me documente sur le champ d'étude choisi.

- Je prépare les outils utiles à la réalisation du projet: grilles, démarches, cahier d'apprentissage, journal de bord.

- Je retiens les modes d'évaluation que je veux privilégier:
  - évaluation formative;
  - évaluation sommative;
  - auto-évaluation;
  - co-évaluation:  Maître ⟷ Élève
                    Parent ⟶ Élève
                    Élève ⟷ Élève

- Je sais que l'objectivation et l'évaluation accompagnent de façon continue le travail en projet.

---

*Source: Les ateliers éducatifs ESAI, Lucie Arpin et Louise Capra.*

# DÉMARCHE D'INTERVENTION DE L'ENSEIGNANTE AVEC L'ENFANT

## JE METS LES ENFANTS EN PROJET D'APPRENDRE

### C'est le départ de notre projet.

**Phases de planification**

- Nous vivons une mise en situation:
  - Pour éveiller l'intuition de l'enfant;
  - Pour qu'il se questionne sur le champ d'étude;
  - Pour qu'il s'engage dans le projet.

- Nous construisons la carte d'exploration:
  - Ce que je sais du sujet d'étude;
  - Ce que j'aimerais connaître du sujet d'étude.

- Nous explorons les ressources du milieu:
  - Où pourrions-nous trouver des informations?

- Nous aménageons un coin ressource sur le sujet d'étude.

- Nous regroupons les éléments de la carte d'exploration:
  - Nous déterminons des regroupements;
  - Nous formons des ensembles;
  - Nous cherchons le thème intégrateur (pour le vécu d'un projet d'intégration).

Le thème intégrateur structure le projet collectif de la classe à partir des intérêts et des questions des élèves. Il doit être ouvert et inépuisable pour que les enfants puissent s'en inspirer et planifier plusieurs projets personnels tout au long de l'année.

**Phases de réalisation**

- Nous accompagnons les enfants dans le choix et l'élaboration de leur projet personnel:
  - L'enfant se questionne;
  - Quel est l'ensemble qui exprime le plus ses intérêts?

- L'enfant choisit son projet.

- Les enfants se regroupent selon leurs intérêts (ils peuvent travailler seuls ou en équipe) et ils aménagent leur coin de travail.

  L'équipe ou l'enfant planifie le projet choisi:
  - Quelles sont nos questions?
  - Que ferons-nous pour y répondre?
  - Par quoi faut-il commencer?
  - Comment allons-nous répartir les tâches?
  - De quel matériel aurons-nous besoin?
  - Combien de temps allons-nous prendre?
  - Comment allons-nous présenter nos apprentissages aux amis de la classe?

- Les enfants réalisent leur projet.

## Phases d'évaluation et de partage

- Les enfants présentent leurs découvertes.

- Nous objectivons et évaluons nos apprentissages: habiletés, connaissances, attitudes.

- Nous trouvons ensemble différentes manières d'enrichir les présentations.

- Les enfants poursuivent leur projet:
  - Ils se réfèrent aux regroupements;
  - Ils greffent leurs découvertes au projet collectif;
  - Ils poursuivent leur questionnement.

- Le projet se termine par une réalisation collective.

(*Voir des exemples de différents projets vécus en classe dans* Être prof, moi j'aime ça!)

Source: Les ateliers éducatifs ESAI, Lucie Arpin et Louise Capra.
D'après Pierre Angers et Colette Bouchard, La mise en œuvre du projet d'intégration, Montréal, Éditions Bellarmin, 1984.

# POUR FACILITER TA PLANIFICATION INTERDISCIPLINAIRE

| Thèmes Programmes d'études / Planification | | | | |
|---|---|---|---|---|
| Objectifs | | | | |
| Activités d'apprentissage | | | | |
| Matériel didactique nécessaire | | | | |
| Modalités de travail | | | | |
| Objets d'évaluation formative | | | | |
| Mesure | | | | |
| Habiletés développées | | | | |

# GRILLE DE PLANIFICATION POUR L'ENSEIGNANTE ET LES ÉLÈVES
## (PROJET D'APPRENTISSAGE)

| 1. Émergence du projet | 3. Élaboration du projet | 5. Accompagnement du projet | 7. Partage du projet |
|---|---|---|---|
| Carte d'exploration | Détermination des pistes de recherche<br>Exploration des ressources du milieu | Planification continue | Outils d'expression (Comment?)<br>Clientèles visées (À qui?) |

| 2. Émergence du thème intégrateur | 4. Développement du projet | 6. Objectivation et évaluation continue | 8. Réinvestissement du projet |
|---|---|---|---|
| | • Que ferons-nous?<br>• Par quoi faut-il commencer?<br>• De quel matériel curons-nous besoin?<br>• De quel aménagement aurons-nous besoin?<br>• De combien de temps avons-nous besoin?<br>• Comment allons-nous présenter notre réalisation?<br>• À qui allons-nous présenter notre réalisation? | • quotidienne<br>• hebdomadaire<br>• à la fin du projet<br><br>**Décodage des objectifs d'apprentissage et de développement**<br><br>• attitudes<br>• habiletés<br>• connaissances | • Rétroaction sur les forces et les faiblesses du projet vécu<br>• Pistes d'amélioration et d'enrichissement<br>• Façons de poursuivre le projet |

# PISTES D'OBJECTIVATION ET D'ÉVALUATION POUR UN PROJET D'ÉQUIPE
## (POUR L'ÉLÈVE)

1. Le titre de notre projet était _____

2. Nous avons choisi ce sujet-là parce que _____
_____
_____

3. Nous avons consacré _____ périodes à ce projet.

4. Pour le présenter, nous avons choisi comme outil d'expression _____
_____

5. Nous avons choisi de le présenter à _____
_____
_____

6. En travaillant sur ce projet, nous avons appris _____
_____
_____
_____

7. En travaillant sur ce projet, nous avons développé _____
_____
_____
_____

8. La prochaine fois, nous voulons _____
_____
_____
_____

9. Ce que nous en pensons _____

_____

_____

_____

10. Ce qu'en pense notre enseignante _____

_____

_____

_____

11. Ce qu'en pensent nos parents _____

_____

_____

_____

Nom des élèves _____

_____

_____

_____

Date: _____

# ÉLABORATION D'UN PROJET PERSONNEL
## (JE SAIS COMMENT)

Nom de l'élève: _____  Date: _____

**AVANT**

1. Je choisis le thème de mon projet:

_____

2. Je fais une tempête d'idées autour de ce thème (carte d'exploration):

**Thème choisi**

3. Je mets de l'ordre dans cette tempête d'idées. Je fais des liens. Je regroupe ce qui va ensemble. Je crée des réseaux, des chaînes de mots. J'organise mes idées. Voici les sous-ensembles que j'ai constitués:

_____

_____

_____

_____

_____

4. Je dégage le sous-ensemble qui m'intéresse le plus ou qui m'intrigue le plus:

_____

_____

_____

_____

1. Je me mets en projet de recherche:

   a) Ce que je sais moi-même du sujet ou ce que je pense savoir:

   _____

   _____

   _____

   _____

   b) Ce que mes camarades en savent:

   _____

   _____

   _____

   _____

   c) Ce que je veux savoir:

   _____

   _____

   _____

   _____

2. Je recueille mes informations et je les classifie en deux parties:

| Idées clés (idées principales) | Faits qui appuient les idées clés (idées secondaires, détails) |
|---|---|
|  |  |

1. Je communique mes résultats:

   a) Comment? (Outil d'expression) _____

   _____

   b) À qui? (Clientèle cible) _____

   _____

   c) Quand? (Date de présentation) _____

   _____

2. J'indique les points sur lesquels j'ai investi et sur lesquels je veux recevoir
   une rétroaction (critères d'évaluation):

   Point 1: _____

   _____

   Point 2: _____

   _____

   Point 3: _____

   _____

3. Je prévois la formule d'évaluation de mes résultats:
   ❑ Auto-évaluation
   ❑ Co-évaluation
   ❑ Évaluation par mon enseignante
   ❑ Évaluation par mes parents
   ❑ Insertion de ce projet dans mon portfolio

4. Je détermine comment j'exploiterai mes résultats:
   ❑ J'améliore ce projet.
   ❑ Je poursuis ce projet en travaillant sur un autre sous-ensemble.
   ❑ Je greffe mon projet au projet collectif.
   ❑ Je démarre un nouveau projet.

# 6.8 VERS UN APPRENTISSAGE COOPÉRATIF

*(Cadre organisationnel)*

## Contexte et intention

Les enfants ne viennent pas au monde munis d'une connaissance instinctive de la coopération. La capacité de travailler et de s'entendre avec les autres dans un groupe ne surgit pas comme par magie quand les enfants ou les adolescents se retrouvent ensemble. Très souvent, ce constat sert de barrière à l'expérimentation de toute forme de coopération. Sous prétexte que les élèves ne sont pas assez autonomes, on se refuse à l'idée d'aller plus loin.

Doit-on attendre que les élèves soient autonomes ou doit-on les placer en situation pour qu'ils deviennent autonomes? Tout un dilemme, n'est-ce pas?

Pourtant, s'entraider et coopérer sont des habiletés qui se développent progressivement dans le quotidien. Est-ce à dire qu'on doit enseigner la coopération et que les enfants doivent l'apprendre? Eh bien oui, ce ne sont pas des objectifs de développement qui s'improvisent. Il faut planifier une structure éducative pour favoriser le développement des habiletés sociales et cognitives nécessaires à l'apprentissage coopératif.

Allons donc explorer ce cadre organisationnel avant de poser des petits pas à caractère participatif.

## Pistes d'utilisation

1. Construis un contexte de coopération dans la classe en favorisant d'abord le travail d'équipe. (*Voir page 319.*)

2. Forme peu à peu des groupes de coopération. À cette intention, consulte les données de base des pages 320 à 323 et 326.

3. Définis les habiletés de coopération autant sur le plan cognitif que sur le plan social et présente-les aux élèves: habiletés à discuter, à s'en tenir à la tâche, leadership. (*Voir page 327.*)

4. Invite ensuite les élèves à développer soit une habileté cognitive, soit une habileté sociale.

5. Amène les élèves à ressentir le besoin d'acquérir telle habileté et à préciser s'il s'agit d'une habileté cognitive ou sociale.

6. Cerne les interventions que tu dois poser lorsque tu utilises l'apprentissage coopératif. Prends connaissance de ton rôle (*Voir page 324.*)

7. Assure-toi que les élèves comprennent leur rôle et qu'ils ont en tête les comportements à mettre en œuvre. (*Voir page 325.*)

## Pistes d'utilisation *(suite)*

8. Planifie des situations permettant aux élèves d'utiliser l'habileté choisie. Utilise le tableau en T ou le modelage pour enseigner l'habileté ciblée. (*Voir pages 328 à 330.*)

9. Amène les élèves à revoir l'utilisation de cette habileté.

10. Assure-toi que les élèves sont en situation de formation dans le développement d'une habileté sociale ou cognitive.

11. Élabore avec eux un cadre de référence hebdomadaire pour coopérer (habiletés sociales et/ou cognitives). (*Voir page 332.*)

# L'HABILETÉ À COOPÉRER SE DÉVELOPPE PROGRESSIVEMENT
## (DU TRAVAIL D'ÉQUIPE À L'APPRENTISSAGE COOPÉRATIF)

L'apprentissage coopératif peut s'échelonner sur plusieurs années, prenant ainsi différentes formes de travail. Que l'on parle de dyades d'entraide permanentes, d'équipes de travail structurées, de tutorat planifié ou d'apprentissage coopératif, la finalité demeure la même: développer l'habileté à travailler et à apprendre avec les autres. Toutefois, l'apprentissage coopératif présente une différence majeure qu'il faut admettre: les modalités de travail sont structurées selon un cadre de coopération et la finalité concerne autant la démarche vécue que les résultats obtenus. Cependant, rejeter toute autre forme d'entraide à l'exception de l'apprentissage coopératif pourrait, d'une part, décourager l'élève et nuire à l'évolution de ses apprentissages et, d'autre part, démotiver l'enseignante et gêner ses interventions pédagogiques. Il y a donc plusieurs petits pas à caractère participatif qu'il faut faire avant de s'approprier toute la philosophie et la gestion de l'apprentissage coopératif.

Regardons de plus près le parallèle entre travail d'équipe et apprentissage coopératif pour décoder les forces et les faiblesses de ces deux structures interactives.

| Travail d'équipe | Apprentissage coopératif |
|---|---|
| 1. Groupe d'élèves parfois spontané, parfois hétérogène structuré | 1. Groupe hétérogène planifié |
| 2. Parfois aucune planification des rôles, parfois distribution de rôles à l'intérieur d'une équipe | 2. Rôles individuels complémentaires planifiés |
| 3. Pas d'interdépendance structurée | 3. Interdépendance structurée et sens des responsabilités développé |
| 4. Stratégies proposées de façon plus intuitive pour développer des habiletés sociales et cognitives | 4. Stratégies planifiées pour développer des habiletés sociales et cognitives |

Ce tableau permet de constater que les forces de l'apprentissage coopératif se situent aux points 3 et 4.

### Définition de l'apprentissage coopératif (quoi?)

«L'apprentissage coopératif est une organisation de l'enseignement qui met à contribution le soutien et l'entraide des élèves, grâce à la création de petits groupes hétérogènes travaillant selon des procédés préétablis, assurant la participation de tous et de toutes à la réalisation d'une tâche.»

L'apprentissage coopératif est plus qu'une attitude de la part de l'enseignante. C'est plus qu'un ensemble de structures qu'on utilise en salle de classe. Par conséquent, il faut revoir les idées préconçues qu'on peut avoir du travail d'équipe et de l'apprentissage coopératif.

L'apprentissage coopératif n'est pas seulement une organisation d'activités et une disposition différente de la salle de classe. Ce n'est pas non plus la formule du laisser-aller. Cela exige des structures. Il n'est pas nécessaire de faire constamment de l'apprentissage coopératif. Il y a toujours place pour d'autres styles d'enseignement.

Concrètement, on pourrait dire que l'apprentissage coopératif est un ensemble de procédures où des élèves de différentes habiletés travaillent en équipe de quatre membres en salle de classe. En utilisant différentes structures, ils coopèrent les uns avec les autres afin de développer des habiletés sociales et cognitives tout en respectant celles que les programmes d'études visent. L'apprentissage coopératif ne réussit vraiment que lorsque les élèves travaillent ensemble pour apprendre.

*Source: Les textes de cette page sont cités ou adaptés de Monique Doyon et Georges Ouellet,* L'apprentissage coopératif, théorie et pratique, *CECM, 1991.*
*Autre source: Gérald Trottier, Greer Knox.*

# 1. DONNÉES DE BASE POUR S'APPROPRIER L'APPRENTISSAGE COOPÉRATIF

L'apprentissage coopératif en groupe restreint se fonde sur cinq principes fondamentaux. Les enseignantes dont les classes travaillent bien en groupe constateront probablement qu'elles appliquent déjà intuitivement ces principes. Leur usage délibéré pour structurer le travail en classe permet aux enseignantes d'accroître l'efficacité de leurs activités en groupe restreint. Ces cinq principes sont les suivants:

1. Les élèves travaillent dans un contexte d'interdépendance positive.
2. Les élèves travaillent en groupe hétérogène restreint.
3. Les élèves sont responsables en tant qu'individus et en tant que membres d'un groupe.
4. Les élèves apprennent dans la mesure où on leur donne des possibilités de verbalisation significatives.
5. Les élèves apprennent et mettent en pratique les habiletés coopératives en étudiant et en explorant ensemble la matière.

## Principe n° 1

**Les élèves travaillent dans un contexte d'interdépendance positive.**

Les activités coopératives en groupe restreint sont structurées de façon que les élèves travaillent ensemble en se soutenant les uns les autres dans leur apprentissage. L'apprentissage coopératif permet à tous les élèves de développer leur capacité de contribuer aux efforts des autres, d'apprendre des autres et d'acquérir une confiance en cette capacité.

L'interdépendance positive entre les élèves d'une classe aide à construire un milieu encourageant et cohésif. Elle constitue le fondement nécessaire pour que l'apprentissage coopératif en groupe restreint puisse porter fruit.

Une des faiblesses des approches traditionnelles du travail de groupe est que les groupes se voient souvent confier des tâches qui peuvent tout aussi bien être effectuées de manière individuelle. Au contraire, pour s'acquitter d'une tâche avec succès dans un contexte d'apprentissage coopératif en groupe restreint, les élèves doivent s'engager activement et collectivement dans leur travail.

En règle générale, on établit une interdépendance positive en définissant des objectifs communs et en travaillant à leur réalisation, tout en attribuant aux individus des responsabilités appropriées.

## Principe n° 2

**Les élèves travaillent en groupe hétérogène restreint.**

Les groupes sont habituellement restreints pour encourager les interactions et les échanges verbaux entre les élèves. Bien que l'on puisse travailler par paires, les groupes de quatre ou de cinq élèves sont ceux qui permettent d'obtenir les résultats optimaux dans la plupart des tâches et des discussions. Au-delà de cette taille, il est difficile pour les groupes de fonctionner sans leader formel.

Les regroupements hétérogènes fondés sur l'origine ethnique, le sexe, les aptitudes et la personnalité amènent des personnes aux façons de penser et aux talents différents à se pencher ensemble sur des problèmes. L'hétérogénéité reflète le monde réel, où la rencontre, l'acceptation et l'appréciation des différences sont des nécessités. La diversité de la population des écoles publiques offre des occasions uniques de combattre le racisme et d'encourager les élèves à s'apprécier mutuellement. Pour ce faire, les élèves doivent pouvoir entretenir, de façon répétée, des rapports personnels les uns avec les autres. Les groupes hétérogènes leur offrent cette possibilité, puisque les élèves y travaillent en étroite collaboration à des tâches communes.

On considère généralement que les regroupements par niveaux d'aptitudes ont un effet négatif sur l'ensemble de la classe. Toutefois, les enseignantes devraient se sentir libres d'utiliser les regroupements aléatoires et par intérêts, ainsi que les regroupements hétérogènes soigneusement établis en fonction de la nature des activités et de la «personnalité» de la classe.

Les groupes homogènes peuvent cependant être utilisés de temps à autre à partir de différentes caractéristiques, par exemple la compétence, le secteur où l'élève habite, l'intérêt pour un même thème, etc.

## Principe n° 3

**Les élèves sont responsables en tant qu'individus et en tant que membres d'un groupe.**

Le but du travail en groupe restreint est de maximiser l'apprentissage de chaque élève. Les individus doivent avoir une idée très claire de leurs responsabilités à l'intérieur du groupe et par rapport aux autres groupes. Dans l'apprentissage coopératif en groupe restreint, les interactions et les tâches sont organisées de façon que les efforts de chaque élève soient valorisés par les autres. Les élèves développent un esprit d'initiative et un sens des responsabilités face à leur propre apprentissage et face à celui des autres membres de leur groupe. L'équilibre entre les responsabilités individuelles et collectives est donc un résultat naturel du processus coopératif.

## Principe n° 4

**Les élèves apprennent dans la mesure où on leur donne des possibilités de verbalisation significatives.**

Le dialogue est au cœur de l'apprentissage. Pour assimiler de nouvelles expériences et les intégrer aux leurs, les élèves doivent pouvoir analyser les idées que ces expériences suscitent. Pour la plupart des gens, la meilleure façon d'analyser des idées est de les verbaliser. C'est en verbalisant que les gens explorent des idées, les clarifient et personnalisent l'information et les expériences.

Lorsque les élèves collaborent les uns avec les autres, que ce soit pour apprendre de nouvelles choses ou pour accomplir une tâche, ils doivent bénéficier d'une période de travail exploratoire préalable à l'établissement de conclusions définitives. Les élèves ont besoin d'être rassurés quant à l'importance de la verbalisation comme véhicule de la compréhension.

## Principe n° 5

**Les élèves apprennent et mettent en pratique les habiletés coopératives en étudiant et en explorant ensemble la matière.**

Le travail en collaboration exige l'utilisation d'habiletés coopératives. Nombreuses sont les approches traditionnelles du travail de groupe qui n'enseignent pas ces habiletés. Les méthodes d'apprentissage coopératif en groupe restreint le font. Le processus comporte un travail de groupe, une réflexion sur l'expérience vécue, une certaine compréhension du travail en équipe et la mise en pratique de cet apprentissage dans les activités de groupe subséquentes.

On ne saurait trop insister sur le besoin de réflexion de l'élève tant sur le processus que sur son résultat. Que cela se fasse par un enseignement explicite ou au moyen de discussions informelles, le rôle de l'enseignante est de s'assurer que les élèves apprennent les habiletés coopératives requises pour travailler ensemble de manière efficace.

*Source: Judy Clarke, Ron Wideman et Susan Eadie,* Apprenons ensemble, *Montréal, Les Éditions de la Chenelière, 1992, p. 10-13.*

# 2. AVANTAGES DE L'APPRENTISSAGE COOPÉRATIF (POURQUOI?)

**L'apprentissage coopératif:**

- centre la classe sur l'apprenant plutôt que sur l'enseignante;

- permet à l'apprenant de participer activement;

- permet aux individus de travailler en petits groupes à des activités adaptées à leurs besoins et à leurs intérêts;

- répond à différents objectifs. Il peut servir à approfondir des concepts déjà connus, à introduire de nouveaux concepts, à parfaire des habiletés, à éveiller de nouveaux intérêts, etc;

- offre à l'apprenant des occasions de faire des choix et de développer son habileté à prendre des décisions;

- peut diminuer les problèmes de discipline. Des apprenants qui s'engagent activement dans leur apprentissage, des apprenants qui sont heureux et qui obtiennent des succès sont moins susceptibles de causer des problèmes;

- crée une toute nouvelle relation entre les élèves. On devient un partenaire engagé dans l'apprentissage, aidant les autres à faire de nouvelles découvertes. Donc, l'apprentissage coopératif fournit aux apprenants l'occasion d'apprendre les uns des autres. Cette interaction contribue au développement cognitif et social, et elle ouvre aussi tout un nouveau monde d'intérêts;

- met l'accent sur le processus d'apprentissage qui, par la suite, peut s'appliquer à tout contenu;

- aide l'élève à développer l'estime de soi, l'habileté à vivre des rôles et des qualités de leader;

- préconise, en salle de classe, un climat où l'apprenant se sent bien.

*Source: Gérald Trottier, Greer Knox.*

# 3. RÔLE GÉNÉRAL DE L'ENSEIGNANTE DANS L'APPRENTISSAGE COOPÉRATIF (COMMENT?)

De façon générale, l'enseignante doit:

- établir les objectifs scolaires et sociaux reliés aux apprentissages à réaliser en coopération.

- faciliter les apprentissages, observer et intervenir de façon individuelle et discrète.

- favoriser les différents modes de communication. Passer progressivement d'un modèle A à un modèle B.

  A: moins de discours, de transfert d'information, de contrôle disciplinaire et de directives.

  B: plus de communication facilitante, d'encouragement et de rétroaction.

## Rôle spécifique de l'enseignante

Deux éléments clés du rôle de l'enseignante: **Observation des élèves au travail**
**Interventions de soutien**

| Avant l'apprentissage | Pendant l'apprentissage | Après l'apprentissage |
|---|---|---|
| • Développer un climat de coopération<br><br>• Préparer le matériel et le plan de cours<br><br>• Déterminer la grandeur et la formation des groupes<br><br>• Structurer l'interdépendance positive<br><br>• Décider de la méthode pour responsabiliser chaque individu<br><br>• Faire le modelage des habiletés et du langage dont les élèves doivent se servir | • Fournir tout outil pertinent favorisant la réussite de la tâche à accomplir<br><br>• Observer les activités des groupes et intervenir, lorsque cela est nécessaire, pour orienter le cheminement et favoriser les apprentissages<br><br>• Faciliter la communication par du renforcement positif | • Réfléchir sur les observations, la démarche<br><br>• Cerner les problèmes, les difficultés<br><br>• Se fixer de nouveaux objectifs |

Bref, il s'agit d'intervenir comme facilitatrice, comme modèle. Puis d'encourager la discussion des sentiments en groupe et de répondre aux difficultés individuelles.

*Source: D'après Judy Clarke, Ron Wideman et Susan Eadie,* Apprenons ensemble, *Montréal, Les Éditions de la Chenelière, 1992, p. 115-125.*

# 4. RÔLE DE L'ÉLÈVE (COMMENT?)

1. L'élève doit savoir qu'il est responsable de façon individuelle de son apprentissage même s'il appartient à un groupe.

2. L'élève aura en tête les cibles de développement qui le touchent dans un apprentissage coopératif:

   • Partage des responsabilités;

   • Habileté à communiquer;

   • Habiletés interpersonnelles;

   • Consensus sur des buts communs.

3. L'élève jouera deux rôles:

   • Rôle social (habiletés de coopération);

   • Rôle centré sur la tâche d'apprentissage.

4. Le rôle de chaque élève est nécessaire à la réussite de la tâche du groupe.

*Source: James Howden, Pratico-pratique, à paraître aux Éditions de la Chenelière.*

# PRÉALABLES POUR LA MISE EN PLACE DE L'APPRENTISSAGE COOPÉRATIF

**Aspect organisationnel**

1. Prendre le temps de structurer le groupe. Se familiariser avec une variété de critères qui servent à structurer un groupe. Permettre aux individus d'appliquer ces critères dans un contexte signifiant.

2. Former les équipes avec soin. S'assurer que les membres de l'équipe (quatre) ont des habiletés différentes. Tenir compte de facteurs tels que les habiletés intellectuelles, le statut social, le sexe et, dans la mesure du possible, la personnalité. Fournir aux équipes des occasions de mettre en application les règles établies.

3. Organiser les notions à apprendre. Puisque les élèves apprennent en équipe, les notions doivent être présentées de façon à faciliter leur application à l'intérieur d'une procédure ou d'une structure d'apprentissage coopératif.

**Aspect pédagogique**

1. Apprivoiser les procédures d'apprentissage coopératif. La connaissance de **structures simples**, de **métastructures**, de **méthodes** *jigsaw* et de **méthodes projets coopératifs** est indispensable.

2. Présenter aux élèves un cadre de référence sur l'ensemble des habiletés sociales et cognitives qu'ils doivent acquérir en coopérant.

3. Expliquer pourquoi ces habiletés sont nécessaires au bon fonctionnement d'un groupe de travail et comment le fait d'interagir de façon coopérative peut aider au développement de ces habiletés.

4. Fournir des lignes directrices pour l'enseignement de ces habiletés.

5. Exposer quelques techniques concrètes utilisables dans le développement d'une habileté.

*Source: Texte adapté de James Howden, communications faites lors de congrès ou de cours universitaire.*

# POUR DÉVELOPPER DES HABILETÉS SOCIALES ET COGNITIVES

## Tableau à l'intention de l'enseignante et des élèves

**Habiletés sociales** ←→ **Habiletés cognitives**

**COMPLEXITÉ**

- Faciliter l'interaction
- Respecter les autres
- Accepter les différences
- Utiliser l'humour à bon escient
- Participer avec enthousiasme
- Exprimer poliment son désaccord
- Rester maître de soi
- Décrire ses sentiments
- Se soucier des autres
- Montrer qu'on apprécie
- Inclure tout le monde
- Attendre son tour
- Partager l'espace et le matériel
- Encourager les autres
- Éviter de dénigrer
- Féliciter
- Parler doucement
- Dire merci et s'il te plaît
- Appeler les autres par leur prénom

- Résoudre les conflits
- Négocier
- Critiquer les idées et non les gens
- Reconnaître le point de vue des autres
- Paraphraser
- Pratiquer l'écoute active
- Demander de l'aide

- Évaluer les idées
- Analyser
- Justifier ses opinions
- Résumer
- Comparer et mettre en opposition
- Interroger afin d'approfondir le sens
- Proposer des solutions de rechange
- Développer
- Appliquer
- Intégrer des idées
- Vérifier si on comprend
- Approfondir les idées des autres
- Clarifier des idées
- Vérifier des réponses
- Demander des éclaircissements
- Estimer
- Enchaîner
- Catégoriser
- Décrire des notions
- Poser des questions
- Apporter des idées
- Faire un remue-méninges
- Rappeler de l'information
- Reconnaître
- Se concentrer sur la tâche

*Source:* Philip C. Abrami, Bette Chambers, Catherine Poulsen, Christina De Simone, Sylvia d'Apollonia et James Howden, *L'apprentissage coopératif*, Montréal, *Les Éditions de la Chenelière, 1996, p. 95.*

Outil 6.8   **327**

# COMMENT ENSEIGNER LES HABILETÉS DE COOPÉRATION?

Si on considère que les groupes hétérogènes restreints fonctionnent comme un système social, il ne faut pas craindre de consacrer temps et énergie pour enseigner les habiletés qui vont favoriser le développement de l'interdépendance dans le groupe.

En maîtrisant les habiletés de coopération, les élèves auront moins de comportements indésirables, ils trouveront des solutions à leurs conflits et ils amélioreront ainsi les relations interpersonnelles tout en étant plus efficaces à la tâche.

Il devient donc essentiel d'enseigner les habiletés coopératives. Deux méthodes vous sont présentées ici.

## Première méthode: LE TABLEAU EN T

1. Choisir une habileté et expliquer en quoi elle consiste.

   Le choix de l'habileté est fonction des caractéristiques des élèves. Ainsi, en 2$^e$ année, on pourra choisir en premier lieu une habileté telle que «Parler à voix basse», tandis qu'en 6$^e$ année, si les élèves ont déjà expérimenté le travail en équipe, on pourra enseigner l'habileté «Critiquer une idée sans critiquer le coéquipier».

2. Expliquer l'importance de cette habileté et quand l'utiliser.

   Les élèves doivent comprendre pourquoi l'utilisation de cette habileté permettra à leur groupe d'être plus efficace; ils doivent également constater les problèmes qui surgissent si cette habileté n'est pas présente.

3. Compléter le tableau en T avec les élèves.

   L'enseignante demande aux élèves de décrire ce qu'ils disent et ce qu'ils voient lorsque cette habileté est utilisée par les membres du groupe et elle écrit au fur et à mesure les propos des élèves sur une grande affiche.

4. Afficher le tableau en T.

   Le tableau affiché en classe permet un rappel rapide de cette habileté; de plus, un groupe en particulier peut y faire référence à l'occasion. On peut, à la fin d'une activité, demander aux élèves comment chaque équipe a mis en application telle ou telle habileté.

5. Faciliter l'application de cette habileté.

   Il faut prévoir une activité qui va permettre aux élèves d'appliquer immédiatement cette habileté. Par exemple, après l'enseignement de l'habileté «Parler à voix basse», on pourrait demander aux élèves de faire un remue-méninges (ex.: trouver le plus de noms de vêtements et les regrouper par saison) en démontrant les comportements découlant de cette habileté. Un retour est fait en grand groupe pour commenter l'application de cette habileté.

## Deuxième méthode: LE MODELAGE

Certaines habiletés s'enseignent difficilement en utilisant le tableau en T; on peut alors utiliser la méthode du modelage en s'inspirant des travaux de McGinnis et Goldstein.

1. Choisir une habileté et expliquer en quoi elle consiste. (*Voir le n° 1 de la méthode du tableau en T à la page précédente.*)

2. Expliquer l'importance de cette habileté et quand l'utiliser. (*Voir le n° 2 de la méthode du tableau en T à la page précédente.*)

3. Décomposer l'habileté en séquences, chacune d'elles illustrant un comportement spécifique.

   Par exemple, si je veux enseigner l'habileté «Demander de l'aide», je décris aux élèves les comportements attendus en précisant la séquence des étapes qu'ils doivent respecter. Voici comment l'habileté «Demander de l'aide» a été décomposée:

   *Demander de l'aide*
   - Je me demande: «Est-ce que je comprends ce que j'ai à faire?»
   - Si je ne comprends pas ce que j'ai à faire, je demande de l'aide: «Je ne comprends pas, qui peut m'aider?»
   - J'attends sans perdre patience.
   - Un coéquipier m'offre de l'aide.
   - Je dis ce que je ne comprends pas.

4. Demander à des élèves d'illustrer cette habileté au moyen d'un jeu de rôle.

   À partir d'un exemple concret, on peut demander à quelques élèves de préparer et d'exécuter un jeu de rôle. On choisit de préférence des élèves amicaux sans problème de comportement qui illustreront, lors du jeu de rôle, chacune des séquences en produisant les comportements attendus.

5. Discuter avec les élèves du déroulement du jeu de rôle.

   Cette discussion pourra permettre d'ajouter des exemples et des contre-exemples de l'utilisation de cette habileté en nommant et en expliquant les comportements appropriés ou non.

6. Faciliter l'application de cette habileté. (*Voir le n° 5 de la méthode du tableau en T à la page précédente.*)

   La méthode du tableau en T et la méthode du modelage devraient permettre d'enseigner la plupart des habiletés qui assurent le succès de l'implantation de l'apprentissage coopératif en classe.

*Source: Jean-Pierre Jodoin, commission scolaire de Sainte-Thérèse, revue* Vivre le Primaire, *mai 1996. Tiré de R. T. Johnson et D. W. Johnson,* Cooperation in the Classroom, *Edina (MN), Interaction Book Co., 1993.*

# CONSTRUCTION D'UN TABLEAU EN T

## Étapes

1. Écrire le nom de l'habileté à apprendre et à pratiquer, et tracer un grand T en dessous.

2. a) Intituler le côté gauche du T «Ressemble à…».

   b) Intituler le côté droit du T «Donne l'impression de…».

3. Dans le côté gauche, écrire quelques comportements qui permettent de mettre l'habileté en pratique. Dans le côté droit, écrire quelques expressions qui permettent de mettre l'habileté en pratique.

4. Demander aux élèves de pratiquer plusieurs fois «Ressemble à…» et «Donne l'impression de…» avant de donner la leçon.

## Exemple d'un tableau en T

### ENCOURAGER

| Ressemble à… | Donne l'impression de… |
|---|---|
| Signe d'encouragement | «Quelle est ton idée?» |
| Signe de félicitations | «Je n'aurais pas pensé à ça.» |
| Mot d'encouragement | «Bonne idée!» |
| Serrer la main | «Ça aide.» |
| | «C'est intéressant!» |

*Source: D. W. Johnson, R. T. Johnson et E. J. Holubec, «L'enseignement d'habiletés coopératives» dans Cooperation in the classroom, Edina (MN), Interaction Book Co, 1993. Adaptation française de Jim Howden et Diane Arcand, La coopération en classe, 1996.*

# AUTRES EXEMPLES DE TABLEAUX EN T

## PARLER À VOIX BASSE (HABILETÉ SOCIALE)

| J'entends... | Je vois... |
|---|---|
| • Des chuchotements | • Les têtes des élèves sont près les unes des autres. |
| • «Chut, Chut!» | • Les élèves se regardent. |
| • Le gardien du ton dit: «Il faut parler moins fort.» | • Un seul élève parle à la fois. |
| • «Approchons-nous pour mieux nous comprendre.» | |

## RÉSUMER (HABILETÉ COGNITIVE)

| J'entends... | Je vois... |
|---|---|
| • «Tu veux dire que...» | • Un élève qui reformule ce qui a été dit. |
| • «Ton point de vue ressemble-t-il à cela?» | • Un élève interroge celui qui vient de parler. |
| • «Dans ton message, je trouve ceci important...» | • Chaque élève essaie de dégager l'essentiel d'un message. |
| • «Dis-moi ce que tu penses en une seule phrase...» | • La personne qui parle ne met pas trop de détails dans son message. |

# POUR COOPÉRER DANS UNE CLASSE DE 5ᴱ ANNÉE

## (CADRE DE RÉFÉRENCE HEBDOMADAIRE)

## NOS STRATÉGIES

| Cette semaine | *Une habileté sociale:* Aider les autres |
|---|---|
| **Ce qu'on dit** | **Ce qu'on fait** |
| • «As-tu besoin d'aide?» | • On évite de faire de gros yeux. |
| • «Si tu veux, je peux t'aider!» | • On aide avec le sourire. |
| • «Je pense qu'il y a une erreur, mais ce n'est pas grave, je peux t'aider.» | • On pointe le cahier plutôt que la personne. |
| • «C'est bon ce que tu as fait. Je pense qu'il manque une petite chose.» | • On parle calmement et pas trop fort. |
| • «Tu as fait une petite erreur. Mais moi aussi, j'en fais; toutefois, dans ce problème, je peux t'aider.» | • On fait preuve de patience si quelqu'un a besoin d'aide. |
| | • On garde une attitude calme et amicale. |
| | • On surveille sa façon de répondre à l'autre. |

### BILAN DE NOS APPRENTISSAGES

| Rôle appris | Habiletés apprises |
|---|---|
| • «Encourageur» | • Prendre une décision en équipe<br>• S'encourager<br>• S'entraider |

*Source: D'après Spencer Kagan,* Cooperative Learning, Resources for Teachers, *University of California, 1990.*
*Caroll McDuff, École Hamelin, commission scolaire de l'Asbesterie, Asbestos.*

# Références bibliographiques

ABRAMI, Philip C., Bette CHAMBERS, Catherine POULSEN, Christina DE SIMONE, Sylvia D'APOLLONIA et James HOWDEN. *L'apprentissage coopératif. Théories, méthodes, activités*, Montréal, Les Éditions de la Chenelière, 1996.

ANGERS, Pierre et Colette BOUCHARD. *La mise en œuvre du projet d'intégration*, coll. «L'activité éducative — Une théorie, une pratique», Montréal, Éditions Bellarmin, 1984.

ANGERS, Pierre et Colette BOUCHARD. *L'intuition dans l'apprentissage*, coll. «L'activité éducative — Une théorie, une pratique», Montréal, Éditions Bellarmin, 1985.

ANGERS, Pierre et Colette BOUCHARD. *L'animation de la vie de la classe*, coll. «L'activité éducative — Une théorie, une pratique», Montréal, Éditions Bellarmin, 1993.

ARMSTRONG, Thomas. *Multiple Intelligence in the Classroom*, Alexandria, Virginia, Association for Supervision and Curriculum Development, 1994.

ARPIN, Lucie et Louise CAPRA. *Être prof, moi j'aime ça! Les saisons d'une démarche de croissance pédagogique*, Montréal, Les Éditions de la Chenelière, 1994.

BOURGET, Denis. *La théorie des talents multiples dans une pédagogie ouverte*, coll. «Outils pour une pédagogie ouverte», cahier n° 12, Victoriaville, Les Éditions NHP, 1985.

CANTER, Lee et Lee HAUSNER. *Devoirs sans larmes, guide à l'intention des parents pour motiver les enfants à faire leurs devoirs et à réussir à l'école*, Montréal, Les Éditions de la Chenelière, 1995.

CIF (équipe du). *Activités ouvertes d'apprentissage*, coll. «Outils pour une pédagogie ouverte», cahier n° 4, Victoriaville, Les Éditions NHP, 1977.

CLARKE, Judy, Susan EADIE et Ron WIDEMAN. *Apprenons ensemble. L'apprentissage coopératif en groupes restreints*, Montréal, Les Éditions de la Chenelière, 1992.

DE GRANDMONT, Nicole. *Pédagogie du jeu. Jouer pour apprendre*, Montréal, Les Éditions Logiques, 1989.

DEMERS, Dominique. *La nouvelle maîtresse*, coll. «Biblio Jeunesse», Montréal, Éditions Québec/Amérique, 1994.

«Différencier la pédagogie: Des objectifs à l'aide individualisée», *Cahiers pédagogiques*, 4e édition, Paris, 1992.

DOYON, Cyril et Raynald JUNEAU. *Faire participer l'élève à l'évaluation de ses apprentissages*, coll. «Agora», Montréal, Éditions Beauchemin, 1991.

ÉVANGÉLISTE-PERRON, Claudette, Martine SABOURIN et Cynthia SINAGRA. *Apprendre la démocratie. Guide de sensibilisation et de formation selon l'apprentissage coopératif*, Montréal, Les Éditions de la Chenelière, 1996.

GALYEN, Beverley-Colleen. *Visualisation, apprentissage et conscience*, traduit par Paul Paré, Québec, Centre d'intégration de la personne, 1986.

GOUPIL, Georgette. *Le plan d'intervention personnalisé en milieu scolaire*, Boucherville, Gaetan Morin éditeur ltée, 1993.

HOWDEN, James. *Pratico-pratique*, Montréal, Les Éditions de la Chenelière, 1997 (à paraître).

LA GARANDERIE, Antoine de et Daniel ARQUIÉ. *Réussir, ça s'apprend. Un guide pour tous les parents*, Paris, Bayard Éditions, 1994.

LIEURY, Alain. *La mémoire. Du cerveau à l'école*, coll. «Dominos», Paris, Flammarion, 1993.

MASSÉ, Line. *Les centres d'apprentissage* (à paraître).

MEIRIEU, Philippe. *Apprendre — oui, mais comment?*, coll. «Pédagogies», Paris, ESF éditeur, 1991

MEUNIER-TARDIF, Ghislaine. *Le principe de Lafontaine. Les auditifs et les visuels*, 2e édition, Montréal, Éditions Libre Expression, 1985.

MINISTÈRE DE L'ÉDUCATION. *L'apprentissage, l'enseignement et les nouveaux programmes d'études*, Direction générale du développement pédagogique, Québec, 1984.

MINISTÈRE DE L'ÉDUCATION. Direction générale des programmes, Guide pédagogique, Primaire, mathématiques, *Fascicule L*, (6-2300-12), *Planification de situations d'apprentissage*, Cadre de référence, 1988.

MINISTÈRE DE L'ÉDUCATION. *L'apprentissage, l'enseignement et les nouveaux programmes d'études*, Direction générale du développement pédagogique, Québec, 1984.

REID, J., P. FURRESTAL et J. COOK. *Les petits groupes d'apprentissage dans la classe*, adaptation de Louise Langevin, coll. «Agora», Laval, Éditions Beauchemin, 1993.

ROBERT, Jacques-Michel. *Le cerveau*, coll. «Dominos», Paris, Flammarion, 1994.

TROCMÉ-FABRE, Hélène. *J'apprends donc je suis*, Paris, Éditions d'Organisation, 1994.

# CHAPITRE 7

## Enrichir sa pratique: développer une organisation de classe plus ouverte

**7.1**     La gestion des sous-groupes de travail

**7.2**     Mieux gérer les ateliers, est-ce possible?

**7.3**     Apprendre avec Ordino

**7.4**     Quand le salon de lecture s'anime

**7.5**     Apprendre dans la vraie vie

**7.6**     Un conseil étudiant, quelle richesse!

**7.7**     Et nous, les spécialistes?

**7.8**     Un défi à relever, les classes multiprogrammes

**Références bibliographiques**

## DEUX CLÉS MAÎTRESSES: LA PARTICIPATION ET LA RESPONSABILISATION DE L'APPRENANT

### Mise en situation

Hélène est directrice d'école. Depuis trois mois, elle tente d'accompagner deux enseignantes qui ont des problèmes d'organisation. Elle pense avoir tout essayé.

En discutant avec un collègue, elle prend conscience que la gestion de l'organisation, dans une classe, demeure fragile si l'intervenante ne cible pas clairement les habiletés que l'on doit retrouver dans les coulisses d'une organisation pédagogique responsabilisante.

- Quelles sont ces habiletés?
- Par où commencer?
- Comment les développer?
- Si ces questions te préoccupent, consulte les pistes suivantes.

## DES PISTES POUR QUESTIONNER L'OUVERTURE DE SON ORGANISATION PÉDAGOGIQUE

1. Fais d'abord la liste des habiletés que tu penses développer par ton organisation pédagogique.

2. Compare ta liste avec celle de la page suivante. Complète-la, s'il y a lieu.

3. Détermine ensuite tes forces et tes faiblesses.

4. Note les habiletés qui t'apparaissent prioritaires pour ton groupe d'élèves ou pour quelques élèves.

5. Inspire-toi des moyens proposés dans le chapitre 6 du volume 1 et chapitre 7 de ce recueil. Sélectionne ceux qui favoriseraient le développement des habiletés notées au point 4. Porte une attention particulière à l'outil 6.2 intitulé «Les habiletés: des richesses à observer et à exploiter» à la page 249.

6. Élabore un mini-plan d'action.

7. Communique ce plan à ton groupe-classe.

**DEUX CLÉS MAÎTRESSES:**
la participation et la responsabilisation de l'apprenant

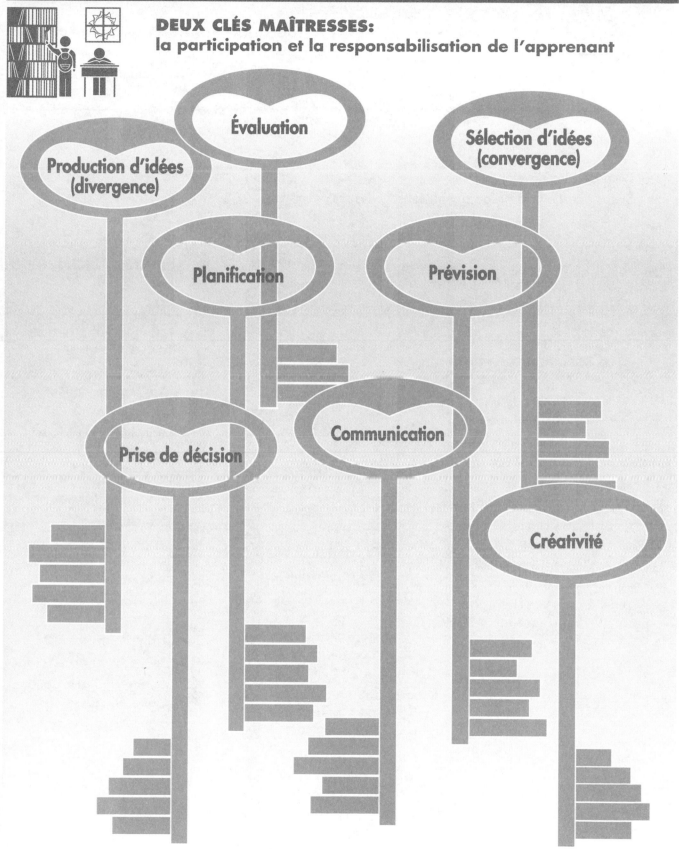

*Source: grille de Taylor*

**UNE CLÉ MAÎTRESSE:**
le respect des rythmes d'apprentissage

**Gestion de la consolidation et de la récupération**

**Gestion de l'approfondissement**

**Gestion de l'enrichissement**

Menu fermé

Dyades d'entraide

Autocorrection

Menu ouvert

Enseignement par sous-groupes

Plan de travail hebdomadaire

Banque de devoirs

Tableau de programmation

Utilisation de l'atelier d'approfondissement

Tableau d'inscription et de contrôle

Aménagement physique ouvert et interactif

Grille de planification hebdomadaire

Centres d'apprentissage

Activités «cinq minutes» d'enrichissement

Défi d'enrichissement parallèle

Défi d'enrichissement complémentaire

Projet personnel

Projet collectif

Utilisation des élèves comme personnes-ressources dans la création de matériel ou l'animation de cliniques

Tableau d'enrichissement non thématique

Tableau d'enrichissement thématique

Utilisation de l'atelier d'enrichissement

Enrichissement au sein de l'école

Référentiels visuels

Activités «cinq minutes» de consolidation

Dépannage par un élève-ressource

Longueur d'une tâche

Complexité de la tâche

Seuil de réussite adapté

Échéancier adapté

Jeux éducatifs

Matériel de manipulation

Coffre à outils à portée de la main (MTI)

Utilisation de l'atelier de consolidation

Ordinateur

Centres d'apprentissage

Soutien de l'orthopéda-gogue en classe

# UNE CLÉ MAÎTRESSE: LE RESPECT DES RYTHMES D'APPRENTISSAGE

## Mise en situation

«Depuis que je me préoccupe des habiletés qui favorisent la responsabilisation de l'apprenant (*voir les clés de l'organisation 1*), j'ai l'impression de gagner du temps et de ménager mes énergies.»

Voilà ce qu'affirmait une enseignante au sortir d'un atelier portant sur les clés pour analyser l'ouverture de son organisation...

«Maintenant, ajoutait-elle, ma plus grande difficulté est de gérer les différences qui existent dans les rythmes d'apprentissage. Je n'arrive jamais à m'occuper des élèves en difficulté. Chaque jour, je suis préoccupée par l'ensemble de la classe et mes quelques moments libres sont vite récupérés par les élèves rapides qui me sollicitent ici et là. Comment trouver du temps que je pourrais consacrer aux enfants en difficulté? Comment responsabiliser mes élèves rapides? Comment les faire progresser sans qu'ils soient affectés à des tâches qui n'ont pour but que de les occuper?»

Si ta réalité-classe ressemble à celle-là, consulte les pistes qu'on te propose.

## DES PISTES POUR DES INTERVENTIONS PLUS ADAPTÉES

1. Revois d'abord les données du volume 1:

| Volume 1 |
|---|

**p. 331 à 332:** Gestion des rythmes d'apprentissage

**p. 358 à 359:** Activités «cinq minutes»

**p. 334 à 338:** Grilles d'auto-analyse

**p. 339 à 342:** Organisation de la classe

**p. 342 à 345** et **p. 428 à 434:** Aménagement de l'espace

**p. 346 à 347** et **p. 388 à 405:** Gestion du temps

**p. 352 à 353:** Gestion des ressources

**p. 406 à 427:** Gestion de l'enrichissement

**p. 360 à 363:** Façons de récupérer du temps

2. Prends connaissance de la banque de moyens proposée à la page précédente. Décode ceux que tu utilises déjà. Quels sont ceux que tu n'utilises pas? Y en a-t-il que tu pourrais introduire dans ton vécu de classe?

3. Détermine tes moyens prioritaires et insère-les à l'intérieur d'un mini-plan d'action qui mettra en parallèle les habiletés visées et les moyens pour les développer.

### Exemple

| *Habiletés visées* <br> *(clés de l'outil 7.1)* | *Moyens pour les développer* <br> *(clés de l'outil 7.2)* |
|---|---|
| ✓ Planifier | • Plan de travail hebdomadaire |
| ✓ Créer et communiquer | • Activités d'enrichissement complémentaires |
| ✓ Évaluer et prendre des décisions | • Projet personnel |

Le chapitre qui suit t'offre des pistes qui te permettront d'ajuster tes interventions aux rythmes de tes élèves.

# LE DROIT À LA DIFFÉRENCE ET À L'INTELLIGENCE

Saint-Exupéry écrivait: «Si je diffère de toi, loin de te léser, je t'augmente.» Notre connaissance du potentiel cérébral donne les moyens au maître de dire à l'élève, et à l'élève de dire à l'élève: «Si tu diffères de moi, loin de me léser, tu m'augmentes».

À l'heure où l'hétérogénéité des groupes d'apprenants rend la tâche des formateurs de plus en plus ardue, il est urgent que cette vision de la différence soit répandue, entendue, pratiquée.

De ce droit à la différence découle un autre droit: *le droit à l'intelligence*, dans une invitation à suivre la *longue marche*, le *Tao* de l'apprentissage. Chacun, quel que soit son âge, son origine, son hérédité, son passé, son avenir… a un droit fondamental: celui de développer son intelligence, sa faculté de comprendre le monde qui l'entoure et ce qu'il est.

Il faut le répéter sans relâche: la nature nous a *équipés pour apprendre*, pour capter ce que nous voyons, entendons, et ressentons; mais le mécanisme ne fonctionne bien que *si* nous ne sommes pas encombrés par ce que nous croyons savoir…

L'apprentissage est une naissance qui doit être menée sans précipitation, à son rythme et à son heure.

*Source: Hélène Trocmé-Fabre, J'apprends, donc je suis, Les Éditions d'Organisation, Paris, 1987, p. 119.*

# 7.1 LA GESTION DES SOUS-GROUPES DE TRAVAIL

*(Une structure organisationnelle à planifier)*

## Contexte et intention

L'enseignement collectif et magistral devient de plus en plus lourd à gérer. Les élèves sont moins capables d'écouter pendant de longues périodes et ils adoptent des comportements témoignant de leur désintéressement. La formule du grand groupe perd de plus en plus de popularité. L'enseignement par sous-groupes devrait s'installer graduellement au sein de la classe.

Toutefois, cette innovation nécessite la mise en place de structures organisationnelles si on veut bénéficier des nombreux avantages qui y sont rattachés. Les élèves peuvent faire preuve d'autonomie à l'intérieur d'une structure responsabilisante. De plus, l'enseignement par sous-groupes est un excellent moyen pour gérer les différences. Pourquoi ne pas faire un petit pas dans cette direction?

## Pistes d'utilisation

1. Détermine un moment d'enseignement collectif que tu trouves lourd à gérer dans la classe. Consulte les pages 343 et 344.

2. Fais le bilan de ta pratique. Profites-en ensuite pour tenter l'expérimentation de l'enseignement par sous-groupes. (*Voir pages 345 et 346.*)

3. Explore la structure organisationnelle à planifier pour l'enseignement par sous-groupes. (*Voir page 347.*)

4. Prends connaissance des scénarios permettant de gérer les rythmes d'apprentissage. (*Voir page 348.*)

5. Utilise un menu ouvert afin d'être capable de gérer les différences. Consulte la page 349.

6. Mets à la disposition des élèves des outils pour gérer le temps:
   - ce que je dois faire et ce que je peux faire;
   - plan de travail et tableau d'enrichissement;
   - tableau de programmation;
   - grille de planification (si tu ouvres ton menu plus d'une fois par jour).

   Les pages 350 à 354 peuvent t'aider.

## Pistes d'utilisation *(suite)*

7. Prends le temps d'objectiver avec les élèves par la suite afin de découvrir les aspects positifs et négatifs de cette première tentative. Réajuste tes interventions au besoin.

8. Au début, fixe-toi un défi dans ce sens à la fréquence d'une fois par étape du calendrier scolaire, puis d'une fois par mois, pour en venir à une fois par semaine. Petit à petit, l'habileté se développe de part et d'autre et l'habitude s'installe.

9. Ouvre ton menu à chaque jour pour gérer davantage les différences. Invite alors les élèves à utiliser une grille de planification hebdomadaire. (*Voir page 355.*) Poursuis ces expérimentations plus ouvertes jusqu'à ce que tes élèves et toi-même soyez à l'aise avec cette nouvelle façon de faire.

# POUR INSTALLER GRADUELLEMENT L'ENSEIGNEMENT PAR SOUS-GROUPES

| Quand? | Comment? |
|---|---|
| 1. Quand je dois gérer une **classe multiprogramme**, car chaque niveau scolaire est un sous-groupe en soi. J'ai à gérer deux sous-groupes quotidiennement. | **Sous-groupe 1:** Enseignante avec les élèves de 3e année.<br>**Sous-groupe 2:** Élèves de 4e année qui travaillent seuls. |
| 2. Quand je veux faire un **retour collectif sur un examen** d'une matière donnée ou sur une tâche évaluative en regard de certains apprentissages. Encore là, j'ai deux sous-groupes à gérer: les élèves ayant eu un seuil de réussite très élevé ont besoin d'enrichissement et non pas de consolidation. Donc, ils ne devraient pas être tenus de participer à cette activité collective. | **Sous-groupe 1:** L'enseignante fait un retour collectif avec les élèves n'ayant pas atteint le seuil de réussite.<br>**Sous-groupe 2:** Élèves en enrichissement. |
| 3. Quand je veux **enseigner un concept nouveau**, une notion inconnue et que je m'aperçois, au moment de l'objectivation, qu'un certain nombre d'élèves sont déjà habiles avec l'objectif présenté. Ces élèves pourraient travailler la tâche d'apprentissage tout de suite, tandis que l'autre sous-groupe demeurerait avec l'enseignante pour approfondir les explications. | **Sous-groupe 1:** Élèves en période de récupération imposée par l'enseignante.<br>**Sous-groupe 2:** Élèves qui commencent la tâche d'apprentissage. |
| 4. Quand je m'aperçois en cours de route qu'un certain nombre d'**élèves éprouvent des difficultés** à atteindre tel objectif, je peux offrir une clinique avec inscription. Annoncer qu'il y aura une clinique sur _____ telle journée _____ à telle heure _____. Inviter les élèves qui en ont besoin à s'y inscrire. Pendant ce temps, les autres travaillent sur leur plan de travail ou ils consultent le tableau d'enrichissement. | **Sous-groupe 1:** Élèves en période de récupération avec l'enseignante (clinique facultative: période de récupération offerte par l'enseignante sur une notion précise; les élèves doivent s'inscrire eux-mêmes pour y participer).<br>**Sous-groupe 2:** Élèves qui gèrent leur temps avec leur plan de travail ou avec le tableau d'enrichissement affiché en classe. |
| 5. Quand je suis en **période de révision** avant un examen sur une matière donnée ou à la fin d'une étape du calendrier scolaire. Je n'oblige pas l'ensemble des élèves à y participer. J'annonce les périodes d'explications et j'invite les élèves à venir me rencontrer en sous-groupes en fonction de leurs besoins. Ici, j'utilise encore la formule des cliniques avec inscription. Pendant ce temps, les autres travaillent sur leur projet personnel ou ils choisissent des activités d'enrichissement. | **Sous-groupe 1:** Élèves en période de récupération avec l'enseignante (clinique facultative).<br>**Sous-groupe 2:** Élèves qui travaillent sur leur projet personnel. |

| Quand? | Comment? |
|---|---|
| 6. Quand je fais face à un **manque de matériel didactique** et que je dois aborder une connaissance nouvelle dans un contexte d'approfondissement et de manipulation, je peux commencer avec une partie des élèves, tandis que les autres travaillent à relever un autre défi. Puis on alterne avec les deux groupes. | **Sous-groupe 1:** Élèves placés dans un contexte d'approfondissement avec manipulation de matériel.<br><br>**Sous-groupe 2:** Élèves qui travaillent à relever un autre défi. |
| 7. Quand j'amorce le développement d'une **habileté technique ou psychomotrice** requérant un accompagnement pédagogique plus soutenu de la part de l'enseignante pour chaque élève, je peux créer des sous-groupes de travail. Une partie des élèves est en formation, tandis que l'autre partie est occupée à développer des projets personnels ou collectifs. | **Sous-groupe 1:** Élèves en formation avec accompagnement pédagogique.<br><br>**Sous-groupe 2:** Élèves travaillant sur un projet personnel ou collectif. |
| 8. Quand je veux **évaluer le développement** d'une habileté par l'observation de l'élève à la tâche, j'ai intérêt à subdiviser le groupe. | **Sous-groupe 1:** Élèves en situation de pratique pour fin d'évaluation.<br>**Sous-groupe 2:** Élèves travaillant sur d'autres situations du scénario. |
| 9. Quand je veux permettre à un plus grand nombre d'élèves de **participer à la causerie** à l'intérieur d'un laps de temps plus court, je peux créer des sous-groupes d'expression verbale. Cela favorise la participation d'un enfant plus timide. | **Sous-groupe 1:** Élèves participant à la causerie.<br><br>**Sous-groupe 2:** Élèves participant à la causerie.<br>Des élèves responsables gèrent l'animation de chaque sous-groupe et l'enseignante assure la supervision. |
| 10. Quand je dois **régler un problème ou un conflit** avec certains élèves, pourquoi ennuyer tout le groupe avec des commentaires, des remarques qui ne concernent qu'une minorité? Ici, les activités «cinq minutes» peuvent être d'une grande utilité. | **Sous-groupe 1:** Élèves en processus de résolution de conflit avec l'enseignante.<br><br>**Sous-groupe 2:** Élèves travaillant sur des activités «cinq minutes». |
| 11. Quand **l'orthopédagogue intervient directement** dans la classe lors d'une clinique de consolidation ou d'un atelier de récupération. L'enseignante et l'orthopédagogue font alors du *team teaching*. | **Sous-groupe 1:** L'orthopédagogue anime un atelier de récupération.<br><br>**Sous-groupe 2:** L'enseignante anime une clinique de consolidation. |
| 12. Quand les élèves font de la **lecture à voix haute**. Pendant que je vis avec eux cette période de lecture expressive, j'offre à un sous-groupe la possibilité de travailler individuellement. | **Sous-groupe 1:** Les élèves vivent la pratique de lecture avec l'enseignante.<br><br>**Sous-groupe 2:** Les élèves gèrent leur plan de travail personnel. |

Et les occasions continuent de se présenter... À toi de les saisir!

# BILAN DE MA PRATIQUE

Complète le bilan suivant. Réajuste ensuite tes interventions afin que toi et tes élèves puissiez bénéficier des avantages du travail en sous-groupes.

| Est-ce que je profite des occasions suivantes pour faire de la gestion par sous-groupes de travail? | Oui | Parfois | Jamais |
|---|---|---|---|
| 1. Je dois gérer une **classe multiprogramme**, et chaque niveau scolaire est un sous-groupe en soi. J'ai à gérer deux sous-groupes quotidiennement. | ❏ | ❏ | ❏ |
| 2. Je veux faire un **retour collectif sur un examen** d'une matière donnée ou sur une tâche évaluative en regard de certains apprentissages. Encore là, j'ai deux sous-groupes à gérer: les élèves ayant eu un seuil de réussite très élevé ont besoin d'enrichissement et non pas de consolidation. Donc, ils ne devraient pas être tenus de participer à cette activité collective. | ❏ | ❏ | ❏ |
| 3. Je veux **enseigner un concept nouveau**, une notion inconnue et je m'aperçois, au moment de l'objectivation, qu'un certain nombre d'élèves sont déjà habiles avec l'objectif présenté. Ces élèves pourraient travailler la tâche d'apprentissage tout de suite, tandis que l'autre sous-groupe demeurerait avec l'enseignante pour appronfondir les explications. | ❏ | ❏ | ❏ |
| 4. Je m'aperçois en cours de route qu'un certain nombre d'**élèves éprouvent des difficultés** à atteindre tel objectif; je peux offrir une clinique avec inscription. Annoncer qu'il y aura une clinique sur _____, telle journée _____ à telle heure_____. Inviter les élèves qui en ont besoin à s'y inscrire. Pendant ce temps, les autres travaillent sur leur plan de travail ou ils consultent le tableau d'enrichissement. | ❏ | ❏ | ❏ |
| 5. Je suis en **période de révision** avant un examen sur une matière donnée ou à la fin d'une étape du calendrier scolaire. Je n'oblige pas l'ensemble des élèves à y participer. J'annonce les périodes d'explications et j'invite les élèves à venir me rencontrer en sous-groupes en fonction de leurs besoins. Ici, j'utilise encore la formule des cliniques avec inscription. Pendant ce temps, les autres travaillent sur leur projet personnel ou ils choisissent des activités d'enrichissement. | ❏ | ❏ | ❏ |
| 6. Je fais face à un **manque de matériel didactique** et je dois aborder une connaissance nouvelle dans un contexte d'approfondissement et de manipulation; je peux commencer avec une partie des élèves, tandis que les autres travaillent à relever un autre défi. Puis on alterne avec les deux groupes. | ❏ | ❏ | ❏ |
| 7. J'amorce le développement d'une **habileté technique ou psychomotrice** requérant un accompagnement pédagogique plus soutenu de la part de l'enseignante pour chaque élève; je peux créer des sous-groupes de travail. Une partie des élèves est en formation, tandis que l'autre partie est occupée à développer des projets personnels ou collectifs. | ❏ | ❏ | ❏ |
| 8. Je veux **évaluer le développement** d'une habileté par l'observation de l'élève à la tâche; j'ai intérêt à subdiviser le groupe. | ❏ | ❏ | ❏ |

| Est-ce que je profite des occasions suivantes pour faire de la gestion par sous-groupes de travail? | Oui | Parfois | Jamais |
|---|---|---|---|
| 9. Je veux permettre à un plus grand nombre d'élèves de **participer à la causerie** à l'intérieur d'un laps de temps plus court; je peux créer des sous-groupes d'expression verbale. Cela favoriserait la participation d'un enfant plus timide. | ❏ | ❏ | ❏ |
| 10. Je dois **régler un problème ou un conflit** avec certains élèves; pourquoi ennuyer tout le groupe avec des commentaires, des remarques qui ne concernent qu'une minorité? Ici, les activités «cinq minutes» peuvent être d'une grande utilité. | ❏ | ❏ | ❏ |
| 11. **L'orthopédagogue intervient directement** dans la classe lors d'une clinique de consolidation ou d'un atelier de récupération. L'enseignante et l'orthopédagogue font alors du *team teaching*. | ❏ | ❏ | ❏ |
| 12. Les élèves font de la **lecture à voix haute**. Pendant que je vis avec eux cette période de lecture expressive, j'offre à un sous-groupe la possibilité de travailler individuellement. | ❏ | ❏ | ❏ |

(Détecte d'autres moments… Note-les et tente de nouvelles expériences.)

13. _____

_____

14. _____

_____

15. _____

_____

16. _____

_____

17. _____

_____

18. _____

_____

19. _____

_____

20. _____

_____

# ENSEIGNEMENT PAR SOUS-GROUPES ET STRUCTURE ORGANISATIONNELLE À PLANIFIER

## COMMENT LES UTILISER?

**SOUS-GROUPE 1**

**Enseignante avec élèves
Orthopédagogue avec élèves
Élève-ressource avec élèves**

Mini-prof (élève responsable d'une matière ou d'une activité)

Tâches verbales et visuelles (quoi faire?)

Démarches et stratégies verbales et visuelles (comment faire?)

Dyades spontanées ou permanentes (pour entraide)

Procédure de débrouillardise

**SOUS-GROUPE 2**

**Élèves seuls**

Matériel complémentaire

Autocorrection pour activité fermée

Grille d'objectivation pour activité ouverte

Activités d'enrichissement

Référentiel disciplinaire (règles de vie et conséquences)

# DES PETITS PAS DANS LA GESTION DU TEMPS
## (SCÉNARIOS POSSIBLES)

---

### SCÉNARIO 1

**Menu fermé**

Tâche d'apprentissage normale (pour la moyenne des élèves)

Tâche enrichie (défi parallèle à la tâche)

Tâche allégée (par la longueur, la complexité, le seuil de réussite ou l'échéancier)

---

### SCÉNARIO 2

**Menu ouvert (une fois par semaine)**

Clinique obligatoire

Ce que je dois faire

Ce que je peux faire

---

### SCÉNARIO 3

**Menu ouvert (deux à trois fois par semaine)**

Clinique avec inscription

Plan de travail collectif

Menu d'enrichissement (chaque élève effectue ce travail à son pupitre)

---

### SCÉNARIO 4

**Menu ouvert (une fois par jour)**

Atelier de consolidation

Plan de travail personnel

Tableau d'enrichissement (avec création d'ateliers d'enrichissement au besoin)

---

### SCÉNARIO 5

**Menu ouvert (deux à trois fois par jour)**

Centres d'apprentissage

Tableau d'ateliers *ou*

Tableau de programmation

Grille de planification hebdomadaire

---

# DES OUTILS POUR GÉRER LE TEMPS

MENU OUVERT

**CE QUE JE DOIS FAIRE**

Compréhension de lecture, page 42

**CE QUE JE PEUX FAIRE**
- Lecture personnelle
- Mot-mystère sur le thème des crustacés

8 h 30 ⇨ Production écrite sur le printemps

9 h 30 ⇨ Construction de solides géométriques

10 h 30 ⇨ Éducation physique

13 h 00 ⇨ Étude de la région, aspect économique

14 h 00 ⇨ **?**    ⇨ Approfondissement (obligatoire)
⇨ Consolidation (semi-obligatoire)
⇨ Enrichissement (facultatif)

15 h 00 ⇨ Période d'informatique au laboratoire

# PLAN DE TRAVAIL PERSONNEL HEBDOMADAIRE

| Objectif d'apprentissage | Tâche d'apprentissage | Matériel nécessaire | Groupe de travail | Tâche teminée et corrigée | Tâche vue par l'enseignante | Tâche auto-évaluée |
|---|---|---|---|---|---|---|
| Je suis capable de rédiger un texte à caractère expressif. | Production écrite sur «les vacances» | • Dictionnaire<br>• Coffre à outils<br>• Grammaire<br>• Grille d'auto-correction | | | | |
| Je suis capable de repérer des informations dans un texte. | Questions de compréhension de lecture sur «les vacances» | • Coffre à outils<br>• Démarche de lecture<br>• Stratégies de lecture | | | | |
| Je suis capable de reconnaître les particularités touristiques d'une province du Canada. | Recherche sur une province du Canada (aspect touristique) | • Manuel de sciences humaines<br>• Globe terrestre<br>• Carte muette<br>• Dépliants publicitaires | | | | |

# PLAN DE TRAVAIL COLLECTIF HEBDOMADAIRE

| | Tâche | Organisation |
|---|---|---|
| ? | Production écrite sur «les vacances» | 👤 (individuel) |
| | Résolution de problèmes, manuel de mathématiques pages 42 à 48 | 👤👤 (équipe de deux) |
| ? | Enquête sur les moyens de transport | 👤 (individuel) |
| | Compréhension de lecture<br>• Texte sur «les vacances» | 👤👤 (équipe de deux) |
| | Sciences humaines<br>• Travail de recherche sur les provinces du Canada, à finaliser | 👤👤👤👤 (groupe) |
| ? | Productions d'arts plastiques<br>• Mon sport préféré | 👤 (individuel) |
| | Texte d'intériorisation en enseignement religieux<br>• «Les joies de la réconciliation» | 👤 (individuel) |

Légende: ? indique que la tâche d'apprentissage ne peut être réalisée pour l'instant, même si le menu est ouvert. Il faudra attendre que la situation de départ ait été vécue.

# TABLEAU D'ENRICHISSEMENT NON THÉMATIQUE

| Titre des activités | Description des activités |
|---|---|
| 1. **Projet personnel** | Planification d'un projet personnel à l'aide des outils prévus: banque de projets personnels (*voir volume 1, page 424*), grilles de planification pédagogique (*voir les pages 314 à 316 de ce recueil*) et grille de planification technique (*voir le volume 1, page 425*). |
| 2. **Vers l'an 2050** | Construction d'un objet futuriste à partir de divers polyèdres. |
| 3. **J'ai une histoire à te raconter** | Invention, illustration et narration d'une histoire devant un public choisi. |
| 4. **Animalerie** | Construction de fiches sur des animaux. |
| 5. **Scoop** | Affiche de promotion sur une intrigue extraite de ton livre préféré. |
| 6. **Charivari** | Recherche de mots à partir de syllabes en lien avec les apprentissages du mois. Exemple: sciences de la nature, sciences humaines. |

# TABLEAU D'ENRICHISSEMENT THÉMATIQUE: NOËL

| **Titre des activités** | **Description des activités** |
|---|---|

**1.**

### L'ABC de Noël

Élaboration d'un jeu de vocabulaire sur Noël à partir de l'ordre alphabétique.
Exemple:   A: arbre
            B: berceau
            C: chandelle

**2.**

### Un village féerique

Construction d'une maquette à partir de certaines exigences ayant des liens avec les mathématiques et les arts plastiques.

**3.**

### Un Noël écolo...

Fabrication d'un cadeau de Noël. Confection du papier d'emballage ainsi que de la carte de souhaits.

**4.**

### Visite à la parenté

Élaboration de l'itinéraire à parcourir pour aller visiter ses grands-parents à Noël
Travail sur la carte géographique: ville, région, province, pays.

**5.**

### Fêtons Noël

Planification d'une fête collective pour souligner Noël dans la classe: jeux, musique, poèmes, décoration, sketches, etc.

**6.**

### Des nouvelles du Pôle-Nord...

Rédaction d'une lettre aux petits lutins du père Noël qui ont fait parvenir un télégramme en classe afin de connaître les demandes des enfants en matière de souhaits, de rêves à réaliser pour passer une heureuse fête de Noël à la maison.

# TABLEAU DE PROGRAMMATION

| TRAVAIL INDIVIDUEL | TRAVAIL PAR DYADE OU EN ÉQUIPE | TRAVAIL COLLECTIF |
|---|---|---|
| * Lettre au bureau touristique de ma région | * Chapitre sur les provinces maritimes (p. 23 à 27) | * Démarrage de la production écrite |
| * Travail sur les coordonnées, manuel de mathématiques, p. 44 à 50 | * Compréhension de texte sur le cinéma | * Contrôle sur les homophones |
| * Observation au microscope | Feuille d'atelier sur le périmètre | * Outillage sur la démarche de recherche |
| * Feuille d'atelier sur les mesures | Expo-science | Murale sur la vie de l'an 2050 |
| Carte d'invitation pour la matinée musicale | | Journal des finissants |
| La magie du traitement de texte | | |

Légende: * indique qu'il s'agit d'une tâche d'apprentissage obligatoire.

# GRILLE DE PLANIFICATION HEBDOMADAIRE

| PÉRIODES | LUNDI | MARDI | MERCREDI | JEUDI | VENDREDI |
|----------|-------|-------|----------|-------|----------|
| 1 | | | | | |
| 2 | | | Anglais | | |
| 3 | | | | | Bibliothèque |
| 4 | Éducation physique | | | Musique | |
| 5 | | Laboratoire d'informatique | | | |
| 6 | | | | | |

# 7.2 MIEUX GÉRER LES ATELIERS, EST-CE POSSIBLE?

*(Des éléments de solutions)*

## Contexte et intention

L'atelier est un outil organisationnel connu depuis plusieurs années. Le préscolaire l'a exploité abondamment pour gérer l'apprentissage par le jeu. Cependant, au primaire, l'on est plus sceptique face à ce moyen.

Peut-on voir les programmes d'études en fonctionnant par ateliers? Doit-on fonctionner en ateliers pendant des journées entières? L'atelier est-il réservé aux plus jeunes enfants? Peut-on fonctionner collectivement dans la classe et penser introduire occasionnellement des ateliers? Voilà des questions souvent laissées sans réponse.

Le présent outil offre des éléments de solutions…

## Pistes d'utilisation

1. Analyse ta façon de gérer les ateliers en classe. Dégage ensuite tes forces et tes faiblesses. (*Voir page 358.*)

2. Prends connaissance des précisions qui faciliteront ta planification. (*Voir pages 359 et 360.*)

3. Cerne le portrait de ta classe quant aux rythmes d'apprentissage. As-tu surtout des élèves qui auraient besoin d'enrichissement? de consolidation?

4. Selon l'analyse faite, introduis un atelier d'enrichissement ou de consolidation. Agis sur un seul volet à la fois. Utilise la grille de planification proposée à la page 361.

5. Plus tard, offre des ateliers d'approfondissement, si tu le désires. Ces ateliers peuvent se vivre à une fréquence d'une heure par jour ou d'un certain nombre de fois à l'intérieur d'une semaine ou d'un cycle. Il y a des moments dans l'année qui sont plus favorables à l'expérimentation de ce type de fonctionnement.

6. Joue avec la vocation des ateliers selon ta clientèle d'élèves: leurs besoins et leur cheminement. Aide-toi des composantes du scénario d'apprentissage avant d'introduire un atelier. (*Voir l'outil 6.5, pages 279 à 285 et page 363 de cet outil.*)

## Pistes d'utilisation *(suite)*

7. Raffine ta façon de gérer les ateliers en mettant en place les moyens nécessaires pour que l'atelier soit autogéré: gestion du temps et utilisation des procédures. (*Voir pages 362 à 367.*)

8. Planifie des stratégies pour gérer les apprentissages autant lors de l'objectivation que lors de l'évaluation formative. (*Voir page 368.*)

# GRILLE D'ANALYSE POUR ÉVALUER LA QUALITÉ
# DE LA GESTION DES ATELIERS

Tu veux évaluer la qualité de ta gestion des ateliers? Dans un premier temps, réponds de façon spontanée par «oui» ou «non» aux questions suivantes. Ensuite, fais le bilan de tes réponses. Tu auras en main des indices éclairants sur tes forces et tes faiblesses relatives à ton fonctionnement par ateliers.

| POURQUOI? et QUOI? | OUI | NON |
|---|---|---|
| 1. Avant de proposer des ateliers aux élèves, est-ce que je me demande pourquoi je veux fonctionner de cette façon? | ❏ | ❏ |
| 2. Est-ce que je cible mes objectifs avant de planifier un atelier dans ma classe? | ❏ | ❏ |
| 3. La tâche proposée dans les ateliers tient-elle compte du vécu des enfants et de leurs expériences? | ❏ | ❏ |
| 4. Retrouve-t-on un problème à résoudre, un défi à relever, une tâche d'apprentissage claire à l'intérieur des ateliers annoncés? | ❏ | ❏ |
| 5. Les ateliers que je planifie sont-ils variés: ateliers d'exploration, d'approfondissement et d'intégration, d'évaluation formative, de consolidation, d'enrichissement? | ❏ | ❏ |
| 6. La distinction entre ces types d'ateliers est-elle claire pour moi? | ❏ | ❏ |
| 7. Les tâches des ateliers planifiés présentent-elles des degrés de difficulté différents? | ❏ | ❏ |
| 8. Le contenu des ateliers est-il alimenté autant par les élèves que par moi-même? | ❏ | ❏ |
| 9. Les ateliers que j'offre sont-ils centrés sur la démonstration? Respectent-ils les élèves qui apprennent en regardant et en faisant? | ❏ | ❏ |
| 10. Y a-t-il un juste équilibre entre les ateliers centrés sur l'information et ceux qui sont accompagnés d'une démonstration ou d'une expérience? | ❏ | ❏ |

| COMMENT? | | |
|---|---|---|
| 11. Est-ce que je fournis des procédures d'organisation didactiques ou matérielles qui respectent les styles d'apprentissage? | ❏ | ❏ |
| 12. Est-ce que j'essaie d'accompagner d'une procédure d'organisation visuelle les tâches à réaliser au sein des ateliers? | ❏ | ❏ |
| 13. Les tâches à réaliser font-elles appel surtout à la mémoire? | ❏ | ❏ |
| 14. Y a-t-il un juste équilibre entre les tâches qui font appel à la mémoire et celles qui sollicitent les niveaux supérieurs de pensée comme le suggère la grille de Taylor: divergence, décision, planification, prévision, communication, créativité? | ❏ | ❏ |
| 15. Le rôle que je joue au cours des ateliers est-il un rôle d'animation et de soutien? | ❏ | ❏ |
| 16. Est-ce que mon rôle au sein des ateliers consiste surtout à donner des informations, à répartir le matériel et à contrôler le déroulement? | ❏ | ❏ |

| AVEC QUI? et AVEC QUOI? | | |
|---|---|---|
| 17. Au début de chaque atelier, est-ce que je précise les modalités de fonctionnement: équipe, dyade ou individuel? | ❏ | ❏ |
| 18. Est-ce que je précise à mes élèves si les ateliers seront permanents ou temporaires? | ❏ | ❏ |
| 19. Est-ce que j'utilise à l'intérieur des ateliers un matériel ouvert par opposition à un matériel fermé? | ❏ | ❏ |

| DANS QUELLE MESURE L'OBJECTIF VISÉ EST-IL ATTEINT? | | |
|---|---|---|
| 20. Est-ce que j'intègre l'évaluation formative à mon fonctionnement par atelier? J'utilise à cette fin une feuille de route ou un journal de bord ou... | ❏ | ❏ |
| 21. Est-ce que je crois aux bienfaits de l'auto-évaluation à l'intérieur de certains ateliers? Les élèves ont-ils en main un outil pour faire l'auto-évaluation? | ❏ | ❏ |

# AVANT DE PLANIFIER UN ATELIER...
## (DES PRÉCISIONS IMPORTANTES)

## Définition d'un atelier

L'atelier est un moyen pédagogique couramment utilisé dont la popularité tient sans doute à sa grande souplesse, à sa relative efficacité et à ses possibilités intéressantes d'individualisation.

L'atelier favorise une plus grande présence de l'enseignante auprès de chaque élève ou de chaque équipe. Il permet aussi une participation plus active de l'apprenant à ses expériences, à ses découvertes, à ses apprentissages.

Il ouvre la porte à une utilisation plus grande et plus variée du matériel concret et semi-concret. C'est un moyen qu'on peut utiliser pour individualiser des réalisations, pour approfondir des concepts, pour réinvestir des connaissances ou pour explorer de nouveaux concepts.

## Types d'ateliers

**Atelier de départ ou d'exploration** (obligatoire ou facultatif)

Cet atelier permet à l'élève de se préparer à un apprentissage éventuel. L'élève explore, manipule, il découvre pour son propre plaisir. On ne lui impose pas de tâche précise.

**Atelier d'approfondissement et d'intégration** (obligatoire)

Cet atelier permet à l'apprenant de s'approprier davantage l'objet d'apprentissage en explorant ses différentes composantes et de réutiliser ses acquis antérieurs.

**Atelier de consolidation** (semi-obligatoire)

Cet atelier permet à l'élève qui n'a pas atteint le résultat visé ou qui éprouve des difficultés après une ou plusieurs situations d'apprentissage de revenir sur ses apprentissages ou de les renforcer.

**Atelier d'enrichissement** (facultatif)

Cet atelier permet à l'élève qui a atteint les objectifs d'aller plus loin. Les ateliers d'enrichissement sont des situations de dépassement.

**Atelier d'évaluation formative** (obligatoire)

Cet atelier permet à l'enseignante de vérifier dans quelle mesure l'élève a atteint un objectif d'apprentissage après plusieurs situations d'approfondissement.

# COMPOSANTES DE BASE D'UN ATELIER

## CARTE D'EXPLORATION

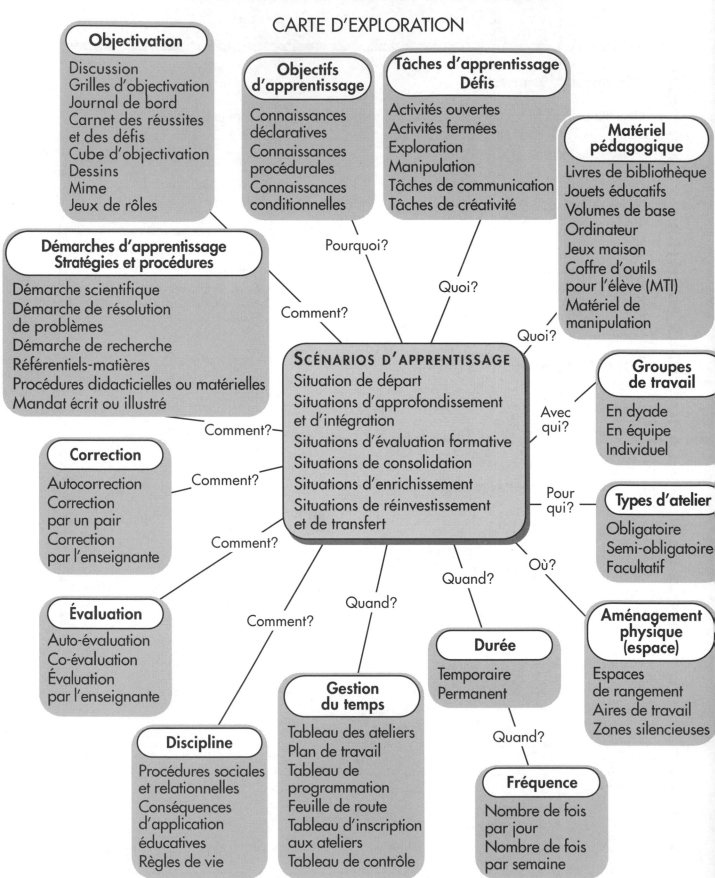

**Objectivation**

Discussion
Grilles d'objectivation
Journal de bord
Carnet des réussites
et des défis
Cube d'objectivation
Dessins
Mime
Jeux de rôles

**Objectifs d'apprentissage**

Connaissances
déclaratives
Connaissances
procédurales
Connaissances
conditionnelles

**Tâches d'apprentissage Défis**

Activités ouvertes
Activités fermées
Exploration
Manipulation
Tâches de communication
Tâches de créativité

**Matériel pédagogique**

Livres de bibliothèque
Jouets éducatifs
Volumes de base
Ordinateur
Jeux maison
Coffre d'outils
pour l'élève (MTI)
Matériel de
manipulation

**Démarches d'apprentissage Stratégies et procédures**

Démarche scientifique
Démarche de résolution
de problèmes
Démarche de recherche
Référentiels-matières
Procédures didacticielles ou matérielles
Mandat écrit ou illustré

Pourquoi?

Quoi?

Comment?

Quoi?

**SCÉNARIOS D'APPRENTISSAGE**
Situation de départ
Situations d'approfondissement
et d'intégration
Situations d'évaluation formative
Situations de consolidation
Situations d'enrichissement
Situations de réinvestissement
et de transfert

**Groupes de travail**

En dyade
En équipe
Individuel

Avec qui?

**Correction**

Autocorrection
Correction
par un pair
Correction
par l'enseignante

Comment?

Comment?

Pour qui?

**Types d'atelier**

Obligatoire
Semi-obligatoire
Facultatif

Où?

**Évaluation**

Auto-évaluation
Co-évaluation
Évaluation
par l'enseignante

Comment?

Quand?

Quand?

**Durée**

Temporaire
Permanent

**Aménagement physique (espace)**

Espaces
de rangement
Aires de travail
Zones silencieuses

**Discipline**

Procédures sociales
et relationnelles
Conséquences
d'application
éducatives
Règles de vie

**Gestion du temps**

Tableau des ateliers
Plan de travail
Tableau de
programmation
Feuille de route
Tableau d'inscription
aux ateliers
Tableau de contrôle

Quand?

**Fréquence**

Nombre de fois
par jour
Nombre de fois
par semaine

# GRILLE DE PLANIFICATION POUR ENRICHIR OU FAIRE NAÎTRE UN ATELIER

Objectif(s) visé(s) (Pourquoi?): _____

Nom de l'atelier: _____

| Tâche (Quoi?) (Défi, problème à résoudre) | Procédure (Comment?) | Groupe de travail (Avec qui?) | Matériel nécessaire (Avec quoi?) | Espace physique (Où?) | Fréquence et durée (Quand?) | Évaluation de l'objectif visé |
|---|---|---|---|---|---|---|
| | | Individuel ☐ | | | Temporaire ☐ | Objectif atteint ☐ |
| | | Dyade (travail à deux) ☐ | | | Permanent ☐ | Objectif à poursuivre avec quelques élèves ☐ Qui? |
| | | Équipe ☐ | | | Chaque jour ☐ | Objectif dépassé par certains élèves ☐ Qui? |
| | | | | | ___ fois par semaine ☐ | |

Types d'atelier (Quoi?)

Obligatoire (approfondissement et intégration; exploration) ☐

Semi-obligatoire (consolidation) ☐

Facultatif (enrichissement; exploration) ☐

## Outils pour gérer le temps

### Tableau des ateliers

Quand l'enseignante développe un fonctionnement par ateliers, le référentiel visuel utilisé est davantage un tableau présentant la liste des ateliers offerts. On y trouve des ateliers permanents ou temporaires. On peut aussi y regrouper des ateliers obligatoires, semi-obligatoires ou facultatifs. (*Voir page 363.*)

Ce tableau pourrait être à double entrée puisqu'il offrirait horizontalement la liste des ateliers possibles et verticalement, la liste des élèves susceptibles de fréquenter ces ateliers. (*Voir volume 1, pages 398 et 399.*)

Très souvent, l'enseignante a le souci que ce tableau soit construit de façon que le matériel soit réutilisable même si l'on change la liste des ateliers.

Ce tableau est plus utilisé pour gérer une partie de journée. À une certaine période de la journée, on offre aux enfants la possibilité de travailler en ateliers, alors que le reste de la journée est géré plutôt de façon collective ou individuelle.

### Tableau de programmation

C'est un moyen qui permet de proposer aux élèves des activités d'apprentissage diversifiées qu'ils pourront réaliser durant un temps donné. Il comporte des activités obligatoires et des activités facultatives. Il offre la possibilité de donner aux élèves plus de pouvoir sur le temps, car on l'utilise pendant plusieurs périodes d'une même journée.

Ce tableau d'activités indique aux élèves ce qu'ils pourront réaliser comme travail individuel, comme travail d'équipe et comme travail collectif. Il est affiché à l'avant de la classe et permet aux enfants d'avoir une vision globale de ce qu'ils peuvent réaliser. C'est un outil précieux au moment où les enfants doivent prendre des décisions concernant leur emploi du temps. (*Voir volume 1, pages 401 et 402.*)

### Tableau d'inscription, de contrôle

L'enseignante qui veut déléguer des tâches aux élèves et les faire participer à la gestion du temps devra mettre à leur disposition un outil à l'aide duquel ils pourront indiquer l'activité commencée ou l'activité terminée. C'est une excellente occasion de récupérer du temps pour l'enseignante, puisque celle-ci consent à ne pas contrôler ni comptabiliser ce qui est en train de se faire ou ce qui est fait.

Ce tableau doit être d'utilisation simple, selon l'âge des élèves. Pour les plus jeunes, il sera offert sous forme de pochettes sur lesquelles on écrit les noms des ateliers ou les noms des élèves. (*Voir volume 1, page 403.*) Les élèves placent un carton à leur nom ou une photo dans les pochettes de leur choix, ou ils placent les cartons des ateliers dans la pochette à leur nom. Les élèves peuvent avoir plus d'un carton à leur nom pour indiquer les activités de la journée. Le nombre de cartons par atelier correspond au nombre d'enfants permis à l'atelier.

Pour les plus grands, ce tableau peut être construit à double entrée: les numéros des ateliers ou des activités dans un sens et la liste des élèves dans l'autre sens. Les élèves utiliseront alors des punaises de couleur, des jetons aimantés, des carrés de carton coloré ou des cases coloriées pour indiquer leur cheminement. (*Voir volume 1, pages 398 et 399.*)

Très utile à l'enseignante, le tableau d'inscription devient pour elle un tableau de contrôle, puisqu'il lui permet de décoder rapidement le vécu de chaque élève, d'avoir une vision globale du groupe et d'évaluer rapidement les ateliers les plus populaires ou les moins fréquentés.

# ÉVOLUTION D'UN TABLEAU DES ATELIERS RESPECTUEUX DU SCÉNARIO D'APPRENTISSAGE

## En début d'année

| Rouge | Vert | Vert | Vert | Jaune | Jaune | Vert | Vert |
|---|---|---|---|---|---|---|---|
| 1 | 2 | 3 | 4 | 5 | 6 | 7 | 8 |
| Atelier d'exploration | Atelier d'exploration | Atelier d'exploration | Atelier d'exploration | Atelier de consolidation | Atelier de consolidation | Atelier d'enrichissement | Atelier d'enrichissement |
| Obligatoire | Facultatif | Facultatif | Facultatif | Semi-obligatoire | Semi-obligatoire | Facultatif | Facultatif |

Le tableau des ateliers doit être au service du développement des élèves puisqu'il s'agit d'un moyen, non d'une fin. Ainsi, **en début d'année**, le tableau peut être composé de plusieurs activités d'exploration tandis qu'**en milieu d'année**, il offre aux élèves des ateliers d'approfondissement comportant des défis. Il permet aussi aux élèves rapides d'avoir plus de choix quant aux activités d'enrichissement.

## Pendant la seconde partie de l'année

| Rouge | Rouge | Jaune | Jaune | Vert | Vert | Vert | Vert |
|---|---|---|---|---|---|---|---|
| 1 | 2 | 3 | 4 | 5 | 6 | 7 | 8 |
| Atelier de formation ou d'approfondissement | Atelier de formation ou d'approfondissement | Atelier de consolidation | Atelier de consolidation | Atelier d'enrichissement | Atelier d'enrichissement | Atelier d'enrichissement | Atelier d'enrichissement |
| Obligatoire | Obligatoire | Semi-obligatoire | Semi-obligatoire | Facultatif | Facultatif | Facultatif | Facultatif |

Les couleurs indiquent le degré de complexité de l'atelier. Elles établissent aussi des liens avec les temps du scénario d'apprentissage.

# DES PISTES POUR RAFFINER LA GESTION DES ATELIERS... (2)

## Utilisation de référentiels visuels

1. Il faut établir les règles de vie dans la classe avant de mettre en place des ateliers. Toutefois, on pourrait formuler des règles de vie spécifiques à chaque atelier.

2. Chaque référentiel visuel:

   • est présenté aux enfants au moment où un atelier est mis en place;

   • est situé bien en vue là où se vit l'atelier.

3. Si l'on structure des ateliers nouveaux, se servir de pictogrammes déjà connus des enfants pour fabriquer les référentiels visuels nécessaires.

4. Pour préparer le tableau de programmation de la semaine, utiliser les mêmes pictogrammes que l'on retrouve sur les référentiels visuels déjà présents dans les ateliers. L'élève décodera alors les liens à faire entre le temps et le lieu spécifiques d'un atelier.

5. Au sein de chaque atelier, les enfants devraient retrouver des indices visuels clarifiant la tâche d'apprentissage:

   • Quoi faire?

   • Comment faire?

6. Quelques démarches d'apprentissage devraient être illustrées de façon permanente au sein de la classe, car les élèves en auront besoin au sein de différents ateliers:

   • Démarche de résolution de problèmes (*voir volume 1, pages 267 à 269*);

   • Démarche de recherche (*voir volume 1, pages 251 à 253*);

   • Démarche scientifique (*voir volume 1, page 270*).

7. S'assurer de la mobilité des référentiels visuels. Certains sont d'usage permanent tandis que la très grande majorité d'entre eux seront plutôt d'utilisation temporaire. Procéder alors à une rotation au lieu de les installer définitivement pour toute une année scolaire.

# MODÈLE D'UNE PROCÉDURE D'ORGANISATION MATÉRIELLE

## ATELIER D'ÉCOUTE

1. Je choisis.

2. J'insère.

3. Je mets les écouteurs.

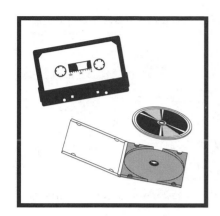

4. Je mets l'appareil en marche.

5. Je m'assois.

6. J'écoute.

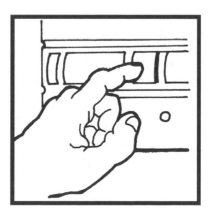

7. J'éteins l'appareil.

8. Je range.

*Source: D'après Commission scolaire Outaouais-Hull, Hull.*

# MODÈLE D'UNE PROCÉDURE D'ORGANISATION DIDACTIQUE

ATELIER BIBLIOTHÈQUE

1. Qu'est-ce que je veux lire?

2. Je lis le titre et j'imagine…

3. Je me mets dans la peau
de l'auteur… Je lis…

4. Je note les mots nouveaux.

J'essaie de deviner la fin
de l'histoire…

# MODÈLE D'UNE PROCÉDURE POUR DÉVELOPPER L'HABILETÉ À COMMUNIQUER

## ATELIER DE MARIONNETTES

1. Je choisis la marionnette que je préfère.

2. Mon ami choisit aussi sa marionnette.

3. Nous décidons ensemble du sujet de notre histoire.

4. Nous décidons qui va parler le premier.

5. Je suis le gardien de la parole.

6. Mon ami est le gardien du temps.

7. Nous inventons notre histoire.

8. Nous rangeons nos marionnettes.

## Moyens pour gérer les apprentissages

**Comment faire objectiver les enfants en regard d'un atelier?**

Selon Renald Legendre, l'**objectivation** est un processus de rétroaction par lequel le sujet prend conscience du degré de réussite de ses apprentissages, effectue le bilan de ses actifs et passifs, se fixe de nouveaux objectifs et détermine les moyens pour arriver à ses fins.

> «L'objectivation est une analyse évaluative de ce que l'on est en train de faire ou de ce qu'on a fait pour en tirer quelque chose ou pour modifier quelque chose.»

Il existe différentes façons de faire objectiver les élèves:

- Lors de la présentation des ateliers, l'enseignante décrit les objectifs visés, les élèves objectivent en disant ce qu'ils savent à propos de cet objectif. Ils verbalisent aussi ce qu'ils veulent savoir;
- Lorsque l'atelier est complété, à la fin d'une tâche, accorder du temps aux élèves pour qu'ils disent ce qu'ils ont compris, ce qu'ils retiennent, ce qu'ils n'ont pas compris;
- Dans un cahier de classe ou un journal personnel prévu à cet effet, les élèves écrivent ou dessinent ce qu'ils ont appris et ce qu'ils ont aimé. Ils indiquent aussi leurs réussites connues ainsi que les difficultés qu'ils ont éprouvées;
- Sur un tableau collectif, les élèves vont inscrire au fur et à mesure ce qu'ils ont appris. Ils peuvent aussi écrire leurs questions;
- Les élèves peuvent aussi dire ce qu'ils aimeraient apprendre éventuellement, ce qu'ils désirent vivre pour poursuivre leurs apprentissages, ce qu'ils désirent réinvestir: ils trouvent une de leurs forces et choisissent un défi à relever.

**Comment recueillir des données d'évaluation formative?**

- Questions individuelles aux élèves.
- Exploration d'une liste d'idées générée au cours d'une séance de remue-méninges (carte d'exploration) et analyse de celle-ci. Des chaînes d'idées, des regroupements de concepts ou des réseaux sémantiques peuvent alors être créés.
- Évaluation en cours de production lors d'un travail à long terme.
- Rapport d'activités.
- Jeu-questionnaire.
- Rencontre en sous-groupe pour discuter avec l'enseignante sur l'activité vécue au sein de l'atelier. Au fur et à mesure que cet atelier est vécu, créer des sous-groupes.
- Tâches d'évaluation: écrites, verbales, expérientielles (au sein d'un atelier).
- Animation de discussions.
- Observation directe des élèves au travail.
- Grilles d'évaluation de l'effort aussi bien que des réalisations.
- Lecture du carnet d'apprentissage ou du journal de bord de l'élève et analyse des questions posées par les élèves. Des critères seront déterminés préalablement afin de guider cette analyse.
- Grilles d'auto-évaluation. (*Voir volume 1, pages 317 à 322.*)
- Rendez-vous avec un conseiller (co-évaluation).
- Rencontre-entrevue avec l'enseignante.

On peut aussi consulter le volume 1, pages 296 à 304; 323 à 330.

*Source: Sylvie Côté, enseignante à la commission scolaire Jacques-Cartier, Longueuil.*

## 7.3  APPRENDRE AVEC ORDINO

*(Intégration du micro-ordinateur dans la classe)*

## Contexte et intention

L'intégration de l'ordinateur dans la classe peut être une excellente porte d'entrée pour apprivoiser les différences. Un ordinateur, 27 élèves. Voilà le prétexte qui amène forcément à repenser son «comment faire?». Une approche plus respectueuse des différences est en train de naître.

Des outils organisationnels devront alimenter cette nouvelle façon de penser et de vivre. Les outils pour gérer le temps et les groupes de travail sont des alliés précieux dans ce cheminement pédagogique. Voilà les éléments de solution proposés dans cet outil.

## Pistes d'utilisation

1. Prends connaissance du cadre organisationnel détaillé aux pages 370 et 371 avant d'intégrer un micro-ordinateur dans ta classe.

2. Choisis un modèle d'intégration qui correspond à ton cheminement pédagogique.

3. Donne-toi un ou des outils pour gérer le temps. (*Voir pages 377, 378 et 379.*)

4. Prévois également la gestion des sous-groupes de travail: dyades ou équipes.

5. Planifie des projets d'apprentissage pouvant être vécus avec l'ordinateur. (*Voir page 375.*)

6. En même temps, planifie des projets d'apprentissage pouvant être vécus en ateliers à l'intention des élèves qui ne seront pas au centre d'apprentissage par l'ordinateur (APO). (*Voir page 376.*)

7. Encadre la gestion du centre APO en salle de classe. (*Voir pages 372 et 373.*)

8. Élabore un menu pour le centre d'apprentissage APO et valide-le. (*Voir page 374.*)

9. Développe différentes habiletés chez tes élèves en leur proposant des applications pédagogiques variées.

# AVANT D'INTÉGRER UN MICRO-ORDINATEUR DANS LA CLASSE...

- Différents modèles d'intégration existent:
  - **intégrer l'ordinateur sous forme de travail personnel,** lors de périodes allouées au travail personnel, soit en lecture, soit en exercices de français et de mathématiques, etc.;
  - **intégrer l'ordinateur sous forme de travail en sous-groupe,** lors de périodes allouées au travail en sous-groupe, pour réaliser une recherche en sciences humaines, un projet de bricolage, un travail en mathématiques, en français, etc.;
  - **intégrer l'ordinateur sous forme d'atelier-ordinateur** au même titre que les autres ateliers existant déjà dans la classe;
  - **intégrer l'ordinateur sous forme de centre d'apprentissage par l'ordinateur (APO).**

- Peu importe le mode de fonctionnement choisi, il faut prévoir:
  - des périodes collectives (mise en situation, activités de gestion, enseignement de notions, objectivation, évaluation, etc.);
  - des périodes en sous-groupe de travail;
  - des périodes de travail personnel.

- Sur la grille-horaire, il est nécessaire d'inscrire:
  - les périodes de spécialistes;
  - les périodes de gestion (planification, menu du jour, aménagement, routine de classe) utilisées dans le groupe-classe;
  - les périodes collectives d'enseignement, de correction, d'évaluation;
  - les périodes allouées aux ateliers et à l'utilisation de l'ordinateur;
  - les périodes allouées au travail en sous-groupe et au travail individuel.

- Il est important de respecter son horaire et d'être bien organisée.

- Il faut permettre à tous les élèves d'utiliser l'ordinateur.

- Il est important d'établir avec les élèves des règles à suivre lors de l'utilisation de l'ordinateur.

- Il est intéressant de former des élèves tuteurs qui seraient capables de dépanner les autres élèves au besoin.

- Il est bon de regrouper les élèves en dyades d'entraide (équipes de deux).

- Au moment d'introduire un nouveau logiciel, l'enseignante doit être disponible pour les élèves travaillant à l'ordinateur. Pour cela, prévoir, pour les autres élèves, des activités réalisables sans la présence continuelle de l'enseignante.

- Prévoir aussi des outils pour gérer le temps: une feuille de route, un plan de travail, une grille de planification, un tableau de programmation, un agenda. Ces outils favorisent l'autonomie des élèves.

*Source: Gaétane Grossinger-Divay, CEMIS, commission scolaire des Patriotes, Saint-Eustache et Muriel Brousseau-Deschamps, CEMIS, commission scolaire des Mille-Îles, Vimont, Laval.*

# AVANT LA CRÉATION D'UN CENTRE APO EN CLASSE
## DÉMARCHE ET STRATÉGIES

Pour démarrer un centre d'apprentissage par l'ordinateur (APO) dans la classe, il est important de se donner une structure organisationnelle facilitant à la fois le bon fonctionnement des élèves et la gestion efficace de la classe.

## Questions à se poser

1. Pourquoi est-ce que je veux introduire l'ordinateur dans ma classe? (Intention, objectifs généraux)

2. L'ordinateur sera-t-il l'objet d'un atelier permanent ou temporaire? d'un centre d'apprentissage?

3. Où vais-je l'installer? (Aménagement de l'espace)

4. Quels sont les objectifs terminaux que je poursuis dans les différentes matières en introduisant ce moyen d'enseignement? Pourquoi? Quelles sont les habiletés que je veux développer? Quels sont les liens avec les autres matières?

5. Quelles sont les applications pédagogiques de l'ordinateur que je connais ou que je possède actuellement? (Élaboration d'une banque d'activités possibles)

6. Quels sont les défis que je propose aux élèves pour telle période? (Quoi? Élaboration de tâches d'apprentissage en regard des divers logiciels existants)

7. Quand les élèves vont-ils fréquenter l'atelier ou le centre? (Aménagement du temps) Outils utiles: plan de travail, tableau d'ateliers, grille-horaire, tableau de programmation, horaire d'utilisation, tableau d'inscription.

8. Avec qui les élèves vont-ils travailler à l'ordinateur? (Création de dyades d'entraide)

9. Parmi les activités offertes, y en a-t-il qui seront obligatoires (Approfondissement)? semi-obligatoires (Consolidation)? facultatives (Enrichissement)?

# GESTION DU CENTRE APO

| CLIMAT | APPRENTISSAGE | ORGANISATION |
|--------|---------------|--------------|
| • Gestion disciplinaire: exigences, règles de vie et conséquences<br><br>• etc. | • Évaluation des apprentissages (auto-évaluation, co-évaluation ou évaluation par l'enseignante)<br><br>• Référentiel visuel du tableau d'activités possibles: liste des défis<br><br>• Procédure (écrite ou symbolique) pour soutenir l'application pédagogique des nouveaux logiciels<br><br>• Période de présentation des projets d'apprentissage<br><br>• Période d'objectivation sur les apprentissages réalisés<br><br>• Promotion de logiciels nouveaux<br><br>• Présentation des réalisations des élèves.<br><br>• etc. | • Matériel: banque de logiciels nécessaires pour la réalisation des défis suggérés<br><br>• Plan de travail personnel de chaque élève en APO<br><br>• Tableau d'inscription, de contrôle (qui a fait quoi?)<br><br>• Nomination d'élèves conseillers dans la classe (élèves ayant des compétences plus développées dans ce domaine)<br><br>• Définition d'une procédure de dépannage au centre<br><br>*Quand je ne peux plus avancer, je consulte:*<br><br>1. mes référentiels visuels;<br>2. l'élève qui travaille en dyade avec moi;<br>3. l'équipe à mes côtés;<br>4. un conseiller de la classe;<br>5. mon enseignante.<br><br>• Horaire de fréquentation<br><br>• Aménagement de l'espace<br><br>• etc. |

# PROCÉDURE D'UTILISATION OU DE FONCTIONNEMENT

- Je m'inscris à un projet offert dans l'atelier ou au centre.

- Je mets l'appareil en marche.

- Je choisis le logiciel.

- Je réalise la tâche.

- J'enregistre mon travail et je l'imprime, si cela est nécessaire.

- Je quitte le logiciel et j'éteins l'appareil.

# MENU D'UN CENTRE D'APPRENTISSAGE PAR L'ORDINATEUR (APO) EN CLASSE

| PROJETS | MATIÈRES | LOGICIELS |
|---------|----------|-----------|
| 1. Correspondance scolaire | • Français | • Traitement de texte<br>• Télécommunication |
| 2. Carte de souhaits pour une personne que j'aime | • Français<br>• Arts plastiques | • Éditeur graphique |
| 3. Enquête auprès des élèves de la classe sur la région du Québec qu'ils aimeraient visiter | • Sciences humaines<br>• Français<br>• Mathématiques | • Base de données |
| 4. Premiers pas en robotique | • Géométrie | • Logiciel ouvert |
| 5. Je défie l'ordinateur au calcul mental | • Mathématiques | • Tableur |
| 6. Projet personnel: Recherche sur un mammifère | • Sciences de la nature<br>• Français | • Logiciel de présentation |

Pour valider la richesse d'un menu, se référer aux critères suivants:

• Variété dans les matières ciblées

• Variété dans les logiciels utilisés

- traitement de texte
- base de données
- éditeur graphique
- mise en page
- tableur
- télécommunication
- didacticiels

• Variété dans les habiletés sollicitées

- mémoriser
- déduire
- comprendre
- appliquer
- induire
- communiquer
- analyser
- synthétiser
- évaluer
- créer
- sélectionner
- produire des idées
- planifier
- prévoir
- résoudre des problèmes

Parmi les activités offertes, quelles sont celles qui pourraient être

• obligatoires (approfondissement)?

• semi-obligatoires (consolidation)?

• facultatives (enrichissement)?

# POUR DÉVELOPPER DIFFÉRENTES HABILETÉS: DES APPLICATIONS PÉDAGOGIQUES À L'ORDINATEUR

## FRANÇAIS

- Création d'un conte
- Création d'une bande dessinée
- Création d'une pièce de théâtre
- Recueil de textes, de charades, de blagues, de jeux de mots, de poèmes, de recettes
- Fabrication d'un mini-dictionnaire
- Album-souvenir, journal de finissants, journal de classe, journal de l'école
- Bottin de classe
- Différentes lettres, correspondance scolaire
- Différentes cartes de souhaits: pour anniversaire, Noël, Saint-Valentin, Pâques, fête des Mères, fêtes des Pères, remise des diplômes

- Sondage, questionnaire, enquête
- Affiches publicitaires, banderoles, dépliants
- Fichiers d'application
- Production de mots cachés, de mots croisés, mots mélangés
- Charivari, Qui suis-je?, Les deux font la paire, Vrai ou faux, conjugaison, vocabulaire, homophones, mots de la même famille, synonymes
- Salades de mots, annonces classées, transformation d'un texte, répétitions
- Règles de vie

## MATHÉMATIQUES

- Création de tables de complémentaires ou de multiples
- Création d'ensembles et de sous-ensembles
- Suite de nombres
- Illustration des fractions

- Invention de jeux:
  - points à relier
  - dominos
  - labyrinthes
- Formes géométriques
- Production de graphiques
- Production de dallages

## SCIENCES HUMAINES

- Création de guides touristiques
- Création d'un calendrier
- Correspondance scolaire avec des gens de son milieu, de sa région, de sa province, de son pays ou d'un autre pays

- Ligne du temps à illustrer
- Fabrication d'un horaire
- Illustration des saisons
- Plans de la classe, de l'école, etc.

*Source: Gaétane Grossinger-Divay, CEMIS, commission scolaire des Patriotes, Saint-Eustache et Muriel Brousseau-Deschamps, CEMIS, commission scolaire des Mille-Îles, Vimont, Laval.*

# SUGGESTIONS D'ACTIVITÉS POUR LES AUTRES ATELIERS
## (ÉLÈVES QUI NE SONT PAS À L'ORDINATEUR)

## ARTS PLASTIQUES

- Marionnettes (dialogue, etc.), poupées à habiller selon des consignes écrites
- Masques
- Pâte à modeler, découpage, collage
- Murale, peinture
- Maquette
- Affiches pour illustrer les règles de vie dans la classe ou l'école

## FRANÇAIS

- Table d'écoute (dictée enregistrée, chanson, histoire) ou baladeur
- Coin de lecture
- Fiches de lecture
- Utilisation de revues éducatives (*Coulicou, Hibou, Vidéo Presse, Le Petit Débrouillard*)
- Activités de recherche dans un journal (voir «Le journal en classe» par *La Presse*)
- Textes troués
- Textes d'imitations (à la manière de...)
- Histoires en cascades
- Exercices de calligraphie
- Correspondance scolaire
- Préparation d'un questionnaire pour une visite
- Messages casse-tête à reconstituer
- Plan d'organisation d'une fête, d'une journée de carnaval, d'une sortie éducative
- Utilisation d'images ou de cubes à histoires pour composer des phrases ou des textes
- Cahiers d'exercices
- Manuels scolaires
- Atelier de récupération avec quelques élèves

## JEUX ÉDUCATIFS

- Casse-tête, dominos, jeux de mémoire, échecs, Master Mind, Boggle, Scrabble, Quiz des jeunes, Apprenti Docte Rat, Pic-Mots, Bingo maths, Equals, Verbo, Tic-tac-to, Uno, Véritech, Tangram, Logix, Architek
- Jeux fabriqués par l'enseignante ou par les élèves
- Jeux de mathématiques ou de vocabulaire (nombres croisés, mots croisés, etc.)
- Coin construction (Légo, Construx, Capsela, etc.)
- Coin maison (chez les petits) ou coin épicerie, déguisements, etc.

## MATHÉMATIQUES

- Énigmes (maths, français, sciences, etc.)
- Résolution de problèmes
- Problèmes inventés par les élèves
- Utilisation de la calculatrice
- Ateliers de mesure avec rubans à mesurer, mètre, etc.
- Construction de solides

## PARTICIPATION DES PARENTS À LA VIE DE LA CLASSE

- Cuisine, lecture, courtepointe, électricité, correction, supervision d'un projet personnel, etc.

## SCIENCES HUMAINES

- Rallye sur des cartes routières
- Album d'antan
- Album des régions du Québec
- Globe terrestre, cartes, casse-tête

## SCIENCES DE LA NATURE

- Invention à construire et à présenter à la classe (recyclage)
- Observation au microscope
- Herbier

*Source: Muriel Brousseau-Deschamps, CEMIS, commission scolaire des Mille-Îles, Vimont, Laval.*

# DES ALLIÉS POUR APPRENDRE AVEC ORDINO

ALLIÉ 1: PLAN DE TRAVAIL COLLECTIF HEBDOMADAIRE

|  | Jour 1 | Jour 2 | Jour 3 | Jour 4 | Jour 5 |
|---|---|---|---|---|---|
| 8 h 00<br>8 h 30 |  | Enseignement religieux ou Morale | Collectif | Enseignement religieux ou Morale | Collectif |
| 9 h 00 | Collectif | 8 h 45 Collectif |  | 8 h 45 |  |
| 9 h 30 |  |  |  |  |  |
| 9 h 45 | Correction collective | Correction collective | Correction collective | Correction collective | Correction collective |
| 10 h 00 |  |  |  |  | Collectif |
| 11 h 00 |  |  |  |  |  |
| 12 h 20 |  |  |  |  |  |
| 13 h 20 | Travail individuel | Travail individuel |  | Travail individuel | Travail individuel |
| 13 h 20 |  |  |  |  |  |
| 14 h 20 |  |  |  |  |  |

*Source: Muriel Brousseau-Deschamps, CEMIS, commission scolaire des Mille-Îles, Vimont, Laval.*

# DES ALLIÉS POUR APPRENDRE AVEC ORDINO
## ALLIÉ 2: GRILLE DE PLANIFICATION HEBDOMADAIRE POUR L'ÉLÈVE

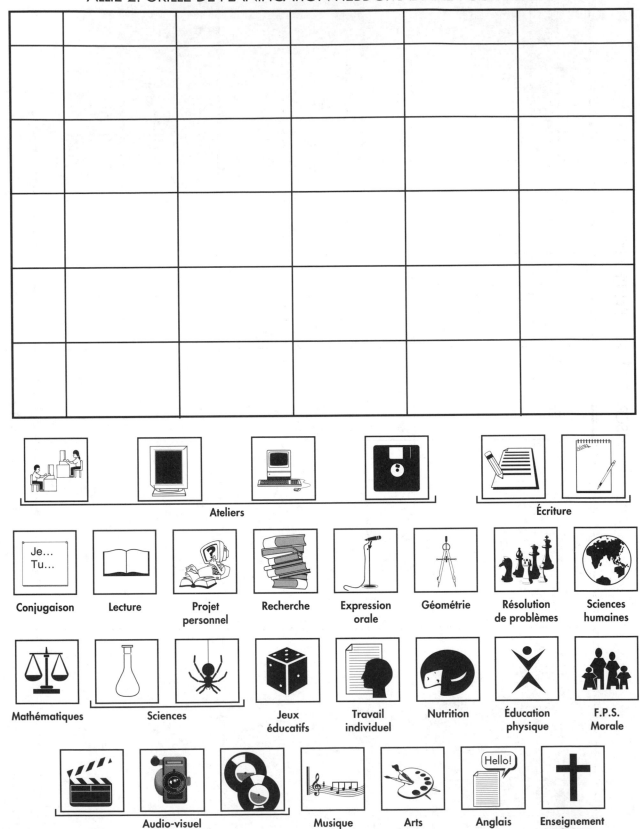

**Ateliers**

**Écriture**

| Conjugaison | Lecture | Projet personnel | Recherche | Expression orale | Géométrie | Résolution de problèmes | Sciences humaines |

| Mathématiques | Sciences | Jeux éducatifs | Travail individuel | Nutrition | Éducation physique | F.P.S. Morale |

**Audio-visuel** | Musique | Arts plastiques | Anglais | Enseignement religieux

*Source: Muriel Brousseau-Deschamps et Pierre Deschamps, CEMIS, commission scolaire des Mille-Îles, Vimont, Laval.*

**378**   Outil 7.3

Feuille reproductible. © 1997 Les Éditions de la Chenelière inc.

ALLIÉ 3: TABLEAU D'INSCRIPTION AU CENTRE APO

| Moi j'♥ <br> ÉQUIPES À L'ORDINATEUR | M. et Mme PatAPO | Magie du traitement de texte | Enquête | Journal de classe | Certificat | Télématique scolaire | Chiffrier électronique |
|---|---|---|---|---|---|---|---|
| | | | | | | | |
| | | | | | | | |
| | | | | | | | |
| | | | | | | | |
| | | | | | | | |
| | | | | | | | |
| | | | | | | | |

*Source: Muriel Brousseau-Deschamps, CEMIS, commission scolaire des Mille-Îles, Vimont, Laval.*

# 7.4 QUAND LE SALON DE LECTURE S'ANIME...

*(Un atout de plus)*

## Contexte et intention

Avec l'apparition des manuels scolaires obligatoires, le livre de bibliothèque a perdu du terrain en classe. Pourtant, il n'en demeure pas moins un excellent moyen d'enseignement. De plus, il offre des avenues intéressantes pour l'enrichissement.

La lecture nourrit l'imagination et incite nécessairement à l'expression sous toutes ses formes. Que ce soient l'expression orale, écrite ou dramatique, ou les arts plastiques, les possibilités de réactions sont nombreuses et variées. Pourquoi ne pas favoriser et développer ce lien lire-réagir?

Lire pour son plaisir et lire pour s'informer sont des pistes qui rejoignent les enfants déjà animés par la passion de la lecture.

Pour d'autres, il s'agit plutôt de susciter chez eux ce goût de lire. Et là, les stratégies se doivent d'être à la fois nombreuses, pertinentes et variées. Cet outil se veut un soutien à cette intention.

Des livres non «animés» risquent de demeurer inanimés...

## Pistes d'utilisation

1. Crée dans la classe un salon de lecture en aménageant l'espace, si c'est possible. Si celui-ci est plutôt restreint, installe dans la classe le coin des livres-vedettes.

2. Décode les intérêts des élèves en matière de lecture. Cela te guidera dans la sélection des livres-vedettes.

3. Sélectionne des livres-vedettes. Pense au critère «nombre». Réduis le nombre à cinq ou six et introduis plutôt une rotation de livres toutes les semaines ou toutes les quinzaines. Fais découvrir aux élèves la structure d'un livre. (*Voir page 382.*)

4. Planifie une fantaisie de lecture ou un défi de lecture en regard des livres sélectionnés. (*Voir les suggestions aux pages 383 à 388.*)

5. Introduis dans la classe une période de lecture silencieuse. Prévois l'encadrement de cette activité personnelle. (*Voir page 389.*)

6. Accorde de l'importance à l'heure du conte, selon l'âge des élèves. Varie les présentateurs: enseignante, parent-ressource, élève de la classe, etc. (*Voir page 390.*)

7. Utilise l'imagerie mentale pour animer et exploiter le conte. (*Voir page 391.*)

8. Suggère aux élèves l'idée de se donner une mascotte au salon de lecture. Exploite-la avec eux et utilise-la pour introduire tes activités d'exploitation du

## Pistes d'utilisation (*suite*)

livre en classe. Cette mascotte pourrait vivre à la biliothèque de l'école et chaque classe intéressée pourrait l'utiliser, au besoin. (*Voir pages 392 et 393.*)

10. Offre aux élèves un mini-tableau d'activités de lecture (*voir pages 394 et 395*):
    - Du plaisir à lire
    - Une recherche, pourquoi pas?
    - Fantaisie de lecture
    - Mon défi de lecture
    - Projet personnel de lecture

11. Soucie-toi des aspects suivants pour assurer un fonctionnement autonome du salon de lecture:
    - espace fonctionnel (près d'une source de lumière naturelle, loin de la circulation et des espaces bruyants) susceptible d'offrir un peu d'intimité aux lecteurs;
    - nombre d'élèves admis dans cette aire;
    - mobilier adéquat pour l'exposition des livres;
    - règles de vie du coin de lecture;
    - modalités de rangement;
    - tableau d'affichage (annonce des défis ou des fantaisies de lecture, affichage ou exposition des réalisations).

12. Comme projet personnel d'écriture, incite les élèves à se lancer dans la rédaction d'un petit livre d'histoires. Ce livre pourrait même être imprimé et déposé à la bibliothèque de l'école, avec pochette et carte de circulation. On pourrait alors créer le rayon des «Jeunes Écrivains». (*Voir pages 396 et 397.*)

13. Objective avec les élèves le vécu du salon de lecture, évalue son fonctionnement et réinvestis constamment.

# POUR DÉVELOPPER LE GOÛT DE LIRE ET D'ÉCRIRE
## (STRUCTURE D'UN LIVRE)

Les pistes d'exploitation du livre doivent permettre aux élèves d'explorer sa structure. Tour à tour, on met l'accent sur un élément et voilà, le tour est joué: l'élève a découvert toutes les facettes du livre. Et qui sait? Peut-être en rédigera-t-il un lui-même... En attendant, il doit avoir le goût d'être un écrivain en herbe à l'école.

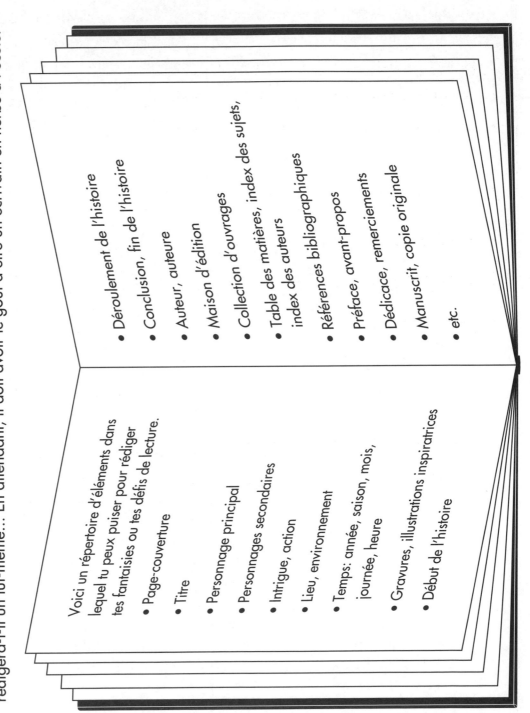

Voici un répertoire d'éléments dans lequel tu peux puiser pour rédiger tes fantaisies ou tes défis de lecture.

- Page-couverture
- Titre
- Personnage principal
- Personnages secondaires
- Intrigue, action
- Lieu, environnement
- Temps: année, saison, mois, journée, heure
- Gravures, illustrations inspiratrices
- Début de l'histoire

- Déroulement de l'histoire
- Conclusion, fin de l'histoire
- Auteur, auteure
- Maison d'édition
- Collection d'ouvrages
- Table des matières, index des sujets, index des auteurs
- Références bibliographiques
- Préface, avant-propos
- Dédicace, remerciements
- Manuscrit, copie originale
- etc.

# ACTIVITÉS D'ANIMATION DU SALON DE LECTURE
## (POUR LES PETITS)

À partir de livres-vedettes placés au salon de lecture, on peut proposer aux enfants des défis, des tâches d'apprentissage qu'ils pourraient vivre dans différents ateliers:

- personnage préféré: atelier de dessin et de découpage;

- animal-personnage: atelier de modelage, de sculpture;

- objet important dans le livre: atelier de bricolage;

- gravure préférée: atelier de peinture;

- conversation entre deux personnages: atelier de marionnettes (dialogue entre deux enfants);

- maison du personnage préféré: atelier de blocs;

- publicité pour un livre préféré: atelier de déguisement et d'expression dramatique (jeux de rôles);

- création d'une histoire à partir d'un livre préféré: atelier d'écriture (l'enfant produit une histoire illustrée de trois dessins, il lui donne un titre qu'il écrit lui-même à sa manière ou qu'il dicte à l'adulte);

- mots connus dans l'histoire: atelier d'écriture (l'enfant repère deux mots qu'il est capable de lire, il les écrit sur des cartons-étiquettes et les affiche au salon de lecture);

- mots nouveaux dans l'histoire: atelier d'écriture (l'enfant repère un mot qu'il désire apprendre à lire, il l'écrit dans son mini-dictionnaire et il le dessine).

chat

Suggérer aux enfants de trouver des mots-personnes, des mots-animaux ou des mots-objets.

- etc.

# STRATÉGIES D'EXPLOITATION
# DU LIVRE DE BIBLIOTHÈQUE EN CLASSE

| **Stratégie 1**<br>*Casse-tête couverture* | **Matière exploitée**<br>Arts plastiques | **Habileté développée**<br>Observer |
|---|---|---|

À partir de livres lus, les enfants reproduisent la page-couverture d'un livre qui leur plaît particulièrement. Ils réalisent leur dessin sur du carton blanc afin de pouvoir appliquer les couleurs adéquates. Par la suite, ils tracent à l'endos du dessin différentes formes qu'ils découperont pour réaliser un casse-tête. Le titre et l'auteur peuvent apparaître sur le dessin de même que la maison d'édition. La grandeur du dessin peut être équivalente à celle de la page-couverture du livre choisi. Ces morceaux seront ensuite déposés dans une enveloppe (22 cm sur 30 cm). Joindre également le livre utilisé à l'enveloppe pour qu'on puisse faire une photocopie en couleurs de la page-couverture.

| **Stratégie 2**<br>*Galerie des personnages populaires* | **Matière exploitée**<br>Arts plastiques | **Habileté développée**<br>Observer |
|---|---|---|

À partir de livres lus, les enfants trouvent un personnage important qui leur plaît. Ils le reproduisent sur du carton. Ils peuvent le colorier ou l'habiller de retailles de vieux tissus. Ce personnage est découpé, car il sera placé sur un tableau décoratif appelé «Galerie des personnages populaires». Grandeur du personnage suggérée: de 30 à 40 cm. Il est important de mentionner en référence, à côté du personnage, les coordonnées du livre inspirateur: titre, auteur, collection et édition.

| **Stratégie 3**<br>*Musée imaginaire* | **Matière exploitée**<br>Arts plastiques | **Habileté développée**<br>Observer |
|---|---|---|

À partir de livres lus, les enfants trouvent un objet important, tels le chapeau volant, la potion magique, la caverne secrète, etc., et ils le reproduisent en trois dimensions, si c'est possible (maquette, bricolage, modelage), ou ils le dessinent sur un carton à partir d'une échelle de grandeur.

| **Stratégie 4**<br>*Signets géants* | **Matière exploitée**<br>Arts plastiques et expression écrite, texte à caractère incitatif | **Habiletés développées**<br>Communiquer, créer |
|---|---|---|

Faire créer par les enfants des affiches publicitaires de livres qu'ils ont particulièrement aimés. Ces affiches prendront la forme de signets géants à la fois décoratifs et incitatifs. Toutefois, il serait intéressant d'utiliser des phrases humoristiques, telle «Lire un livre, c'est plus facile que de conduire un gros camion». Ces signets géants peuvent être suspendus comme des mobiles à la bibliothèque scolaire et ils inciteront d'autres enfants à lire ces livres.

| Stratégie 5 | Matière exploitée | Habiletés développées |
|---|---|---|
| *Quand les contes deviennent vivants* | Expression dramatique | Communiquer, créer |

Organiser l'heure du conte avec la collaboration de quelques enfants. Ceux-ci, déguisés et maquillés au besoin, devront improviser, au fur et à mesure, l'histoire que vous racontez aux autres enfants.

| Stratégie 6 | Matière exploitée | Habiletés développées |
|---|---|---|
| *Un livre, deux cartons, trois pinceaux* | Arts plastiques | Communiquer, créer |

À partir de livres qui ont été lus par les enfants, les faire participer au collage-montage de leurs lectures préférées: dessin des personnages, caricature, reproduction de la page-couverture, etc.

Chaque enfant fait son propre montage sur une feuille cartonnée sans cependant mentionner le titre du livre. Puis chaque carton est montré aux autres enfants qui, à l'aide des informations qu'ils perçoivent et des questions qu'ils posent à celui qui l'a exécuté, doivent deviner de quel livre il s'agit.

Cette tâche permet aux enfants de lier des activités littéraires à des activités d'arts plastiques. De plus, elle invite les enfants à s'exprimer sur leurs lectures.

| Stratégie 7 | Matière exploitée | Habiletés développées |
|---|---|---|
| *Le jeu des contrastes* | Expression orale | Communiquer, créer |

Observer et discuter avec les enfants des différences, des contrastes qui existent entre deux livres traitant du même sujet.

Exemple: Faire circuler parmi les enfants deux livres dans lesquels on trouve des illustrations d'enfants qui pleurent. Questionner les enfants sur les différences entre ces illustrations, sur les émotions ainsi exprimées: Est-ce que l'enfant pleure parce qu'il est en colère, parce qu'il est triste ou parce qu'il est trop heureux? etc.

| Stratégie 8 | Matière exploitée | Habiletés développées |
|---|---|---|
| *J'écris une lettre* | Expression écrite | Communiquer, créer |

À partir d'un livre lu par les enfants, demander à chacun d'eux de s'identifier à un des personnages. Tout en tenant compte de l'histoire, ces «personnages» s'échangent une correspondance qui constitue à la fois une relecture et un produit original.

| Stratégie 9<br>*Une nouvelle fin* | Matière exploitée<br>Expression écrite | Habileté développée<br>Créer |
|---|---|---|

Pour un même conte, faire observer et discuter de la fin d'un récit: Est-ce que tu aimes cette fin? Aurais-tu terminé l'histoire autrement? Est-ce que ce dénouement te permet d'inventer des suites possibles?

Faire écrire une nouvelle fin. Après des discussions en petit groupe où l'on aura émis plusieurs possibilités, chacun choisit une finale et rédige sa version; on examine par la suite chaque version et on en discute.

| Stratégie 10<br>*Un message publicitaire* | Matière exploitée<br>Expression écrite,<br>texte à caractère incitatif | Habiletés développées<br>Évaluer, créer,<br>communiquer |
|---|---|---|

À partir de livres déjà lus par les enfants, les inviter à réaliser une petite affiche publicitaire qui donnera le goût aux autres élèves de lire le livre qu'ils ont préféré.

Critères à respecter:

- Faire ressortir les qualités du livre grâce aux illustrations (modernes, vieillottes), aux personnages (intéressants, drôles, aventuriers), au récit (dynamique, palpitant), au thème (actuel, controversé), aux valeurs (justes, importantes).
- Rédiger de courts textes.
- Trouver des slogans évocateurs susceptibles de donner aux autres le goût de lire les livres choisis.

| Stratégie 11<br>*Un message publicitaire* | Matière exploitée<br>Expression orale<br>et arts plastiques | Habiletés développées<br>Analyser, évaluer,<br>communiquer |
|---|---|---|

À partir d'un livre lu par plusieurs enfants, faire décrire oralement, à l'aide des images, les lieux où se passe l'action du récit: à l'intérieur, à l'extérieur, dans une pièce particulière, à la ville, à la campagne? Est-ce que le décor est imaginaire? fantaisiste? L'histoire se déroule-t-elle au fond de l'eau, dans les airs, sur la terre? Connais-tu des paysages ou des lieux semblables? À quoi ces décors te font-ils penser?

Faire dessiner les différents lieux de l'action en respectant la chronologie du récit.

| Stratégie 12<br>*À la recherche du temps* | Matière exploitée<br>Expression orale | Habileté développée<br>Évaluer |
|---|---|---|

À partir d'un livre lu par plusieurs enfants, faire déterminer le moment où se déroule l'action. Quand se produisent les événements? Le jour? La nuit? Bien avant nous? Au temps des animaux préhistoriques? Au temps des chevaliers? Au temps de nos arrière-grands-mères? À notre époque? Dans un avenir lointain?

Repérer les indices qui nous font découvrir l'époque: vêtements des personnages, détails de coiffure, longueur des jupes, héros qui porte une montre-bracelet, édifices modernes et très hauts, vieilles voitures.

| **Stratégie 13** *Manipulons les titres* | **Matière exploitée** Expression orale | **Habiletés développées** Synthétiser, créer |
|---|---|---|

Choisir des livres traitant d'un même sujet, mais de façon différente. Faire observer les titres. Sont-ils longs? courts? faciles à retenir? difficiles à retenir?

Discuter des titres et des contenus. Critiquer les titres: Est-ce qu'ils sont bien choisis? Est-ce qu'ils sont vivants? attirants? Peut-on deviner le contenu du livre, de l'histoire à partir du titre? Es-tu capable d'inventer de nouveaux titres pour les livres que tu connais?

| **Stratégie 14** *La parade des personnages* | **Matière exploitée** Expression écrite | **Habiletés développées** Évaluer, créer |
|---|---|---|

À partir d'un livre lu par plusieurs enfants, leur demander de nommer le personnage qu'ils ont préféré et de justifier leur choix.

Ce personnage est-il un héros? un enfant? un adulte? un animal? un objet animé? Joue-t-il dans l'histoire un rôle important ou un rôle secondaire?

| **Stratégie 15** *Des indices de lieu* | **Matière exploitée** Expression orale | **Habileté développée** Évaluer |
|---|---|---|

À partir d'un livre lu par un enfant, lui suggérer de repérer des indices de lieu à l'intérieur de l'histoire. Où cela se passe-t-il? À la ville? À la campagne? À l'école? Dans les pays froids? Dans les pays chauds? Au Québec? À l'étranger? À la plage? Au zoo? Dans une ferme?

Repérer les indices qui aideront à préciser les lieux. Justifier les choix à l'aide de preuves visuelles ou d'arguments valables.

# FANTAISIES DE LECTURE
## (EXPLOITATION DES LIVRES-VEDETTES)

### EXPRESSION ÉCRITE

*Fantaisie 1* Donne un nouveau titre à ton livre.

Tu peux le rendre plus mystérieux. Utilise une phrase nominale, interrogative, etc. Donne deux ou trois raisons prouvant que ton titre est plus accrocheur que le titre original.

*Fantaisie 2* Qui est le héros (héroïne, personnage principal) de ton récit?

**Fiche descriptive**
- Nom
- Âge
- Couleur des cheveux
- Couleur des yeux

- Ses vêtements
- Deux activités qu'il aime faire
- Une activité qu'il n'aime pas faire

*Fantaisie 3* Quelle est la mission du héros (son rôle, sa tâche)?

- Qui lui vient en aide (ses alliés)?
- Qui lui cause des problèmes (ses ennemis)?

- Nomme trois actions qui font avancer sa mission.
- Donne deux indices qui décrivent sa mission.

### ARTS

*Fantaisie 4* Tu es graphiste. Une maison d'édition te demande de réinventer la page couverture de ton livre.

Sois créateur! Choisis une action de l'histoire; précise-la. Dessine le décor où elle se produit. Ajoutes-y les personnages concernés.

### EXPRESSION ORALE

*Fantaisie 5* Tu as trouvé «SUPER» le livre que tu viens de lire.

Tu veux que tes camarades partagent ton enthousiasme et qu'ils lisent ton livre. À toi de les convaincre verbalement.
Tu peux parler du personnage principal, de ses actions. Tu peux aussi utiliser des éléments visuels: dessins, photos, objets, déguisements.

*Fantaisie 6* À part le héros, quel autre personnage de l'histoire aurais-tu aimé être? Pourquoi? Présente-le!

# LIRE POUR SON PLAISIR...

## PLANIFICATION DE LA PÉRIODE DE LECTURE SILENCIEUSE

1. Cette activité de lecture personnelle se situe toujours à la même période de l'horaire.

2. Chaque élève est invité à se choisir un livre selon ses goûts, ses intérêts, ses préoccupations et son rythme de lecture.

3. Chacun a le défi de lire et non pas seulement de feuilleter le livre.

4. Chaque personne conserve le même livre tout au long de la période. Interdiction de changer de livre.

5. Le silence est de rigueur. S'il n'est pas respecté, on arrête la période de lecture silencieuse.

6. L'enseignante lit aussi, donc elle n'est pas disponible pour les élèves.

7. Les élèves sont invités à préparer l'appréciation de leurs lectures.

8. Une fois la période terminée, les livres doivent être rangés soigneusement.

9. Chaque élève est invité à enregistrer le livre qu'il a lu dans son passeport de lecture.

10. Le palmarès du livre au sein de la classe peut être alimenté par les appréciations des élèves. Ainsi, on pourra trouver un palmarès nouveau chaque semaine.

# L'HEURE DU CONTE

## DES PISTES D'ANIMATION

**Avant**

1. Doter le salon de lecture d'un nom évocateur: l'Oasis, le Jardin des rêves, l'Arc-en-ciel du livre, etc.

2. Permettre aux élèves de le décorer selon le nom choisi.

3. Sélectionner les livres en tenant compte des intérêts des élèves, des genres littéraires ainsi que des nouveautés en matière de livres.

4. Varier le choix des contes en fonction:
   - des styles (humoristique, fantaisiste, dramatique, réaliste, etc.);
   - des types (conte, fable, légende, roman, poésie, etc.);
   - des divers auteurs, etc.;
   - des différentes collections, etc.;
   - des maisons d'édition, etc.;
   - des types d'illustrations, etc.

5. Utiliser une comptine enchantée pour commencer l'heure du conte.

**Pendant**

1. Créer une ambiance de présentation pour que cette période de lecture soit orientée vers la relaxation, le rêve, la fantaisie:
   - fond sonore;
   - mascotte pour annoncer la période ou pour tenir le livre;
   - disposition des élèves en cercle, sur des grands tapis ou des tapis individuels;
   - lumière tamisée;
   - déguisement pour les élèves qui miment le conte;
   - coffre au trésor avec cadenas (mise en situation-suspense);
   - vêtement spécial pour la lectrice du conte: châle, lunettes, chaise berçante).

2. Varier les modes de présentation: présentation verbale à partir d'un livre, enregistrement sur cassette, livre-disque, vidéo, etc.

**Après**

1. Susciter la curiosité des élèves en annonçant ceci: «La semaine prochaine, je vous raconterai l'histoire d'une petite fille qui…»

2. Quand le livre a été lu, le laisser à la disposition des élèves.

*Source: D'après Sylvie Côté, enseignante, commission scolaire Jacques-Cartier, Longueuil.*

# LA VISUALISATION AU SERVICE DU CONTE...

## La visualisation dirigée avec un accompagnement musical peut être utilisée à divers moments

- Avant la lecture du conte pour anticiper ce qui s'en vient;

- En plein milieu du conte pour soutenir l'attention et la participation du groupe;

- À la fin du conte pour imaginer une conclusion différente de celle de l'auteur;

- Avant un projet d'écriture collectif ou personnel.

## Thèmes possibles pour animer l'imagerie mentale

- Nous quittons l'école et nous nous dirigeons vers une grande étendue de neige. Nous avons déjà nos skis aux pieds. Nous glissons dans un sentier étroit. Tout autour, il y a de la neige blanche, molle, douce...

- Nous nous approchons d'un petit bois. Le bruit des autos est remplacé par le chant doux et joyeux des oiseaux. Un écureuil nous regarde passer...

- Nous sommes assis, fatigués. Puis nous devenons de plus en plus légers, nous commençons à flotter au-dessus de nos chaises comme des ballons. Nous sortons par les fenêtres et nous nous éloignons dans le ciel. Nous voyons la ville de très loin. Il n'y a plus de bruit. Puis nous apercevons une rivière et nous la suivons...

- Nous montons à bord d'un voilier, d'un planeur ou d'une montgolfière...

- Nous sommes assis autour d'un feu de camp, tard le soir. Le feu pétille, il fait chaud, nous faisons rôtir des guimauves. Nous sommes fatigués, car nous avons passé la journée à jouer dans la forêt. Il fait noir, on entend le cri d'un hibou et le coassement des grenouilles. C'est très reposant...

- Nous descendons en canot une rivière qui serpente dans la jungle...

- Nous traversons à dos de chameau le désert du Sahara...

- Nous rencontrons une vieille femme qui nous raconte son enfance sur une ferme...

- Nous imaginons ce que nous ferons en vacances...

*Source: D'après Sylvie Côté, enseignante, commission scolaire Jacques-Cartier, Longueuil.*

*Source: Commission scolaire La Neigette, Rimouski, octobre 1990; mascotte lancée au Salon du livre.*

# EXPLOITATION DE LA MASCOTTE

## MISE EN SITUATION

## *Le rêve de Bouquine*

Un soir que Bouquine dormait profondément, elle fit un rêve merveilleux.

Elle se retrouve au centre d'une bibliothèque qui lui apparaît bien différente de celles qu'elle connaît. Beaucoup de livres intéressants et colorés lui tendent les bras. Elle remarque avec étonnement un aménagement très invitant. Elle explore rapidement cette bibliothèque et, tour à tour, défilent devant ses yeux étagères, tableau d'affichage, kiosque à journaux et revues, lèche-vitrines, coin des nouveautés, présentoir pour œuvres d'enfant. On y retrouve même un coin de rassemblement pour l'heure du conte. Et comme par magie, on y a installé de jolies plantes et un aquarium de poissons des plus colorés. «Ah! Comme il fait bon vivre ici, se dit-elle! J'ai le goût d'y demeurer un bon moment.»

Par hasard, elle tourne les yeux vers un des murs et elle aperçoit un tableau d'activités. Rapidement, elle le survole et voici qu'on lui propose des pistes de travail toutes aussi intéressantes les unes que les autres. Que choisir? Lecture gratuite, recherche, publicité, présentation de personnages, création de petits livres, rallye-bibliothèque, passeport de lecture, palmarès du livre et...

À cet instant, elle est réveillée brusquement par les appels de son frère Libocou. Elle s'étire en douceur dans son lit et murmure: «J'ai passé une nuit extraordinaire dans une bibliothèque vivante.» Libocou n'y comprend rien. Il quitte la chambre de Bouquine en se disant qu'elle a sûrement rêvé...

### BOUQUINE TE SUGGÈRE:

1. de changer le titre de son histoire;
2. d'inventer des noms différents pour Bouquine et Libocou;
3. d'imaginer ce qui serait arrivé à Bouquine si elle ne s'était pas réveillée. Imagine la fin de l'histoire...;
4. d'écrire une petite histoire à partir d'un rêve que tu as fait;
5. de dessiner la bibliothèque merveilleuse que Bouquine a visitée;
6. de comparer la bibliothèque de ton école à celle dont Bouquine a rêvé: quelles sont les ressemblances? les différences?
7. de fabriquer une marionnette représentant Bouquine;
8. de créer une mascotte pour ta classe.

# TABLEAU D'ACTIVITÉS DE LECTURE

## (ACTIVITÉS FACULTATIVES POUR LE PREMIER CYCLE DU PRIMAIRE)

Pour ce mois-ci, voici ce que Bouquine te suggère.

1. Tu peux lire pour ton plaisir.

2. À partir d'un livre lu, tu peux trouver ton personnage préféré et nous le présenter à ta façon sur le tableau de la «Galerie des personnages populaires».

3. À partir d'un livre lu, tu peux préparer un montage sur une feuille cartonnée sans mentionner le titre de ton livre.

4. À partir d'un livre lu, tu peux fabriquer un signet géant faisant connaître aux autres élèves le livre que tu as beaucoup aimé.

5. À partir d'un livre lu, tu peux écrire sur une feuille de papier cinq mots que tu as vus dans le livre et que tu connaissais déjà et cinq mots que tu as vus pour la première fois.

6. À partir d'une gravure, d'une illustration que tu as vue dans un livre, compose une petite histoire*. Invente aussi un titre à ton histoire.

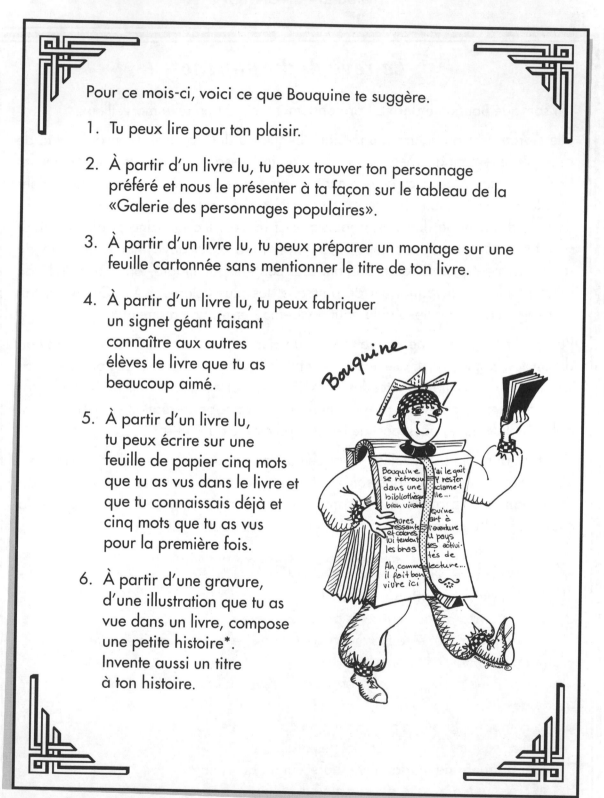

*Le nombre de phrases peut varier selon l'âge des élèves.

# TABLEAU D'ACTIVITÉS DE LECTURE
## (ACTIVITÉS FACULTATIVES POUR LE DEUXIÈME CYCLE DU PRIMAIRE)

Pour ce mois-ci, voici ce que Bouquine te suggère.

1. Tu peux lire pour ton plaisir.

2. À partir d'un livre lu, tu peux fabriquer un casse-tête avec le dessin de la couverture.

3. À partir d'un livre lu, tu peux reproduire un objet imaginaire que tu déposeras par la suite au «Musée imaginaire» de ta bibliothèque.

4. À partir d'un livre lu, tu peux écrire une nouvelle fin que tu présenteras par la suite aux autres.

5. À partir d'un livre lu, tu peux inventer un nouveau titre que tu justifieras par deux arguments.

6. À partir d'un livre lu, fabrique un signet à la fois incitatif et esthétique que tu pourras offrir en cadeau à un de tes amis.

7. À partir d'un de tes personnages préférés, compose un petit livre. N'oublie pas de trouver aussi un titre quand tu auras terminé la rédaction de ton histoire.

# MON PROJET PERSONNEL D'ÉCRITURE

Pour inventer une histoire ou un livre, je m'inspire de ce qui se passe dans ma vie et dans celle des autres.

## Où vais-je chercher mes idées?

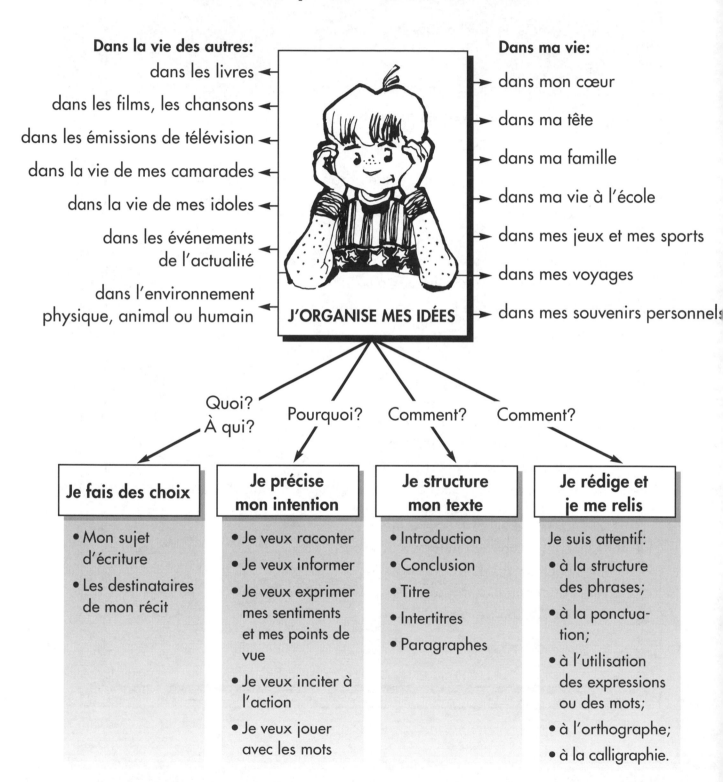

**Dans la vie des autres:**

dans les livres

dans les films, les chansons

dans les émissions de télévision

dans la vie de mes camarades

dans la vie de mes idoles

dans les événements de l'actualité

dans l'environnement physique, animal ou humain

**J'ORGANISE MES IDÉES**

**Dans ma vie:**

dans mon cœur

dans ma tête

dans ma famille

dans ma vie à l'école

dans mes jeux et mes sports

dans mes voyages

dans mes souvenirs personnels

Quoi?
À qui?

Pourquoi?

Comment?

Comment?

### Je fais des choix

- Mon sujet d'écriture
- Les destinataires de mon récit

### Je précise mon intention

- Je veux raconter
- Je veux informer
- Je veux exprimer mes sentiments et mes points de vue
- Je veux inciter à l'action
- Je veux jouer avec les mots

### Je structure mon texte

- Introduction
- Conclusion
- Titre
- Intertitres
- Paragraphes

### Je rédige et je me relis

Je suis attentif:
- à la structure des phrases;
- à la ponctuation;
- à l'utilisation des expressions ou des mots;
- à l'orthographe;
- à la calligraphie.

# DÉMARCHE POUR ÉCRIRE UN LIVRE

1. Choisis le sujet sur lequel tu veux écrire.

2. Précise ton intention d'écriture:
   a) texte pour informer;
   b) texte pour inciter à l'action;
   c) texte pour raconter;
   d) texte pour exprimer des sentiments et des points de vue;
   e) texte pour jouer avec les mots.

3. Trouve tes personnages.

4. Invente à chacun des personnages des traits de caractère; définis son milieu social.

5. Dresse la liste des épisodes, des anecdotes qui vont se passer.

6. Interroge-toi sur le lieu, le temps de ces actions.

7. Cherche à analyser le pourquoi de l'intrigue. Pose-toi des questions.

8. Détermine des séquences, prévois les sujets de tes chapitres.

9. Prévois une fin à ton livre.

10. Élabore le dialogue.

11. Travaille sur la forme, une fois le contenu précisé. Corrige, transforme et améliore ton texte à l'aide de tes outils: guide de rédaction, plan de révision, liste orthographique, dictionnaire, aide-mémoire grammatical, code grammatical.

12. Imagine un titre à ton livre.

13. Pense aux dessins, aux illustrations possibles.

14. Procède à la mise en page:
   a) page-couverture;
   b) renseignements généraux: titre, auteur, collection, édition;
   c) page de dédicace;
   d) table des matières;
   e) rédaction des chapitres;
   f) illustrations, dessins;
   g) reliure, assemblage;
   h) photocopie, impression;
   i) promotion, publicité du livre.

## 7.5 APPRENDRE DANS LA VRAIE VIE...
*(Des sorties éducatives à structurer)*

## Contexte et intention

Les activités parascolaires et les sorties éducatives font partie de l'environnement riche et stimulant dont les élèves ont besoin pour apprendre.

Malheureusement, ces activités sont parfois gérées intuitivement ou de façon improvisée. À l'époque des compressions budgétaires et du soi-disant «manque de temps» pour couvrir les programmes d'études, il est essentiel de se questionner sur leur pertinence.

Dans cette optique, on doit s'arrêter un moment pour mettre des mots sur ce qu'on vit avec les élèves et sur la façon dont on le vit.

Les activités éducatives sont-elles ancrées au cœur du projet éducatif de la classe? Tient-on compte des intérêts et des préoccupations des élèves pour les sélectionner? Fait-on un lien entre ces activités éducatives et les objectifs des programmes d'études? Sont-elles prévues ou décide-t-on subitement de «sortir» pour calmer les pressions venant des élèves ou des parents? Prévoit-on l'encadrement disciplinaire des élèves et les modalités de fonctionnement ou gère-t-on le déroulement des activités en improvisant?

## Pistes d'utilisation

1. Porte un regard critique sur ta façon habituelle de gérer les sorties éducatives. Jette un coup d'œil sur ton vécu des deux dernières années. Les pages 400 et 401 peuvent orienter ta réflexion.

2. Prends le temps d'élaborer ton projet éducatif de classe ou de matière:
   • Partie de l'enseignante;
   • Partie de l'enseignante et des élèves;
   • Partie de l'enseignante et des parents. (*Voir page 402.*)

3. Détermine les objectifs que tu peux atteindre avant de satisfaire une demande des élèves ou avant d'accepter les propositions faites par des parents ou des adultes du milieu. (*Voir page 403.*)

4. Planifie le déroulement pédagogique de la sortie éducative:
   • Préparation des situations d'apprentissage;
   • Réalisation des situations d'apprentissage lors de la sortie éducative;
   • Intégration et réinvestissement des apprentissages faits.

   (*Voir page 404.*)

## Contexte et intention *(suite)*

Il faut résoudre toutes ces questions. Un cadre organisationnel doit être obligatoirement utilisé pour rentabiliser ces sorties éducatives autant aux points de vue éducatif et pédagogique qu'au point de vue financier. Si l'on improvisait un peu moins?

## Pistes d'utilisation *(suite)*

5. Prends le temps de définir le cadre de référence disciplinaire avant la sortie. Pour une sortie de plus d'une journée, utilise la formule du contrat disciplinaire. (*Voir page 405.*)

6. Soucie-toi de bien informer les parents avant la sortie. Un document écrit ou une rencontre d'information seront des outils indispensables. Communique personnellement avec les parents qui s'opposent à la réalisation de l'activité éducative. (*Voir page 406.*)

7. Planifie le volet de l'évaluation en pensant aux aspects suivants:
   - Cibles d'évaluation (quoi?);
   - Moyens utilisés (comment?);
   - Moments ciblés (quand?);
   - Fréquence (quand?).

   (*Voir pages 407 et 408.*)

8. À la lumière des informations recueillies, dresse le bilan de l'activité éducative, en termes de forces à conserver et de faiblesses à améliorer. Conserve ce bilan pour être capable de réinvestir si jamais tu décides de reconduire le même projet l'année suivante. Un exemple t'est offert à la page 409.

9. N'oublie pas de créer des documents audiovisuels sur la sortie éducative. Ils te seront utiles ultérieurement pour présenter le projet à d'autres élèves ou à d'autres parents. Pour ces derniers, ce sera plus facile de se représenter mentalement le déroulement du projet dont il est question.

# SORTIE ÉDUCATIVE OU TOURISME PÉDAGOGIQUE?

De plus en plus, on entend parler dans les milieux scolaires de visites culturelles, de sorties dans le milieu, d'activités de plein air, etc.

Est-ce là du tourisme pédagogique? Une mode temporaire? Ou encore un monde magique? Est-ce totalement indépendant de l'activité éducative? Est-ce relié aux objectifs des programmes d'études?

Voilà autant de questions que suscitent ces sorties culturelles! À l'heure où l'école est centrée davantage sur le développement intégral de l'enfant, il ne faut pas se surprendre si l'on se pose tant de questions et si l'on cherche tant de réponses.

Partons donc de la réalité suivante: les enseignantes sortent de plus en plus de la classe avec leur groupe. C'est l'utilisation du milieu, c'est l'ouverture au monde extérieur. C'est l'implantation progressive de l'école «hors-les-murs».

Certes, il ne faut pas s'imaginer que les sorties ont par le fait même une valeur magique. *Tout dépend de la façon dont on les prépare, dont on les vit et dont on les exploite.*

Dans cette optique, il est facile d'affirmer que ces activités culturelles s'insèrent très bien dans la vie de la classe et qu'elles permettent d'atteindre de façon plus naturelle, plus vivante et plus significative certains objectifs formulés dans les programmes d'études.

Le milieu, loin d'être une parenthèse dans la vie des enfants, devient le centre même de toute leur recherche, de tout leur apprentissage. Il devient ce qui donne des racines aux concepts et ce qui permet d'intégrer l'enseignement et les apprentissages.

Ce sont toutes ces réflexions qui devraient amener les enseignantes à structurer, à planifier des sorties éducatives contextualisées, intégrées à la vie de la classe, tout au long d'une année scolaire.

# DES SORTIES ÉDUCATIVES...
# AU CŒUR DU PROJET ÉDUCATIF DE LA CLASSE

Une sortie éducative naît souvent d'un intérêt manifesté par les élèves ou d'une valeur éducative que l'enseignante désire actualiser dans la réalité.

Est-ce à dire que toute activité parascolaire devrait être planifiée, objectivée et évaluée? Oui, si l'on croit que ce type d'activité est un excellent moyen pour atteindre certains objectifs de divers programmes d'études. Alors, il ne saurait être question de gérer ces sorties éducatives de façon intuitive ou improvisée, ou encore de les considérer comme des activités «pour passer le temps» ou comme des activités-récompenses.

En début d'année, durant le mois de septembre, l'on pourrait retrouver des activités éducatives bien enracinées dans un projet éducatif de classe ou un projet éducatif-matière. Ainsi, ce projet pourrait être partagé à la fois par l'enseignante, les élèves et les parents. Ça vaut le coup, n'est-ce pas? Si tu as le goût de te mettre à l'œuvre, voici des balises intéressantes.

D'abord, il faut définir le concept.

## Projet d'activité éducative (Quoi?)

Dans son *Dictionnaire actuel de l'éducation*, Renald Legendre affirme qu'un projet d'action éducative propose «des situations d'apprentissage ouvertes à la communauté éducative et aux partenaires extérieurs de l'école impliquant activement les élèves dans une action concrète.» Ce projet s'inscrit dans une démarche pédagogique interdisciplinaire.

## Niveaux de projet éducatif (Pourquoi?)

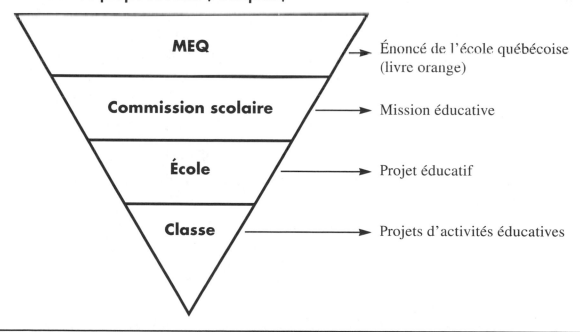

MEQ → Énoncé de l'école québécoise (livre orange)

Commission scolaire → Mission éducative

École → Projet éducatif

Classe → Projets d'activités éducatives

# DES SORTIES ÉDUCATIVES... (*suite*)

## Planification du projet (Comment?)

**1. Partie appartenant à l'enseignante**

   a) Valeurs de référence, et non valeurs de préférence.

   b) Croyances pédagogiques.

   c) Conception de l'apprentissage.

   d) Objectifs personnels que l'on désire atteindre avec les élèves.

   e) Projets pressentis que l'on validera auprès des élèves.

**2. Partie à vivre avec les élèves**

   a) Attentes des élèves à l'égard de l'enseignante.

   b) Attentes de l'enseignante à l'égard des élèves.

   c) Décodage des intérêts personnels et collectifs.

   d) Élaboration d'un cadre de vie dans la classe.

   e) Émergence des projets collectifs et des activités éducatives pour l'année, avec échéancier.

**3. Partie à vivre avec les parents**

   a) Attentes des parents à l'égard de l'enseignante.

   b) Attentes de l'enseignante à l'égard des parents.

   c) Décodage des besoins d'information et de soutien des parents.

   d) Décodage des compétences des parents (collecte d'informations) et des ressources du milieu.

   e) Création d'une banque de ressources pour faciliter l'intégration des parents à la vie de la classe.

   f) Formation d'un comité de parents au sein de la classe.

## Échéancier accompagnant la planification du projet (Quand?)

1. La partie de l'enseignante: au début de l'année scolaire, avant la rentrée des élèves.

2. La partie avec les élèves: au début de l'année. Toutefois, l'alliance de travail se vivra tout au long de l'année.

3. La partie avec les parents: démarrage avec la soirée d'information des parents (vers la dernière semaine de septembre) pour lancer la démarche de partenariat. L'alliance de travail se poursuit tout le long de l'année scolaire.

# DES OBJECTIFS À CIBLER... AVANT DE SORTIR

La plupart des sorties éducatives permettent d'atteindre des objectifs généraux, terminaux et même intermédiaires. Encore faut-il situer cette sortie dans un contexte d'apprentissage.

Comme on l'a mentionné précédemment, ces objectifs devraient être définis dans l'élaboration du projet éducatif de la classe en début d'année. Ils devraient être communiqués par la suite à la direction de l'école, aux parents et aux élèves.

À l'heure des restrictions budgétaires, à l'heure de la surcharge des programmes, à l'heure où l'école est sollicitée par une foule de projets et de concours tout aussi intéressants les uns que les autres, l'on se doit d'être sélectif et rigoureux dans le choix et la planification des sorties et des activités éducatives.

À titre d'exemple, voici des objectifs que l'on peut viser si l'on organise un voyage culturel communautaire de quelques jours:

1. Favoriser le développement intégral des enfants en leur fournissant l'occasion de vivre des expériences au point de vue
   - historique;
   - géographique;
   - culturel;
   - artistique;
   - politique;
   - religieux;
   - sportif.

2. Faire vivre aux enfants l'expérience nouvelle d'un voyage culturel communautaire.

3. Permettre aux enfants de cultiver leur sens d'identité et d'élargir leurs propres horizons en prenant conscience qu'ils appartiennent à une communauté en tant qu'individus (chaque élève pourra se situer dans l'histoire de son peuple, d'une façon concrète et réelle).

4. Habituer les enfants à voyager avec une ouverture d'esprit et une préoccupation culturelle, car ce projet est intégré à leur vie scolaire (préparation, déroulement, exploitation).

5. Sensibiliser davantage le milieu sur la portée éducative des sorties culturelles en engageant des parents dans le projet.

6. Fournir aux enfants l'occasion de partager leurs apprentissages et d'échanger leurs connaissances (rédaction d'un petit livre, au retour).

# PLANIFICATION DE LA SORTIE ÉDUCATIVE

Pour être contextualisé et intégré au vécu des enfants, le projet de sortie éducative doit tenir compte des trois temps suivants:

**1re étape:** Préparation aux situations d'apprentissage liées à la sortie éducative.
**2e étape:** Réalisation des situations d'apprentissage au cours de la sortie éducative.
**3e étape:** Intégration et réinvestissement des situations d'apprentissage vécues.

| PRÉPARATION AUX SITUATIONS D'APPRENTISSAGE | | RÉALISATION DES SITUATIONS D'APPRENTISSAGE | INTÉGRATION DES APPRENTISSAGES |
|---|---|---|---|
| **PRÉPARATION PÉDAGOGIQUE** | **PRÉPARATION TECHNIQUE** | | |
| • Décodage des connaissances existantes sur le sujet ou l'endroit.<br><br>• Liste des questions, des interrogations que l'on désire vérifier auprès du milieu.<br><br>• Documentation écrite pertinente à rassembler.<br><br>• Projection de documents audiovisuels pour renforcer la motivation face au projet.<br><br>• Émergence d'un défi personnel, d'une cible d'observation à vérifier lors de la sortie.<br><br>• Décodage des objectifs ou des buts poursuivis par l'activité éducative. | • Réservation des endroits à visiter ou des sites d'hébergement.<br>• Autorisation écrite des parents à demander.<br>• Moyen de transport à prévoir.<br>• Soutien de personnes-ressources monitrices.<br>• Élaboration de règles de vie et de conséquences d'application.<br>• Évaluation des coûts de l'activité éducative.<br>• Horaire de la sortie éducative.<br>• Informations à donner aux parents concernant la sortie éducative.<br>• Prévision d'activités de financement, si cela est nécessaire.<br>• Répartition des élèves en «équipes de vie» pour la sortie éducative.<br>• Rencontre des personnes-ressources monitrices avec l'enseignante avant le départ.<br>• Préparation d'une trousse de premiers soins.<br>• Système de réseau téléphonique pour les parents (en cas d'urgence).<br>• Attribution des personnes-ressources au sein de chaque équipe de vie.<br>• Prévision d'une consigne de ralliement.<br>• Invitation à se doter d'un journal de bord pour une sortie éducative de quelques jours.<br>• Cartes d'assurance-maladie à récupérer. | • Rappel de l'objectif de l'activité éducative au début de la visite.<br><br>• Invitation des élèves à exprimer leurs questions et leurs attentes au guide ou au responsable de la visite.<br><br>• Temps nécessaire pour observer les lieux.<br><br>• Période allouée à la prise de notes, si cela est nécessaire.<br><br>• Montage d'un dossier personnel: photographies, cartes postales ou recueil de toute documentation pertinente.<br><br>• Décodage des états d'âme avant la fin de la sortie éducative.<br><br>• Bref rappel du cadre disciplinaire prévu (au début de la visite).<br><br>• Remerciements chaleureux au guide ou au responsable de l'activité.<br><br>• Montage d'un dossier d'apprentissage collectif autour de la visite culturelle. | • Décodage collectif des apprentissages réalisés.<br><br>• Élaboration du journal de bord personnel.<br><br>• Évaluation de la sortie éducative:<br>– aspect pédagogique;<br>– aspect disciplinaire;<br>– aspect organisationnel.<br><br>• Rencontre avec les personnes-ressources monitrices pour objectivation et réinvestissement.<br><br>• Cartes de remerciement à expédier aux gens qui ont accueilli le groupe.<br><br>• Réinvestissement des apprentissages faits lors de la sortie éducative par le biais de l'expression orale, écrite ou dramatique, ou des arts plastiques.<br><br>• Prolongement des situations d'apprentissage vécues dans un projet.<br><br>• Planification d'une stratégie pour partager les connaissances avec un autre groupe de l'école. |

# ENCADREMENT DISCIPLINAIRE

Avant toute sortie éducative, il est primordial de définir clairement les exigences avec les élèves et d'élaborer avec eux un référentiel disciplinaire.

Ainsi, on ne reverra pas le scénario suivant qui se déroule très fréquemment dans certaines classes:

«Nous allons au musée. Faites-moi cela comme il faut.»

On revient de la sortie éducative et on est très déçu, parfois même très en colère.

«Vous m'avez fait honte. Nous ne sommes pas près de sortir de nouveau.»

## Exemple d'un contrat disciplinaire pour une sortie culturelle de trois jours

**Règles de vie**

1. Je garde le silence pendant les commentaires du guide.
2. Je suis ponctuel dans mes déplacements pendant le voyage.
3. Je garde le même siège dans l'autobus.
4. Je reste dans mon équipe de vie avec ma monitrice.
5. Je respecte les règlements de chaque lieu visité.
6. Je ménage les nerfs du conducteur d'autobus.
7. Je respecte l'heure du lever et du coucher au dortoir.
8. Je me souviens des règles élémentaires de politesse lors des repas au restaurant.
9. Je fais preuve de tolérance en acceptant les imprévus.
10. Je formule des critiques au bon moment, lors de l'évaluation de la journée.

## FORMULE D'ACCEPTATION
## DU CONTRAT DE VIE EN GROUPE

J'ai pris connaissance des règlements ci-dessus. Je reconnais qu'ils sont nécessaires au bon fonctionnement d'une vie de groupe de _____ élèves. Ce contrat disciplinaire me permettra de vivre un voyage plus calme, plus agréable et plus harmonieux.

Par conséquent, j'accepte l'existence de ces règlements avant mon départ et je ferai tout mon possible pour ne pas y déroger.

Signature de l'élève: _____

Signature du parent-témoin: _____

# ET LES PARENTS, DANS TOUT CELA?

Des parents bien informés offrent davantage la certitude d'une collaboration étroite avec l'enseignante, tandis que des parents mal informés peuvent critiquer inutilement et même détruire un projet de sortie éducative de haute qualité.

Donc, il faudrait leur transmettre des informations pertinentes avant de réclamer leur autorisation écrite. Ces informations devraient toucher les aspects suivants:

- Objectifs de la sortie éducative;
- Apprentissages réalisés et connaissances visées;
- Horaire de la sortie éducative;
- Composition des équipes de vie;
- Nom des parents-moniteurs;
- Budget rattaché à l'activité éducative;
- Argent de poche nécessaire à chaque enfant;
- Règles disciplinaires adoptées en prévision du voyage;
- Bagages personnels de chaque enfant;
- Détails du voyage en termes de départ et d'arrivée;
- Certains détails techniques: moyen de transport utilisé, coordonnées de l'endroit où le groupe logera, etc.

## Quand des parents disent non...

Une sortie éducative bien planifiée et bien vécue est d'une richesse inestimable. Mais que faire avec des parents qui s'obstinent à ne pas autoriser leur enfant à participer à une activité du genre? Très souvent, ce sont leurs enfants mêmes qui en auraient le plus besoin. Alors, pourquoi ne pas user de votre pouvoir d'influence pour les séduire pédagogiquement?

Voici une stratégie qui peut s'avérer très efficace à l'égard des parents qui ne veulent pas que leur enfant participe au voyage culturel. Lors de la réunion d'informations, vous préparez un petit exposé de 10 à 15 minutes. Vous énumérez toutes les raisons qu'on pourrait avoir de dire non. Voici des exemples:

- C'est une perte de temps; qu'est-ce que ça peut donner à l'enfant?
- Ça coûte trop cher; il faut l'habiller pour aller là.
- Il a de l'ouvrage à faire à la maison.
- Il va s'ennuyer; c'est trop long.
- Il n'a pas besoin de ça. Nous, on n'en avait pas, et on n'en a pas tant souffert.
- Il n'a jamais quitté la maison; il est trop jeune.
- C'est trop dangereux; il peut arriver des accidents.
- Il mouille son lit.
- Ça l'énerve, ça lui fait peur, c'est l'aventure.
- Ça ne l'intéresse pas; il n'a pas le goût de le faire.
- Il est allé l'an passé avec nous.
- Il va y aller avec nous cet été.
- Il n'a pas assez travaillé cette année; il ne le mérite pas.

Puis vous détruisez une à une ces raisons par de bons arguments. Enfin, vous terminez en énumérant toutes les raisons qu'on pourrait avoir de dire oui (s'inspirer des objectifs du voyage culturel).

# UNE EXPÉRIENCE DE VIE À ÉVALUER...

Pourquoi l'évaluation des sorties éducatives, me direz-vous? Au premier abord, cet aspect nous semble moins important. De plus, dans la pratique, les énergies et le temps manquent lorsqu'on arrive à cette phase. Alors on est presque obligé d'escamoter cette étape. C'est dommage! Que de richesses insoupçonnées se cachent derrière ce qui peut nous apparaître comme des échecs ou des erreurs...

Pour illustrer ces données, voici les résultats de l'évaluation d'un voyage culturel. Il s'agit de l'évaluation faite *pendant* le voyage culturel et *à la fin* de chaque journée. Il est essentiel d'examiner ce que l'on a vécu afin de pouvoir se réajuster.

## Évaluation pendant le voyage

1. **Évaluation de chaque équipe** avec son moniteur (évaluation orale). Les pistes pour cette évaluation peuvent être les suivantes:

   a) Qu'est-ce qu'on a appris aujourd'hui au cours des visites? (Partage de connaissances au sein de l'équipe)

   b) Quels sont les comportements, les attitudes dont on est fier?

   c) Quels sont les comportements, les attitudes qu'on juge bon d'améliorer?

   d) Quel est le programme de la journée qui vient?

   e) Quelles sont les préoccupations, les tâches pédagogiques et culturelles du lendemain?

   f) Quels ont été les frais de visites de la journée? (Calcul du budget)

2. **Évaluation de tout le groupe-classe** avec l'enseignante responsable du voyage culturel (évaluation orale et écrite). Les pistes pour ce type d'évaluation sont les mêmes que celles du numéro 1 (*voir ci-dessus*), sauf que le partage, l'échange se fait dans tout le groupe au lieu de se faire seulement dans les équipes.

   **Note:** Il est important de noter sur de grandes feuilles ou de grands cartons les idées essentielles émises lors de cette évaluation. Cela a une double utilité: fournir des pistes de discussion pour l'évaluation entre moniteurs et enseignante responsable et donner un cadre de référence aux enfants pour qu'ils puissent suivre de près l'évolution de leurs comportements quant à la vie communautaire vécue lors de ces journées.

3. **Évaluation des moniteurs** avec l'enseignante responsable du voyage culturel (évaluation orale). À ce stade, l'évaluation couvrira deux volets:

   a) Ce qui a été dit dans les équipes, en l'absence de l'enseignante;

   b) Ce qui a été dit dans le groupe-classe, en l'absence des moniteurs.

   Cette dernière phase d'évaluation permet aux adultes de comprendre davantage le point de vue des enfants et d'ajuster leurs comportements par rapport aux attentes des enfants.

# UNE EXPÉRIENCE DE VIE À ÉVALUER... (*suite*)

## Évaluation au retour du voyage

1. **Évaluation du groupe-classe avec l'enseignante responsable du voyage culturel** (évaluation orale et écrite).

2. **Évaluation des moniteurs avec l'enseignante responsable du voyage culturel** (évaluation orale et écrite).

Dans les deux cas, on abordera les points suivants:

- Quels sont les éléments satisfaisants du voyage? (À conserver, à maintenir)
- Quels sont les éléments non satisfaisants du voyage? (À modifier ou à enlever)
- Quel pourrait être le déroulement, l'horaire du prochain voyage culturel?

C'est ainsi qu'on recueille les sentiments, les opinions, les propositions des enfants et des adultes ayant vécu le voyage culturel. Ce sont des points de vue très pertinents qu'il ne faut pas négliger, car les idées émises sont rattachées à une réalité très intense: celle d'avoir vécu ensemble un voyage culturel pendant quelques jours.

# VISITE DE LA SALLE DE PRODUCTION D'UN HEBDOMADAIRE
## (EXEMPLE DE BILAN D'UNE SORTIE ÉDUCATIVE)

**Nos objectifs**

1. S'informer afin de connaître toutes les étapes de montage d'un journal.
2. Recueillir des données afin de pouvoir monter notre propre journal.

**Les activités que nous avons réalisées**

1. À partir de l'organigramme du journal, on a fait la liste des noms et des professions des employés de cette entreprise.
2. On a réparti les tâches concernant les entrevues.
3. On a préparé le questionnaire pour les entrevues.
4. On a fait nos réservations pour la visite guidée et pour l'autobus.
5. On a déterminé des règles de vie avant la visite.
6. On a effectué la visite à la salle de production du journal.
7. On a posé des questions aux employés et on les a écoutés.
8. On a enregistré ou noté les informations données par les employés du journal.
9. On a travaillé à se familiariser avec un certain vocabulaire propre à ce sujet: journaliste, publicitaire, maquettiste, caricaturiste, correctrice, coordonnatrice de la publicité, contrôleur, rédacteur en chef, etc.
10. On a partagé les informations recueillies avec les autres élèves de l'école en publiant un mini-journal sur notre visite.

**Nos réussites**

A) Nous avons appris:

1. à monter un questionnaire en manipulant les structures interrogatives, les terminaisons «s» et «x» avec le sujet tu, la terminaison «ez» avec le sujet vous;
2. à nous familiariser avec le vocabulaire propre au montage d'un journal;
3. à interviewer (à poser des questions) à des gens que l'on ne connaissait pas;
4. à affronter des gens ainsi que leurs réactions; dans plusieurs cas, on a été bien accueilli tandis que, dans quelques cas, notre présence était peu désirée;
5. à connaître toutes les étapes de montage d'un journal;
6. à noter des informations afin de pouvoir s'en servir par la suite;
7. à classifier les informations reçues afin de rédiger un rapport écrit;
8. à décider du montage de notre propre journal.

B) Nous avons développé:

1. le talent de la communication parce qu'on a été capable d'entrer assez facilement en relation avec les autres pour communiquer notre message;
2. le talent de la planification parce qu'on a préparé notre visite en se préoccupant du matériel nécessaire (questionnaire, magnétophone), du partage des tâches et du déroulement de la visite;
3. le talent de la prévision parce qu'on a prévu certains détails (autobus, réservation de la visite guidée, préparation du questionnaire), afin que notre visite soit réussie.

*Source: Projet de visite au Groupe de presse Bellavance, Rimouski, 16 novembre 1982.*

# EN GUISE DE SYNTHÈSE...

## TÉMOIGNAGE D'UNE ENSEIGNANTE...

*«Et les murs de la classe
s'écroulent tranquillement.»*

Jacques Prévert

Dans le guide pédagogique *La ville de Québec, un grand livre d'histoire*, j'ai tenté de décrire un projet, une aventure qui a pris naissance il y a huit ans. En tant que praticienne de l'enseignement, je sais très bien que de multiples expériences se vivent quotidiennement dans toutes les classes du Québec. Le plus souvent, nous les vivons d'une façon plutôt intuitive, avec peu de planification. Ces expériences ont souvent de la peine à survivre, car elles sont évaluées à partir de cadres de référence très restreints; ou encore elles disparaissent, parfois à cause de l'attitude que nous avons face à l'erreur. Pour nous, l'erreur parfois doit être considérée comme un mauvais parcours, un faux pas qu'il ne faut surtout pas refaire.

Je pense qu'il faut accepter que les erreurs fassent partie du processus d'apprentissage. C'est souvent par l'analyse de nos erreurs que nous pouvons réajuster notre action et pousser plus loin notre cheminement personnel. Au lieu d'être un fardeau, l'erreur devrait être envisagée dans son aspect positif.

C'est un peu le message que je veux laisser à chacune des utilisatrices du guide… En pédagogie, il ne suffit pas d'énoncer des principes, mais il faut aussi poser des gestes concrets qui correspondent à une conception de l'éducation claire et bien définie. L'expérimentation implique un engagement total et le sens du risque.

C'est dans la mesure où les enseignantes font délibérément «tomber les murs de l'école» que les enfants désireront y revenir parce qu'ils pourront y être pleinement eux-mêmes.

À toutes les utilisatrices du guide pédagogique, je redis bien simplement : «Bonne visite culturelle!» Puissiez-vous vivre ces moments bien intensément afin de ne jamais les oublier et d'avoir toujours le goût de recommencer…

Une enseignante

*Jacqueline Caron*

*Extrait de:* La ville de Québec, un grand livre d'histoire (guide pédagogique), *Direction du bureau régional du MEQ à Rimouski, juin 1991.*

# 7.6 UN CONSEIL ÉTUDIANT, QUELLE RICHESSE!

*(Un pouvoir à partager)*

## Contexte et intention

L'idée du conseil étudiant n'est pas nécessairement nouvelle. On entend fréquemment le personnel d'une école dire: «Cette année, nous avons un conseil étudiant dynamique.»

Si l'on regarde de plus près cette réalité, peut-on dire que les élèves exercent un rôle vraiment actif? Leur donne-t-on seulement l'illusion de participer? Est-ce un conseil étudiant pour la forme? Les accompagne-t-on dans cet apprentissage de la démocratie? Comment se vit le choix des élèves qui font partie de cette instance scolaire?

Autant de questions qu'il faut se poser quand on désire objectiver le fonctionnement du conseil étudiant. L'école doit s'ouvrir à ses clients. Elle doit décoder leurs besoins et s'adapter à eux. Elle doit même les consulter dans l'élaboration du projet éducatif d'une école. Non seulement doit-elle les consulter, mais elle doit tenir compte de cette consultation dans l'élaboration des politiques, des règlements et des projets.

Apprendre à partager le pouvoir avec les élèves à l'intérieur de structures participatives est le défi que les adultes de l'école doivent relever quotidiennement.

## Pistes d'utilisation

1. Présente aux élèves l'idée d'implanter un conseil étudiant au niveau de l'école ou au niveau de ta classe.

2. Prends le temps de préparer avec eux la période de mise en candidature. Accorde une très grande importance à la sélection des candidats: critères, profil. Assure-toi que la délégation de candidats se vive non seulement affectivement, mais aussi rationnellement.

3. Engage les élèves dans la préparation matérielle des élections scolaires. (*Voir page 413.*)

4. Guide les élèves élus et donne-leur des outils pour leur fonctionnement: ordre du jour, procès-verbal, planification et supervision de projet. Des exemples te sont proposés à la page 415.

5. Mets en place un mécanisme de consultation entre le conseil étudiant et les divers groupes-classes de l'école.

6. Sensibilise les élèves aux divers rôles qu'ils peuvent jouer:
   • Aider à régler des problèmes;
   • Apporter des suggestions pour rendre la vie de l'école plus intéressante;
   • Planifier des activités parascolaires;
   • Participer à l'animation de la vie de l'école, etc. (*Voir pages 414 et 416.*)

## Pistes d'utilisation *(suite)*

7. Porte une attention spéciale aux interventions planifiées dans le but de partager ton pouvoir avec tes élèves.

8. Objective avec eux leur fonctionnement. Permets aussi la prise de risques, les essais, les erreurs et les réajustements. Tu peux aussi décoder avec eux les apprentissages qu'ils font tout en exerçant leur fonction au sein du conseil étudiant. (*Voir page 417.*)

# POUR PRÉPARER LA VENUE DU CONSEIL ÉTUDIANT...
## LES ÉLECTIONS SCOLAIRES

Si l'on désire que les élections scolaires s'inscrivent vraiment au cœur de la vie de l'école ou de la classe, il faut permettre aux élèves de vivre toutes les étapes normales de ce processus. Voici un aperçu des activités que l'on peut exploiter et vivre avec les élèves:

- Élire un président d'élections de même que deux secrétaires;

- Préparer des bulletins de mise en candidature;

- Organiser la période de mise en candidature;

- Afficher un avis public annonçant la date des élections dans l'école ou dans la classe;

- Préparer les listes électorales en plaçant les noms des élèves par ordre alphabétique et par secteur de résidence;

- Vivre la campagne électorale organisée par les candidats: publicité, organisation d'activités, discours, macarons, affiches, etc.;

- Préparer le déroulement des élections: bulletins de vote, boîte de scrutin, isoloir, bureau de scrutin, scrutateur, etc.;

- Vivre le moment de la votation;

- Dépouiller les bulletins de vote pour connaître les résultats officiels;

- Répartir les rôles du conseil étudiant à partir des critères élaborés pour chaque poste à combler:
  - président,
  - vice-président,
  - secrétaire,
  - trésorier,
  - responsable des sous-comités;

- Analyser les résultats des élections.

# UNE AUTRE FAÇON DE PRÉPARER LA VENUE DU CONSEIL ÉTUDIANT...
## DÉLÉGATIONS PAR CLASSE

On peut adopter une autre mise en situation tout aussi signifiante que la précédente, mais beaucoup plus simple dans son déroulement et plus facile à gérer: la mise en candidature au sein de chaque classe.

Il s'agit pour chaque groupe-classe de déléguer un ou deux élèves qui représenteront le groupe-classe au sein du conseil étudiant. Pour que ces choix se fassent de façon réfléchie et rationnelle, il est important que les élèves connaissent deux éléments:
* La description des rôles que l'on désire attribuer aux membres du conseil étudiant;
* Le profil décrivant les attitudes et les habiletés requises pour chacun des rôles.

Ainsi, on habiliterait les élèves à porter des jugements à partir de critères précis au lieu de proposer des élèves de façon intuitive seulement à partir de critères affectifs.

## Exemples de profil

| Président | Secrétaire | Trésorier |
|---|---|---|
| 1. Capacité à animer une réunion:<br>• Aisance dans la communication<br>• Esprit de synthèse<br>• Capacité à reformuler<br>2. Capacité à exercer le leadership:<br>• pour guider les autres<br>• pour mobiliser ses collègues<br>3. Capacité d'engagement et de disponibilité<br>4. Capacité à être à l'écoute des autres | 1. Capacité à rédiger un texte<br>2. Capacité à prendre des notes<br>3. Capacité à lire un texte de façon expressive | 1. Capacité à calculer des entrées et des sorties d'argent<br>2. Crédibilité auprès des autres élèves<br>3. Attitude d'honnêteté |

## Qu'est-ce qu'un conseil étudiant peut faire dans une école?

Une fois en poste, les membres du conseil étudiant devraient se poser la question suivante: «Comment peut-on s'impliquer cette année au sein de notre école?» Ils devraient aussi la poser à chacun des groupes-classes pour établir tout de suite une habitude de vie démocratique: la consultation.

**À titre d'exemple, voici des activités qui ont été entreprises par un conseil étudiant du primaire:**
* Aider la direction de l'école à démarrer un club d'informatique à l'école en dehors des heures de classe.
* Planifier une fête pour Noël à l'école.
* Souligner les anniversaires des élèves.
* Décorer la grande salle.
* Organiser des activités récréatives dans la cour de l'école avec des responsables.
* Célébrer la fête de l'Hallowen.
* Faire connaître les projets intéressants qui se vivent dans les classes.
* Planifier une sotie éducative lors du festival d'automne.
* Trouver des idées pour que l'utilisation des surnoms diminue dans la cour de l'école.
* Créer plus de vie à la bibliothèque de l'école.

**Voici maintenant ce que les élèves du secondaire proposent comme forme d'engagement:**
* Animer la radio étudiante.
* Sélectionner de la musique de détente pour les pauses.
* Démarrer un journal au sein de l'école.
* Organiser une parade de mode comme activité de financement.
* Prendre la responsabilité du magasin d'articles scolaires.
* Fournir des suggestions d'activités parascolaires à la direction de l'école.
* Inviter deux auteurs locaux à venir à l'école lors de la semaine du français.
* Lancer le projet d'expo-science au sein de l'école.

# UN CONSEIL ÉTUDIANT EN ACTION...

## Ordre du jour

1. Lecture et adoption de l'ordre du jour

2. Lecture et acceptation du procès-verbal de la réunion précédente

3. Choix des noms pour la bibliothèque de l'école

4. Évaluation de la fête de Noël

5. Constructions de neige pour le carnaval

6. Varia:
   a) Projet éducatif de l'école;
   b) Responsable des glissades dans la cour de récréation.

7. Clôture de la séance

*Frédéric*
_____
Président du conseil étudiant

## Procès-verbal d'une réunion

Jeudi, le 5 décembre, à 14 h 5, se tenait la réunion du conseil étudiant à la salle polyvalente. Étaient présents à cette réunion: Marie-Christine, Gabrielle, Stéphanie, Martin, Maxime, René, Karine, Mee-Ling, Frédéric, Tony et Caroline.

Après nous avoir salués, Frédéric nous a lu l'ordre du jour. Nous avons ajouté trois choses au point varia qui étaient: panneaux de signalisation, caisse scolaire et fréquence des réunions. Mee-Ling accepte l'ordre du jour, appuyée par Martin.

Ensuite, ce fut la lecture du procès-verbal de l'assemblée du 21 novembre. Karine l'accepte, appuyée par Gabrielle.

Ensuite, nous avons passé au point 3 de l'ordre du jour qui était: la bibliothèque de l'école. Nous avons noté les noms possibles pour la bibliothèque. Il y avait une cinquantaine de noms. À la prochaine réunion, nous allons en choisir un d'après des critères que nous nous sommes donnés. Les voici:
- Nom qui convient aux enfants du primaire.
- Nom original, rare.
- Nom qui veut dire quelque chose pour nous.
- Nom qu'on a jamais utilisé dans notre école.
- Nom que l'on peut illustrer.

Pour le projet éducatif, trois amis du conseil étudiant sont allés à la réunion et ils nous ont dit ce qui s'était passé. On en reparlera à une prochaine réunion après les fêtes.

En ce qui concerne le club informatique, dans la semaine du 7 janvier, quatre soirs par semaine, il pourrait y avoir deux élèves qui travaillent à l'ordinateur avec deux responsables chaque soir. On consulte chaque classe d'ici la prochaine réunion, pour savoir s'il y a des élèves qui veulent travailler avec l'ordinateur après l'école. On s'inscrit à l'avance. Donc, on aimerait connaître les élèves intéressés.

Pour les vêtements égarés, nous les avons exposés à la vue durant deux jours. Ce qui reste sera déposé dans une boîte de vêtements perdus.

Nous allons vérifier pour que tous les panneaux de signalisation pour la circulation dans l'école soient faits d'ici la prochaine réunion.

Faute de temps, le point de la caisse scolaire a été reporté à une prochaine réunion.

En ce qui concerne la fréquence des réunions, nous avons décidé qu'elles auraient lieu tous les quinze jours.

La clôture de la réunion a été proposée par Marie-Christine, appuyée par René.

*Caroline*
_____
Secrétaire du conseil étudiant

# IMPLIQUER LE CONSEIL ÉTUDIANT DANS LA RÉSOLUTION DE PROBLÈMES...

Face au problème des surnoms dans la cour de l'école, des élèves du primaire ont apporté les solutions suivantes:

• Se donner une chanson-thème à l'école sur ce sujet.
• Fabriquer et installer des affiches dans l'école.
• Créer une petite pièce de théâtre au sein d'une classe et la présenter aux autres élèves de l'école.
• Trouver des qualités à tous les élèves de la classe.
• Visiter les autres classes pour se faire de nouveaux amis.
• Échanger des travaux entre les classes.
• Fabriquer un macaron «anti-ridicule» et le porter au moment des récréations.
• Trouver les raisons pour lesquelles on manque de respect envers les autres.
• Déterminer ses états d'âme quand on se fait insulter ou ridiculiser.
• Se donner une devise au sein de l'école: «On ne fait pas aux autres ce qu'on n'aimerait pas qu'ils nous fassent.»

Pour le projet de réorganisation de la bibliothèque de l'école, des élèves du primaire ont recueilli les suggestions suivantes:

## Pour l'aménagement

• Placer des dictionnaires à la portée des élèves dans la section recherche
• Dessiner un gros nuage avec un arc-en-ciel sur un mur
• Installer des plantes près des fenêtres
• Réserver un coin isolé pour lire silencieusement
• Prévoir un coin avec tables de travail pour la recherche
• Aménager un tableau d'affichage à la portée des élèves
• Décorer la bibliothèque selon les événements
• Identifier le local, lui trouver un nom
• Placer les étagères tout autour du local
• Occuper tous les espaces sur les rayons
• Mettre des livres-disques et des livres-cassettes
• Peindre les étagères d'une couleur plus vivante
• Installer un aquarium

## Pour l'animation

• Exposer des livres en fonction des événements
• Exposer les livres composés par les élèves
• Se donner des règles de vie et les respecter
• Apprendre à se servir des fichiers
• Acheter des livres de recherche pour les plus jeunes
• Annoncer plus clairement les collections de livres
• Avoir une vitrine pour les nouveautés
• Donner plus de temps aux élèves pour le choix de leur livre de bibliothèque
• Avoir un passeport de lecture
• Démarrer le palmarès du livre pour connaître les livres les plus populaires
• Placer des revues et des journaux à la disposition des élèves
• Lancer un concours de poèmes pour Noël

# DÉCODER LES APPRENTISSAGES FAITS...

La présence d'un conseil étudiant au sein d'une école apporte non seulement de la vie, mais permet également aux élèves de réaliser de nombreux apprentissages:

- Sensibilisation des élèves au processus démocratique: mise en candidature, campagne électorale et élections scolaires;

- Développement d'habiletés de vie telles que prévision, prise de décisions, planification, évaluation et communication;

- Conscientisation face à l'importance du rôle des élèves dans une école;

- Appropriation de la démarche de résolution de problèmes;

- Initiation des élèves au processus de la consultation;

- Responsabilisation des élèves face à leur environnement scolaire;

- Actualisation d'une approche à caractère participatif incluant les élèves, les enseignantes et la direction de l'école;

- Développement d'habiletés plus spécifiques chez les élèves engagés directement au sein du conseil étudiant.

# DÉCODER LES AVANTAGES POUR LES ADULTES...

Les avantages pour les adultes de l'école comprennent les suivants:

- Moyen de connaître les besoins, les intérêts et les préoccupations des élèves;

- Façon différente d'inculquer le respect, l'autonomie et l'engagement;

- Stratégie pour partager le pouvoir à l'intérieur d'une structure;

- Possibilité de partager certaines tâches avec les élèves.

- Moyen pour développer le sentiment d'appartenance à l'école.

- Façon de décoder les satisfactions et les insatisfactions des élèves.

## 7.7  ET NOUS, LES SPÉCIALISTES?

*(Des outils à adapter)*

## Contexte et intention

Une croyance répandue dans les milieux scolaires veut que la gestion de classe concerne uniquement les titulaires de classe, qui possèdent une classe et dirigent quotidiennement un groupe. Les enseignantes spécialistes se demandent donc souvent si elles devraient ou non participer à une journée de perfectionnement sur la gestion de classe.

À cette interrogation, il faudrait répondre par des sous-questions. Est-il nécessaire d'avoir un local pour appliquer les principes de la gestion de classe?

Est-ce plus facile de gérer un seul groupe d'élèves ou plusieurs groupes d'élèves? Doit-il y avoir des liens entre le vécu des spécialistes et la vie de la classe dans chacun des niveaux concernés?

Certes, la gestion de classe concerne tous les pédagogues, puisqu'elle intègre toutes les interventions qu'un enseignant doit poser pour maintenir une relation positive entre l'apprenant et l'objet d'apprentissage.

Toutefois, les outils organisationnels utilisés doivent être adaptés à la réalité du contexte de la spécialité.

## Pistes d'utilisation

1. Pense à créer un climat chaleureux autant en début d'année qu'à chaque cours. Réfère-toi au volume 1, pages 51 à 57 et 118 à 148. Consulte aussi le chapitre 4 du volume 2. Sélectionne ce qui est particulier à ton contexte.

2. Élabore ton cadre disciplinaire en début d'année. Adapte tes moyens à ta clientèle. (*Voir page 419.*)

3. Au fur et à mesure que les premières semaines de classe s'écoulent, structure tes groupes de travail. Pense à la formation des équipes, à leur fonctionnement et à leur supervision. (*Voir page 420.*)

4. Prends le temps de vivre avec les élèves les trois étapes nécessaires à tout apprentissage: appropriation, objectivation et auto-évaluation. Résiste à la pression causée par le manque de temps à ta disposition. (*Voir page 421.*)

5. Sois attentive aux différences de rythmes d'apprentissage. Ne te contente pas d'enseigner pour la moyenne. (*Voir page 422.*)

6. Pour respecter les styles d'apprentissage, réfère-toi à l'outil 6.3, «Savoir décoder et gérer les styles d'apprentissage», pages 258 à 270.

7. Essaie d'établir des liens entre le vécu des élèves à tes cours et celui de leur classe régulière. Tu peux même proposer des activités d'enrichissement aux titulaires des classes. Ainsi, les élèves pourraient retrouver ta matière sur leur tableau d'enrichissement.

# DES OUTILS POUR GÉRER LES COMPORTEMENTS...
## (ÉQUIPEMENT DE BASE)

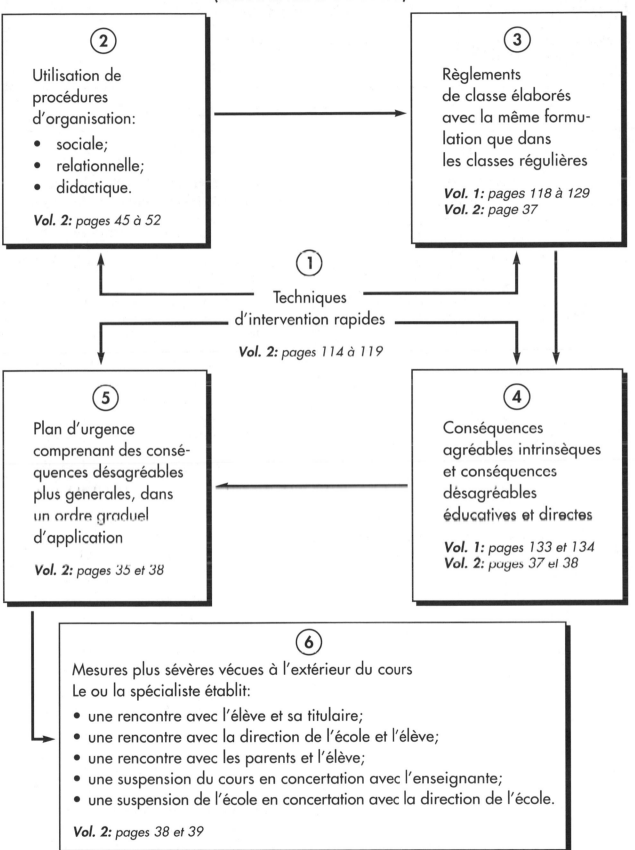

**②** Utilisation de procédures d'organisation:
- sociale;
- relationnelle;
- didactique.

*Vol. 2: pages 45 à 52*

**③** Règlements de classe élaborés avec la même formulation que dans les classes régulières

*Vol. 1: pages 118 à 129*
*Vol. 2: page 37*

**①** Techniques d'intervention rapides

*Vol. 2: pages 114 à 119*

**⑤** Plan d'urgence comprenant des conséquences désagréables plus générales, dans un ordre graduel d'application

*Vol. 2: pages 35 et 38*

**④** Conséquences agréables intrinsèques et conséquences désagréables éducatives et directes

*Vol. 1: pages 133 et 134*
*Vol. 2: pages 37 et 38*

**⑥** Mesures plus sévères vécues à l'extérieur du cours
Le ou la spécialiste établit:
- une rencontre avec l'élève et sa titulaire;
- une rencontre avec la direction de l'école et l'élève;
- une rencontre avec les parents et l'élève;
- une suspension du cours en concertation avec l'enseignante;
- une suspension de l'école en concertation avec la direction de l'école.

*Vol. 2: pages 38 et 39*

# DES OUTILS POUR GÉRER LES GROUPES DE TRAVAIL...

| Dyades d'entraide | Équipes de travail (quatre élèves) |
|---|---|
| • à court terme<br>• à long terme | • à court terme<br>• à long terme |

| Enseignement de l'entraide et de la coopération | |
|---|---|

| | |
|---|---|
| 1. Façons de former des dyades ou des équipes:<br><br>• Les élèves décident selon leurs propres critères;<br><br>• Le hasard décide;<br><br>• L'enseignante décide, mais elle fait connaître aux élèves les critères utilisés;<br><br>• L'enseignante utilise une approche négociée: elle impose des critères tandis que les élèves font des choix;<br><br>• L'enseignante utilise une approche participative: les élèves et l'enseignante trouvent des critères de formation des groupes. Par la suite, les élèves indiquent leur choix en utilisant un sociogramme bâti en regard des critères retenus.<br><br>***Vol. 1:*** *pages 364 à 380*<br>***Vol. 2:*** *page 326.* | 2. Banque de critères à construire avec les élèves pour qu'ils puissent s'y référer constamment.<br><br>Exemple en éducation physique:<br><br>• Sexe;<br><br>• Nombre;<br><br>• Taille;<br><br>• Poids;<br><br>• Force physique;<br><br>• Souplesse;<br><br>• Habiletés différentes;<br><br>• Forces différentes;<br><br>• Forces semblables.<br><br>Exemple dans une discipline:<br><br>• Affinité affective;<br><br>• Maturité de comportement;<br><br>• Niveaux de motivation face à la matière;<br><br>• Intérêts communs ;<br><br>• etc. |

# DES OUTILS POUR GÉRER LES APPRENTISSAGES...

## Soutien aux apprentissages

- Utilisation du menu du cours: fermé et ouvert.

- Présentation de l'objectif d'apprentissage de façon vulgarisée.

- Activation des connaissances antérieures: ce que je sais, ce que je pense savoir.

- Situation-problème: ce qui me questionne et ce que j'aimerais savoir.

- Utilisation de matériel concret et semi-concret.

- Choix de tâches pour l'élève dans l'approfondissement: il n'est pas nécessaire de compléter toutes les activités, si elles présentent les mêmes difficultés.

- Organisation des connaissances en tableaux, en schémas, en cartes sémantiques.

- Travaux avec échéancier.

- Proposition d'une banque de devoirs.

*Vol. 1:* *pages 388 à 405 (gestion du temps)*
*Vol. 2:* *page 221*

## Objectivation

L'enseignante

- utilise différents groupes de travail pour vivre l'objectivation dans son cours: dyade, équipe, collectif.

- utilise divers modes d'expression: oral, écrit, dessin ou mime, si possible.

- utilise parfois le même moyen que la titulaire de classe: le journal de bord que possède chaque élève.

- crée des outils pour favoriser l'objectivation: grille, cube à objectiver, cartons-étiquettes, etc.

- se soucie de varier les cibles d'objectivation: connaissances, habiletés et attitudes.

*Vol. 1:* *pages 323 à 330*
*Vol. 2:* *pages 241 à 248*

## Auto-évaluation

L'enseignante

- établit des échelles d'appréciation avec les élèves sur deux plans: comportements, apprentissages.

- s'assure de respecter les conditions suivantes lorsqu'elle utilise l'auto-évaluation: cible à évaluer traduite en comportement observable et mesurable; élève qui porte son jugement seul, sans subir aucune influence; élève qui est placé dans une situation de confrontation positive avec une autre personne pour valider son jugement.

- utilise très souvent l'auto-évaluation et elle consigne dans son journal de bord les données fournies par les élèves.

*Vol. 1:* *pages 315 à 322*
*Vol. 2:* *pages 223 à 232*

# DES OUTILS POUR GÉRER LES RYTHMES D'APPRENTISSAGE...

## Tâches d'approfondissement

Utilisation des sous-groupes de travail

| Sous-groupe 1 | Sous-groupe 2 | Sous-groupe 3 |
|:---:|:---:|:---:|
| Élèves seuls | Élèves seuls | Élèves seuls |

L'enseignante assure la supervision des trois sous-groupes de travail. Au préalable, elle structure avec eux les outils suivants:

- Procédure de débrouillardise; Voir volume 2, page 52
- Responsable de chaque sous-groupe de travail;
- Tâche verbale, reformulée et visuelle;
- Démarche ou procédure et stratégies;
- Matériel nécessaire;
- Dyades d'entraide;
- Cadre disciplinaire pour le fonctionnement en sous-groupes.

*Vol. 2: Outils 7.1 pages 341 à 355*

## Tâches de consolidation

- Défi d'apprentissage adapté en diminuant la longueur de la pratique.
- Défi d'apprentissage adapté en réduisant la complexité de la pratique.
- Seuil de réussite personnalisé à l'élève.
- Élève-guide qui aide l'élève en difficulté.
- Atelier de consolidation.
- Utilisation de matériel adapté.
- Clinique obligatoire.
- Clinique avec inscription.
- Clinique privée à l'intention d'un élève.

*Vol. 1: pages 331 et 332*

## Tâches d'enrichissement

- Défi d'enrichissement parallèle à la tâche moyenne (en regard de l'objectif ciblé, je propose un défi plus grand, plus complexe).
- Défi d'enrichissement complémentaire (en regard de l'objectif ciblé, j'oriente l'élève vers un objectif d'apprentissage différent qui dépasse les exigences du programme d'études).
- Activités «cinq minutes»
- Atelier d'enrichissement.
- Centre d'enrichissement.
- Projet personnel.
- Projet d'équipe.
- Projet collectif.

*Vol. 1: pages 406 à 427*
*Vol. 2: pages 219 et 220*

# 7.8 UN DÉFI À RELEVER: LA GESTION DES CLASSES MULTIPROGRAMMES
*(Éléments de planification et d'organisation)*

## Contexte et intention

Les classes multiprogrammes sont de plus en plus présentes au Québec. Toutefois, cette réalité continue à faire peur autant aux enseignantes qu'aux parents. Les préjugés en ce domaine n'aident pas à la popularité de ces classes.

Pourtant, la classe multiprogramme bien gérée permet aux élèves d'aller beaucoup plus loin dans l'appropriation de leur savoir et dans le développement d'habiletés personnelles et sociales sur le plan de l'organisation, de la recherche et de l'autonomie.

Certes, la classe multiprogramme oblige l'enseignante à planifier en double et parfois même en triple. De plus, le temps alloué à l'enseignement n'est pas plus long, et il faut couvrir tous les programmes. Autant de défis à relever, autant de solutions à trouver. Apprendre à faire autrement pour récupérer du temps est sûrement une des pistes à explorer. Alors, si on essayait?

## Pistes d'utilisation

1. Cerne ton profil d'enseignante responsable d'une classe multiprogramme. Quelles sont tes forces? tes faiblesses? Quelles prises de conscience as-tu faites? Quels sont les défis à relever? (*Voir page 425.*)

2. Prends connaissance des modèles de planification de l'enseignement. Quel est le modèle dans lequel tu te sens le plus à l'aise pour entreprendre ton année scolaire? (*Voir page 426.*)

3. Regroupe dans une reliure les objectifs des divers programmes d'enseignement des deux ou trois niveaux concernés. Mets en parallèle, à l'aide de crayons-feutres fluo, les objectifs d'une même matière qui sont semblables, ou qui sont différents.

4. Explore les différents modèles d'animation et détermine pour chacune des matières le modèle d'animation qui permet d'économiser le plus de temps. (*Voir pages 426 et 427.*)

5. Planifie à l'intention des élèves des outils pour gérer le temps: menu ouvert de la journée, plan de travail de la semaine, tableau d'enrichissement roulant, grille de planification hebdomadaire.
Consulte les outils pour gérer le temps, volume 1, pages 388 à 405.

## Pistes d'utilisation *(suite)*

6. Survole la banque d'outils organisationnels et trouve ceux qui sont déjà présents dans ta classe. Détermine ceux que tu aurais intérêt à développer. (*Voir pages 428 à 430.*)

7. Planifie un échéancier d'utilisation et d'expérimentation en regard de chacun des outils ciblés. Commence par deux ou trois outils. Fais un mini-plan d'action. (*Voir page 430.*)

# RELEVER LE DÉFI DE GÉRER UNE CLASSE MULTIPROGRAMME...

La gestion d'une classe multiprogramme exige qu'une enseignante possède des attitudes positives face à la tâche, des habiletés pour gérer les différences et des connaissances précises quant au contenu des programmes d'études. Et toi, quel est ton profil?

Prends connaissance des affirmations suivantes. Indique par un crochet (✓) si le comportement décrit correspond à une attitude, à une habileté ou à une connaissance.

Ensuite, détermine tes forces et tes faiblesses. Inscris, dans les crochets ([ ]), à la fin de chaque affirmation, un F (force) ou un f (faiblesse).

| | Attitude | Habileté | Connaissance |
|---|---|---|---|
| 1. Accepter positivement sa tâche d'enseignement dans une classe multiprogramme, au moins pour l'année en cours. [ ] | | | |
| 2. Avoir une bonne connaissance des objectifs d'apprentissage des différents programmes à enseigner pour chaque classe d'enseignement concernée. [ ] | | | |
| 3. Être souple dans l'utilisation et l'exploitation des manuels scolaires et des cahiers d'exercice. [ ] | | | |
| 4. Utiliser les élèves comme personnes-ressources. [ ] | | | |
| 5. Accepter qu'il y ait du mouvement dans la classe, des déplacements, des échanges, des interactions, des chuchotements. [ ] | | | |
| 6. Être capable d'exercer un leadership confiant dans sa classe: avoir confiance en soi et avoir confiance dans le potentiel de ses élèves. [ ] | | | |
| 7. Développer avec les élèves un référentiel disciplinaire responsabilisant. | | | |
| 8. Accepter d'être en apprentissage soi-même. Apprendre à gérer les différences suppose des innovations, des expérimentations, des essais et des erreurs, des réajustements. [ ] | | | |

# GÉRER LES DIFFÉRENCES DANS LE QUOTIDIEN

## Les modèles de planification de l'enseignement

Avant de planifier, se rappeler qu'il existe des modèles à long terme et des modèles à court terme.

Pour l'enseignante qui a une bonne connaissance des programmes d'études et une capacité à faire des liens, et qui éprouve une certaine sécurité par rapport à sa tâche, l'utilisation d'un modèle à long terme s'avère un choix judicieux.

### Modèles à long terme

| Projet d'intégration | Centres d'intérêt | Approches thématiques | Centres d'apprentissage |
|---|---|---|---|

Pour l'enseignante qui débute dans la gestion des classes multiprogrammes, il est probable que l'utilisation des manuels scolaires peut contribuer à sécuriser ses premiers pas. Le modèle de planification à court terme lui conviendra davantage.
(*Volume 1, pages 285 et 286 et l'outil de ce recueil sur les centres d'apprentissage à la page 286.*)

### Modèles à court terme

| Scénario d'apprentissage | Situation d'apprentissage | Activité d'apprentissage |
|---|---|---|

Ce sont surtout ces derniers modèles que l'on retrouve dans la plupart des manuels scolaires. (*Volume 1, pages 282 à 285.*)

## Les modèles d'animation des apprentissages

Différents modèles d'animation s'offrent à l'enseignante:

| Modèle simple | Modèle intermédiaire | Modèle plus complexe |
|---|---|---|
| Animer une seule situation d'apprentissage dans une même matière | Animer deux situations d'apprentissage dans une même matière | Animer deux situations d'apprentissage dans deux matières différentes |

Toutes les fois que cela est possible, utiliser le *modèle simple*, celui qui comprend une situation d'apprentissage pour les deux groupes. Animer une seule situation d'apprentissage à l'intérieur d'une même matière sera la solution idéale en français, en arts plastiques, en art dramatique ou en formation personnelle et sociale. On anime une seule mise en situation, on individualise la réalisation et on fait une seule rétroaction.

*Exemple en production écrite:* «L'hiver». (Un seul «avant», on individualise le «pendant», un seul «après».)

Quand ce modèle d'animation n'est pas possible, il faudra penser au *modèle intermédiaire*: animer deux situations d'apprentissage dans une même matière. On se retrouvera alors avec deux mises en situation, deux réalisations et deux rétroactions. Et cette réalité sera vécue de préférence en mathématiques, en sciences humaines et en sciences de la nature, à la condition que les élèves soient autonomes sur le plan des comportements et sur le plan des outils de base nécessaires à l'apprentissage (lecture, écriture, calcul).

*Exemple en sciences humaines:* Ma région et ma province (On doit animer deux fois: un «avant», un «pendant» et un «après».)

Dans les classes des premières années du cours primaire, en début d'année, le modèle inter-médiaire n'est pas toujours facile à vivre. C'est alors qu'on devra recourir au *modèle complexe*, plus difficile à gérer dans le sens qu'il demande plus d'organisation de la part de l'enseignante: animer deux situations d'apprentissage dans deux matières différentes. En plus de multiplier par deux les trois temps de la démarche d'apprentissage, l'enseignante doit travailler sur deux matières en même temps.

*Exemple en français ou en sciences de la nature:* (On doit animer deux fois: un «avant», un «pendant» et un «après» dans chaque matière.)

## La gestion des sous-groupes d'apprentissage

Très souvent, dans la classe, l'enseignante aura à mener de front l'animation des trois temps de la démarche d'apprentissage pour deux sous-groupes d'élèves à l'intérieur d'un modèle soit intermédiaire (deux situations, une matière), soit complexe (deux situations, deux matières). On se retrouve dans la situation suivante:

| Groupe de 3e année | Groupe de 4e année |
|---|---|
| Mise en situation<br>Réalisation<br>Intégration<br>? | ?<br>Mise en situation<br>Réalisation<br>Intégration |

L'enseignante, qui ne peut se dédoubler, devra animer en alternance, avec un décalage. Pendant qu'elle anime la mise en situation d'un sous-groupe d'élèves, les autres travaillent personnellement en gérant leur temps avec des outils à leur disposition. Une fois cela complété, l'enseignante change de sous-groupe. (*On trouvera des informations complémentaires aux pages 341 à 355 dans l'outil «La gestion des sous-groupes de travail».*)

Pour meubler les périodes où il y a un point d'interrogation (périodes où les élèves sont seuls), il faut absolument offrir aux élèves des outils pour gérer le temps.

- Menu ouvert de la journée
- Activités «cinq minutes» de consolidation ou d'enrichissement
- Feuille de route ou contrat de travail
- Plan de travail collectif ou personnel
- Tableau d'ateliers

- Tableau d'enrichissement, thématique ou non
- Tableau de programmation
- Tableau d'inscription, de contrôle
- Grille de planification hebdomadaire

**Remarque:** Il n'est pas nécessaire d'élaborer deux ou trois tableaux d'enrichissement différents. Un seul peut être utilisé à la condition de déterminer par un code simple, un pictogramme ou une couleur, le niveau de difficulté que présente chacune de activités offertes. Par contre, il serait avantageux de présenter aux élèves deux ou trois plans de travail distincts afin de répondre à des objectifs d'apprentissage spécifiques.

# UN FACTEUR DE RÉUSSITE:
## UN OUTILLAGE ORGANISATIONNEL VARIÉ
### (MISE EN PLACE ET BILAN)

L'un des principaux facteurs de réussite dans la gestion d'une classe multiprogramme est sans contredit la variété, la qualité et l'efficacité de l'organisation de la classe. L'enseignante, qui doit placer les élèves constamment en situation de participation, aura besoin d'une panoplie d'outils qui peuvent faciliter la gestion du climat, du contenu, des apprentissages et de l'organisation de la classe.

- Prends connaissance des outils suivants. Décode ensuite les forces et les faiblesses de ton organisation de classe.
- Complète ton bilan en faisant un mini-plan d'action. (*Voir page 430.*)

| Outils liés au climat | Outil en place | Outil à développer |
|---|---|---|
| 1. Structurer un cadre disciplinaire responsabilisant (tableau d'harmonie). | ❏ | ❏ |
| 2. Établir des procédures avec les élèves pour la routine de l'entrée en classe le matin, pour les retours de récréation, pour les périodes de transition et pour la fin des cours. | ❏ | ❏ |

| Outils liés au contenu et à l'apprentissage | Outil en place | Outil à développer |
|---|---|---|
| 3. Mettre à la disposition des élèves des outils d'auto-évaluation. | ❏ | ❏ |
| 4. Jouer avec les différents modèles de planification de l'enseignement à long terme et à court terme. | ❏ | ❏ |
| 5. Utiliser les différents modèles d'animation en classe selon les matières en cause. Toujours chercher à unifier les situations d'apprentissage, toutes les fois que c'est possible. | ❏ | ❏ |
| 6. Utiliser l'approche par projets. | ❏ | ❏ |
| 7. Fournir aux élèves un outillage cognitif: lexique, référentiel de français, dictionnaires, cahier aide-mémoire. | ❏ | ❏ |
| 8. Vivre l'objectivation sous toutes ses formes: collectivement, en équipe, en dyade, individuellement. | ❏ | ❏ |

| Outils liés au contenu et à l'apprentissage (*suite*) | Outil en place | Outil à développer |
|---|---|---|
| 9. Intervenir en classe auprès des élèves de façon à respecter les modes d'apprentissage différents: information, démonstration et expérience. | ❏ | ❏ |
| 10. Tenir compte des façons différentes qu'ont les élèves de traiter l'information. Prévoir des soutiens d'apprentissage pour chacune de ces catégories. | ❏ | ❏ |
| 11. Développer avec les élèves un coffre d'outils pour apprendre (méthodologie du travail intellectuel). Travailler le «comment apprendre?» par le biais de démarches et de stratégies d'apprentissage. | ❏ | ❏ |
| 12. Mettre sur pied un centre d'apprentissage en lecture, en écriture ou en mathématiques, selon les difficultés éprouvées par le plus grand nombre d'élèves de la classe. | ❏ | ❏ |

| Outils liés à l'organisation de la classe | Outil en place | Outil à développer |
|---|---|---|
| 13. Utiliser les élèves comme personnes-ressources: fabrication de matériel pédagogique, autocorrection, tutorat, dyades d'entraide, responsable de matière, création de matériel de manipulation, production d'activités d'enrichissement, animation d'une clinique. | ❏ | ❏ |
| 14. Encadrer et utiliser le travail d'équipe. | ❏ | ❏ |
| 15. Fournir aux élèves des outils d'autocorrection. | ❏ | ❏ |
| 16. Avoir un tableau d'enrichissement conjoint. | ❏ | ❏ |
| 17. Créer un aménagement de classe souple et adapté aux besoins des deux groupes d'élèves. | ❏ | ❏ |
| 18. Aménager une table d'exploration en classe pour les mathématiques et les sciences. Il s'agit de matériel disponible pour ceux qui apprennent plus par démonstration ou par expérience. | ❏ | ❏ |
| 19. Offrir des cliniques de consolidation avec inscription à l'intention des deux sous-groupes. | ❏ | ❏ |

| Outils liés à l'organisation de la classe (*suite*) | Outil en place | Outil à développer |
|---|---|---|
| 20. Introduire dans la classe des ateliers de consolidation à caractère temporaire. Ces ateliers peuvent s'adresser aux deux niveaux, au besoin. | ❑ | ❑ |
| 21. Utiliser des activités «cinq minutes» pour éviter les pertes de temps et pour développer une plus grande autonomie. | ❑ | ❑ |
| 22. Offrir aux élèves des outils pour gérer le temps: menu ouvert, plan de travail, tableau d'enrichissement, tableau d'ateliers, tableau de programmation, tableau d'inscription, tableau de contrôle, grille de planification hebdomadaire, etc. | ❑ | ❑ |

## Constats

Mes faiblesses se situent dans la composante:

- climat ❑
- contenu et apprentissages ❑
- organisation de la classe ❑

## Plan d'action

Indique par ordre de priorité le nom de trois outils que tu désires introduire dans le fonctionnement actuel de ta classe.

**Outil 1:** Quoi? _____

Quand? _____

Comment? _____

**Outil 2:** Quoi? _____

Quand? _____

Comment? _____

**Outil 3:** Quoi? _____

Quand? _____

Comment? _____

# Références bibliographiques

BARATTA-LORTON, Mary. *Faites vos jeux*, Montréal, Éditions du Renouveau Pédagogique, 1980.

BAULU-MACWILLIE, Mireille et Réal SAMSON. *Apprendre, c'est un beau jeu*, Montréal, Les Éditions de la Chenelière, 1990.

BERGERON, André, Lise PILON, Mireille PLANTE et Lucie SAINT-HILAIRE, avec la collaboration de Sonia Laporte. *L'aménagement de la classe en pédagogie ouverte*, coll. «Outils pour une pédagogie ouverte», cahier n° 6, Victoriaville, Éditions NHP, 1985.

BILODEAU, France et Monique DAMIENS. *Imaginer, créer, communiquer*, Boucherville, Les Publications Graficor, 1993.

BROUSSEAU-DESCHAMPS, Muriel. *L'ordinateur, pour faciliter votre gestion de classe!*, Vimont, Laval, CEMIS, Commission scolaire des Mille-Îles, 1992.

COMMISSION SCOLAIRE LA NEIGETTE. *Quand la bibliothèque s'anime. Guide pédagogique pour l'animation du livre de bibliothèque*, module 1 (préscolaire et 1re année), module 2 (2e année), module 3 (3e année), module 4 (4e année), module 5 (5e année), Rimouski, 1990.

DEMERS, Dominique. *La bibliothèque des enfants. Un choix pour tous les goûts*, Montréal, Les Éditions Le Jour, 1980.

EN COLLABORATION. *Activités créatrices manuelles*, Lausanne, Éditions LEP, 1991.

GROSSINGER-DIVAY, Gaétane. «Les ordinateurs à l'école», *Vivre le primaire*, vol. 2, n° 1, mars 1988.

LARIN, Robert. *Petits problèmes amusants*, Granby, Les Éditions de la Paix, 1992.

LECOMPTE, Claudette. *L'école par le jeu*, Montréal, Éditions du Renouveau Pédagogique, 1982.

LEROY-MEINIER, Aline et Georges OUELLET. *L'organisation fonctionnelle de la classe*, Montréal, Commission des écoles catholiques de Montréal (CECM), 1986.

MAJOR, Henriette. *La boîte à idées. Mille et un trucs pour stimuler la créativité à l'oral et à l'écrit*, Boucherville, Les Publications Graficor, 1992.

MEIRIEU, Philippe. *L'envers du tableau: Quelle pédagogie pour quelle école?*, Paris, ESF éditeur, 1993.

MIGNAULT, Marcel. *Lise et Bruno dans l'univers des livres*, Montréal, Centrale des bibliothèques, 1976.

OUELLET, Lisette. *Quand les enfants s'en mêlent*, Montréal, Les Éditions de la Chenelière, 1995.

PERRENOUD, Philippe. *La pédagogie à l'école des différences*, coll. «Pédagogies», Paris, ESF éditeur, 1995.

PRZESMYCKI, Halina. *Pédagogie différenciée*, Paris, Hachette, 1991.

SAINT-PIERRE, Lise et Micheline MARCOTTE. *Jeux et apprentissage. Guide sur l'intégration du jeu en classe*, Québec, ministère de l'Éducation, Direction du matériel didactique, 1987.

SCHWARTZ, Susan et Mindy POLLISHUKE. *Construire une classe axée sur l'enfant*, Montréal, Les Éditions de la Chenelière, 1992.

STRIKER, Susan et Edward KIMMEL. *Le livre d'anticoloriage*, Paris, Éditions du Seuil, 1992.

# Conclusion

*Si je veux réussir à accompagner un être vers un but précis, je dois le chercher là où il est et commencer justement là.*

*(Søren Kierkegaard,
philosophe danois)*

## Se réapproprier sa profession... une urgence!

Les centaines d'enseignantes et d'enseignants que j'ai rencontrés, tout au long des dernières années, m'ont amenée à développer une écoute et une grande sensibilité envers leur vécu pédagogique. Si bien qu'aujourd'hui, en m'inspirant du livre *La stratégie du dauphin* [1], je peux tracer le profil de divers types de pédagogues.

**Les «dauphins»:** Un grand nombre d'éducateurs et d'éducatrices éprouvent une réelle passion pour leur profession. Ils sont habités par de nombreux projets. En plus d'aimer ce qu'ils font, ils n'hésitent pas à prendre des risques et à faire preuve de persévérance dans ce qu'ils tentent de réaliser. Dès le début de leur carrière, ils se sont mis «en état de projet» et, après plusieurs années de pratique, leur enthousiasme n'a pas diminué. Autrefois, on disait d'eux qu'ils avaient «la vocation de l'enseignement».

**Les «carpes»:** D'autres enseignantes ou enseignants me semblent plutôt s'être mis temporairement dans une voie de garage. Ils ont déjà été en projet, mais pour diverses raisons, ils ont décidé de moins investir dans leur vie professionnelle. Ils ne sont pas des pédagogues médiocres, ils ont simplement opté pour la sécurité et la routine. L'idéal de leurs premières années de travail a cédé le pas devant la nostalgie ou parfois même l'amertume. En ce sens, ils sont devenus des «carpes». Mais je demeure convaincue qu'ils ont encore la capacité d'être de véritables «dauphins» au sein de leur profession.

D'autres pédagogues appartiennent aussi à la famille des «carpes» en se faisant remarquer par leur indifférence. Ce sont des «profs-téflon». Rien ne colle à eux. Ils se sont immunisés contre le changement et l'innovation. On peut se demander pourquoi ils ont choisi d'être enseignants: par obligation? par dépit? L'enseignement était-il leur dernier choix? Contrairement à la première catégorie de «carpes», dès leurs premières années de pratique, ils n'ont montré ni ambition ni passion. «L'enseignement? Un métier comme les autres!» C'est du moins ce qu'ils semblent dire et vous avez beau utiliser les meilleures stratégies, rien ne les fait bouger. Ils se contentent de peu, rêvant à leur retraite où ils connaîtront enfin le bonheur et les satisfactions personnelles: «Si elle pouvait venir plus tôt, cette retraite, je pourrais enfin réaliser tous les projets qui me tiennent à cœur!»

**Les «requins»:** Les enseignantes et les enseignants de cette espèce peuvent siphonner toute l'énergie de leur entourage. Non seulement sont-ils contre le développement, ils ont aussi décidé de l'enrayer partout autour d'eux. Devant tout projet,

---

1. Dudley Lynch et Paul L. Kordis, *La stratégie du dauphin*, Montréal, Les Éditions de l'Homme, 1994.

toute nouvelle façon de faire, ils mettent au point une stratégie de blocage, comme s'il était moins dérangeant et moins culpabilisant de ne rien faire quand leur entourage fait de même. Ils se sentent ainsi moins exposés aux comparaisons ou aux revendications des parents et des élèves. Les «requins» se reconnaissent à leurs plaintes continuelles, à leurs attitudes défaitistes. Vous pouvez compter sur eux pour trouver des aspects négatifs à chaque solution proposée.

Comment expliquer cette indifférence ou ce désengagement? Les «carpes» et les «requins» étaient-ils animés des mêmes sentiments au moment du choix de leur carrière? Ont-ils fait leurs premiers pas dans l'enseignement dans cet esprit? Il me semble que non, pour la grande majorité d'entre eux. Comment en sont-ils arrivés là? Le système d'éducation serait-il responsable de leur désengagement? Se pourrait-il que peu à peu, ils aient perdu le sentiment de la maîtrise de leur activité professionnelle? Convaincus d'être traités comme des exécutants et des spectateurs, ils seraient ainsi devenus des techniciens de l'enseignement, davantage soucieux de couvrir des programmes ou de faire remplir des pages de cahiers d'exercices. Mais la grande question demeure: qu'est-ce qui a chassé de leur cœur la vie qui l'habitait?

## Les causes du désengagement professionnel

C'est un fait que la profession d'enseignant a été socialement dévalorisée. Jadis, les enseignantes et les enseignants étaient fiers de dire qu'ils enseignaient. Aujourd'hui, ils ne l'avouent pas sans gêne. Les chaudes négociations syndicales et les grèves houleuses ont fait baisser la confiance qu'on accordait autrefois aux enseignants. La pente est difficile à remonter.

Toutefois, seuls les enseignantes et les enseignants ont du pouvoir sur la crédibilité qu'ils inspirent. Il leur faudra d'abord retrouver le leadership qui caractérise les personnes qui ont conscience de jouer un rôle clé dans la société. Il leur faudra aussi se convaincre de leur compétence et de la noblesse de leur tâche. Ne sont-ils pas, avec les parents, les principaux artisans de la société de demain? Retrouver cette confiance en soi est une priorité. C'est elle qui permettra aux enseignantes et aux enseignants de prendre des risques pour combler les lacunes, d'améliorer la qualité du leadership ou d'actualiser les innovations.

Cette reprise de la confiance en soi sera facilitée si elle devient collective. Pourquoi ne pas poser ensemble un geste concret qui traduirait le désir des enseignantes et des enseignants de s'affirmer, de prendre la place qui leur revient? Pourquoi ne pas sortir des tiroirs les diplômes jaunis par le temps ou fraîchement décernés et les afficher bien en vue dans les salles de classe? C'est le droit de tout professionnel et il n'y a ni honte ni snobisme à s'en prévaloir.

L'implantation massive des manuels scolaires a également contribué à la baisse de la motivation des pédagogues. Le but premier de cette opération était louable: uniformiser la poursuite d'objectifs communs, inciter les enseignantes et les enseignants à respecter le contenu des apprentissages ainsi que les démarches proposées dans les programmes. Mais l'effet a été tout autre: les pédagogues ont relégué leur créativité et leur esprit d'initiative au second rang; les élèves sont moins sollicités et moins engagés, car les démarches sont planifiées dans les moindres détails. Il faut adapter à la classe les moyens d'enseignement proposés et distinguer très clairement programmes d'études et manuels scolaires. La gestion des rythmes d'apprentissage s'est effacée devant l'uniformité, car chacun doit faire la même chose, au même moment.

Que dire de l'évaluation? L'école s'est beaucoup centrée sur les tâches évaluatives, les banques d'épreuves, les comparaisons de résultats. Les bulletins ont fait peau neuve: l'évaluation formative est censée avoir remplacé l'évaluation sommative. Sur certains points, le progrès est heureux. Par contre, ces orientations n'ont fait que saper la confiance des enseignantes et des enseignants en leur jugement professionnel. Même s'ils sont capables de mesurer les progrès et les échecs des élèves, ils sentent l'obligation de justifier leur jugement écrit sur le bulletin descriptif par toute une panoplie d'examens ou de contrôles. L'école s'est transformée en un lieu où les enseignants enseignent pour évaluer et où les élèves sont davantage évalués qu'encouragés à prendre en main leur apprentissage. Le plaisir d'enseigner et d'apprendre a fondu comme neige au soleil devant les exigences et les limites imposées.

Certaines directions d'écoles et de commissions scolaires gèrent la réalité quotidienne de façon fermée et centralisatrice, même si elles affichent le contraire. Les priorités, les politiques et les projets éducatifs ne sont pas toujours élaborés avec la participation du personnel enseignant. Entrer dans le modèle participatif et le gérer suppose que l'on partage le pouvoir à l'intérieur de structures élaborées conjointement. La gestion participative fait d'abord appel au cœur des personnes et à leur intelligence ensuite. Cela implique un leadership confiant de part et d'autre. Chacun a-t-il suffisamment conscience de son professionnalisme pour être capable de se faire confiance et de faire confiance aux autres?

## Le cas particulier du perfectionnement

Le perfectionnement est un aspect de la vie professionnelle que j'aimerais scruter à la loupe, car il m'arrive de vivre sur ce terrain des situations déconcertantes. Est-il normal d'entendre, au sujet du perfectionnement, les remarques suivantes?

«Il ne me reste que deux ans avant ma retraite: ça ne vaut pas la peine de me mettre en projet d'expérimentation.»

«Ce perfectionnement est-il obligatoire? Ça ne me concerne pas, je ne suis qu'un spécialiste d'éducation physique.»

«Pas encore une journée de perfectionnement! J'aimerais mieux faire du travail personnel dans ma classe.»

«Comment se fait-il que l'animatrice ne respecte pas l'horaire des journées de planification? A-t-elle oublié que notre journée de travail se termine à 15 h 30?»

«Tu parles d'une idée! La directrice a placé une journée de perfectionnement le 26 août!»

«Ce n'est pas mieux à notre école, c'est le 29 juin! Nous n'aurons pas le temps, durant les heures de travail, de vivre notre activité sociale.»

«Si tu penses que j'ai le temps de lire des livres de pédagogie. J'ai à peine le temps de regarder mes guides pédagogiques.»

«Tu ne me feras pas croire qu'après vingt ans d'enseignement, on ne sait pas gérer une classe!»

«Je me demande pourquoi les directions d'écoles tiennent tant à faire de la supervision pédagogique. Après tout, ce qui se passe dans nos classes, ça ne regarde que nous...»

La liste des remarques de ce genre pourrait s'allonger, car au fil des ans les enseignantes et les enseignants ont été dépossédés de leur perfectionnement. On a décidé à leur place. Un coup d'œil sur les vingt dernières années en fera rapidement la preuve. De 1975 à 1985, le perfectionnement était l'affaire des services éducatifs des commissions scolaires. Il était obligatoire pour tous. C'était l'époque de l'implantation des programmes et le perfectionnement était centré sur les contenus. Les conseillers et les conseillères pédagogiques en assumaient la responsabilité. Les activités de perfectionnement étaient collectives et ne faisaient pas l'objet d'un suivi sur le terrain la plupart du temps. On peut se demander si les enseignantes et les enseignants étaient préoccupés de réinvestir intelligemment dans leur milieu et si toutes les conditions étaient réunies pour faciliter le transfert des connaissances.

À partir de 1985, l'apparition de nouvelles approches éducatives obligea les gestionnaires à revoir la question du perfectionnement du personnel enseignant. Pourquoi ne pas axer le perfectionnement sur le «comment faire»? Pourquoi ne pas lui enlever son caractère obligatoire et le laisser volontaire? Pourquoi ne pas décentraliser le perfectionnement et le ramener dans les écoles? Des petits pas vers la responsabilisation des professionnels étaient en train de s'accomplir. Mais la planification des séances de perfectionnement se faisait souvent dans les coulisses des congrès où l'on «magasinait» les portes d'entrée possibles, où l'on sélectionnait les têtes d'affiche pour amener le personnel à se mettre en état de projet. Si les choses ne fonctionnaient pas selon les prévisions, on choisissait une nouvelle porte d'entrée...

Agir ainsi, c'était oublier que le «savoir être» est à la base de tout processus de changement, qu'avant de présumer des besoins des enseignantes et des enseignants, il faut décoder ces besoins et se donner un cadre de référence pour les recueillir. Il faut aussi que les pédagogues fassent le bilan de leur pratique, sinon comment chacun peut-il être conscient de ses forces, de ses faiblesses, de ses besoins? Il faut encore élaborer un scénario de perfectionnement, étalé sur une certaine période, avec des étapes de pratique, d'objectivation et de réajustement. Comment les praticiens et les praticiennes pourront-ils accepter de changer s'ils ne sont pas convaincus qu'ils en ont besoin et qu'ils trouveront des avantages au changement, pour eux et pour leurs élèves? Il ne suffit pas seulement qu'un gestionnaire découvre un nouveau concept et y croie ou qu'il ait confiance en un animateur ou une animatrice pour que les gens sur le terrain partagent les mêmes convictions que lui.

### Des idées pour renouveler l'approche du perfectionnement

En matière de perfectionnement, donner le choix semble être une option respectueuse des différences. Mais le processus de différenciation ne doit pas s'arrêter là: il doit dépasser le stade des choix. Est-il normal, dans le cadre d'une journée pédagogique, par exemple, de ne travailler qu'avec une petite équipe, alors que les trois quarts des enseignants en profitent pour faire du travail personnel dans la classe ou au salon du personnel comme ranger du matériel, corriger des travaux, remplir des bulletins scolaires? Le perfectionnement serait-il réservé à une élite? Que deviennent ceux et celles qui ne se sont pas inscrits à la session?

Comment peut-on imaginer une approche différenciée dans le cadre même du perfectionnement professionnel d'une équipe-école? Plusieurs solutions sont possibles. Par exemple, pendant que huit enseignants et enseignantes sont en chantier pédagogique pour adapter du matériel afin de gérer les rythmes d'apprentissage dans la classe, six autres sont en visite dans une école voisine pour observer une classe et objectiver des pratiques différentes tout en se soutenant mutuellement dans leur expérimentation. Pendant ce temps, quatre autres professeurs qui éprouvent des difficultés à gérer les problèmes de comportement dans leur classe participent à une séance de perfectionnement inter-écoles sur la question. Enfin, deux enseignantes élaborent un projet personnel sur l'animation du livre de bibliothèque en classe.

Une telle organisation pourrait signifier que chaque enseignante ou chaque enseignant a un passeport pédagogique qu'il gère lui-même. Il sélectionne ses activités de perfectionnement selon ses besoins. Parfois, il choisit de s'inscrire à un perfectionnement obligatoire sur la mise à jour d'un programme d'étude, par exemple. Parfois, il prévoit une journée de consolidation sur un thème précis, de type semi-obligatoire, en formant équipe avec quelques collègues qui éprouvent le même besoin. Enfin, il se réserve des moments d'enrichissement pour planifier des projets adaptés à sa classe ou pour développer des activités éducatives en lien avec ses passions, ses intérêts, ses besoins, ses préoccupations ou ses objectifs personnels.

Il devient urgent que les pédagogues se réapproprient leur profession et leur perfectionnement. C'est la condition indispensable pour redorer socialement le blason de la profession d'enseignant et pour retrouver une crédibilité bien méritée. C'est la condition d'une réelle démarche d'amélioration continue. Qui a dit qu'après vingt ans d'enseignement il n'y avait plus rien à apprendre? Une formation continue doit s'instaurer progressivement dans la profession et cela, d'une manière participative. Les enseignantes et les enseignants doivent s'engager dans des équipes de ressourcement pédagogique, des groupes d'échanges pédagogiques et des dyades d'entraide. Des pédagogues experts doivent servir de mentors pour assurer une relève de qualité. Le savoir d'expérience doit être utilisé autant que le savoir théorique. Un équilibre est à construire entre les deux savoirs pour atteindre un savoir intégré. Alors, le personnel enseignant sera non seulement compétent mais il sera motivé, parce qu'il se sentira reconnu et valorisé dans son milieu. Les élèves en bénéficieront aussi.

On le sait, les élèves sont très sensibles et très perspicaces. Ils sentent et décodent facilement les attitudes des enseignants. Ils dépistent rapidement un enseignant qui n'a plus de passion, une enseignante qui n'a plus le goût d'apprendre et d'enseigner. Ils ont besoin d'adultes qui les inspirent, ils réclament à leurs côtés de véritables guides. Plus que jamais, il devient nécessaire d'ouvrir «la fenêtre des jours au plaisir encore jeune d'apprendre ensemble».

# Chenelière/Didactique

## A  APPRENTISSAGE

**Apprendre et enseigner autrement**
P. Brazeau, L. Langevin
- GUIDE D'ANIMATION
- VIDÉO N° 1  DÉCLENCHEUR
- VIDÉO N° 2  UN SERVICE-ÉCOLE POUR JEUNES À RISQUE D'ABANDON SCOLAIRE
- VIDÉO N° 3  LE PARRAINAGE ACADÉMIQUE
- VIDÉO N° 4  LE MONITORAT D'ENSEIGNEMENT
- VIDÉO N° 5  LA SOLIDARITÉ ACADÉMIQUE

**Au pays des gitans**
Recueil d'outils pour intégrer l'élève en difficulté dans la classe régulière
Martine Leclerc

**Être prof, moi j'aime ça!**
Les saisons d'une démarche de croissance pédagogique
L. Arpin, L. Capra

**Intégrer les matières de la 7e à la 9e année**
Ouvrage collectif

**La gestion mentale**
Au cœur de l'apprentissage
Danielle Bertrand-Poirier,
Claire Côté, Francesca Gianesin, Lucille Paquette Chayer
- COMPRÉHENSION DE LECTURE
- GRAMMAIRE
- MÉMORISATION
- RÉSOLUTION DE PROBLÈMES

**L'apprentissage à vie**
La pratique de l'éducation des adultes et de l'andragogie
Louise Marchand

**L'apprentissage par projets**
Lucie Arpin, Louise Capra

**Le cerveau et l'apprentissage**
Mieux comprendre le fonctionnement du cerveau pour mieux enseigner
Eric Jensen

**Les intelligences multiples**
Guide pratique
Bruce Campbell

**Les intelligences multiples dans votre classe**
Thomas Armstrong

**Les secrets de l'apprentissage**
Robert Lyons

**Par quatre chemins**
L'intégration des matières au cœur des apprentissages
Martine Leclerc

**Pour apprendre à mieux penser**
Trucs et astuces pour aider les élèves à gérer leur processus d'apprentissage
Pierre-Paul Gagné

**Stratégies pour apprendre et enseigner autrement**
Pierre Brazeau

**Vivre la pédagogie du projet collectif**
Collectif Morissette-Pérusset

## C  CITOYENNETÉ ET COMPORTEMENT

**Citoyens du monde**
Éducation dans une perspective mondiale
Véronique Gauthier

**Collection Rivière Bleue**
Éducation aux valeurs par le théâtre
Louis Cartier, Chantale Métivier
- SOIS POLI, MON KIKI (la politesse, 6 à 9 ans)
- LES PETITS PLONGEONS (l'estime de soi, 6 à 9 ans)
- AH! LES JEUNES, ILS NE RESPECTENT RIEN (les préjugés, 9 à 12 ans)
- COUP DE MAIN (la coopération, 9 à 12 ans)

**Et si un geste simple donnait des résultats…**
Guide d'intervention personnalisée auprès des élèves
Hélène Trudeau et coll.

**J'apprends à être heureux**
Robert A. Sullo

**La réparation: pour une restructuration de la discipline à l'école**
Diane C. Gossen
- MANUEL
- GUIDE D'ANIMATION

**La théorie du choix**
William Glasser

**L'éducation aux droits et aux responsabilités au primaire**
Commission des droits de la personne et des droits de la jeunesse du Québec

**L'éducation aux droits et aux responsabilités au secondaire**
Commission des droits de la personne et des droits de la jeunesse du Québec

**Mon monde de qualité**
Carleen Glasser

**PACTE: Un programme de développement d'habiletés socio-affectives**
B. W. Doucette, S. M. Fowler
- TROUSSE POUR 4e À 7e ANNÉE (PRIMAIRE)
- TROUSSE POUR 7e À 12e ANNÉE (SECONDAIRE)

**Relevons le défi**
Guide sur les questions liées à la violence à l'école
Ouvrage collectif

## E  ÉVALUATION ET COMPÉTENCES

**Comment construire des compétences en classe**
Des outils pour la réforme
Steve Bisonnette, Mario Richard

**Construire la réussite**
L'évaluation comme outil d'intervention
R. J. Cornfield et coll.

**Le plan de rééducation individualisé (PRI)**
Une approche prometteuse pour prévenir le redoublement
Jacinthe Leblanc

**Le portfolio au service de l'apprentissage
et de l'évaluation**
*Roger Farr, Bruce Tone*
*Adaptation française : Pierrette Jalbert*

**Portfolios et dossiers d'apprentissage**
*Georgette Goupil*
• Vidéocassette

**Profil d'évaluation**
Une analyse pour personnaliser votre pratique
*Louise M. Bélair*
• Guide du formateur

## G GESTION DE CLASSE

**À la maternelle... voir GRAND !**
*Louise Sarrasin, Marie-Christine Poisson*

**Apprendre... c'est un beau jeu**
L'éducation des jeunes enfants dans un centre
préscolaire
*M. Baulu-MacWillie, R. Samson*

**Construire une classe axée sur l'enfant**
*S. Schwartz, M. Pollishuke*

**Je danse mon enfance**
Guide d'activités d'expression corporelle
et de jeux en mouvement
*Marie Roy*

**La classe interculturelle**
Guide d'activités et de sensibilisation
*Cindy Bailey*

**La multiclasse**
Outils, stratégies et pratiques pour la classe multiâge
et multiprogramme
*Colleen Politano, Anne Davies*
*Adaptation française : Monique Le Pailleur*

**Le conseil de coopération**
Un outil pédagogique pour l'organisation de la vie
de classe et la gestion des conflits
*Danielle Jasmin*

**L'enfant-vedette (vidéocassette)**
*Alan Taylor, Louise Sarrasin*

**Quand les enfants s'en mêlent**
Ateliers et scénarios pour une meilleure motivation
*Lisette Ouellet*

**Quand revient septembre...**
*Jacqueline Caron*
• Guide sur la gestion de classe participative
(volume 1)
• Recueil d'outils organisationnels (volume 2)

## L LANGUE ET COMMUNICATION

**À livres ouverts**
Activités de lecture pour les élèves du primaire
*Debbie Sturgeon*

**Attention, j'écoute**
*Jean Gilliam DeGaetano*

**Conscience phonologique**
*Marilyn J. Adams, Barbara R. Foorman,
Ingvar Lundberg, Terri Beeler*

**École et habitudes de lecture**
Étude sur les perceptions d'élèves québécois
de 9 à 12 ans
*Flore Gervais*

**Histoire de lire**
La littérature jeunesse dans l'enseignement
quotidien
*Danièle Courchesne*

**Le français en projets**
Activités d'écriture et de communication orale
*Line Massé, Nicole Rozon, Gérald Séguin*

**Le théâtre dans ma classe, c'est possible !**
*Lise Gascon*

**Plaisir d'apprendre**
*Louise Dore, Nathalie Michaud*

**Une phrase à la fois**
*Brigitte Stanké, Odile Tardieu*

## T Technologies de l'information et des communications

**La classe branchée**
Enseigner à l'ère des technologies
*Judith H. Sandholtz et coll.*

**La classe multimédia**
*A. Heide, D. Henderson*

**L'ordinateur branché à l'école**
Du préscolaire au 2e cycle
*Marie-France Laberge, Louise Dore, Nathalie Michaud*

**L'ordinateur branché à l'école**
Scénarios d'apprentissage
*Marie-France Laberge*

**Points de vue sur le multimédia interactif
en éducation**
Entretiens avec 13 spécialistes européens
et nord-américains
*Claire Meunier*

---

POUR PLUS DE RENSEIGNEMENTS OU POUR
COMMANDER, COMMUNIQUEZ AVEC NOTRE
SERVICE À LA CLIENTÈLE AU **(514) 273-8055.**

**Chenelière/McGraw-Hill**
7001, boul. Saint-Laurent
Montréal (Québec)
Canada H2S 3E3
Téléphone : (514) 273-1066
Télécopieur : (514) 276-0324
chene@dlcmcgrawhill.ca

# Quand revient septembre...

## Recueil d'outils organisationnels (volume 2)

Dans la continuité du guide *Quand revient septembre...*, ce recueil d'outils organisationnels constitue un soutien pédagogique pour l'enseignante et l'enseignant qui ont déjà entrepris un processus d'implantation de la gestion participative dans leur classe.

D'autres petits pas leur sont suggérés, toujours en regard des quatre composantes de la vie de la classe: climat, contenu organisationnel, gestion des apprentissages et organisation de la classe.

### Un mot de l'auteure...

Ce recueil ne m'appartient plus. Il est le tien maintenant. À toi de lui donner vie en le personnalisant. Si tu relèves le défi de l'adapter à ton cheminement pédagogique et aux besoins de tes élèves, il jouera vraiment le rôle pour lequel je l'ai créé. Sinon, il ne sera qu'un simple «livre de recettes», incapable de t'aider à transformer ta réalité-classe.

Tu sais, le véritable changement ne peut se «déverrouiller» que de l'intérieur. Inutile alors de chercher les solutions uniquement à l'extérieur de toi.

Bonne route vers la gestion de classe participative!

Je t'accompagne à distance...

Ta complice pédagogique

Jacqueline